# 아랍인의 눈으로 본 **십자군 전쟁**

# 아랍인의 눈으로 본 십자군 전쟁

초판 1쇄 발행 · 2002년 4월 27일

지은이 · 아민 말루프
옮긴이 · 김미선
펴낸이 · 박성규
펴낸곳 · 도서출판 아침이슬
등록 · 1999년 1월 9일(제10-1699호)
주소 · 서울시 마포구 합정동 364-70 (121-884)
전화 · 02-332-6106 / 팩스 · 02-322-1740
E-mail · webmaster@21cmorning.co.kr

값 15,000원
ISBN 89-88996-24-0 03900

* 잘못 만들어진 책은 바꾸어 드립니다.

아랍인의 눈으로 본

# 십자군 전쟁

아민 말루프 지음 | 김미선 옮김

아침이슬

추천의 글

# 오늘날의 아랍 세계를 이해하는 모티프, 십자군 전쟁

1991년 걸프전이 한창일 때 막 귀국한 나는 이곳 저곳에서 아랍인의 정서와 그곳 사정을 들려 달라는 부탁으로 바쁜 일정을 보낸 적이 있었다. 그 때 무척 당황하고 놀란 일은 전쟁의 한 당사자인 이라크나 아랍 쪽의 이야기는 아예 귀담아 들으려 하지 않는 우리 사회의 분위기였다. 서울 한복판에 대사관까지 있는 이라크를 적으로 표현하는 텔레비전 토론자의 발언도 당연시되었다. 아랍과 이슬람권에 관한 한 우리는 너무도 서구 중심적인 지적 편식에 익숙해져 있다. 해방 이후 오늘날까지 재생산되어 온 서양 중심의 역사관과 자료의 편중이 그 일차적 원인일 것이다.

십자군 전쟁이 그 좋은 예이다. 인류 역사에서 십자군 전쟁만큼 그 진실이 감추어진 역사적 사건도 흔치 않을 것이다. 십자군 전쟁은 이교도에 유린당하는 성지 예루살렘을 회복하고자 하는 고귀한 종교적 열정에서 비롯한 성전으로 정의되어 왔다. 그래서 십자군의 영어식 표현인 Crusade는 성전(聖戰)이라는 뜻으로도 쓰인다. 적어도 유럽 기독교 입장에서는 그렇게 포장될 수 있었다. 로마 교황 우르반 2세는 예루살렘을 순례하는 그리스도 교인들에 대한 셀주크 투르크인들의 박해를 강력하게 비난하면서 성지 회복을 위한 성전을 호소하였다. 종교적 열정에 불타는 농민과 일부 기사들은 저마다 등과 가슴에 붉은 십자 표시를 달고 예루살렘으로 향했다. 1096년의 일이다. 이렇게 시작된 십자군 전쟁은 1365년까지 9번의 대규모 출병으로 이어졌고 약 250년 동안 오리엔트와 소아시아 반도를 피로 물들였다.

이슬람의 입장에서 보면 십자군 전쟁은 유럽인의 침략 전쟁이고, 이방인들이 저지른 대학살과 약탈로 삶이 짓밟힌 역사상 가장 치욕적이고 반문명적인 사건이었다. 예루살렘은 638년 이슬람의 3대 칼리프 우마르가 정복한 이래, 이슬람의 세력권에 있는 도시였다. 예루살렘은 예언자 무함마드가 승천한 곳으로 메카, 메디나에 이어 이슬람 제3의 성지이다. 초기 이슬람 교도들이 메카가 아닌 예루살렘을 향하여 기도를 드렸을 정도로 아랍 세계에서는 소중한 도시였던 것이다. 십자군 전쟁이 있기까지만 해도 예루살렘이 이슬람의 통치를 받고 있는 상황은 기독교 유럽 사회나 비잔티움 제국 모두에게 당연한 사실로 받아들여지고 있었다. 비록 예루살렘이 이슬람 교도들의 수중에 있었다지만 그리스도 교인들의 순례는 보호되었고, 해마다 그 수가 늘어갈 정도로 평화가 유지되고 있었다. 기독교 순례자가 박해받는다는 종교적 호소는 다분히 정략적인 발상이었다. 십자군 원정의 진짜 속셈은 셀주크 투르크가 지배하고 있는 소아시아와 오리엔트 지역으로 영토를 확장하고 물자를 약탈하겠다는 정치적이고 경제적인 동기에 있었다.

1071년에 일어난 한 사건은 유럽 전체에 커다란 충격을 주었다. 그것은 중앙아시아의 보잘것없는 유목 국가 셀주크 투르크가 비잔티움 제국의 중심부인 아나톨리아로 쳐들어와 대승리를 거두고 비잔티움 황제를 포로로 잡은 사건이었다. 수도 콘스탄티노플을 잃을지 모르는 아찔한 상황에서 황제 알렉시오스 콤네노스는 로마 교황 우르반 2세에게 이슬람과 기독교 세계의 완충지 역할을 하는 비잔티움을 구원해 줄 것을 요청하였다. 당시 막강한 권위를 누리던 교황은 비잔티움을 장악하여 분리되어 있던 동서 교회의 실질적인 수장이 되겠다는 야욕과 소아시아 영토에 대한 탐욕을 가지고 성전을 감행하였다.

실상 십자군이 성지 탈환의 흉내라도 낸 것은 1차와 5차 원정 정도였다. 1099년 7월 15일, 40일간의 포위 끝에 성지 예루살렘을 차지한 그들은 시퍼런 칼을 들고 무슬림들과 유대인들을 닥치는 대로 학살했다. 도망치지 못하고 성안에 남아 있던 이슬람 교도와 유대인들은 단 한 명도 살아 남지 못했다. 이슬람 사원은 불탔고 철저히 파괴되었다. 이것이 위대한 1차 십자군 원정의 실상이다. 십자군은 원정에 필요한 물자를 현지에서 조달하였다. 그래서 예루살렘으로 향하는 원정로 부근의 그리스도교 마을들이 주로 약탈과 방화의 대상이 될 수밖에 없었다. 십자군은 막 수확이 끝난 곡식을 탈취하고 저항하는 그리스도교 주민들을 마구 죽였다. 어린아이들도 예외가 아니었다. 더욱이 교황은 십자군에 참여하는 모든 병사들에게 죄를 사해 주고 상당한 전리품을 약속했기 때문에, 그들의 행동에는 거침이 없었다. 정예 기사가 아닌 훈련받지 못한 농민들과 온갖 불량배들도 십자군으로 출병하였다.

특히 비잔티움 제국을 공격한 1204년 4차 십자군 원정은 같은 그리스도 교인들을 살육한 전쟁으로 악명을 떨쳤다. 십자군 병사들이 성지 예루살렘이 아니라 콘스탄티노플을 점령하여 철저히 약탈하고 파괴한 것이다. 화려한 비잔티움 문화가 유린된 것은 인류 문명사에서 가장 커다란 손실 중 하나였다. 십자군은 비잔티움 제국을 붕괴시키고 그곳에 라틴 제국을 건설했다. 이 4차 원정은 베네치아 상인들의 농간으로 이루어진 전쟁이었다. 당시 지중해 무역을 독점하고 있던 콘스탄티노플 상인들을 제압하기 위해 십자군이 동원된 것이다. 이 사건을 계기로 비잔티움 제국은 회복 불능의 쇠퇴를 맞게 되고, 결국 1453년 이교도인 오스만 제국에게 힘없이 무너지고 만다. 비잔티움의 황제 알렉시오스는 제국을 지키기 위해 이 거대한 무리의 인간 메뚜기들을 서둘러 소아시아로 호송해 보냈으나, 이들은 거기서도 이교도인 투르크와의 싸움보다는 손쉬운 그리스도교 마을을 약탈하는 데 혈안이 되었다.

십자군 전쟁은 잔혹한 살육과 약탈, 문화 유산의 파괴로 점철된 추악한 전쟁이었다. 십자군의 약탈 대상은 이슬람 교도와 유대인에 머물지 않았다. 같은 그리스도 교도들이라고 해서 예외가 될 수 없었다. 십자군이 소아시아 지역에 일시적으로 건설했던 국가에서 토착 그리스도 교도들은 이교도의 통치 시대보다 훨씬 가혹한 수탈과 차별을 겪어야 했다. 이것은 살라딘이 예루살렘을 탈환했을 때, 그곳 그리스도 교인들의 생명을 보호했던 이슬람의 관대한 정책과는 너무나 대조적인 모습이었다.

지금껏 우리는 십자군 전쟁에 대해 그 진상은 물론, 전쟁의 한쪽 당사자의 의견이나 생각은 배제된 평가만을 접할 수 있었다. 그 오랜 공백을 메워 주는 책이 바로 《아랍인의 눈으로 본 십자군 전쟁》이다. 이 책이 아랍 세계의 자료와 생각을 모아 줌으로써 비로소 우리는 균형 잡힌 감각과 객관성을 가지고 십자군 전쟁을 바라볼 수 있게 되었다. 당대 아랍 역사가와 연대기 저술가들의 생생한 묘사와 증언인 이 책을 통해 우리는 아랍인들이 유럽의 그리스도 교도들에 대해 어떤 생각을 했으며 그들이 어떤 응어리를 안고 살아가는지 이해할 수 있게 된다. 이 책에는 종교의 이름으로 행해지는 가장 극악하고 비인간적인 행위에 분노하고 고뇌했던 당대 이슬람 지식인들의 생각이 절절히 배어 있다. 그 세세한 기록과 전율적인 묘사는 십자군 전쟁의 참모습을 알려주는 데 그치지 않고, 이슬람 세계 내부의 문제까지도 들여다 볼 수 있게 해준다. 귀중한 사료를 바탕으로 다큐멘터리 소설처럼 구성된 이 책은 흥미진진한 서술로 책에서 손을 뗄 수 없게 만드는 장점까지 가지고 있다.

나아가 이 책이 갖는 또 다른 중요성은 중세 유럽의 역사 흐름을 또 다른 시각에서 조명해 볼 수 있는 강한 모티프를 제공해 주고 있다는 점이다. 유럽에 대한 비판적 시각만이 아니라 이슬람 세계 자체의 문제점을 날카롭게 지적하고 있다는 점에서 이 책은 매우 탁월한 저술이다. 일반적으로 십자군 전쟁은 이슬람 세계의 앞선 문화를 접한 유럽에게는 도약의 발판이 되었고, 찬란한 전성기를 누렸던 아랍에게는 쇠락의 길을 걷는 시발점이 되었다고 설명된다. 또한 이슬람교와 기독교라는 두 일신교의 뿌리깊은 반목과 갈등의 역사적 단초가 되었다는 점도 강조된다.

그러나 이 책은 십자군 전쟁을 해석하면서 유럽에 대한 감정적 적개심과 그 책임만을 강조하지 않는다. 오히려 누구도 지적하지 못했던 아랍 내부의 모순과 결함을 솔직하고 대담하게 피력하고 있다. 이미 아랍 중심의 동질성이 무너진 11세기 이슬람 세계에서 이방인인 투르크족이 용병으로서 아랍 문화권을 실질적으로 지배하면서 겪게 되는 혼란과 내부 갈등을 잘 정리해 주고 있는 것이다. 지도자의 무능과 관료들의 부패, 백성에 대한 폭압 정치로 생명력을 잃어간 이슬람권의 치부까지도 드러내 놓고 있다. 특히 아랍의 내부를 잘 아는 저자는 에필로그에서 오늘날 아랍 세계가 겪고 있는 민주화와 근대성의 문제를 예리한 통찰력으로 분석해 주고 있다. 종교적 도그마와 중세의 자만에 빠져 이슬람 본래의 역동성을 상실한 채 표류하고 있는 오늘날 아랍 세계가 가진 문제는 십자군에서 그 원인과 처방을 찾을 수 있을지도 모른다. 이런 의미에서 십자군 전쟁이 더 이상 두 종교의 적의와 이단화를 부추긴 자극제로 평가되기보다는 서로가 진지한 자기 성찰을 통해 새롭게 자신을 다지는 역사적 사건으로 재발견되기를 고대한다. 이 책은 그 길잡이이다.

이희수 | 한양대 문화인류학과 교수, 한국이슬람학회 회장

앙드레에게

# 머리말

이 책은 지극히 간단한 생각에서 출발하였다. 십자군을 보고, 겪었고, 기록을 한 '다른 편'의 이야기를 적어 보자는 것이다. 그리고 그 다른 편은 곧 아랍이다.

아랍 사람들은 십자군이라는 말을 쓰지 않는다. 프랑크인들의 전쟁 내지는 침략이라고 말한다. 프랑크인들(les Francs)이라는 말이 지시하는 바는 지역, 저자들, 시대에 따라 다르게 해석된다. Faranj, Faranjat, Ifranj, Ifranjat…… 이 명칭들을 하나로 묶는 뜻에서 나는 좀 더 단순한 형태를 골랐다. 오늘날 서유럽인들을 가장 대중적으로 부르는 말로, 특히 프랑스인들을 지칭하는 프랑크(Franj)다.

많은 주석들을 곁들이다 보면 자칫 이야기가 무거워질지 모른다는 우려로 주석들은 책 뒤에 몰아 넣었다. 더 알고 싶은 독자들은 이 주석들을 읽으면 도움이 될 것이나 이것을 읽지 않아도 이야기를 이해하는 데 큰 어려움은 없으리라 본다. 사실 내가 쓰고 싶었던 것은 역사책이라기보다는 십자군 전쟁 이야기를 다룬 '실화 소설'이었다. 그것도 여태껏 무시되어 왔던 관점에서, 서양과 아랍 세계가 대치하였고 오늘날의 관계까지 결정하게 만든 격동의 두 세기를 다룬 실화 소설을 말이다.

# contents

■ 일러두기

1. 용어 설명, 연표 일부(동방 십자군 국가의 연표, 아랍권의 연표), 지도 일부(십자군 전쟁 직전의 이슬람권, 전성기의 프랑크 국가들), 지명 색인은 독자의 이해를 돕기 위해 아침이슬 편집부에서 추가한 것이다.

2. 본문 중 * 표시는 〈용어 설명〉을 찾아보라는 뜻이다.

3. 아랍 역사가의 기록을 인용할 때는 굵고 진한 서체를 사용했다.

4. 아랍어나 터키어가 아닌 인명과 지명은 해당 시기, 해당 지역의 공용어를 따르는 것을 원칙으로 했다(알렉시우스 콤네누스→알렉시오스 콤네노스, 안티오크→안티오케이아, 니케아→니카이아).

5. 영어식 발음이 더 익숙한 고유명사라도 원어 발음을 살려 표기(누레딘→누르 알 딘, 비잔틴→비잔티움)했으나 '살라딘' 만은 아랍어 발음인 살라흐 알 딘과 병용했다.

# 프롤로그

1099년 8월, 바그다드

터번도 쓰지 않고 상중임을 나타내듯 머리를 짧게 깎은 카디*, 아부 사드 알 하라위가 울부짖으며 칼리프*, 알 무스타지르 빌라의 너른 디완*으로 뛰어들어왔다. 그 뒤로 청년과 노인이 뒤섞인 무리가 따랐다. 그들은 머리에 아무것도 쓰지 않은 털북숭이들이 저지른 만행들을 앞다투어 격렬하게 토해냈다. 궁정의 대신들 몇몇이 알 하라위를 진정시키려 했으나 그는 단호한 몸짓으로 이들을 물리친 뒤 한복판으로 나섰다. 이윽고 그는 지위고하를 막론하고 주변에 모인 사람들을 향해 열변을 토했다.

"시리아의 형제들이 낙타의 볼기짝이나 독수리 내장으로 연명하고 있는 이 마당에 그대들은 뜰에 핀 꽃인 양 이 안락함 속에서 연약한 목숨을 부지하고 있는가? 얼마나 많은 피가 뿌려졌는가! 얼마나 많은 꽃다운 처녀들이 수치스러움으로 그 아름다운 낯을 가려야 했는가! 용맹스런 아랍인들과 페르시아인들이 이 공격과 치욕을 순순히 받아들여야 한단 말인가?"

"그의 연설은 좌중을 눈물바다로 만들었으며 그들의 마음을 움직였다"고 아랍의 연대기 저자들은 적고 있다.[1] 칼리프의 신하들은 한탄과 신음소리에 마음이 흔들렸다. 그러나 알 하라위가 원한 것은 그들의 눈물이 아니었다.

"인간의 가장 하찮은 무기는," 그는 말했다. "바로 눈물이다. 검이 전쟁의 불을 지피고 있는 마당에."

그가 3주일이나 걸려 시리아 사막의 폭염을 뚫고 다마스쿠스에서 바그다드로 온 것은 동정을 구하고 싶어서가 아니라 이슬람 신도들에게 벌어진 재앙의 실상을 이슬람 고위층에게 알리고 그 살육을 중지시키기 위해 지체 없이 개입해 줄 것을 청하기 위해서였다. "이제껏 어떤 무슬림도 그러한 능멸을 당해본 적이 없었다." 알 하라위는 거듭 말했다. "그들의 터전이 그처럼 야만스럽게 유린된 적은 없었다." 그를 따라온 사람들은 침공을 받아 초토화된 마을에서 떠나온 사람들이었다. 그 중에는 예루살렘에서 탈출한 몇 안 되는 이들도 있었다. 알 하라위는 그들이 한 달 전에 당한 일을 몸소 증언할 수 있도록 데려왔다.

그 날은 히즈라력*으로 492년, 샤반 22일, 금요일, 즉 1099년 7월 15일이었다. 프랑크인들이 40일간의 포위 끝에 성스러운 도시로 들이닥쳤다. 탈출자들은 그 일을 떠올리며 몸서리를 쳤다. 마치 그들의 눈앞에서 갑옷을 입은 금발의 털북숭이들이 시퍼런 칼을 들고서 남녀노소 할 것 없이 닥치는 대로 목을 베고 민가를 약탈하고, 사원들을 짓밟는 모습이 펼쳐지고 있는 것 같았다.

이틀만에 살육이 끝나자 성 안에는 단 한 명의 무슬림도 남지 않게 되었다. 혼란을 틈타 극소수만이 살인자들이 무너뜨린 성문을 넘어 성 밖으로 빠져나올 수 있었다. 수천 명의 사람들이 피바다가 된 문간과 사원 주변에 쓰러졌다. 그들 중 많은 이들이 조국을 떠나 성스러운 땅에서 살기 위해 종교적 피난을 택했던 이맘*, 울라마* 그리고 수피* 수행자들이었다. 마지막으로 남은 생존자들은 가장 비참한 의무를 수행하기 위해 애썼다. 즉 시신들을 들쳐 메고 빈 땅에다 무더기로 모아 놓은 다음 태우는 일이었다. 그 다음에는 그들도 죽음을 당하거나 노예로 팔려갔다.

예루살렘의 유대인들 운명 역시 가혹하였다. 싸움 초기에는 그들도 도시 북쪽에 있는 자신들의 구역을 지키려고 하였다. 그러나 그들의 집을 받치고 있던 성벽이 무너지고 금발의 기사들이 들이닥치자 유대인들은 완전히 공포에 질려 버렸다. 유대 공동체는 조상들이 했던 대로 기도를 올리려고 교회당으로 모여들었다. 그러자 프랑크인들은 출구를 봉쇄한 다음, 주위에 나뭇가지를 쌓아올리고 불을 질러 버렸다. 겨우 빠져나온 소수만이 근처 마을로 피신할 수 있었으며 대부분은 불타 죽었다.

그 참극이 있고 며칠 뒤, 팔레스타인 난민의 첫 무리가 가장 오래된 경전 중의 하나인 우트만의 꾸란을 갖고 다마스쿠스에 도착하였다. 이어 예루살렘을 탈출한 이들이 이 시리아의 도시 국가로 들어왔다. 저 멀리 서 있는 우마이야 모스크의 세 개의 첨탑이 눈에 들어오고 웅얼거리는 기도 소리가 귀에 들리자 그들은 이제는 끝났구나 싶었던 자신들의 명을 늘려 주신 전지전능한 신께 감사하며 무릎을 꿇었다.

다마스쿠스의 위대한 카디인 아부 사드 알 하라위는 난민들을 따뜻이 받아들였다. 아프가니스탄 출신의 이 사법관은 도시에서 두터운 신망을 얻고 있었다. 팔레스타인 사람들에게 그는 충고와 격려를 아끼지 않았다. 그는 무슬림이 집을 떠나 피신한 일을 부끄러워해서는 안 된다고 했다. 자신을 박해하는 사람들을 피해 고향인 메카를 버리고 새로운 종교가 환영받은 메디나로 피신하였던 예언자 무함마드야말로 최초의 이슬람 난민이 아니었던가? 또한 어리석은 고향을 해방시키기 위해 지하드*, 곧 성전을 선포하였던 것도 그 유배지에서가 아니었던가? 아부 사드 알 하라위는 따라서 피난민들은 예언자가 이주한 해이자 무슬림력의 출발로 여겨지는 히즈라가 선택한 성전의 전사임을 자각하여야 한다고 강조했다. 바로 이슬람에서 존경받는 빼어난 무자히딘* 임을.

많은 신도들에게 탈출은 점령의 시기에 불가결한 의무이기도 했다. 프랑크의 침공이 시작되고 1세기가 지난 후에 팔레스타인을 방문했던 에스파냐계 아랍인으로 위대한 여행가였던 이븐 주바이르[2]는 일부 무슬림들이 "조국에 대한 사랑이 과도한 나머지" 점령지에서 사는 일을 순순히 받아들이고 있다고 분노한 적이 있었다.

"단순히 머무르는 일이라면 몰라도 무슬림이 불경스런 도시에 사는 일은 신에게 어떠한 용서도 구할 수 없는 일이다. 이슬람 땅에는 그리스도교의 땅에서 당해야 하는 악과 고통을 피할 수 있는 곳이 얼마든지 있다. 가장 어리석은 자들의 입에서 나오는 예언자에 대한 역겨운 소리를 듣는 것은 스스로를 정화하기를 포기하는 일이며, 돼지 무리 속에서 사는 것이며, 수많은 부정한 것들 틈에서 사는 일이나 다름없다. 조심해야 한다. 그런 지역을 지날 때에는 정신을 바짝 차려야 한다! 그러한 과오를 저지른 것에 대해 신의 용서와 자비를 구해야 한다. 그리스도 교도들의 땅에서 사는 이를 가장 두렵게 하는 모습 중의 하나는 중노동을 강요받고 노예처럼 철창에 갇혀 있는 무슬림 수인들의 모습이다. 쇠사슬로 발이 묶여 있는 무슬림 포로들의 모습도 마찬가지다. 그 모습을 보고 가슴이 찢어질 듯 아팠지만 동정심만으로는 아무것도 할 수 없는 법이다."

교조적인 관점이 지나친 감이 있지만 어쨌거나 이븐 주바이르의 기록은 1099년 7월에 팔레스타인과 시리아 북부를 탈출하여 다마스쿠스에 모인 수천 명의 피난민들의 심정을 대변해 주는 것이었다. 그들은 삶의 터전을 버리고 온 것에 슬퍼하면서 점령자들이 확실히 떠나기 전에는 돌아가지 않을 것을 다짐했으며 이슬람 지역 형제들의 정신을 일깨우기로 결심하였던 것이다.

피난민들로서는 카디 알 하라위를 따라 바그다드로 오지 않을 수 없었다. 예언자의 후계자인 칼리프에게 가서 곤경에 처해 있는 무슬림 형제들에게 눈을 돌려 주기를 부탁할 수밖에 없었던 것이다. 사실 신도들의 왕자에게 가서 탄식하고 하소연할 도리 외에 무엇이 있었겠는가?

그러나 피난민들은 바그다드에서 기대가 컸던 만큼 큰 실망을 맛보았다. 칼리프 알 무스타지르 빌라는 깊은 동정심과 애도를 피력하면서 다섯 명의 고위 관리들을 보내 이 극악무도한 사건의 전말을 조사하도록 했다. 그러나 이 똑똑한 자들이 이 문제에 대해 얘기하는 것을 더 이상 듣지 못했음은 물론이다.

1천 년에 걸친 이슬람과 서유럽의 군사적 긴장이 시작될 시점에 일어난 예루살렘 약탈은 당장은 큰 분노를 불러일으키지 않았다. 동방 아랍이 침략군에 대항하여 움직이기까지는 근 반세기를 더 기다려야 했다. 칼리프의 디완에서 다마스쿠스의 카디가 선포한 성전이 최초의 엄숙한 항전 결의로 받아들여지기까지는 말이다.

프랑크 군의 침공 초기에는 알 하라위가 그랬듯이 서쪽으로부터 비롯한 위협이 그처럼 광범위하게 퍼지리라고 짐작한 아랍인들은 아무도 없었다. 심지어 너무 빨리 새로운 상황을 받아들인 경우도 있었다. 대부분의 아랍인들은 체념하고 살아 남는 길을 택했다. 그러나 전혀 예측하지 못했던 이 낯선 상황을 이해하려고 비교적 냉철한 관찰자의 모습을 견지한 이들도 있었다. 그들 중 가장 뛰어난 이가 바로 다마스쿠스 명망가 출신의 젊은 문필가이자 연대기 사가인 이븐 알 칼라니시[3]일 것이다. 1096년에 스물세 살의 나이로 프랑크인들이 처음 동방으로 들어오던 모습을 목격한 이래로 그는 자신이 알고 있는 사실들을 정기적으로 기록하였다. 이 기록은 특별한 과장 없이 자신의 도시를 포함하여 침략자들의 여정을 말해주고 있다.

모든 것은 첫 번째 소문이 다마스쿠스로 들려온 그 불안스런 날로부터 시작되었다.

# 1부

## 침략(1096~1100)

프랑크 군대를 보라! 자기들의 종교를 위해 얼마나 맹렬히 싸우는가.
허나 우리 무슬림은 성전을 수행하는 데 어떤 열성도 보이지 않는다.

—살라딘—

# 1장 프랑크인들 들이닥치다

**그 해[1], 마르마라 해를 건너오는 엄청난 수의 프랑크 병사들을 보았다는 얘기들이 꼬리를 물기 시작했다. 겁에 질린 사람들은 간절히 기도를 올렸다. 이 소문은 프랑크인들의 땅과 가장 가까운 영토를 가진 왕 클르츠 아르슬란에 의해 확인된다.**

이븐 알 칼라니시가 여기서 얘기하는 왕 '클르츠 아르슬란'은 침략자들이 쳐들어올 당시 열일곱도 채 안 된 나이였다. 약간 째진 눈을 가진 이 젊은 술탄은 프랑크 군대가 접근해 오고 있음을 맨 처음으로 알려준 이슬람 지도자였으며 적에게 처음으로 패배를 안겨줌과 동시에 가공할 위력을 지닌 기사들과 대적하였던 인물이다.

1096년 7월에 들어서면서 클르츠 아르슬란은 한 무리의 프랑크인들이 콘스탄티노플을 향해 이동하고 있다는 소식을 듣는다. 대번에 그는 최악의 상황을 생각해 보았다. 물론 그는 프랑크인들의 진짜 속셈이 무엇인지는 알지 못했다. 하지만 그들이 동방으로 몰려온다는 것은 반가운 일이 못 되었다.

클르츠 아르슬란은 중앙 아시아의 너른 지역을 통치하고 있었다.

투르크인들이 그리스인들로부터 빼앗은 지 오래되지 않은 곳이었다. 수 세기가 흐른 뒤에 터키라고 부르게 될 이 땅을 빼앗은 것은 클르츠 아르슬란의 아버지인 술레이만이었다. 그러다 보니 이 신생 무슬림 국가의 수도인 니카이아에는 비잔티움 교회의 수가 무슬림 사원보다 더 많았다. 투르크 군인들이 도시를 지켰지만 주민들 대다수는 그리스인들이었다. 하지만 클르츠 아르슬란은 이 문제를 심각하게 생각해 본 적이 없었다. 그는 그리스인들에게는 어차피 야만족 왕일 뿐이었다. 감히 입밖에 내지 못하고 기도로나 웅얼거렸지만 그들이 유일하게 인정하는 군주는 로마 제국의 황제인 바실레이오스* 알렉시오스 콤네노스였다. 실제로 알렉시오스는 머지않아 로마 제국의 후계자임을 자처하는 그리스인들의 황제가 된다. 그리스인들의 이런 특징 때문에 당시 아랍인들—20세기와 같이 11세기에도—은 그리스인들을 룸[2], 즉 '로마 사람들' 로 여겼다. 그런 배경에서 클르츠 아르슬란의 부왕이 그리스 제국을 쳐서 얻은 그 땅도 룸 술탄국이라고 불렀던 것이다.

알렉시오스는 당시 동방에서 가장 돋보이는 인물 중 하나였다. 그리 크지 않은 몸집에 오십 줄에 들어선 이 사내는 간교한 빛을 발하는 눈빛에 잘 다듬은 수염 등 세련된 풍모를 자랑하였다. 그는 늘 황금색과 푸른색 천을 두른 모습으로 묘사되어서 젊은 클르츠 아르슬란을 매혹시켰다. 니카이아에서 사흘이면 도달할 거리에 있는, 웅장한 비잔티움의 도시 콘스탄티노플을 다스리는 이도 그였다. 그런 근접성은 젊은 술탄에게 복잡 미묘한 감정을 불러일으켰다. 여타의 유목민 전사들과 다름없이 그도 정복과 약탈을 꿈꾸었다. 손만 뻗치면 닿을 곳에 있는 전설과도 같은 비잔티움의 풍요로움이 그는 조금도 거북하지 않았다. 물론 그는 위협을 느끼기는 했다. 술탄은 알렉시오스가 니카이아를 쉽사리 포기하지 않을 것이라는 것을 알고 있었다. 이 도시는 늘 그리스인들의 것이었을 뿐 아니라 그처럼 가까운 거리에 투르크 군대가 도사리고 있다는 것이 제국의 안전에 두고두고 위협이 될 테니 말이다.

수십 년 전부터 내분을 거듭해 온 비잔티움 군대가 단독으로 재탈환 전쟁을 수행하기는 어려웠지만, 알렉시오스가 언제든지 외국 우방들한테 도움을 청할 수 있다는 것은 누구나 쉽게 생각할 수 있는 일이었다. 비잔티움은 주저 않고 서쪽에서 온 기사들에게 도움을 요청하였다. 무거운 갑옷을 걸치고 팔레스타인을 향한 순례길에 오른 용병들이 대부분이었던 프랑크인들은 그 전에도 동방을 자주 찾아왔다. 그런데 1096년이 되자 무슬림들도 이들의 존재를 가벼이 보아 넘길 수 없게 되었다. 20여 년 전에도—클르츠 아르슬란이 태어나기 전이지만 군대의 원로인 에미르3*들한테 들어 익히 알고 있는—이 금발의 모험가들 중 한 명인 루셀 드 바이욀이라는 자가 소아시아에 독자적인 나라를 세우는 데 성공하여 콘스탄티노플까지 넘볼 정도가 된 적이 있었다. 깜짝 놀란 비잔티움인들로서는 클르츠 아르슬란의 아버지 술레이만에게 도움을 청하는 수밖에 없었다. 술레이만은 바실레이오스가 보낸 특사가 도움을 호소하자 제 귀를 의심하였다고 한다. 그리고 투르크 전사들은 콘스탄티노플까지 무사히 당도하였고 마침내 루셀을 쳐부술 수 있었다. 술레이만은 황금과 말과 토지 등을 두둑하게 받았다.

그 일이 있고 나서 비잔티움인들은 프랑크인들에게 반감을 품게 되었다. 그러나 경험 있는 병사들이 늘 부족했던 비잔티움 제국 군대는 용병들에게 손을 빌릴 수밖에 없었다. 게다가 용병들이 모두 프랑크인들인 것은 아니었다. 적지 않은 투르크 전사들도 그리스도교의 깃발 아래 들어갔다. 1096년 7월에 수천 명의 프랑크 군사들이 콘스탄티노플로 다가오고 있다는 사실을 클르츠 아르슬란이 알게 된 것도 바로 이 동족 용병들 덕분이었을 것이다. 정보원들이 묘사하는 것을 들은 왕은 적이 당황했다. 이 서유럽인들은 그들이 으레 보아 왔던 용병들보다 규모가 큰 듯했다. 그들 중에는 수백 명의 기사들과 상당한 수의 무장한 보병들도 있었지만 수천 명에 달하는 여자들과 아이들, 심지어 누더기를 걸친 노인들까지 끼여 있었다. 누가 보면 피난길에 오른 난민의 행렬이라 생각했을 것이다. 게다가 이들은 하나같이 십자가 모양의 천을 등에 기워 붙이고 있다고 했다.

앞으로 마주칠 위험을 가늠하기가 쉽지 않았던 젊은 술탄은 경계를 강화하고 새로운 침입자들의 일거수 일투족을 지속적으로 감시할 것을 연락병들에게 명령했다. 그리고 만일을 생각하여 수도의 요새를 손보았다. 길이가 1파르사크(6천 미터)가 넘는 니카이아 성곽에는 240개의 망루들이 비죽이 솟아 있었다. 도시의 남서쪽에 있는 고요한 아스카니오스 호수는 훌륭한 천연 방패막이 구실을 하였다.

8월에 들어서자 위험이 분명해졌다. 프랑크인들은 찌는 듯한 더위에도 불구하고 비잔티움 선박의 호위를 받으며 보스포루스 해안선을 따라 전진했다. 비록 그들은 그리스 정교의 교회들을 많이 약탈했지만 그들이 지나는 곳마다 무슬림을 멸망시키기 위해 왔다는 외침이 울렸다. 이들의 대장은 피에르라는 은자라고 했다. 정보원들은 이들의 수가 족히 수만 명은 된다고 했지만 정작 이들이 어디로 향하는지는 잘 알지 못했다. 알렉시오스 황제는 한나절이면 니카이아에 도달할 거리에 있는 시비토트에 이미 다른 용병들을 주둔시켜 놓고 이들을 이곳에 부르기로 결정한 듯했다.

술탄의 궁전은 발칵 뒤집혔다. 투르크 기마대는 언제라도 출정할 수 있도록 만반의 준비를 했고, 프랑크인들의 아주 사소한 움직임이라도 알려줄 밀정들과 척후병들이 분주히 오갔다. 들리는 얘기에 따르면 매일 아침 프랑크인들은 수천 명씩 무리를 지어 주변을 약탈하러 나서곤 한다는 것이었다. 그들은 농장들을 약탈한 뒤 불을 지르고 노획물을 분배하러 시비토트로 돌아간다고 했다. 그러나 술탄의 병사들이 크게 두려워할 정도는 아니었으며 에미르들도 큰 관심을 두지 않았다. 그런 식으로 한 달이 흘러갔다.

그런데 9월 중순으로 접어들던 어느 날, 프랑크인들의 태도가 돌변했다. 가까운 주변이나 어슬렁거리던 그들이 돌연 방향을 니카이아 쪽으로 돌린 것이다. 그들은 주로 그리스도 교도들이 사는 마을들을 지나면서 햇곡식들에 손을 댔고 이에 저항하는 주민들을 가차없이 죽였다. 심지어 어린아이들을 불에 태우기까지 했다.

클르츠 아르슬란은 그제야 정신이 번쩍 들었다. 첫 소식이 그에게 전달될 무렵 학살자들은 벌써 수도의 성벽 아래까지 와 있었다. 날이 저물기도 전에 주민들은 그들이 지른 불길이 솟는 것을 보았다. 술탄은 지체하지 않고 프랑크인들과 맞설 기병대를 파견했다. 그러나 수에 압도당한 투르크 병사들은 무참하게 패하고 말았다. 간신히 살아 남은 몇 명이 피투성이가 된 채 니카이아로 돌아왔다. 자신의 권위가 위협받고 있음을 깨달은 클르츠 아르슬란은 당장에라도 전투를 시작하겠다고 흥분했으나 군대의 지휘관들이 그를 말렸다. 곧 날이 어두워질 것이며 프랑크인들도 벌써 진지로 돌아가고 있다는 이유에서였다. 복수는 뒤로 미루어야 했다.

복수의 기회는 곧 찾아왔다. 자신들이 거둔 승리에 우쭐해진 듯 서유럽인들은 2주일 후에 또 같은 일을 저질렀다. 그러나 이번에는 술레이만의 아들도 기회를 엿보면서 착착 준비를 진행해 가고 있었다. 프랑크군에는 기마병들이 일부 있었지만 대부분은 누더기를 걸친 순례자들이나 다름없다고 해야 했다. 니카이아 방향으로 접어든 프랑크인들은 주거 밀집지는 피해 가더니 동쪽으로 방향을 바꾸어 불시에 제리고르돈 요새를 점령하였다.

젊은 술탄은 결단을 내려야 했다. 그는 부하들을 이끌고 그 작은 요새를 향해 전속력으로 달렸다. 자신들의 운명이 벌써 결정된 줄은 꿈에도 상상하지 못한 프랑크인들은 술에 취한 채 승리를 자축하고 있었다. 제리고르돈은 클르츠 아르슬란의 병사들에게는 익숙한 곳이었으나 경험이 없는 이방인들로서는 빠져나갈 길을 알 도리가 없는 천혜의 함정이었다. 더욱이 물을 얻을 수 있는 수로는 성벽에서 꽤나 떨어진 외부에 있었다. 투르크인들은 재빨리 그곳으로 접근하는 길을 차단해 버렸다. 투르크인들로서는 그저 요새 주변에 자리를 잡고 기다리기만 하면 될 일이었다. 갈증이 그들 대신 싸워줄 테니까 말이다.

포위된 이들에게는 끔찍한 형벌이 시작되었다. 이들은 짐승의 피는 물론이거니와 자신들의 소변까지 받아 마셨다. 10월 초순, 단 몇 방울의 비라도 기원하며 절망적으로 하늘을 올려다보는 이들의 모습이 목격되었다. 그러나 헛일이었다. 결국 일주일만에 프랑크 원정대의 지휘관인 르노라는 기사는 목숨은 살려준다는 조건으로 항복을 받아들였다. 프랑크인들에게 그들의 종교를 포기할 것을 요구하던 클르츠 아르슬란은 르노가 이슬람으로 개종하는 것은 물론 투르크 편에 서서 자신의 동족들과 싸우겠다고 하자 내심 놀라지 않을 수 없었다. 같은 청을 한 르노의 동료들 몇몇도 포로의 신분으로 시리아와 중앙 아시아의 도시들로 보내졌다. 나머지는 형장의 이슬로 사라졌다.

젊은 술탄은 자신의 공적이 마냥 뿌듯했으나 냉정함을 잃지 않았다. 노획물을 분배하는 전통을 지키고 부하들에게 휴식을 취하게 하면서 그는 뒷일에 주의를 게을리 하지 말 것을 명했다. 프랑크인들이 거의 6천 명이나 희생된 것은 분명했지만 그 여섯 배나 되는 수가 아직 남아 있었다. 술탄이 보기에 지금만큼 이들을 궤멸시키기에 좋은 기회는 없었다. 그 일을 위해 그는 술책을 쓰기로 했다. 그리스인으로 두 명의 첩자를 골라 시비토트의 진지로 보내기로 한 것이다. 그들은 르노와 그 무리들이 승승장구하여 니카이아를 함락시켰으나 노획물을 나누지 않고 자기들끼리만 잘 지내고 있다는 얘기를 퍼뜨렸다. 그 동안 투르크 군대는 대규모 매복전을 준비했다.

용의주도하게 퍼뜨린 이 소문은 아니나 다를까 시비토트의 진지를 엄청나게 술렁거리게 하였다. 그들은 하나같이 르노와 그 무리를 비난했다. 그들은 당장이라도 니카이아를 약탈하러 출발할 태세였다. 그럴 즈음 하필이면 제리고르돈 원정대에서 탈출한 이들이 돌아와서 동료들의 운명을 알려주자 그들은 대단히 당황했다. 클르츠 아르슬란의 첩자들은 임무가 실패로 돌아갔다고 생각했다. 프랑크인들 가운데 현명한 이들이 사태에 침착하게 대처할 것을 충고했기 때문이다. 그러나 망연자실하던 순간이 지나자 다시금 여론이 끓어올랐다. 군중은 우왕좌왕하면서 고함을 질러댔다. 그들은 그 약탈극에 가담하고 싶어서가 아니라 "순교자들을 위한 복수를" 위해서 한시라도 빨리 떠나야 한다며 흥분했다. 조금이라도 주저하는 이들은 비겁한 배신자로 몰렸다. 마침내 가장 크게 분노했던 이들의 입장이 받아들여져서 다음날 원정대가 출발하기로 결정되었다. 술탄의 첩자들로서는 본래의 계획이 들어맞은 것은 아니지만 목적은 달성했으니 성공한 셈이었다. 그들은 술탄에게 전투를 준비하시라는 전갈을 보냈다.

1096년 10월 21일, 동틀 무렵, 서쪽에서 온 원정대가 진지를 출발하였다. 클르츠 아르슬란은 멀지 않은 곳에 있었다. 그는 시비토트 근처의 언덕에서 지난밤을 보낸 터였다. 투르크 병사들은 눈에 띄지 않게 숨어 있었다. 술탄이 서 있는 곳에서 프랑크 기마대가 일으키는 흙먼지가 눈에 들어왔다. 선두에 선 기사들이 몇백 명쯤 될까, 뒤를 따르는 것은 대부분 변변한 무기도 없이 되는 대로 나선 보병들이었다. 그들이 그렇게 약 반시간을 행진하자 마침내 아우성 소리가 가까워졌다. 술탄의 등 뒤에서 떠오르고 있는 태양 빛이 그들의 얼굴을 하나하나 비추었다. 술탄은 숨을 죽인 채 각 지휘관들에게 준비 신호를 보냈다. 극히 작은 몸짓과 귓속말로 명령이 전달되었다. 이윽고 궁사들이 조심스레 활시위를 당기기 시작했다. 다음 순간, 수천 개의 화살이 단속적인 쇳소리를 내며 날아갔다. 초반 몇 분 사이에 프랑크 기마병들 대부분이 말에서 떨어졌다. 보병들도 잇달아 쓰러졌다.

이어 육탄 공격이 시작되었다. 프랑크인들에게는 이미 패색이 짙은 싸움이었다. 뒤에 처져 있던 이들은 전투에 참여하지 않은 이들이 아침잠에서 채 깨어나지도 않은 진지로 죽을힘을 다해 도망쳐 왔다. 명망 있는 늙은 사제가 아침 미사를 준비하고 있었고 여자들 몇이 음식을 준비하고 있었다. 도망쳐 오는 프랑크인들을 추적해 온 투르크 군대를 보는 순간 사람들은 기겁을 하였다. 혼비백산한 프랑크인들은 숨을 곳을 찾아 우왕좌왕했다. 가까운 숲에 몸을 숨겼던 이들은 대부분 붙잡혔다. 개중에 좀 더 신심이 두터웠던 이들은 바다를 등지고 있는 빈 요새에 장벽을 쌓았다. 별 소득 없는 위험을 감수하고 싶지 않았던 술탄은 프랑크인들을 포위하지 않기로 했다. 프랑크인들이 포위당했다는 소식이 비잔티움의 귀에 들어가는 날에는 비잔티움 함대가 이들을 구하러 나설지도 모르기 때문이었다. 술탄의 결정 덕분에 2, 3천 명 가량이 탈출할 수 있었다. 며칠 전부터 콘스탄티노플에 머무르고 있던 은자 피에르도 이 소식을 전해듣고 목숨을 건질 수 있었다. 하지만 그의 동족들은 별로 운이 없었다. 일부 젊은 여자들은 술탄 군대의 에미르들에게 진상되기 위해 끌려가거나 노예 시장으로 팔려나갔다. 젊은 남자들도 같은 운명이었다. 그리고 줄잡아 2만 명은 됨 직한 나머지 프랑크인들은 모조리 죽임을 당했다.

클르츠 아르슬란은 의기양양했다. 무시무시하다고 소문난 프랑크 군대를 섬멸한 데다가 자기 부하들의 희생은 그야말로 미미했으니 말이다. 자신의 발치에 쌓인 엄청난 전리품을 바라보며 그는 가장 멋진 승리의 순간을 누리고 있음을 믿어 의심치 않았다.

그러나 그들이 거둔 승리보다 값진 승리는 앞으로는 찾아보기 힘들 것이었다.

자신이 거둔 승리에 도취해 있던 젊은 술탄은 다가오는 겨울에 프랑크인들이 다시 콘스탄티노플로 들어온다는 정보를 무시해 버렸다. 술탄은 물론이고 가장 똑똑하다는 그의 부하들조차 더 이상 걱정할 것이 없다고 생각했다. 혹시 알렉시오스가 보내는 다른 용병들이 보스포루스 해협을 넘어온다 하더라도 전처럼 본때를 보여주면 그만이다는 식이었다. 게다가 술탄에게 위급한 문제는 그것이 아니었다. 그는 늘 무자비한 싸움을 벌이고 있는 주변의 투르크 왕들이 더 신경 쓰였다. 그 자신의 운명은 물론 왕국의 운명을 손에 쥐고 있는 쪽은 다른 누구보다도 그들이었기 때문이다. 룸인들이나 그들의 이방 동맹자인 프랑크인들과의 싸움은 술탄에게는 일종의 막간극에 불과했다.

젊은 술탄은 그 점을 절실하게 깨닫고 있었다. 1086년에 부왕인 술레이만이 세상을 떴던 것도 그 끊임없는 싸움의 와중에서가 아니었던가? 당시 겨우 일곱 살이던 클르츠 아르슬란은 충직한 족장들의 섭정 아래서 왕좌를 계승할 예정이었다. 하지만 그는 권력에서 밀려났고 신변의 안전을 이유로 페르시아로 보내졌다. 거기서 그는 깍듯한 노예들의 손에서 애지중지 길러졌지만 젊은 왕자는 자신의 왕국을 방문하면 안 된다는 공식적인 금지 속에서 철저하게 감시를 받았다. 사실 간수라는 표현이 어울릴 그의 말벗들도 일족의 구성원들로만 허락되었다. 그들은 바로 셀주크족[4]이었다.

혹시 11세기에 저 멀리 중국 땅으로부터 머나먼 프랑크인들의 땅에까지 모르는 이가 없는 이름이 있었다면 바로 그들이리라. 긴 머리를 땋은 수천의 유목민 전사들을 데리고 중앙 아시아로부터 온 셀주크 투르크족은 불과 몇 년 사이에 아프가니스탄에서 지중해에 이르는 거의 모든 지역을 평정해 버렸다. 1055년 이래 예언자의 후계자이자 저 찬란한 아바스 제국의 계승자인 바그다드의 칼리프도 셀주크족의 손에서 놀아나는 허수아비일 뿐이었다. 이스파한에서 다마스쿠스까지, 니카이아에서 예루살렘까지 셀주크족 에미르의 말이 곧 법이었다. 3세기만에 처음으로 동방의 무슬림 전체가 지난 시절 이슬람이 누렸던 영광을 탈환하겠다는 의지를 천명한 단일 왕조의 지배 아래 놓이게 된 것이다. 1071년에 셀주크한테 크게 당한 룸도 더는 힘을 쓰지 못했다. 이들이 지배하고 있던 가장 넓은 지역인 소아시아도 셀주크의 침공을 당했다. 그들의 수도 역시 안전하지 않았다. 알렉시오스를 포함한 황제들은 서유럽인들의 수장인 로마 교황에게 연달아 칙사를 보내 이슬람의 재건에 대항하는 성전을 일으킬 것을 호소하곤 했다.

클르츠 아르슬란은 이처럼 영광스런 가문의 후손임을 자랑스러워하긴 했지만 허울뿐인 투르크 제국의 단결을 믿을 만큼 호락호락한 인물이 아니었다. 사촌들인 셀주크 왕들이 하나로 뭉칠 수 없음은 누구나 아는 사실이었다. 살아 남으려면 죽여야 했다. 클르츠 아르슬란의 부왕은 형제들의 힘을 빌리지 않고 소아시아 지역, 즉 광활한 아나톨리아를 평정했다. 그리고 더욱 남쪽, 즉 시리아까지 세력을 확장하려다 사촌들에 의해 죽임을 당한 것이었다. 클르츠 아르슬란이 이스파한에 유배되어 있을 때 한때 부왕이 장악했던 지역 대부분은 갈가리 분할되었다. 1092년 말에 감시자들의 열띤 토론의 결과로 소년 클르츠 아르슬란이 권좌를 되찾았을 때만 해도 그의 권력은 니카이아라는 성벽 지대를 넘지 못하였다. 그 때 그의 나이 13세였다.

이윽고 군대의 에미르들의 조언을 받아들인 클르츠 아르슬란은 전쟁을 통해, 또는 살인과 계략을 통해 아버지가 물려준 땅의 대부분을 되찾았다. 이제 그는 궁전보다 말안장 위에 머무른 시간이 더 많았던 과거를 자랑스럽게 얘기할 수 있게 된 것이다. 그런데 프랑크인들이 들이닥치자 마냥 좋아할 수만은 없는 형편이 되어 버렸다. 소아시아 지역에서는 그와 경쟁하고 있는 셀주크 사촌들이 막강한 세력을 과시하고 있었다. 그나마 클르츠 아르슬란에게 다행이라면 시리아와 페르시아의 사촌 셀주크들이 저희들끼리 싸우느라 정신이 없다는 것이었다.

이처럼 불안한 시기에 특히 동쪽, 그러니까 아나톨리아의 척박한 고원 지대를 다스리고 있던 이는 다니슈멘드라는 특이한 인물이었다. 대부분 글을 몰랐던 투르크의 족장들과는 달리 '현자' 이자 출신이 알려지지 않은 무장인 그는 아주 다양한 학문을 장려했다. 후일 그는 ≪다니슈멘드 왕의 무훈가≫[5]라는 유명한 서사시의 주인공이 된다. 이 시의 지은이들은 다니슈멘드가 앙카라 남동쪽에 있는 아르메니아 도시인 말라트야를 정복한 사건이야말로 미래의 터키를 이슬람화하는 결정적인 전환점이라고 보았다. 1097년 초반, 그러니까 콘스탄티노플에 새로운 프랑크 원정대가 도착할 무렵, 클르츠 아르슬란은 말라트야에서 전투가 벌써 개시되었다는 소식을 들었다. 다니슈멘드는 그 도시를 포위한 채 공격을 하고 있었다. 젊은 술탄은 자기 아버지의 죽음 덕분에 아나톨리아의 북동부 전체를 장악하게 된 이 경쟁자가 그처럼 혁혁한 승리를 거두는 것을 앉아서 보고만 있을 수 없었다. 그를 저지하기 위해 클르츠 아르슬란은 몸소 군대를 이끌고 말라트야로 향했다. 그리고 다니슈멘드를 겁주기 위해 그의 진지 가까운 곳에 진을 쳤다. 양측의 긴장감이 고조되어 가는 가운데 소규모 접전이 잇달아 벌어졌고 사상자들의 수가 점점 늘어갔다.

1097년 4월, 피할 수 없는 정면 승부가 다가왔다. 클르츠 아르슬란은 이에 대비하고 있었다. 술탄은 정예병들을 말라트야 성벽 아래로 집결시켰다. 그 순간 기진맥진한 기병 한 명이 그의 진지로 급하게 뛰어들었다. 그는 숨을 헐떡거리며 소식을 알렸다. 프랑크인들이 또다시 몰려오고 있습니다. 그들은 벌써 보스포루스 해협을 건넜는데 이번에는 전보다 수가 훨씬 많습니다. 클르츠 아르슬란은 흥분하지 않았다. 불안해 할 것이 뭐 있겠는가. 벌써 프랑크인들을 겪어본 그는 그들을 어떻게 다루어야 할지 알고 있었다. 마침내 술탄은 니카이아 주민들을 안심시키기 위해서라기보다는 곧 해산이 임박한 젊은 왕비를 위해 기병대 일부를 차출하여 수도의 방위를 강화하러 보냈다. 그는 다니슈멘드와의 일을 마무리짓고 난 뒤에 곧장 돌아가기로 했다.

5월 초순, 클르츠 아르슬란은 전력을 다해 말라트야 전투에 임하고 있었다. 그런데 허기와 공포에 질린 또 다른 전령이 도착했다. 그의 행색을 본 술탄의 진영은 두려움으로 술렁거렸다. 프랑크인들이 니카이아의 코앞까지 와서 포위 공격을 가하고 있다고 했다. 그들은 지난 여름처럼 오합지졸의 순례자 무리가 아니라 제대로 무장을 한 수천 명의 기마병들이라는 것이었다. 게다가 이번에는 바실레이오스의 병사들도 함께라고 했다. 클르츠 아르슬란은 부하들을 안심시키려 했지만 정작 그 자신이 초조해 죽을 지경이었다. 니카이아로 돌아가기 위해 경쟁자가 말라트야를 손에 넣는 것을 보고만 있어야 한단 말인가? 또다시 수도를 지킬 수나 있을까? 그러다가 결국에는 이 두 개의 전선을 죄다 잃는 것은 아닐까? 충직한 지휘관들과 장시간 토의한 끝에 왕은 해결책을 짜냈다. 일종의 타협안이었다. 명예를 존중하는 다니슈멘드를 만나서 소아시아의 무슬림 전체를 위협하는 룸과 그들의 용병이 수행하는 정복 기도를 깨닫게 만든 다음, 대치 상태를 종식시키자고 제안하는 것이었다. 그는 다니슈멘드가 대답을 채 하기도 전에 군대의 일부를 서둘러 수도로 보냈다.

실제로 며칠 후에 휴전이 맺어지자 술탄은 지체하지 않고 서쪽으로 향했다. 그런데 니카이아 부근의 고지대에 도달한 그는 눈앞에 펼쳐진 광경을 보자 피가 거꾸로 솟구치는 것 같았다. 아버지로부터 물려받은 그 찬란한 도시가 사방으로 포위되어 있었던 것이다. 수많은 프랑크 병사들이 최후의 일전을 위해 이동식 탑들과 투석기, 석궁 따위를 분주히 배치해 놓고 있었다. 에미르들은 있으나마나 했다. 그들도 어찌해 볼 도리가 없었기 때문이다. 더 늦기 전에 후방으로 후퇴하는 수밖에 없었다. 그러나 젊은 술탄은 그런 식으로 수도를 포기하는 것을 받아들일 수 없었다. 그는 적들의 방어벽이 좀 느슨한 남쪽에서 마지막으로 돌파를 시도해 보자고 고집했다. 5월 21일, 새벽녘에 전투가 시작되었다. 클르츠 아르슬란은 미친 듯이 전장을 누볐다. 전투는 해가 질 때까지 계속되었다. 양측 모두 적잖은 손실을 입었으나 전세가 바뀌지는 않았다. 마침내 술탄도 더는 고집을 부리지 못했다. 그는 상황을 역전시킬 방도가 없다는 것을 깨달았다. 몇 주 아니 몇 달이 걸릴지도 모르는 패색이 짙은 싸움에 군사력을 총동원해서 몰두하다가는 아예 왕위까지도 위험해질 수 있기 때문이었다. 유목민의 핏줄을 이어받은 술탄은 자신의 권력 기반이 자기에게 복종하는 수천의 전사들에게 있지 욕심나는 도시를 소유하는 것에 있지 않다는 것을 알고 있었다. 그리하여 그는 동쪽의 코니아라는 가까운 도시를 새 수도로 삼기로 했다. 그의 후손들은 이 도시를 14세기 초반까지 수호하였다. 그 날 이후 그는 니카이아의 땅을 다시는 밟아보지 못한다.

퇴각하기에 앞서 술탄은 수도를 지키기 위해 결사 항쟁하고 있는 이들에게 전령을 보냈다. 자신의 고통스런 결정을 알리면서 "그들의 이해관계에 따라" 행동하라는 명령을 전하기 위해서였다. 술탄의 전언이 갖는 의미는 명백했다. 투르크 수비대는 물론이고 그리스계 주민들은 알렉시오스 황제에게 도시를 넘겨주어야지 프랑크 원조 병력에게 넘겨주어서는 안 된다는 뜻이었다. 이윽고 그들은 니카이아 남쪽에 진을 치고 있던 군대의 수장인 바실레이오스와 일련의 협상을 벌였다. 술탄의 부하들은 저희 대장이 원군을 데리고 돌아올 것이라는 믿음을 버리지 않은 채 시간을 벌려고 했다. 그러나 알렉시오스는 일을 서둘렀다. 서유럽인들이 여차하면 최후의 공세를 취할 태세를 하고 있는데 자기는 무슨 대답을 해주어야 할지 모르겠다며 은근히 으름장을 놓았던 것이다. 지난해 프랑크인들이 저지른 만행을 기억하고 있던 협상자들은 덜컥 가슴이 내려앉았다. 그들은 벌써부터 도시가 약탈당하고 남자들은 죽임을 당하며 여자들은 겁탈당하는 장면이 눈에 선했다. 그래서 술탄 부하들은 일찌감치 항복 문서를 작성하고 있던 바실레이오스의 손에 자신들의 운명을 맡기는 데 찬성해 버렸다.

6월 18일 밤부터 19일에 걸쳐 대부분 투르크인들로 구성된 비잔티움 군대는 배를 이용하여 쥐 죽은 듯 조용히 아스카니오스 호수를 건너 도시로 들어갔다. 수비대는 즉시 항복했다. 날이 밝을 무렵에 황제를 상징하는 푸른색과 황금색 깃발들이 성벽 위에서 펄럭였다. 프랑크인들도 공격 명령을 거두었다. 그나마 다행이라고 했던가. 클르츠 아르슬란은 작은 위안을 받았다. 나라의 고관들도 안전했고, 갓 태어난 왕손을 동반한 왕비 역시 비록 프랑크인들이 설쳐대고는 있었지만 콘스탄티노플에서 위신에 걸맞은 대접을 받을 수 있을 것이었다.

클르츠 아르슬란의 젊은 아내는 차카라고 하는 머리가 뛰어난 무장의 딸이었다. 차카는 프랑크인들이 침입해 오기 전에 꽤나 이름을 날리던 투르크 출신 에미르였다. 소아시아 지역에서 약탈을 자행하다가 룸인들에게 구금되었던 그는 그리스어를 쉽게 배워서 감시자들을 놀래더니 몇 달 후에는 아주 완벽하게 구사하게 되었다. 총명하고 수완이 좋은데다가 입심 또한 뛰어났던 그는 이후 황궁을 정기적으로 드나들면서 귀족의 칭호를 받기에 이르렀다. 그러나 이런 눈부신 출세에도 그는 성이 차지 않았다. 그가 마음에 두고 있는 것은 더 높은 곳에 있었다. 바로 비잔티움 황제 자리였다!

에미르 차카는 나름의 계획을 갖고 있었다. 일단 그는 에게해에 있는 스미르나 항에 정착하였다. 거기서 그는 한 그리스인 후원자의 도움으로 꽤 큰 규모의 함대를 구축하였다. 함대는 소형 쌍돛배들과 대형 쾌속 범선, 2단 또는 3단 갤리선 등 전부 합쳐 백 척에 가까운 규모였다. 첫 단계로 그는 로도스, 키오스, 사모스 등의 여러 섬을 점령하였고 마침내 에게해 전체까지 그 영향력을 행사하게 되었다. 이런 식으로 해상 왕국의 면모를 갖추고 나서 그는 스스로를 바실레이오스라 칭했다. 그는 스미르나에 비잔티움 황궁을 본뜬 자신의 궁전을 세우고 콘스탄티노플을 공격하기 위해 함대를 출동시켰다. 알렉시오스는 이 공격을 격퇴하고 투르크 함대 일부를 파괴하는 데 엄청난 노력을 기울여야 했다.

훗날 술탄의 장인이 될 차카는 낙심하지 않고 자신의 함대를 재건할 의지를 다졌다. 때는 1092년이 저물어 가던 무렵이었다. 클르츠 아르슬란이 유배에서 돌아오던 무렵, 차카는 술레이만의 이 젊은 아들이 룸인들과의 싸움에서 훌륭한 우방이 될 것이라고 내다보았다. 그리하여 그는 자신의 딸을 그에게 바쳤다. 그러나 젊은 술탄은 장인과는 전혀 다른 생각을 하고 있었다. 술탄은 콘스탄티노플을 함락시키는 것을 불합리한 짓으로 여겼다. 술탄이 소아시아 지역에서 세력을 다지려는 투르크 에미르들을 제거하는 데 골몰하고 있다는 것은 알 만한 사람들은 다 아는 사실이었다. 그 경쟁자들은 바로 에미르 중의 에미르인 다니슈멘드와 지나칠 정도로 야심만만한 차카였다.

술탄은 꾸물대지 않았다. 프랑크인들이 몰려오기 몇 달 전에 그는 장인을 향연에 초대하였다. 그리고 코가 비뚤어지도록 마시게 한 끝에 그를 칼로 벴다. 술탄 자신의 손으로였던 듯하다. 차카에게는 자리를 물려받을 아들이 한 명 있었으나 그는 아버지만큼 똑똑하지도, 야심가도 아니었다. 왕비의 오라비는 1097년까지 자신의 해상 왕국을 다스리는 데 만족해야 했다. 그 해 여름, 룸의 함대가 스미르나 해안에 느닷없이 나타나서 뜻하지 않은 전령을 내려놓았다. 바로 술탄의 아내, 왕의 누이였다.

술탄의 왕비는 비잔티움의 황제가 자신을 각별하게 배려하는 이유를 한참만에야 깨달았다. 황제가 그녀를 스미르나로 보냈을 때 그녀가 어린 시절을 보낸 그 도시는 모든 것이 평온해 보였다. 그녀는 오빠에게 알렉시오스가 니카이아를 손에 넣었다는 사실과 클르츠 아르슬란이 타격을 입었으며 룸과 프랑크 군대가 거대한 함대를 거느리고 머지않아 스미르나를 치러 올 것이라는 소식을 전해야 했다. 차카의 아들은 보위를 위해 누이 동생을 데리고 아나톨리아 어딘가 클르츠 아르슬란이 머물고 있는 곳으로 피신할 것을 제안받았다.

그 제안이 무시당하지 않은 덕분에 스미르나라는 해상 왕국은 지도에서 사라지게 되었다. 니카이아가 몰락한 다음날, 에게해의 해안선 전체, 모든 섬들, 소아시아 서부 전체가 투르크인들의 지배에서 벗어나게 된 것이다. 프랑크인들의 지원을 받는 룸인들은 더 멀리 진격하자는 결정을 내린 듯했다.

그러나 산악 지방으로 피신한 클르츠 아르슬란이 빈손으로 떠나온 것은 아니었다.

패배의 충격에서 어느 정도 벗어난 술탄은 적극적으로 반격을 준비하기 시작했다. **왕은 부대를 소집하였다. 왕이 지원병들을 모으고 지하드를 선포하였다**고 이븐 알 칼라니시는 적고 있다. 다마스쿠스의 연대기 저자들도 클르츠 아르슬란이 **모든 투르크인들에게 자신을 도우러 와줄 것을 호소하였으며, 그의 요청에 많은 이들이 응했다**고 덧붙이고 있다.

술탄은 다니슈멘드와 동맹을 맺자는 생각을 하고 있었다. 그러나 그 동맹이 그저 단순한 조약에 그쳐서는 안 되었다. 소아시아의 투르크 세력이 단일한 군대처럼 하나로 힘을 합쳐야 한다고 술탄이 생각할 만큼 상황은 절체절명이었다. 클르츠 아르슬란은 자신의 경쟁자가 승낙을 해 올 것으로 확신하고 있었다. 대단히 현실적인 전략가이면서도 독실한 이슬람 교도였던 다니슈멘드가 룸과 그 동맹인 프랑크인들의 전진을 위협으로 간주하지 않을 리가 없다고 생각했기 때문이다. 다니슈멘드도 프랑크인들이 자신의 영토로 진입하기 전에 이웃의 영토에서 대적하는 것이 낫다고 판단하였던지라 지체하지 않고 수천의 기마병을 이끌고 클르츠 아르슬란의 진지에 도착하였다. 그들은 형제의 의를 맹세하고 서로 조언을 아끼지 않으며 함께 전략을 짰다. 언덕을 덮고 있는 많은 전사들과 말들의 무리를 본 지휘관들은 다시금 힘이 솟았다. 그들은 때가 되면 적들을 쳐부수리라 다짐했다.

클르츠 아르슬란은 호시탐탐 기회를 엿보고 있었다. 룸의 진지에 숨어 들어간 정보원들은 중요한 정보들을 갖다 주었다. 프랑크인들은 내친 김에 니카이아를 넘어서 팔레스타인까지 진격하겠다고 큰소리를 치고 있다는 것이었다. 또한 그들의 이동로도 알려졌다. 주요 도시 중 술탄의 세력권에 유일하게 남아 있는 코니아 방향인 남동쪽으로 내려갈 것이라는 것이었다. 서유럽인이 넘어야 할 이 산악 지대에는 공격하기에 좋은 장소가 널려 있었다. 중요한 것은 매복 장소를 고르는 일이었다. 그 지역을 잘 아는 에미르들은 지체하지 않았다. 니카이아에서 나흘이 걸리는 도릴라이온 근처에 그리 깊지 않은 계곡으로 들어가는 좁은 길이 있었다. 그 언덕 뒤로 투르크 병사들을 집결시킬 수만 있다면 나머지는 그저 기다리기만 하면 될 일이었다.

1097년 6월 말, 클르츠 아르슬란은 작은 규모의 룸 부대를 동반한 서유럽인들이 니카이아를 출발했다는 소식을 들었다. 군사들을 이미 예정된 위치에 매복시켜 놓은 뒤였다. 7월 1일 새벽, 마침내 프랑크인들이 지평선에 모습을 드러냈다. 자신들을 기다리고 있는 운명에 추호도 의심을 품지 않은 투르크의 기마병들과 보병들을 숨을 죽이며 앞으로 나갔다. 술탄은 자신의 전략이 적의 정찰병들에게 들키지 않을까 내심 조마조마했다. 겉으로 봐서는 전혀 걱정할 것이 없음이 분명했다. 게다가 이 셀주크 왕을 흡족하게 했던 또 다른 점은 프랑크인들의 수가 알려진 것보다 훨씬 적어 보인다는 것이었다. 일부는 니카이아에 남아 있는 것일까? 그것은 알 수 없었다. 어쨌거나 우선은 수적인 우세를 이용하면 될 터였다. 게다가 기습 공격까지 보탠다면 그 날 하루는 흡족한 날이 될 것으로 보였다. 클르츠 아르슬란은 초조했지만 든든했다. 그보다 20년은 더 경험을 쌓은 다니슈멘드 역시 그러했다.

산봉우리 뒤에서 태양이 고개를 내미는 순간, 공격 명령이 떨어졌다. 투르크 기병대의 작전은 착착 진행되어 가고 있었다. 그들은 반세기 동안 동방에서 군사적 우위를 지킬 수 있게 해준 이 전술이 성공하리라 믿어 의심치 않았다. 그들의 군대는 활에 능숙하고 가볍게 무장한 기마병들이 거의 전부를 차지하고 있었다. 그들은 치명적인 화살을 쉴새없이 쏘아대며 밀물처럼 적에게 돌진했다가 새로운 공격진에게 자리를 내주기 위해 썰물처럼 빠져나오곤 했다. 이렇게 치고 빠지는 일을 연달아 하다 보면 대부분의 사냥감들은 당황하기 마련이었다. 그럴 때 그들은 육탄전을 개시하면 되었다.

그런데 도릴라이온의 전투가 벌어지던 그 날, 한 갑(岬)위에 참모진과 자리를 잡고 있던 술탄은 왕년의 투르크식 전술이 더는 통하지 않는 모습을 불안하게 바라보고 있었다. 실제로 프랑크인들은 끄떡도 하지 않았으며 반복되는 공격에 응수해야 할 압박도 받고 있지 않은 것 같았다. 그들은 오히려 완벽한 방어전을 펼치고 있었다. 프랑크 군의 주력 부대인 기사들은 엄청나게 두툼한 갑옷 속에서 버티고 있었다. 심지어 말들까지 무장을 시켜놓은 터였다. 그들은 둔하고 느리게 전진하고 있었지만 빗발치는 화살들로부터 놀랍도록 안전할 수 있었다. 전투가 개시된 지 몇 시간이 지나자 투르크 궁사들 가운데 희생자가 속출했다. 특히 보병들의 피해가 컸다. 그러나 든든하게 무장한 프랑크 군대는 건재했다. 차라리 육탄전을 개시해야 할까? 아니면 이 상황을 그대로 끌고가서 집요하게 공격을 계속해야 할 것인가? 기습 공격의 효과는 옛말이 된 지금 칼자루는 반대 진영으로 넘어갈 형편이었다.

멀리서 흙먼지가 이는 것을 본 몇몇 에미르들은 아예 후퇴 명령을 내리라고 술탄에게 조언했다. 프랑크 원군이 오고 있었고 그 수도 먼젓번보다 훨씬 많았다. 아침나절에 그들이 싸운 프랑크 군은 전위에 불과했던 것이다. 술탄으로서도 어쩔 도리가 없었다. 그는 퇴각 명령을 내려야 했다. 그러나 명령을 채 내리기도 전에 세 번째 프랑크 군대가 투르크 진영의 후방, 즉 참모진이 자리잡은 언덕으로 다가오고 있다는 전갈이 도착했다.

클르츠 아르슬란의 안색이 하얗게 변했다. 그는 말 등에 훌쩍 뛰어올라 산을 향해 전속력으로 달렸다. 군대를 먹여살리기 위해 늘 가지고 다녔던 그 유명한 보물들까지 포기하고서 말이다. 다니슈멘드가 그 곁을 따랐고 나머지 에미르들도 뒤를 쫓았다. 수많은 기병들도 자신들에게 남은 유일한 수단인 속도를 이용하여 정복자들이 쫓아오지 못하게 죽기살기로 전장으로부터 도망쳤다. 그러나 대부분의 병사들은 포위당한 채 속수무책으로 그 자리에 남겨졌다. 이븐 알 칼라니시는 이렇게 적고 있다. **프랑크인들은 투르크 군대를 초토화시켰다. 그들은 닥치는 대로 죽이고, 약탈하고, 노예로 팔아넘기기 위해 많은 포로들을 사로잡았다.**

패주하던 클르츠 아르슬란은 자신의 편에서 싸워주기 위해 시리아에서 온 기병들과 마주쳤다. 그러나 이미 때가 늦었음을 인정해야 했다. 이 프랑크인들은 수도 많은 데다 너무 강하여서 그들을 저지할 방도는 아무것도 없다고. 그 말마따나 한바탕 폭풍우가 지나가도록 내버려두기로 결심한 패배자 술탄은 아나톨리아의 광활한 고원으로 사라졌다. 그가 복수를 하기 위해서는 4년이라는 시간이 더 필요했다.

그나마 유일하게 침략자들에게 저항하고 있는 것이 있다면 자연이었다. 척박한 땅과 가파르고 좁은 산길, 그늘 하나 없는 길 위로 쏟아지는 뜨거운 태양은 프랑크인들의 전진을 더디게 하였다. 도릴라이온 전투 후, 한 달이면 넘을 수 있는 아나톨리아를 그들은 백일이나 걸려 넘었다. 그 동안 투르크인들의 패전 소식이 동방 곳곳에 퍼져나갔다. **이 수치스러운 소식은 이슬람 세계에 엄청난 공포를 불러일으켰다**고 다마스쿠스의 연대기 저자는 쓰고 있다. **많은 사람들이 공포와 불안에 사로잡혔다.**

무시무시한 기사들이 들이닥칠 것이라는 소문은 삽시간에 퍼져 나갔다. 그 중에는 7월 말, 시리아의 북쪽 끝자락에 있는 마을 알 발라나에 수천 명의 기사들이 싸우러 모인다는 소문도 있었다. 이 소문은 헛소문이었다. 프랑크인들은 지평선에 모습을 나타내지 않았다. 낙천적인 이들은 침략자들이 가던 길을 되돌아올 리가 없다고 생각했다. 이븐 알 칼라니시의 기록은 그 시대 사람들에게 영향을 미쳤던 점성술적인 비유에 담긴 희망을 반영하고 있다. **그 해 여름, 서쪽 하늘에 혜성 한 개가 나타났다. 그 혜성은 스무 날이나 계속 올라가더니 이윽고 흔적도 없이 사라져**

**버렸다.** 그러나 이러한 환상은 곧 사라져 버렸다. 소문은 점점 구체성을 띠어 갔다. 그리하여 9월 중순에 이르자 사람들은 프랑크인들의 전진 과정을 포착할 수 있었다.

1097년 10월 21일, 시리아에서 가장 큰 도시 안티오케이아에 날카로운 비명이 울려퍼졌다. "그들이 온다!" 몇몇 사람들이 성벽으로 뛰어갔지만 그들이 볼 수 있었던 것은 저 멀리 벌판 끝 안티오케이아 호수 근처에서 이는 희미한 먼지뿐이었다. 프랑크인들이 성벽까지 도달하려면 하루 아니면 그 이상을 행군해야 할 것 같았다. 그들은 기나긴 행군 후에 약간의 휴식을 취하려고 멈춘 듯했다. 그러나 만일의 경우를 대비해서라도 도시의 두툼한 성문 다섯 개를 미리 닫아 두는 것이 나을 것 같았다.

이른 아침 수크*의 왁자지껄함은 뚝 끊겼고 상인들과 손님들은 얼어붙은 듯 그 자리에 멈춰 섰다. 여자들은 기도문을 웅얼거렸다. 삽시간에 온 도시는 공포에 휩싸였다.

# 2장 저주받을 갑옷 제조인

**안티오케이아의 통치자인 야기 시얀은 프랑크인들의 접근 소식을 듣자 그 도시의 일부 그리스도 교도들이 폭동을 일으킬 것을 염려하였다. 그는 그들을 추방하기로 결심했다.**

프랑크인들의 침입이 시작된 지 1세기가 훨씬 지난 후에 아랍의 역사가 이븐 알 아시르[1]는 그 시대 사람들이 남긴 증언들에 기대어 이 사건에 대해 얘기하고 있다.

**첫날, 야기 시얀은 도시를 둘러싸고 있는 해자들을 말끔히 손보라고 무슬림들에게 명령했다. 이튿날에는 그리스도 교도들만을 보내 같은 일을 시켰다. 그는 그리스도 교도들에게 날이 저물 때까지 일을 시켰는데 그들이 돌아가려 하자 이 말을 하면서 막았다. "안티오케이아는 그대들의 것이다. 그러나 내가 프랑크인들하고 결판 지을 때까지는 이 문제를 나에게 맡겨야 한다." 그러자 그리스도 교도들이 물었다. "우리의 아내들과 아이들은 누가 지켜 줍니까?" 통치자**

**는 대답했다. "내가 그대들을 책임지겠다." 그는 추방된 자들의 가족들을 확실히 보호했으며 그들의 머리카락 한 올 건드리지 못하게 했다.**

1097년 10월, 셀주크 왕조를 40여 년이나 섬겨온 연로한 야기 시얀은 배반을 당할지도 모른다는 강박관념에 사로잡혀 있었다. 그는 성 밖에 집결해 있는 프랑크 군대가 성 내부의 공모자가 없는 한 결코 성벽을 돌파하지 못하리라고 확신하였다. 아무리 강한 공격이라도 끄떡없이 막아낼 이 도시가 하물며 포위쯤에 무너지겠는가. 점점 수염이 세어 가고 있는 이 투르크 에미르의 휘하에 있는 군사들은 기실 6천에서 7천 정도에 불과했으나 성 밖에 늘어서 있는 프랑크인들은 3만 명은 되었다. 그러나 실제로 안티오케이아는 난공불락의 도시였다. 성벽의 길이만도 2파르사크(1만 2천 미터)에 달했으며 세 가지 높이로 세워둔 망루들의 수가 적어도 360개는 되었다. 정교하게 재단된 석재와 벽돌들로 쌓아 올린 성벽은 동쪽으로 하비브 알 나자르 산을 타고 돌면서 난공불락의 성채를 떠받치고 있었다. 서쪽으로는 시리아인들이 알 아시, 즉 '성난 강'이라 부르는 오론테스 강이 흐르고 있었다. 이 강을 이렇게 부르는 데는 이 강이 종종 지중해로부터 나라 안쪽으로 거슬러 흐른다는 느낌을 주곤 했기 때문이다. 안티오케이아의 성벽을 타고 흐르는 강의 물길이 여간해서는 건너기 어려운 천연의 요새를 만들어 주고 있는 셈이었다. 남쪽으로는 흡사 성벽의 연장선처럼 보이는 요새들이 경사 급한 계곡 위로 솟아 있었다. 이런 점들을 종합해 볼 때 침략자들은 도시를 완벽하게 포위하기가 어렵고 방어자들은 외부와 연락을 주고받거나 물자를 공급받는 데 하등의 어려움이 없는 곳이 안티오케이아였다.[2]

도시에 비축된 식량 또한 넉넉했다. 도시의 벽은 건물들과 정원들뿐만 아니라 드넓은 경작지들까지 감싸안고 있었다. 무슬림의 정복을 뜻하는 '파드' 이전까지 안티오케이아는 20만 명의 인구를 자랑하는 로마의 도시 국가였으나 1097년에는 인구도 4만 명으로 줄고 사람이 살지 않는 지역은 벌판이나 포도밭으로 변해 있었다. 비록 과거의 영광은 잃었다지만 안티오케이아는 여전히 인상적인 도시였다. 이곳을 들르는 여행자—바그다드나 콘스탄티노플에서까지 오는—치고 지평선 아득히 펼쳐져 있는 첨탑들과 교회당들, 수크와 회랑들, 성채를 향해 뻗어 올라간 푸르른 경사면에 점점이 박혀 있는 호화로운 주택들을 보고서 감탄하지 않는 이가 없었다.

견고한 요새와 충분한 물자로만 보자면 야기 시얀으로서는 걱정할 것이 없었다. 다만 과거에 그랬듯 포위자들에게 성문을 열어 주거나 망루에 접근하기 쉽게 해줄 내통자가 나온다면 그 모든 방어책도 무용지물이 될 터였다. 대다수 그리스도교 관리들을 성 바깥으로 내쫓은 결정도 그 때문에 나온 것이었다.

다른 곳도 마찬가지겠지만 안티오케이아에 사는 동방의 그리스도교도들—그리스인, 아르메니아인, 마론 교도(시리아, 레바논 지역의 동양적 의식을 치르는 가톨릭 교도—옮긴이), 야곱파—은 프랑크인들이 들이닥칠 무렵에 이중의 압박을 받고 있었다. 같은 종교를 믿는 서양인들은 이들이 사라센인들에게 호감을 갖고 있다고 의심하면서 비열한 무리로 취급하였고 동향의 무슬림들은 이들이 침략자들과 내통하고 있다면서 내쳤다. 따지고 보면 종교와 민족적인 귀속감 사이의 경계는 실제 생활에서는 존재하지 않았다. 룸이라는 호칭조차 스스로를 언제나 바실레이오스의 백성들로 여기면서 그리스적인 의식을 받아들인 비잔티움인들과 시리아인들 모두를 지칭하였다. '아르메니아적인'이라는 단어는 교회와 사람을 함께 뜻하였다. 무슬림이 '민족, 국가'를 뜻하는 알 움마라는 말을 했다면 그것은 그가 속한 신앙 공동체를 얘기하는 것이었다. 따라서 야기 시얀의 생각에서는 그리스도 교도들을 추방한 것이 종교적인 박해라기보다는 안티오케이아를 오랜 동안 소유했고 이 도시의 탈환을 결코 포기해 본 적이 없는 적대 세력, 즉 콘스탄티노플의 시민들에게 전시 상황에서 취할 수 있는 행동이었다.

아랍의 대도시들 중에서 안티오케이아는 셀주크 투르크가 가장 늦게 손에 넣은 도시였다. 1084년에만 해도 안티오케이아는 여전히 콘스탄티노플의 세력권 안에 있었다. 그로부터 13년이 지난 1097년에 프랑크 기사단이 들이닥쳐 이 도시를 포위하자 야기 시얀으로서는 당연히 대다수가 그리스도 교도인 이 도시의 주민들과 공모해서 룸 정권을 재건하려는 시도로 볼 수밖에 없었을 것이다. 그러한 위험에 직면한 통치자 야기 시얀은 일말의 가책도 느낄 틈이 없었다. 그는 일단 '나사라', 즉 나자렛 사람의 추종자들—당시에는 기독교인들을 이렇게 불렀다—을 쫓아낸 다음, 밀과 기름, 꿀의 배급권을 접수하고 사소한 나태함도 엄중하게 처벌하면서 날마다 요새의 경계를 단속했다. 과연 그것으로 충분했을까? 어느 것도 확실하지는 않았다. 그러한 대책들은 지원군이 도착할 때를 기다리는 동안에나 행해질 것들이었다. 그나저나 지원군은 언제 온단 말인가? 안티오케이아에 사는 사람이라면 너나없이 이 질문을 해댔으나 야기 시얀이라고 해서 일반 시민들 이상의 뾰족한 대답을 해줄 수는 없었다.

프랑크인들이 아직은 멀리 있던 여름에, 야기 시얀은 시리아의 무슬림들에게 그 도시를 노리는 위험을 알리기 위해 자신의 아들을 급파했다. 이븐 알 칼라니시에 따르면 다마스쿠스에 도착한 야기 시얀의 아들은 성전을 언급했다고 한다. 그러나 11세기의 시리아에서 지하드는 곤경에 처한 왕자들이 관심을 끌기 위해 끄집어내는 구호에 불과했다. 사적인 이해가 없이 다른 에미르를 도우러 달려가는 일은 없었다. 그 때에나 신의 위대한 정의를 앞세울 따름이었다.

그런데 1097년의 그 가을, 야기 시안을 제외하고는 어떠한 지도자들도 프랑크의 침입에 직접적인 위협을 느끼지 않았다. 황제의 용병들이 안티오케이아를 탈환하고 싶어하는 일도 전혀 이상할 게 없었던 것이 이 도시는 늘 비잔티움적이었기 때문이다. 그래도 룸인들이 더 이상 전진하지는 않을 것이라는 생각도 없는 것은 아니었다. 게다가 야기 시안이 어려움에 처해 있다는 사실이 그 이웃들한테는 나쁠 것이 없었다. 10년 전부터 그는 걸핏하면 동맹을 파기하고 질시와 반목을 불러일으키는 일을 일삼으면서 그들을 우롱해 오지 않았는가. 그런데 이제 와서 저간의 다툼을 잊고 자기를 도우러 오라고? 자신들이 팔을 걷어붙이고 도우러 달려오지 않는 것이 어디 놀랄 일인가?

눈치가 빨랐던 야기 시안은 그들이 자신으로 하여금 애타게 기다리게, 도움을 구걸하게 만들면서 자신이 저지른 술책과 음모, 배신에 대한 대가를 치르게 하고 있다는 것을 알았다. 그럼에도 불구하고 그들은 안티오케이아가 바실레이오스의 용병들에게 속수무책으로 당하도록 내버려두지만은 않을 것이라고도 생각했다. 무엇보다 그는 무자비한 위기에서 살아 남을 방도를 강구하지 않으면 안 되었다. 그가 자란 셀주크 왕자들의 세계는 피비린내 나는 싸움으로 점철된 것이었으며 그 지역의 다른 통치자들처럼 안티오케이아의 통치자는 입장을 분명히 해야 했다. 만약 패배자의 편에 서게 된다면 그를 기다리고 있는 것은 죽음이거나 감옥, 아니면 명예의 실추일 것이다. 혹시 그가 승리자의 진영을 고르는 행운을 얻는다면 승리를 만끽함은 물론이며 덤으로 아름다운 포로들까지 받게 될지도 모를 일이었다. 물론 그것도 자신의 목숨을 걸어야 하는 새로운 분쟁 속에 빠져들기 전까지겠지만. 버티기 위해서는 좋은 패에 승부를 걸어야 하며 늘 같은 방식을 고집해서는 안 될 일이었다. 한 번의 실수도 치명적이었다. 자신의 침대에서 편히 눈감은 통치자들을 보는 일은 하늘의 별 따기이지 않은가.

한편 프랑크인들이 들이닥칠 무렵, 시리아의 정국은 '두 형제의 싸움' 으로 뒤숭숭했다. 어떤 인기 있는 재담꾼의 상상력도 비켜갈 만한 독특한 성격의 소유자들인 이 형제는 알레포의 왕인 리드완과 그의 동생인 다마스쿠스 왕 두카크였다. 이들의 증오심은 얼마나 깊었던지 공통의 위험 앞에서도 화해할 줄 몰랐다.

1097년, 갓 스물을 넘긴 리드완은 벌써부터 불가사의한 섬광에 둘러싸여 있는 인물이었다. 그와 관련된 아주 무시무시한 전설들이 퍼져나갔다. 왜소한 체구에 종종 사람을 얼어붙게 만드는 매서운 눈매를 가진 리드완은 아사신파[3]에 속해 있던 한 "점성술사이자 의사"의 손아귀에 놀아나고 있었다. 당시 조직된 지 얼마 안 되던 아사신파는 프랑크인들의 점령기 내내 중요한 역할을 한다. 사람들은 알레포의 왕이 정적을 제거하기 위해 그 광신도들을 이용한다는 이유 있는 비난을 하였다. 살인, 불경, 마법을 남용했던 리드완은 숱한 원성을 샀으나 가장 강한 미움을 불러일으켰던 곳은 다름 아닌 자신의 가족이었다. 1095년 왕위를 물려받을 즈음, 그는 언젠가 자신의 권력에 시비를 걸지 모른다는 두려움에 형제 둘을 목 졸라 죽이게 했다. 리드완이 보낸 힘 좋은 노예들이 들이닥치던 그 날 밤, 셋째 동생만이 구사일생으로 알레포를 탈출할 수 있었다. 그가 바로 두카크였다. 그 날 이후 그는 형에 대해 맹목적인 복수심을 불태웠다. 두카크는 다마스쿠스에 몸을 숨기는데 이곳의 주둔군은 그를 왕으로 옹립하였다. 우유부단한 데다 귀가 얇아 화를 잘 내고 몸도 허약했던 이 젊은 왕은 형한테 암살당하는 악몽에 줄곧 시달렸다.

이렇게 반쯤 미친 두 왕자들 사이에 있다 보니 야기 시얀으로서는 과업을 이루기가 수월치 않았다. 가장 가까운 이웃은 리드완이었다. 수도인 알레포가 안티오케이아에서 사흘이면 도달할 거리였던 것이다. 프랑크인들이 쳐들어오기 2년 전에 야기 시얀은 딸을 보내 리드완과 혼인을 맺게 하였다. 그러나 얼마 못 가 그는 이 사위가 자신의 영토마저 노리고 있다는 것을 깨달았다. 이번에는 그도 자신의 목숨을 걱정하기 시작했다. 그도 두카크처럼 아사신파에게 두려움을 느꼈던 것이다. 결국 공통으로 당면한 위험이 자연스럽게 두 사람을 묶어 주었다. 프랑크 군대가 안티오케이아로 진격해 올 즈음 야기 시얀은 다마스쿠스로 눈을 돌린 것이다.

그러나 두카크는 머뭇거렸다. 그가 두려웠던 것은 프랑크인들이 아니었다. 그는 자신의 군대를 알레포 쪽으로 보냈다가 형에게 자신의 배후를 칠 빌미를 결단코 제공하고 싶지 않았다. 동맹국의 결정을 이끌어 내기가 얼마나 어려운지 알고 있었던 야기 시얀은 마침내 자신의 아들인 샴스 알 다울라를 보내기로 작정했다.

'국가의 태양' 이라는 이름의 샴스 알 다울라는 총명하고 혈기왕성하였으며 쉽사리 포기할 줄 모르는 청년이었다. 샴스는 곧장 다마스쿠스 왕궁을 포위하고 두카크와 그 측근들을 으르고 달래면서 계속 채근했다. 그런데도 마지못해 군대를 북쪽으로 파견하겠다는 다마스쿠스 통치자의 승낙을 받아낼 수 있었던 것은 1097년 12월이 되어서였다. 안티오케이아에서 전투가 시작된 지 두 달이나 지난 시점이었다.

샴스는 일주일간의 행군 동안에 두카크가 마음을 바꾸고도 남을 사람이라는 것을 알았기에 그와 동행하기로 했다. 실제로 안티오케이아가 가까워지자 젊은 왕은 초조해 하기 시작했다. 12월 31일, 목적지를 3분의 1 정도 남겨두고 있던 다마스쿠스 군대는 무장이 덜 된 느슨한 프랑크 군대와 맞닥뜨렸다. 수적인 우세와 적을 포위하기 쉽다는 이점에도 불구하고 두카크는 공격 명령을 내리지 않았다. 잠시 우왕좌왕하던 프랑크인들은 그 덕분에 이내 전열을 가다듬고 그 상황에서 빠져나올 수 있었다. 승리자도 패배자도 없이 그 날은 저물었다. 그러나 다마스쿠스 군대는 훨씬 많은 인명 손실을 입었다. 두카크의 사기는 단번에 꺾였다. 그는 샴스의 절망적인 호소에도 불구하고 자신의 군사들을 거두어 오던 길로 되돌아가도록 명령했다.

두카크의 변심으로 안티오케이아 사람들은 이만저만 낙담한 것이 아니었으나 그들은 쉽사리 포기하지는 않았다. 그런데 1098년 초반, 희한하게도 재앙은 포위자들 진영에서 일어났다. 야기 시얀이 보낸 많은 첩자들이 적진에 잠입하는 데 성공하였다. 그들의 일부는 룸에 대한 증오심을 갖고 있었지만 대다수는 이렇게 해서라도 통치자의 온정을 구하고 싶어하는 그리스도 교도들이었다. 그들이 가져다 준 정보들은 시민들의 사기를 북돋아 주기에 충분했다. 포위당한 측의 식량은 풍부한 편이었지만 프랑크인들은 기아에 시달리고 있었다. 벌써 수백 명이 굶주림으로 죽어 갔고 대부분의 가축도 잡아먹었다고 했다. 다마스쿠스 군과 부딪혔던 원정대의 임무도 바로 양과 염소들을 찾아오거나 곳간을 터는 것이었다고 했다. 설상가상으로 침략자들의 사기를 꺾는 재앙들이 더해졌다. 시리아인들이 우스갯소리로 안티오케이아를 부르는 '오줌보'라는 별명에 걸맞게 쉴새없이 비가 쏟아지고 있었다. 포위자들의 진지는 진창으로 변해 버렸다. 게다가 땅은 지진으로 끊임없이 요동쳤다. 그 지방 사람들이야 익숙했지만 프랑크인들은 기겁을 했다. 하늘이 내린 벌에 자신들이 희생양이 되었다고 믿는 그들이 한데 모여서 하늘의 은총을 비는 기도 소리가 도시에까지 들렸다. 그들은 하늘의 분노를 누그러뜨리기 위해 진지에서 매춘부들을 내쫓고, 술집을 없앴으며 주사위 노름을 금하기도 했다. 탈영도 횡행하였는데 지휘관들이라고 예외는 아니었다.

그런 소식들은 당연히 방어자들의 사기를 고취시켜서 대담무쌍한 얘기들을 더 많이 퍼뜨리게 하였다. 이븐 알 아시르가 얘기하듯 **야기 시얀은 용기와 지혜, 그리고 놀랍도록 꿋꿋한 모습을 보였다.** 이 아랍 역사가는 열광적으로 이렇게 덧붙이고 있다. **프랑크인들 대다수가 죽어나갔다. 처음 들이닥쳤을 때만큼 수가 많았다면 그들은 모든 이슬람 나라들을 정복했을 것이다!** 다소 과장된 표현인 것은 분명하다. 그러나 몇 달이라는 긴 시간 동안 홀로 침략군에 맞선 영웅적인 안티오케이아인들은 그런 찬사를 들을 만했다.

원군은 여전히 감감무소식이었다. 1098년 1월, 소심한 두카크에게 화가 난 야기 시얀은 결국 리드완에게 눈을 돌렸다. 이번에도 샴스 알 다울라가 나섰다. 알레포의 왕에게 비굴하게 양해를 구하고 연달아 쏟아질 조롱을 묵묵히 감내하면서 이슬람이라는 명분과 혈연 관계를 내세워 안티오케이아를 구해줄 파병을 요청해야 하니 참으로 고통스러운 임무가 아닐 수 없었다. 자신의 매부가 그런 식의 논쟁에는 관심도 없거니와 장인인 야기 시얀에게 손을 내밀기보다는 오히려 끊기를 더 바란다는 것을 샴스가 모를 리 없었다. 그러나 주변의 상황이 심상치 않았다. 식량 부족에 시달리고 있는 프랑크인들은 셀주크 왕의 영토를 노략질하기 시작했다. 이들의 발길이 알레포 주변에까지 미치자 리드완은 그제야 자신의 영토에 대한 위협을 느꼈다. 마침내 안티오케이아를 돕기 위해서라기보다는 자신을 지키기 위해 리드완은 프랑크인들과 맞서 싸울 군사를 보내기로 하였다. 샴스의 생각이 맞아떨어진 것이다. 그는 아버지에게 알레포 군대의 공격 날짜를 알리면서 포위군을 몰아서 잡을 수 있도록 대규모 돌파전을 준비하시라는 전갈을 보냈다.

큰 기대를 걸지 않았던 리드완의 파병 소식을 전해들은 안티오케이아는 이 소식이 흡사 하늘이 내린 선물이라도 되는 양 흥분했다. 이것이야말로 백 일을 넘게 끌던 이 전투의 결정적인 전환점이 되지 않겠는가?

1098년 2월 9일, 오후로 접어든 시간, 성의 보초들이 알레포 군대가 다가오고 있음을 알렸다. 알레포 군대의 기마병은 수천은 됨 직했다. 반면 프랑크 군대는 굶주림으로 기마들까지 잡아먹는 바람에 변변하게 전투를 할 수 있는 인원은 고작 7, 8백 명에 불과했다. 수일 전부터 목이 빠지게 원군을 기다리고 있던 안티오케이아인들은 당장이라도 전투를 시작할 태세였다. 그런데 리드완이 군사들을 멈추게 하더니 천막을 치게 하는 것이었다. 공격 명령은 다음날까지 미루어졌다. 밤새 준비가 계속되었다. 안티오케이아의 병사들은 저마다 해야 할 일을 분명히 알고 있었다. 야기 시얀은 부하들이 제 몫을 잘 수행하리라는 것을 믿어 의심치 않았다.

그런데 그들이 간과하고 있는 것이 있었다. 그 싸움은 시작하기 전부터 이미 지고 들어간 싸움이었다. 용감한 프랑크 전사들의 소문을 익히 들은 리드완은 애당초 기가 질려 수적인 우세를 이용해 볼 엄두조차 내지 못했던 것이다. 그는 부대들을 전투 대형으로 전개시키기는커녕 보호할 궁리만 했다. 그는 포위당할 위험을 피하려고 그 날 밤 부대를 오론테스 강과 안티오케이아 호수 사이의 좁은 지역에서 숙영시켰다. 이윽고 새벽녘에 프랑크 군이 공격을 해왔다. 아니나 다를까 알레포 군은 혼비백산하였다. 장소가 협소하다 보니 제대로 움직이기조차 어려웠다. 말들이 날뛰었고 땅에 쓰러진 말들은 채 일어서기도 전에 다른 말들에게 짓밟혔다. 그런 상황에서는 전통적인 전술을 쓰는 것도, 궁사-기수들의 파상 공격을 펼칠 수 없는 것도 당연했다. 리드완의 부하들이 무방비 상태로 이리저리 밀리는 동안 갑옷으로 무장한 프랑크 기사들은 이들을 칠 기회를 쉽게 잡았다. 그것은 끔찍한 살육전이었다. 형언하기 어려운 난장판에서 프랑크 군에게 쫓기던 왕과 군대는 그저 빠져나갈 수 있기만을 바라야 했다.

한편 안티오케이아 성벽 아래의 전투는 다르게 진행되고 있었다. 날이 밝아오자 방어군은 포위군을 밀어내는 대량 돌파를 시도했다. 전투는 격렬했으나 야기 시얀의 병사들은 훌륭히 임무를 수행하고 있었다. 마침내 프랑크 군의 진지를 포위해 들어가기 시작할 정오 무렵, 알레포 군의 패주를 알리는 소식이 전해졌다. 비탄에 빠진 야기 시얀은 부하들을 성 안으로 불러들였다. 그러나 안티오케이아 군의 철군은 제대로 이루어지지 않았다. 리드완을 무찌른 프랑크 기사들이 의기양양하게 시신들을 앞세우고 돌아왔다. 안티오케이아 주민들은 곧 요란한 웃음소리와 쉿 하는 소름끼치는 소리를 들었다. 이어 투석기로 쏘아올린 알레포인들의 머리가 끔찍하게 난자당한 채 땅바닥에 떨어졌다. 이윽고 죽음 같은 정적이 도시를 휘감았다.

야기 시얀이 무슨 말을 해도 일단 떨어진 사기는 오르지 않았다. 그는 처음으로 이 도시를 둘러싼 사태가 심상치 않게 돌아감을 느꼈다. 서로 앙숙간이던 두 형제가 패주한 마당에 더 이상 시리아의 왕자들에게는 기대할 것이 없었다. 단 하나의 기회가 있다면 바로 모술의 통치자 에미르 카르부카였다. 아쉬운 점은 그가 안티오케이아까지 도달하는 데 2주일 이상 걸린다는 것이었다.

역사가인 이븐 알 아시르의 조국이기도 한 모술은 티그리스 강과 유프라테스 강의 대범람이 만들어준 비옥한 메소포타미아, 즉 '자지라'의 수도였다. 그곳은 정치, 문화, 경제의 수도라 할 만큼 중요한 의미를 지닌 곳이었다. 아랍인들은 사과, 배, 포도, 석류 등 모술의 풍부한 과실들을 찬양했다. 세계 곳곳으로 수출되었던 섬세한 옷감인 '모슬린'도 모술이라는 지명에서 유래한 것이었다. 프랑크인들이 들이닥쳤을 때 에미르 카르부카의 땅은 또 다른 귀한 자원을 벌써 캐내고 있었다. 수십 년 후에 이곳을 여행했던 이븐 주바이르가 경탄을 금치 못하며 묘사한 석유가 그것이다.[4] 먼 훗날 이 땅의 재산을 불려줄 그 검은 액체는 당시 순례객들에게도 이미 대단한 구경거리였다.

우리는 티그리스 강 부근의 알 카이야라[역청]라 부르는 지역을 지났다. 모술로 향하는 길 오른편에는 오목하게 패인 땅이 있다. 그 땅은 거무튀튀한 것이 흡사 먹구름을 밟고 지나는 것 같았다. 신께서 이곳에 크고 작은 샘들을 만들어 놓으시고 역청을 채취하게 하셨다. 그 중에는 부글부글 끓고 있는 듯한 덩어리를 분출하는 곳도 있다. 사람들은 연못을 파서 그것을 길어 올린다고 했다. 이 샘들 주변에는 거무튀튀한 못이 하나 있는데 사람들은 그 표면에 떠다니는 검은 거품 같은 것을 걷어낸 뒤 응고시켜 역청을 만들었다. 이 물질은 겉으로 보기에 대단히 끈적거리고, 매끈하고, 반짝거리며 아주 강한 냄새를 풍긴다. 우리는 소문으로만 듣고 참으로 신기하다고 생각하던 그것을 실제 두 눈으로 볼 수 있었다. 거기서 멀지 않은 티그리스 강 유역에는 그 연기만으로도 멀리서 알아볼 만큼 커다란 또 다른 샘이 있다. 사람들이 말하길 역청을 얻어내기 위해 그곳에 불을 놓는다고 했다. 불꽃이 액체 성분을 연소시키는 것이다. 그러면 사람들은 역청을 조각으로 잘라서 옮긴다. 이 역청은 시리아와 아크레는 물론 해안 지방에까지 널리 알려졌다. 알라께서는 원하신 바대로 창조하신다. 알라를 찬양하라!

모술의 주민들은 검은 액체를 효험 있는 치료제로 여겼던지라 병이 든 자들이 그곳에 몸을 담그러 오기도 했다. 석유로부터 얻어지는 역청은 집을 짓거나 벽돌들을 단단히 붙이는 데 썼다. 또 방수성 때문에 목욕탕의 벽을 바르는 데 쓰다 보니 벽이 윤기 나는 검정 대리석 외관을 띠게 되었다. 그러나 석유가 가장 광범위하게 쓰였던 것은 군사 분야에서였다.

이 장래성 있는 자원과는 별도로 모술은 프랑크인들의 침입 초기에 대단히 중요한 전략적 구실을 하였다. 이곳의 통치자들이 시리아를 관장할 권리를 획득했던 관계로 야심만만한 카르부카는 그 권리를 확실히 행사할 생각을 품고 있었다. 그러던 차에 도착한 야기 시얀의 구원 요청은 카르부카에게는 영향력을 확대할 절호의 기회였다. 그는 두말 않고 큰 군사를 일으켰다. 안티오케이아는 카르부카만을 기다리는 신세가 되었다.

특별히 하늘이 돕는 것 같은 그 인물은 과거에 노예였다. 그러나 투르크 족장들은 이 점을 별로 염두에 두지 않았다. 사실 셀주크의 왕자들은 충직하고 헌신적인 노예들을 중요한 자리에 앉히는 경우가 많았다. 군대의 지휘관이나 도시의 통치자 가운데는 노예 출신들이 많았다. '맘루크'*라 부르는 이들의 권력은 공식적으로 노예에서 해방될 필요조차 없을 정도로 대단했다. 프랑크의 정복 사업이 완수되기도 전에 이 맘루크 술탄들은 동방의 무슬림 지역 전체를 다스리게 된다. 1098년에만 해도 다마스쿠스와 카이로를 비롯한 몇몇 도시 국가들에서 가장 큰 영향력을 행사하고 있던 인물들은 바로 노예 출신이거나 노예의 아들들이었다.

카르부카는 그 중 가장 강했다. 점점 수염이 희끗희끗해져 가는 이 권위적인 관리는 투르크어로 '왕자의 아버지'라는 뜻을 가진 아타베그*로 불렸다. 셀주크 제국 지배 가문의 일원들은 유난히 죽음—전쟁, 암살, 처형 등—에 많이 노출되어 있었다. 따라서 성인이 채 되지 못한 후계자를 남겨두고 죽는 경우도 비일비재했다. 이 후계자들을 지키기 위해, 이들의 스승들은 양아버지 노릇을 하거나 대개는 제자의 어머니와 결혼을 하는 것이 관례였다. 그러다 보니 이 아타베그들이야말로 진정한 권력자가 되었고 자신의 아들에게 권력을 넘겨주는 경우도 허다했다. 정통 왕세자는 그들의 손에 놀아나는 허수아비이거나 더러는 볼모가 되기도 했다. 그런데도 외형만은 철저히 지켜졌다. 그리하여 군대는 전권을 아타베그에게 내준 서너 살 먹은 어린아이에 의해 공식적인 '명령을 받는' 일이 많았다.

이것이 바로 1098년 4월 말, 3만 명이나 되는 병사들이 도시의 관문에 집결해 있던 모술이 처한 특이한 상황이었다. 그들에게 다음과 같은 공식 칙령이 선포되었다. 갓난아기 시절부터 군대의 지휘권을 아타베그 카르부카에게 맡긴 한 셀주크 후손의 명령을 받아 용맹스런 전사들은 불경스러운 자들과 맞서는 성전을 수행하라.

모술의 아타베그를 섬기며 평생을 보낸 역사학자 이븐 알 아시르에 따르면 **프랑크인들은 카르부카의 군대가 안티오케이아로 향할 것이라는 소식을 듣자 기겁을 했다. 그들은 많이 지쳐 있었고 식량도 충분치 않았기 때문이다.** 반대로 방어군은 다시 희망을 얻었다. 무슬림 원군이 다가올 무렵에 맞춰 다시 한 번 돌파전을 펼칠 준비를 하였다. 아들 샴스 알 다울라의 효과적인 보좌를 받으면서 여전히 불굴의 의지를 불태우던 야기 시얀은 밀 보유량을 확인하고 요새들을 점검하였으며 "신의 허락을 받아" 머지않아 포위를 종식시키겠노라 하며 병사들의 사기를 북돋았다.

그러나 그가 대중 앞에서 공언한 다짐은 허풍에 불과했다. 수주일 전부터 상황은 눈에 띄게 나빠져 가고 있었다. 도시에 대한 포위망이 점점 좁혀졌고, 보급도 여의치 않았다. 무엇보다 걱정되는 일은 적의 진지에 대한 정보가 뜸하다는 것이었다. 자기들의 말과 행동이 야기 시얀의 귀에 새들어가고 있다는 것을 깨달은 프랑크인들은 내부를 철저히 단속하였다. 시얀의 첩자들은 프랑크인들이 한 남자를 꼬챙이에 꿰어 불에 구운 다음 살점을 먹으면서 첩자질을 하면 누구든 같은 신세가 될 것이라며 큰소리치는 모습을 목격하였다. 겁에 질린 첩자들이 그 길로 내빼버리는 바람에 야기 시얀은 쓸 만한 정보를 얻지 못하게 되었다. 노련한 군인의 입장에서 그는 극히 불안한 상황이라는 판단을 내렸다.

그나마 위안을 주는 것이 있다면 카르부카가 오고 있다는 것이었다. 5월 중순경이면 수만 명의 원군을 이끌고 안티오케이아에 도착할 것이었다. 안티오케이아 사람이라면 누구나 할 것 없이 그 순간을 애타게 기다리고 있었다. 주민들이 현실에 대한 희망을 담아 만들어 낸 소문들이 돌고 돌았다. 사람들은 속닥거렸고 요새를 향해 뛰어가 보기도 했다. 늙은 아낙들은 아직 풋풋한 병사들에게 어머니처럼 물어오곤 했다. 그러나 대답은 늘 같았다. 아니오. 원군의 모습이 아직 보이지는 않지만 늦지는 않을 겁니다.

모술을 출발한 무슬림 군대의 위용은 찬란했다. 수많은 창들이 햇빛을 받아 눈부시게 반짝거렸고 아바스와 셀주크 왕조의 문장을 새긴 검은색 깃발들이 기병들의 흰색 갑옷 물결 위에서 펄럭였다. 찌는 듯한 더위에도 행군은 계속되었다. 그 속도라면 안티오케이아에 2주일 안에 당도할 수 있을 터였다. 그러나 카르부카는 마음이 무거웠다. 출발하기 직전에 걱정스런 소식을 들은 까닭이었다. 프랑크 부대가 에데사를 점령했다는 소식이었다. 아랍인들에게 알 루하로 알려진 이 도시는 모술과 안티오케이아를 연결하는 도로의 북쪽에 위치한 아르메니아의 도시였다. 아타베그 카르부카로서는 이런 걱정을 하지 않을 수 없었다. 포위된 안티오케이아로 접근하는 동안 프랑크인들이 자신의 후면을 치지 않을까? 완전히 궤멸될지도 모를 위험을 감수해야 할 것인가?

그리하여 5월 초순, 그는 휘하의 지휘관들을 모아놓고 여정을 변경하기로 했다고 알렸다. 우선 북쪽으로 가서 며칠간 에데사 문제를 해결해 놓아야지 안티오케이아의 포위군들과 개운하게 맞설 수 있을 것이라는 얘기였다. 몇몇 지휘관들은 야기 시얀의 절박한 전갈을 상기시키며 반대를 표명하였다. 그러나 카르부카는 그들을 무시하였다. 일단 결정을 내리면 그는 요지부동이었다. 지휘관들이 마지못해 따르기로 하자 군대는 에데사로 연결되는 산길로 접어들었다.

사실 이 아르메니아 도시의 상황도 심각했다. 도시를 겨우 빠져나온 많지 않은 무슬림들이 전해준 소식은 이러했다. 2월에 보두앵이라 부르는 프랑크 군대 대장이 수백 명의 기병들과 2천 명이 넘는 보병들을 이끌고 도시로 들어왔다. 사실 이들을 부른 사람은 이 도시의 통치자인 아르메니아의 늙은 왕자 토로스였다. 그는 반복되는 투르크 전사들의 공격으로부터 도시를 지키기 위해 프랑크인들에게 도움을 청한 것이었다. 그러나 보두앵은 단순히 용병에 머무르지 않겠다고 했다. 그는 자신을 토로스의 공식 후계자로 지명해 달라고 요구했다. 연로하였으나 후사가 없었던 토로스는 그의 요구를 받아들였다. 아르메니아 관습에 따라 성대한 후계자 입양 의식이 거행되었다. 토로스는 폭이 넓은 흰색 의상을 차려 입었다. 상반신을 벗은 보두앵은 아버지의 가슴에 안기기 위해 '아버지'의 옷자락 안으로 미끄러져 들어갔다. 이윽고 '어머니', 그러니까 토로스의 아내 차례가 되었다. 보두앵은 호기심 어린 시선을 받으며 어머니의 옷 속으로 안기기 위해 다가왔다. 전통적으로 어린아이를 입양할 때 치르는 의식에서 '아들'이 장성한 털북숭이 기사로 바뀌었으니 참관인들도 흥미롭다는 듯 속닥거렸다.

그들이 전해준 얘기를 듣고 그 의식 장면을 상상한 무슬림 병사들은 배꼽이 빠지도록 웃어젖혔다. 그러나 이어지는 이야기는 소름이 끼치는 것이었다. 그 의식이 있고 며칠 후, '아버지와 어머니'는 '아들'이 태연자약하게 선동한 군중에 의해 몰매를 맞고 죽임을 당했다. 이윽고 보두앵은 스스로를 에데사의 '백작'이라 칭하고 프랑크족 동료들을 군대와 행정부의 요직에 앉혔다.

자신의 판단이 정확했다고 확신한 카르부카는 즉시 그 도시에 대한 포위령을 내리기로 했다. 그러자 다시 지휘관들이 막고 나섰다. 에데사에 있는 3천 명의 프랑크 병력으로는 수만 명이나 되는 무슬림 군대를 감히 공격해 오지 못할 것이라는 이유에서였다. 게다가 프랑크인들은 도시를 방어하기만 하면 되었으므로 포위 상황이 자칫 몇 달간이나 이어질 수도 있었다. 그 동안에 기다리다 지친 야기 시얀이 침략자들에게 항복해 버릴지도 모를 일이었다. 그러나 카르부카는 들은 척도 하지 않았다. 결국 그가 자신의 과오를 인정하고 안티오케이아로 황급히 말을 돌린 것은 에데사를 포위하느라 3주일을 허비하고 난 뒤였다.

한편 포위된 안티오케이아에서는 5월 초순에 들끓었던 희망이 암담한 절망으로 변해가고 있었다. 궁정이나 저잣거리나 할 것 없이 어째서 모술의 군대가 그렇게 늦는지 답답해했다. 야기 시얀은 완전히 절망했다.

6월 2일, 긴장은 절정에 달했다. 해가 저물기 직전, 프랑크인들이 전 병력을 모으더니 북동쪽으로 움직이기 시작했다는 다급한 보고가 들어왔다. 지휘관들은 물론 병사들조차도 단 한 가지 원인밖에 없다고 보았다. 카르부카가 가까이 와 있어서 포위군들이 움직였을 것이라고 말이다. 단 몇 분만에 그 소식은 입에서 입으로 옮겨지며 민가들과 요새 곳곳에 퍼져 나갔다. 도시는 다시 기운을 찾았다. 다음날이면 아타베그 카르부카가 도시를 해방시킬 터였다. 내일이면 악몽도 끝나리라. 그 날 저녁은 선선하고 습했다. 사람들은 불이란 불은 다 켜놓고서 밤늦도록 문간에서 얘기를 나누었다. 이윽고 기진맥진해진 안티오케이아는 희망에 부풀어서 잠이 들었다.

새벽 4시, 도시 남쪽에서 밧줄과 돌이 부딪히는 둔탁한 소리가 들렸다. 거대한 오각형 망루 꼭대기에서 한 남자가 몸을 매단 채 손으로 신호를 보내고 있었다. 꼬박 밤을 새웠는지 그의 수염은 심하게 헝클어져 있었다. 이븐 알 아시르는 그의 이름이 피루즈이며 **망루를 지키는 일을 담당한 갑옷 제조인**이었다고 쓰고 있다. 아르메니아 출신의 무슬림인 피루즈는 오랫동안 야기 시얀의 주변에 머물러 왔으나 암거래를 한 혐의로 얼마 전에 큰 벌금을 문 적이 있었다. 복수를 벼르던 피루즈는 포위자들 편에 가담하기로 했다. 그는 자신이 도시의 남쪽 계곡을 감시하는 창문을 통제하고 있으니 그곳으로 들어올 수 있게 해주겠다고 프랑크인들에게 제안하였다. 한술 더 떠 그는 그 얘기가 함정이 아니라는 것을 보여주기 위해 제 아들을 인질로 보냈다. 포위자들은 그에게 황금과 토지를 약속하였다. 그들은 6월 3일 새벽에 움직이기로 계획을 세웠다. 그리고 그 전날, 수비대의 눈을 속이기 위해 포위자들은 멀리 이동하는 시늉을 했던 것이다. 이븐 알 아시르는 이렇게 쓰고 있다.

> **프랑크인들과 이 저주받을 갑옷 제조인 사이에 합의가 이루어졌고 작은 창으로 기어올라온 그들은 문을 열고 더 많은 이들이 밧줄을 타고 올라오도록 하였다. 그렇게 하여 5백 명이 넘었을 때 그들은 기상 나팔을 불었다. 전날 늦게까지 잠을 이루지 못했던 방어자들이 채 눈을 뜨기도 전이었다. 야기 시얀은 벌떡 일어나서 무슨 일이냐고 물었다. 사람들은 나팔 소리가 성벽에서 들려오는 것으로 보아 필시 점령당한 것이 분명하다고 대답했다.**

소리는 '두 자매' 탑에서 들려왔다. 야기 시얀은 이내 사태를 깨달았다. 그는 모든 것이 끝났음을 알았다. 극심한 공포에 사로잡힌 그는 도시의 성문 한 개를 열게 한 뒤 몇몇 호위병들만을 거느린 채 황급히 빠져나갔다. 그는 혼미한 정신을 수습하지 못한 채 얼이 빠져 몇 시간을 달렸다. 2백 일을 버티던 안티오케이아의 통치자는 이렇게 무너지고 말았다. 그의 나약함을 비난하면서 이븐 알 아시르는 회한에 젖은 목소리로 그의 종말을 묘사하고 있다.

> **그는 가족을, 아들들을, 무슬림들을 버리고 온 일을 생각하며 흐느끼기 시작하였다. 그는 얼이 빠져서 말에서 떨어졌다. 수행원들이 부축하여 안장 위로 올려주려 했으나 그는 몸을 가누지도 못하였다. 그는 죽어가고 있었다. 그래서 수행원들은 그를 내버려두고 멀리 떠났다. 나중에 그곳을 지나던 한 아르메니아 나무꾼이 그를 알아보았다. 그는 야기 시얀의 목을 베어서 안티오케이아의 프랑크인들에게 갖다 바쳤다.**

도시 역시 화염과 피비린내로 아수라장이었다. 남녀노소 할 것 없이 진창이 된 골목길로 도망치려 했으나 기사들은 이들을 붙잡는 대로 가차없이 그 자리에서 목을 벴다. 살아 남은 이들의 비명마저 점점 잦아들자 벌써부터 술에 취한 프랑크 약탈자들의 고르지 못한 노랫소리가 이를 대신하였다. 불타버린 수많은 집들에서는 연기만이 피어오르고 있었다. 정오 무렵, 도시는 이미 거대한 초상집이었다.

1098년 6월 3일의 이 광란의 유혈극 가운데에서도 유일하게 냉정함을 지켰던 인물이 한 사람 있었다. 그는 바로 포기를 모르는 샴스 알 다울라였다. 도시가 침공을 당하자마자 그는 일단의 전사들을 모아 한 요새에 바리케이드를 쳤다. 프랑크 군은 여러 차례 이들을 끌어내 보려고 했으나 번번이 실패하였고 피해 또한 적지 않았다. 프랑크 군의 주요 지휘관인 보에몽은 긴 금발 머리의 거구였으나 그 자신도 부상을 입었다. 자신의 실패를 자인한 보에몽은 샴스에게 통행증을 끊어주겠으니 성채를 떠나라는 제안을 했다. 그러나 젊은 에미르는 일언지하에 거절했다. 안티오케이아는 자신이 언젠가는 물려받을 봉토가 아니던가. 그는 숨이 끊어지는 순간까지 싸울 작정이었다. 식량도, 날카로운 화살도 충분했다. 하비브 알 나자르 산 정상에 우뚝 솟아 있는 그 요새는 프랑크인들의 공략에도 수개월은 끄떡없을 것 같았다. 그들이 성벽을 기어오르기를 고집한다면 적어도 수천 명의 손실은 감수해야 할 터였다.

최후의 저항군들의 결심이 헛소리가 아님이 드러났다. 프랑크 기사들은 성채를 공략하는 것을 포기하고 일단 그 주위에 안전 지대를 만들기로 했다. 그러나 샴스와 그 무리들의 의기양양한 웃음소리를 듣자 그들은 이내 깨달았다. 안티오케이아가 함락된 지 사흘 후, 카르부카의 부대가 지평선에 모습을 나타냈던 것이다. 샴스와 불굴의 투지를 불태우던 한줌의 저항군은 이슬람 기병대의 출현이 믿어지지 않았다. 그들은 눈을 비비며 보고 또 보면서 감격의 눈물을 흘리며 서로 얼싸안고 기도를 드렸다. "알라후 아크바르! 신은 위대하시도다!" 원군이 외치는 요란한 함성이 요새에까지 들려왔다. 프랑크 군대는 안티오케이아 성벽 뒤로 숨어들었다. 이제는 포위자들이 포위당하는 신세가 되었다.

샴스는 기뻤으나 마음 한구석은 착잡했다. 고립된 요새에서 원군의 에미르들을 만난 그는 기다렸다는 듯 질문을 퍼부었다. 왜 이리 늦었는지, 어째서 프랑크 군이 안티오케이아를 손에 넣을 시간을 주어 주민들이 학살당하게 했는지? 그런데 놀랍게도 그의 얘기를 듣던 에미르들은 군대의 전술을 논하는 일은 접어두고 하나같이 그 모든 일의 원흉으로 카르부카를 지목하는 것이 아닌가. 카르부카는 교만하고 독선적이며 무능한 겁쟁이라는 것이었다.

사실 그것은 개인적인 반감의 문제가 아니었다. 그것은 모술 군대가 시리아로 입성하자마자 다마스쿠스 왕 두카크를 가담하게 만든 실제 음모와 관계가 있었다. 결정적으로 무슬림 군대는 통일된 군대가 아니라 그 이해관계 때문에 자주 충돌을 빚던 왕자들의 동맹일 뿐이었다. 사실 아타베그의 유별난 영토 욕심은 모르는 이가 없었으니 두카크가 자신과 동류인 에미르들에게 진짜 적은 아타베그 카르부카라는 사실을 납득시키는 일은 어렵지 않았다. 만약 카르부카가 불경스런 자들과의 전투에서 승리를 거둔다면 그는 구원자로 추앙받을 것이며 시리아의 모든 도시를 자신의 영향권 아래 예속시킬 수 있을 것이었다. 반대로 그가 패한다면 시리아의 도시들에 가해지는 위험은 멀어질 것이었다. 이런 위기 상황에 비한다면 그들에게 프랑크의 위협 정도는 아무것도 아니었다. 프랑크인들이 시리아에 자신들의 국가들을 세운다는 것은 상상할 수도 없는 노릇이었으니 룸인들이 용병의 힘을 빌려 안티오케이아를 탈환하기를 원한다 해도 특별히 심각할 것은 없다고 본 것이다. 이븐 알 아시르도 이렇게 썼다. **아타베그의 자만심은 그만큼 무슬람들의 미움을 사고 있었던 터라 그들은 싸움의 결정적인 순간에 그를 배반하기로 마음먹었다.**

그 군대는 외관만 화려했지 극히 작은 충격으로도 단번에 허물어져 버릴 진흙으로 만든 조각들이나 다름없었다! 안티오케이아를 포기했던 일은 눈감아 주기로 했으나 샴스는 이 비열한 짓은 말리고 싶었다. 그러나 그 일을 해결하기에는 시기가 좋지 않았다. 게다가 그의 희망도 오래 지속되지 못하였다. 도착한 다음날, 카르부카는 샴스를 불러 요새의 지휘권을 자신에게 양도하라고 요구했다. 샴스는 분개했다. 용감하게 싸운 사람은 정작 자신이 아니던가? 그 많은 프랑크 기사들과 대적한 자가 누구였던가? 안티오케이아의 정통 후계자는 자신이 아니던가? 그러나 아타베그는 대화를 거부했다. 대장은 자신이니 자기에게 복종하라는 것이었다.

야기 시얀의 아들은 그제야 깨달았다. 그 엄청난 규모에도 불구하고 무슬림 군대는 승리를 거두지 못하리라는 것을. 그나마 다행이라면 적진의 형편이 좀체 나아지지 않고 있다는 사실이었다. 이븐 알 아시르에 따르면 **안티오케이아를 점령한 뒤 프랑크인들은 열이틀을 아무것도 먹지 못하였다. 고위층은 탈 짐승들을 잡아먹었지만 가난한 이들은 썩은 시체와 풀뿌리로 연명해야 했다.** 프랑크인들은 지난 몇 달 동안에도 기아에 시달렸지만 그 동안에는 기회만 된다면 식량을 얻기 위해 주변을 약탈하러 나설 수 있었다. 그런데 포위를 당하고 보니 그조차 어렵게 되었다. 그들이 의지하고 있던 야기 시얀의 군수품도 거의 바닥이 나고 없었다. 탈영이 어느 때보다도 횡행했다.

하나같이 지치고 사기는 땅에 떨어진 두 군대가 1098년 6월에 안티오케이아에서 대치하고 있었다. 하늘도 어느 쪽의 편을 들어주어야 할지 모르는 것 같던 그 때, 희한한 사건 하나가 하늘의 결심을 굳히게 하였다. 서유럽인들은 이 사건이 기도의 결과라고 했지만 이븐 알 아시르가 전하는 이야기에 따르면 도저히 기적이라고 부를 수 없는 일이었다.

> **프랑크인들의 우두머리는 보에몽이었다. 그런데 대단히 꾀바른 수도사 한 명이 있었는데 그는 메시아의—주의 평화가 함께 하길—창이 안티오케이아의 큰 건물인 쿠샨 아래에 묻혀 있다고 장담했다. 그는 이렇게 말하였다. "그대들이 그것을 발견한다면 그대들이 이길 것이오. 그러나 그렇지 못하면 필시 죽음을 맞을 것이오." 사실 그는 창 한 개를 미리 쿠샨의 땅 밑에 묻어두고 흔적을 없앴다.**

**그는 사람들에게 안식일을 지키고 사흘 동안 금식을 하라고 명했다. 나흘째 되는 날, 그는 종자들과 일꾼들을 데리고 그 건물로 가서 여기저기를 파헤쳐 보게 하였고 마침내 그들은 창을 찾아냈다. 그러자 그 수도사는 외쳤다. "기뻐하시오. 승리는 분명 그대들 것이니!" 닷새째 되는 날, 그들은 대여섯 명씩 짝을 지어 성문을 나섰다. 무슬림들은 카르부카에게 말했다. "성문 곁에 자리를 잡고 밖으로 나오는 이들을 모두 해치워야 합니다. 그들이 흩어져 있으니 쉽지 않겠습니까!" 그러나 카르부카는 이렇게 대답하였다. "안 된다! 마지막 한 놈까지 모두 밖으로 나올 때까지 기다렸다가 한꺼번에 벨 것이다!"**

아타베그의 계산은 나름대로 일리가 있었다. 그처럼 기강이 서 있지 않은 병사들과 틈만 나면 탈영할 기회나 엿보고 있는 지휘관들을 데리고서는 포위를 길게 끌 수가 없었다. 프랑크인들이 싸움을 원한다 해도 그들이 도시로 다시 모일 위험이 있기 때문에 지나친 대규모 공격으로 그들을 겁주어서는 안 될 노릇이었다. 그러나 카르부카가 미처 예견하지 못했던 사실이 있었으니 그것은 기회를 기다리자는 그의 결정이 그의 몰락을 바라는 이들에게 악용될지 모른다는 점이었다.

프랑크인들이 전열을 가다듬는 동안 무슬림 진영에서는 속속 탈영이 일어나기 시작했다. 비겁함과 배반을 비난하는 소리가 높았다. 카르부카는 자신이 군의 통제권을 잃었다는 것과 프랑크인들의 능력을 과소평가했음을 깨달았다. 결국 그는 프랑크인들에게 휴전을 요청하는 수밖에 없었다. 그것은 자신의 편으로부터는 더더욱 신망을 잃는 일이자 결정적으로 적의 사기를 올려주는 일이었다. 그러나 프랑크 군은 그의 제안에 대답은 않고 오히려 무장을 강화하면서 투르크 궁사-기마대가 대규모 공격을 감행하도록 부추겼다. 하지만 두카크를 비롯한 대부분의 에미르들이 슬그머니 부대들을 거두어 돌아가 버리고 난 뒤였다. 점점 자신이 고립되어 가고 있는 것을 깨달은 카르부카는 퇴각 명령을 내렸지만 얼마 못 가서 패주하는 신세로 전락하였다.

무슬림 군대는 이처럼 "변변하게 칼이나 창 한 번 휘둘러 보지 못하고, 화살 한 번 쏘아 보지 못하고" 흩어졌다. 모술의 연대기 저자의 기록은 과장이 아니었다. **프랑크인들은 그것이 술책일지 모른다며 두려워했다. 그렇게까지 퇴각할 만한 싸움도 벌어지지 않았기 때문이다. 그래서 그들은 무슬림들의 뒤를 쫓는 일을 포기하기로 했다!** 카르부카는 군대 일부만을 건져 모술로 돌아갈 수 있었다. 그가 품었던 야망은 한때 그가 구하겠노라고 호언장담하였으나 이제는 프랑크의 수중에 들어간 안티오케이아의 성문 앞에서 물거품이 되어 버렸다. 그 도시는 아주 오랫동안 프랑크인들의 수중에서 벗어나지 못할 것이었다.

그러나 더욱 심각했던 문제는 그 수치스런 날 이후에도 침략자들의 전진을 막을 만한 어떤 힘도 시리아 땅에는 없었다는 것이다.

# 3장 마라의 식인종

**그곳이 야수들을 키우는 사육장인지 내 집인지, 내 고향인지 분간 할 수가 없었다!**

이름이 알려지지 않은 마라의 한 시인이 내뱉은 한탄은 그저 형식적인 표현이 아니었다. 그의 글을 문자 그대로 가슴 아프게 읽을 때 궁금해지지 않을 수 없다. 과연 1098년 말에 시리아의 도시 마라에서는 무슨 일이 벌어졌던 것일까?

프랑크인들이 들이닥치기 전까지 이 도시의 주민들은 그들의 원형 성곽 안에서 평화롭게 살고 있었다. 그들은 올리브와 무화과, 포도를 재배하면서 풍족하지는 않지만 조촐한 생활을 영위하였다. 도시는 알레포의 리드완이라는 명목상의 봉건 군주를 섬기는, 큰 야심은 없으나 용감한 지방 호족이 다스리고 있었다. 마라의 자랑거리 중 하나는 아랍 문학에서 추앙받는 위대한 문인 중 한 사람을 배출한 것인데 바로 1057년에 사망한 아불 알라 알 마리였다. 자유로운 사상가였던 이 맹인 시인은 금기에도 아랑곳 않고 당대의 풍속을 솔직하게 묘사하였다. 가령 이런 글이 있다.

**세상 사람들은 두 종류로 나뉜다.**
**한편은 머리는 가졌으나 종교를 갖지 못하였으며,**
**종교를 가진 자들은 머리를 갖지 못하였다.**

그가 죽고 40년이 지난 후, 멀리서부터 온 광신도들은 결국 저 전설적인 비관주의만큼이나 무신론적인 사고를 가졌던 이 마라의 아들이 옳았음을 보여주었다.

**운명은 우리가 유리라도 된 듯 짓뭉갠다.**
**우리의 파편들은 다시는 붙일 수 없으리.**

그의 도시는 결국 폐허로 변하게 되는 바, 시인이 동포들에게 그처럼 자주 피력하던 환멸의 가장 잔인한 예증을 보이게 될 터였다.

1098년 초반, 마라의 주민들은 사흘이면 가 닿을 안티오케이아의 전황을 불안하게 주시하고 있었다. 이윽고 프랑크인들은 안티오케이아를 손에 넣더니 마라 인근의 마을에까지 노략질을 하러 나서기 시작했다. 마라는 아직 안전하였으나 주민들 일부는 좀 더 안전한 알레포나 홈스, 또는 하마로 대피하였다. 그들의 우려는 곧 현실로 드러났다. 11월 말, 수천의 프랑크 병사들이 도시를 에워싸기 시작했다. 일부 주민들만 겨우 빠져나올 수 있었을 뿐 대다수는 포위된 도시 안에서 꼼짝할 수 없었다. 마라에는 무장 병력이 없었다. 군대 경험이 없는 수십 명의 청년들만이 황급히 민병대로 소집되었을 뿐이었다. 2주일 동안, 그들은 가공할 기사들에 대항하여 용감하게 싸웠다. 심지어 성벽 위에서 벌들이 가득 붙은 바위를 침략자들에게 내던지기까지 했다. 이븐 알 아시르는 이렇게 말하고 있다.

**이들의 저항이 만만치 않음을 본 프랑크인들은 요새의 높이에 버금가는 나무탑을 만들기 시작했다. 이를 보자 기겁하고 사기가 떨어진 무슬림들은 차라리 도시의 높은 건물들을 단단히 단속한 뒤 방어를 하는 편이 나을 것이라 생각하였다. 그래서 그들은 자신들이 지키고 있던 자리를 버리고 성벽을 떠났다. 다른 이들도 이들의 뒤를 따르며 성벽 여기저기를 포기하였다. 이런 식으로 얼마 지나지 않아 성벽 전체가 무방비 상태로 남겨졌다. 프랑크인들은 사다리를 이용하여 성벽을 기어올랐다. 도시 높은 곳에서 이 모습을 본 무슬림들은 싸울 의욕을 잃어버렸다.**

12월 11일 밤이 왔다. 너무 어두웠던지라 프랑크인들도 도시로 진입하는 것을 주저하고 있었다. 마라의 유지들은 침략자들의 우두머리이자 안티오케이아의 새로운 통치자로 떠오른 보에몽과 접촉하려 했다. 프랑크인들의 대장은 주민들이 항전을 포기하고 건물 몇 곳으로 피신한다면 목숨을 살려주겠다고 약속했다. 지푸라기라도 잡는 심정으로 주민들은 몇몇 건물과 동굴에 무리를 지어 모였다. 그들은 두려움에 떨며 밤을 지샜다.

날이 밝아오자 프랑크인들이 들이닥쳤다. 학살이 시작되었다. **사흘에 걸쳐 그들의 칼날에 십만 명 이상의 사람들이 죽어갔고 많은 이들이 포로로 잡혔다.** 사실 이븐 알 아시르가 기록한 이 숫자는 과장이라고 볼 수밖에 없다. 함락되기 전에 이 도시의 인구는 만 명 남짓이었기 때문이다. 그러나 그들을 기다리고 있는 상상할 수조차 없는 운명을 생각한다면 희생자들의 숫자에 담겨 있는 공포는 하찮은 것이었다.

**마라에서 우리들은 이교도 어른들을 커다란 솥에 넣어 삶았다. 또 그들의 아이들을 꼬챙이에 꿰어 불에 구웠다.** 이것은 프랑크 군대의 연대기 저자인 라울 드 카엥의 고백이다. 마라의 주민들이 그것을 읽었을 리야 없지만 그들은 죽는 날까지도 자신들이 보고 들은 것을 잊지 않았을 것이다. 구전된 이야기와 그 지방 시인들이 면면이 지켜온 그 잔인한 장면의 묘사는 사람들의 가슴속에 프랑크인들에 대한 지우기 어려운 환영으로 자리잡았다. 이 사건이 있기 3년 전에 마라 근처의 샤이자르라는 도시에서 태어났던 연대기 저자 우사마 이븐 문키드[1]는 훗날 이렇게 썼다.

> **프랑크인들에 대해 잘 아는 이들은 모두 한결같이 그들에게서 엄청난 용기와 전투에 대한 열정을 갖춘 맹수의 모습을 보았다. 그들은 힘 세고 호전적인 동물들이었다.**

시리아에 들이닥친 프랑크인들이 보여준 모습을 냉정하게 잘 판단한 묘사가 아닐 수 없다. 자신의 문화적 우월성을 믿고 있으나 전의를 상실해 버린 아랍 민족으로서는 당연히 두려움과 경멸이 혼재된 감정을 가지고 있었을 것이다. 투르크인들은 서유럽인들의 그 살육을 결코 잊지 않았다. 이후 아랍의 서사 문학 속에서 프랑크인들은 줄곧 식인종으로 묘사되곤 했다.

그렇다면 프랑크인들에 대한 이런 관점은 온당치 않은 것이었을까? 서유럽의 침입자들은 단지 생존이라는 목적으로 순교 당한 도시 주민들의 인육을 먹었던 것일까? 그 이듬해 그들의 지휘관들은 교황에게 보낸 공식 서한에서 그 사실을 확인해 주고 있다. **마라에 주둔한 군대에 무시무시한 기근이 엄습하였던 바 사라센인들의 시신으로 연명할 수밖에 없는 잔인한 상황에 처하게 되었습니다.** 그러나 이것은 표면적인 이유일 뿐이다. 마라 지역의 주민들은 그 겨울에 벌어진 재앙을 설명하는데 기근은 충분한 이유가 되지 못한다고 주장하였다. 그들은 광분한 프랑크족 무리인 타푸르[2]들이 사라센인들을 가죽을 벗겨 먹을 것이라고 외치며 거리를 누비는 모습과 노획물을 먹어치우기 위해 불가로 몰려드는 모습을 보았다. 그것은 불가피한 식인이었을까? 아니면 광신적인 의식이었을까? 그 어느 쪽도 현실성이 없기는 마찬가지다. 어쨌거나 그것을 목격한 이들은 경악을 금치 못하였으며 후세에 남겨진 기록들[3]도 그들이 집착한 병적인 상황을 놀랍게 보고 있다. 개인 자격으로 마라의 전투에 참가했던 프랑크인 연대기 저자 알베르 덱스도 이런 관점에서 그 무시무시한 상황을 증언하고 있다. **우리들은 투르크인들과 사라센인들의 인육을 먹는 일은 물론이거니와 심지어 개조차 먹는 일도 마다하지 않았다!**

시인 아불 알라의 도시를 강타한 형벌은 1099년 1월 13일이 되어서야 끝이 난다. 횃불을 든 수백 명의 프랑크인들이 거리를 돌며 집집마다 불을 놓았다. 물론 도시는 벌써 파괴될 대로 파괴되어 있었다.

마라의 비극은 수세기가 흘러도 메워지지 않을 깊은 골을 아랍인들과 프랑크인들 사이에 만들었다. 그러나 겁에 질린 주민들은—강요받지 않는 한—저항할 엄두조차 내지 못했다. 가는 곳마다 한 무더기의 폐허를 남기면서 침략자들이 남쪽으로 향하자 시리아의 에미르들은 기다렸다는 듯 공물을 한아름 실은 밀사들을 파견하여 자신들의 선의를 알리고 필요한 도움을 얼마든지 제공하겠다는 의사를 표시하기에 바빴다.

선두는 술탄 이븐 문키드였다. 그는 연대기 저자인 우사마의 숙부로서 샤이자르라는 소국을 다스리고 있었다. 마라를 출발한 프랑크인들이 다음날이면 그의 영토에 도달할 예정이었다. 그들의 우두머리는 아랍의 역사가들 사이에서 가장 자주 거론되는 지휘관들 중 하나인 레몽 드 생 질이라는 기사였다. 에미르는 서둘러 그에게 특사를 파견하였고 일사천리로 협정이 맺어졌다. 술탄은 프랑크인들에게 식량을 지원할 뿐 아니라 프랑크인들이 샤이자르 시장에서 말을 사는 일을 허락하고 시리아의 나머지 지역을 무사히 통과할 수 있도록 안내인까지 붙여준다는 조건이었다.

그 즈음 프랑크인들의 진로는 몰라도 적어도 그들의 목적지를 모르는 사람은 없었다. 그들은 최후 목적지가 예루살렘이며 예수의 무덤을 탈환할 것이라고 줄곧 목청 높여 외쳐오지 않았던가? 그러자 성스런 도시로 가는 길목에 자리잡은 마을들은 하나같이 이들이 몰고 올 재앙에 대비하느라 분주했다. 궁핍한 자들은 인근 숲에 몸을 숨겼으나 이곳 또한 사자나 늑대, 곰, 하이에나 등 맹수들이 출몰하는 곳이었다. 어느 정도 재산을 갖고 있던 자들은 나라의 안쪽으로 이주하거나 가장 가까운 요새로 몸을 숨겼다.

1099년 1월의 마지막 주, 그러니까 프랑크 군대가 코앞까지 접근해 왔다는 소식이 전해졌을 때 부카야의 가장 비옥한 곡창 지대의 농부들이 택한 해결책도 바로 이것이었다. 가축과 연료, 밀 등을 모은 뒤 그들은 히슨 알 아크라드로 올라갔다. 여간해서는 접근이 어려운 험준한 산봉우리 정상에 지어져서 "쿠르드인의 요새"라 불리던 이 성채에서는 평원 전체는 물론 저 멀리 지중해까지 내려다보였다. 비록 이 요새는 오랫동안 방치된 채로 있었지만 그 벽은 여전히 견고하였던지라 농부들은 그곳을 피신처로 삼은 것이었다. 그런데 늘 식량이 아쉬웠던 프랑크인들은 곧장 그곳을 포위하였다. 1월 28일, 프랑크 군사들이 히슨 알 아크라드의 성벽을 기어오르기 시작했다. 불안해진 농부들은 계략을 짜냈다. 그들은 성문을 차례로 열어서 프랑크 군대 일부를 들어오게 하였다. 그러자 프랑크인들은 싸울 생각은 잊어버린 채 정신 없이 가축들에게 몰려들었다. 그 아비규환 속에서 기세가 등등해진 방어자들은 아예 돌파 작전을 감행하였고 프랑크 지휘관인 생 질의 막사에까지 다다르게 되었다. 호위대가 대장보다는 가축에 눈이 멀어 뿔뿔이 흩어져 버렸던 까닭에 생 질은 포로로 잡힐 뻔한 위기를 넘겨야 했다.

농부들은 자신들의 전략이 성공한 것을 무척 뿌듯해 했다. 그러나 포위자들이 머지않아 복수하러 돌아올 것이라는 것을 모르지는 않았다. 다음날, 생 질은 부하들에게 성벽을 공략하라는 명령을 내렸으나 그들은 성벽을 오르지 않았다. 이번에도 방어자들이 새로운 계략을 꾸몄을지 모른다고 생각했던 것이다. 실제로 그 계략은 그 중 가장 현명한 것이었다. 부카야 주민들은 어둠을 틈타 소리 없이 요새를 빠져나가 멀리 피신했다. 그리하여 40년 후에 프랑크 군이 세운 가장 막강한 요새 가운데 하나가 될 히슨 알 아크라드 진지는 프랑크인들의 수중으로 떨어졌다. 그 이름도 바뀌는데, '아크라드'는 '크라트'로, 그러다가 '크락'으로 바뀌었다. '크락 드 슈발리에(기사들의 요새)'[4]는 오늘날에도 여전히 위압적인 모습으로 부카야 평야를 내려다보고 있다.

1099년 2월, 며칠 동안 프랑크 군의 사령부 노릇을 하게 된 그 성채 주변에서 특이한 장면들이 목격되곤 했다. 인근 마을들은 물론이고 다른 여러 마을들로부터 금과 옷감, 식량 등을 가득 실은 노새 행렬이 이어졌다. 당시 시리아는 아주 작은 부락조차도 독립적인 군주국으로 자처할 만큼 정치적 분열이 극에 달해 있었다. 그들은 자신들의 군사력만으로는 스스로를 지키거나 침략자들을 상대하기에 턱없이 부족하다는 것을 알고 있었다. 왕자든, 카디든, 귀족이든 누구라도 지극히 미미한 저항만으로도 자신의 공동체를 단번에 위험에 몰아넣을 수 있었다. 그리하여 그들은 애국심은 따로 묻어둔 채 억지 미소를 지으며 공물을 지참하고 프랑크인들에게 존경을 표하러 찾아왔다. **네가 부러뜨리지 못할 팔이라면 그것을 껴안고 그 팔을 부러뜨릴 수 있도록 신에게 기도를 하라**는 그 지방 속담을 따르기나 하는 듯.

홈스의 통치자였던 에미르 자나 알 다울라의 행동도 이러한 현명한 체념을 담고 있었다. 그는 불과 7개월 전만 해도 아타베그 카르부카의 가장 믿음직한 동맹으로 용맹을 떨친 전사였다. 이븐 알 아시르도 **자나 알 다울라야말로** 안티오케이아 앞에서 **가장 늦게 퇴각하였음**을 확인해 주고 있다. 그러나 상황은 더 이상 열렬한 전사나 신도를 필요로 하지 않았다. 에미르는 생 질에게 극진한 호의를 표했으며 그에게 일반적인 선물 이상의 엄청난 물량의 말을 바쳤다. 홈스의 특사들은 나긋나긋한 어조로 자나 알 다울라께서는 기사들에게 말이 부족하다는 것을 알고 계시다는 말을 전하는 것을 잊지 않았다.

가구조차 없던 히슨 알 아크라드의 널따란 방에 줄지어 찾아온 특사들 중에 가장 우호적이었던 이들은 트리폴리스의 대표였다. 도시의 유대 장인들이 만든 호화로운 장신구들을 차례로 꺼내 보이며 트리폴리스의 특사들은 시리아 지역에서 가장 존경받는 왕자인 카디 잘랄 알 물크의 이름으로 프랑크인들을 환영한다고 전했다. 카디 잘랄 알 물크는 트리폴리스를 동방 아랍의 보석으로 만든 바누 암마르 가문의 사람이었다. 요컨대 그는 단지 무력으로 봉토를 늘려간 숱한 군인 가문의 일족이 아니라 문인 왕조의 일원이었다. 이 가문의 시조는 카디로 불렸으며 이후 그 도시의 군주들은 대대로 이 명칭을 지켜왔다.

프랑크인들이 접근해 오고 있던 시기, 트리폴리스와 그 인근은 현명한 카디들의 덕으로 주위의 질시를 살 만큼 안정과 번영을 구가하고 있었다. 시민들의 자랑거리인 이른바 거대한 '문화의 집' 다르 알 일름은 당대에 가장 중요한 도서관 중의 하나로서 10만여 권의 장서를 보유하고 있었다. 도시 주변은 올리브와 케롭, 사탕수수, 그리고 온갖 과일을 풍족하게 생산하는 나무들이 에워싸고 있었다. 또 그 항구는 대단히 활발한 교역의 장으로 알려져 있었다.

트리폴리스가 침략자들 때문에 골치를 앓게 된 것은 바로 도시가 누리는 이런 풍족함 때문이었다. 히슨 알 아크라드에 보낸 특사를 통해 잘랄 알 물크는 생 질에게 동맹 협상을 하기 위해 트리폴리스로 대표를 파견해 달라는 의사를 전했다. 그러나 그것은 이만저만한 실수가 아니었다. 프랑크 대표들은 트리폴리스의 정원들과 궁전들, 항구, 금은 세공품이 즐비한 시장 등에 그만 넋이 나가 정작 카디의 제안은 듣는 둥 마는 둥 했다. 그들의 머릿속에는 벌써 이 도시를 수중에 넣고 약탈할 궁리만이 가득했다. 그리하여 그들은 아마도 귀로에 오르면서 대장의 탐욕을 자극할 모든 수단을 짜냈을 것이다.

자신의 동맹 제의에 대한 생 질의 회답을 순진하게 기다리던 잘랄 알 물크는 그 해 2월 14일, 트리폴리스 공국 제2의 도시인 아르카를 프랑크 군이 포위하였다는 청천벽력 같은 소식을 들었다. 실망도 실망이었지만 무엇보다 두려움을 느낀 그는 침략자들의 작전이 다름 아닌 수도를 손에 넣기 위한 첫 단계에 불과함을 깨달았다. 그렇다면 안티오케이아와 다름없게 될 운명을 어떻게 피할 것인가? 잘랄 알 물크의 눈앞에는 수치스럽게 죽임을 당하고 망각 속에 내던져진 야기 시얀의 모습이 선했다. 마침내 트리폴리스에서는 장기간의 봉쇄 작전에 대비하여 군수품을 모으기 시작했다. 불안해진 주민들은 과연 침략자들이 아르카에서 얼마 동안 지체할지 궁금해 했다. 기대하지 않은 유예의 시간이 하루하루 흘러갔다.

2월이 지나고 3월과 4월도 지나갔다. 여느 때처럼 꽃이 만발한 과실수들의 향기가 트리폴리스를 휘감았다. 그러나 뭐니뭐니해도 가장 아름다운 것은 주민들의 사기를 올려주는 소식이었다. 프랑크인들은 아직 아르카를 함락시키지 못했고 방어자들은 포위자들만큼 크게 동요하지 않고 있다고 했다. 아르카의 요새가 튼튼한 것은 사실이었다. 그러나 프랑크인들이 탈취할 수 있는 다른 중요한 요새들보다 특별히 견고한 것은 아니었다. 아르카를 버티게 해준 힘은 바로 주민들의 각오였다. 싸움의 첫 순간부터 조금이라도 빈틈을 보인다면 그들은 마라나 안티오케이아의 형제들처럼 모조리 죽임을 당할 것이었다. 그들은 밤낮을 가리지 않고 경계했으며 가해지는 공격마다 격퇴하면서 한치의 침입도 허락하지 않았다. 마침내 침략자들도 진이 빠졌다. 그들이 언쟁을 벌이는 소리가 도시 안까지 들렸다. 1099년 3월 13일, 그들은 풀이 죽은 채 진지를 철수시켰다. 석 달간의 지루한 싸움 끝에 완강한 저항이 결국 보상을 받은 것이었다. 아르카 사람들은 기뻐서 환호했다.

프랑크인들은 다시 남쪽으로 발길을 돌렸다. 그들은 초조하리 만큼 느릿느릿 트리폴리스 앞을 지났다. 프랑크인들이 화가 나 있다는 것을 알고 있는 잘랄 알 물크는 그들의 여정이 계속 진행되기를 바란다는 전갈을 부랴부랴 보냈다. 그는 식량과 황금, 말은 물론이며 베이루트까지 이어지는 좁은 해안 도로를 지날 수 있도록 길잡이까지 붙여 주는 배려를 하였다. 트리폴리스의 정찰대는 레바논 산중의 마론 교도들이 무슬림 에미르들이 한 대로 서유럽 전사들에게 화해를 요청하러 오고 있다는 소식을 알려 왔다.

주바일(고대의 비블로스) 같은 바누 암마르의 세력권을 더 이상 건드리지 않고 침략자들은 '개의 강' 이라는 뜻의 나흐르 알 칼브에 도달했다. 그 강을 건너면 그들은 이집트 파티마 왕조의 칼리프와 부딪힐 수밖에 없었다.

정력적이고 풍채가 좋았던 카이로의 실권자 와지르* 알 아흐달 샤인샤는 1097년 4월에 알렉시오스 콤네노스의 특사들로부터 프랑크 기사들이 콘스탄티노플에 입성하였고 소아시아 지역을 공략하기 시작했다는 소식을 들었을 때 흡족한 기분을 감출 수 없었다. 한때 노예였던 서른다섯 살의 '최고 실력자' 알 아흐달은 7백만의 통합된 이집트 민족을 다스리고 있었다. 그는 알렉시오스에게 성공을 기원하며 친구로서 프랑크 원정대의 진로에 관해 정보를 더 알려줄 것을 요청했다.

**항간에서는 이집트의 통치자들이 셀주크 제국의 확장에 두려움을 느끼고 있었던 터라 프랑크인들에게 시리아 쪽으로 전진하여 그들과 무슬림들 사이에 일종의 완충 지대를 건설해 줄 것을 요청했다고 얘기한다. 신만이 진실을 아시겠지만.**

프랑크인들의 침공의 기원에 관한 이븐 알 아시르의 독특한 설명은 바그다드의 아바스 왕조 칼리프를 내세운 순니파*와 카이로의 파티마 왕조 칼리프를 인정하는 시아파*로 이슬람 세계가 분열되어 있는 모습을 보여주는 것이기도 하다. 7세기부터 고개를 들기 시작하여 예언자 가족 사이에 분쟁을 불러온 교파 분리 움직임은 무슬림들간에 끝없는 싸움을 불러일으켰다. 살라딘 같은 정치가조차도 시아파와의 싸움을 프랑크인들과의 싸움만큼이나 중요하게 여겼을 정도였다. '이단자들'이 이슬람에 해악을 가한다는 이유로 정기적으로 고발당하던 것을 보면 프랑크인들의 침공을 이단자들의 술책과 연결짓는 일은 별로 놀랄 일도 아니었다. 따라서 프랑크인들에 대한 파티마 가문의 입장을 고려해 볼 때 서유럽 전사들의 도착에 카이로의 지도자들이 기뻐했을 것은 당연하다.

니카이아가 함락되자 와지르 알 아흐달은 바실레이오스에게 열렬한 축전을 보냈다. 또 침략자들이 안티오케이아를 함락시키기 석 달 전에 이집트의 특사들은 차후의 승리를 기원하며 동맹을 제의하기 위해 선물을 가득 싣고 프랑크 군 진지를 찾아왔다. 아르메니아의 군인 가문 출신인 카이로의 통치자는 투르크인들에 대해서는 눈곱만큼의 동정심도 갖고 있지 않았거니와 그의 이런 개인 감정은 이집트의 이해와도 잘 맞아떨어졌다. 11세기 중반 무렵부터 셀주크인들의 진출로 비잔티움 제국은 물론 파티마 왕조의 칼리프의 영향권도 적잖게 줄어든 형편이었다. 룸인들이 안티오케이아와 소아시아가 자신들의 통제에서 벗어나는 것을 지켜보는 동안 이집트인들은 1세기 동안이나 차지하고 있던 다마스쿠스와 예루살렘을 잃었다. 카이로와 콘스탄티노플, 즉 알 아흐달과 알렉시오스 사이의 굳건한 우호 관계는 그러한 배경에서 탄생했다. 그들은 서로를 위로하였고 정보를 교환하였으며 공통의 계획을 세우기도 하였다. 프랑크인들이 들이닥치기 얼마 전에 두 통치자는 셀주크 제국은 결국 내부 분쟁으로 쇠망의 길을 걸을 것임을 뿌듯하게 확인하였다. 시리아와 마찬가지로 소아시아 땅에서도 여러 작은 국가들이 경쟁하고 있었다. 그렇다면 투르크인들에 대한 복수의 시간이 도래한 것일까? 마침내 룸과 이집트가 빼앗겼던 영토를 탈환할 기회가 온 것인가? 한편 바실레이오스 알렉시오스가 프랑크인들이라는 강력한 원군의 도움으로 복수를 벼르고 있다는 소식을 들은 알 아흐달은 두 강력한 제국이 동맹을 맺어 공동 작전을 펼 수 있으리라는 꿈에 부풀었다.

알 아흐달이 안티오케이아의 공격자들에게 보낸 특사는 불가침 조약에 대해서는 언급하지 않았다. 와지르 알 아흐달에게 그것은 당연지사였기 때문이다. 대신 그가 프랑크인들에게 제안한 것은 규정에 따른 분배였다. 즉 그들이 북쪽의 시리아를 갖는 대신 자신은 남부 시리아, 즉 팔레스타인과 다마스쿠스, 그리고 베이루트에 이르는 해안 도시들을 갖겠다는 것이었다. 그는 프랑크인들이 안티오케이아를 점령할 수 있을지 확실하지 않은 상황에서 되도록 빨리 자신의 제안을 내놓고 싶었다. 그리고 프랑크인들도 서둘러 수락할 것이라고 확신하였다.

그런데 뜻밖에도 프랑크인들은 명확한 답을 거부했다. 그들은 예루살렘의 미래에 대한 명확한 설명과 다짐을 듣고 싶어했다. 이집트 외교관들이 보기에 그들이 분명 우호적이었던 것은 사실이었다. 왜냐하면 프랑크인들은 안티오케이아 부근에서 죽인 투르크인들의 머리를 선사하기까지 했기 때문이다. 그러면서도 그들은 어떠한 결정적인 동의도 거부했다. 알 아흐달로서는 이해할 수 없는 노릇이었다. 자신의 제안만큼 현실적이며 너그럽기 그지없는 제안이 어디 있단 말인가? 자신의 특사들이 받았던 인상대로 룸인들과 그들의 동맹인 프랑크인들은 정말로 예루살렘을 탈환할 생각을 갖고 있는 것일까? 혹시 알렉시오스가 거짓말을 한 것은 아닐까?

카이로의 유력자인 알 아흐달은 1098년 6월에 안티오케이아가 함락되었다는 소식과 이어 3주도 채 못 되어 카르부카의 처참한 몰락에 대한 얘기를 전해 들었으나 다음 행동으로 옮기는 일은 주저하고 있었다. 그러다가 결국 그는 전속력으로 적이자 우방인 그들을 따라잡기 위해 즉시 움직이기로 결정하였다. **때는 7월이었다.** 이븐 알 칼라니시는 이렇게 적고 있다. **군대의 총사령관인 에미르 알 아흐달이 수많은 군사를 이끌고 이집트를 떠나 아르투크의 아들들인 에미르 소크만과 일가지가 있는 예루살렘을 포위하였다고 한다. 그는 이 도시를 공격했고 석궁을 쏘아댔다.** 당시 예루살렘을 다스리고 있던 투르크인 형제는 카르부카의 비극적인 원정에 참여했다가 북쪽에서 돌아온 지 얼마 되지 않았던 터였다. 40일간의 포위 공격 끝에 도시는 항복을 하였다. 알 아흐달은 두 에미르를 너그럽게 대하였고 그들과 추종자들을 풀어주었다.

몇 달간 사태는 카이로의 주인 뜻대로 흘러가는 듯했다. 결국 프랑크인들이 당면한 현실을 인정하고 더 멀리 나가는 것을 포기하는 쪽으로 말이다. 궁정의 시인들은 팔레스타인을 저 "이단자" 순니파로부터 탈환한 이 정치가의 공적을 칭송하는 데 어울릴 말을 찾느라 야단이었다. 그런데 1099년 1월, 프랑크인들이 다시 남쪽으로 진로를 정하자 알 아흐달은 은근히 불안해지기 시작했다.

그는 알렉시오스의 충고를 구하기 위해 믿을 만한 수하 한 명을 즉각 콘스탄티노플로 파견하였다. 그리고 바실레이오스 알렉시오스는 그 유명한 편지[5]에서 할 수 있는 한 가장 솔직하게 착잡한 심경을 털어놓았다. 바실레이오스는 자신이 프랑크인들에게 더 이상 영향력을 행사하지 못함을 시인하였다. 믿기 어려울 만치 이 자들은 자신들의 계산에 따라 움직이며, 자신들만의 나라를 건설하려 하고 있으며 자기들이 맹세한 것과는 달리 안티오케이아를 제국에 넘겨주기를 거부하고 있다는 것이었다. 또 무슨 수를 써서라도 예루살렘을 손에 넣으려 하고 있으며, 교황이 그들에게 예수의 무덤을 탈환하는 성전을 호소하였으므로 그 어떤 것도 이들의 목표를 무력화시킬 수 없을 것이라고도 했다. 알렉시오스는 덧붙였다. 자신은 이들의 행동에 분개하고 있으며 카이로와의 동맹을 더욱 굳건히 다지겠노라고.

그러나 바실레이오스의 분명한 다짐에도 불구하고 알 아흐달은 자신이 치명적인 악순환의 고리에 말려든 것 같은 느낌을 지울 수 없었다. 그 자신이 그리스도교 가문 출신이었던지라 그는 무장을 하고 성지 순례에 나설 정도로 열정적이고 순진한 신앙을 갖고 있는 프랑크인들을 전혀 이해 못 할 바는 아니었다. 다만 그는 자신이 팔레스타인 땅에서 모험을 걸어야 한다는 것이 안타까울 따름이었다. 자신이 개입하기보다는 차라리 용감한 데다 광신적이기까지 한 이 기사들이 그대로 지나가도록 내버려두어 예루살렘을 놓고 프랑크인들하고 투르크인들끼리 싸우도록 놓아두는 편이 낫지 않았을까?

그는 프랑크인들과 대적할 만한 군사를 일으키려면 적어도 몇 달은 걸린다는 이유를 들어 알렉시오스에게 침략자들의 전진을 늦출 수 있는 어떤 방도라도 행하기를 간청하였다. 실제로 바실레이오스 알렉시오스는 아르카가 포위당하고 있던 1099년 4월에 프랑크인들에게 팔레스타인으로의 출발을 늦추기를 부탁하는 전언을 보냈다. 자신이 그들과 개인적으로 합류하기 위해 곧 출발할 것이라는 구실을 댔다. 한편 카이로의 통치자도 나름대로 프랑크인들에게 새로운 협상안을 제안하였다. 그는 시리아를 나누어 가지는 것과 더불어 성지에 대한 자신의 정치적 입장을 분명히 밝혔다. 즉 예배의 자유를 엄숙히 존중하며 순례자들이 원한다면 언제든지 그곳을 방문할 수 있게 해준다는 것이었다. 다만 무장을 하지 않고 작은 무리로 나누어서 와야 한다는 조건을 달았다. 프랑크인들의 대답은 단호했다. "우리는 모두 함께 예루살렘으로 갈 것이다. 창을 들고 싸우면서!"

그것은 선전 포고였다. 1099년 5월 19일, 그 말을 확인이라도 하듯 프랑크인들은 파티마 왕조 세력권의 북방 한계선인 나흐르 알 칼브로 밀고 들어왔다.

사실 '개의 강'이라는 뜻의 나흐르 알 칼브는 넓은 지역에 걸친 허구적인 경계선이었다. 따라서 알 아흐달은 연안의 이집트 소유지들을 포기하면서 예루살렘의 수비를 강화하는 수밖에 없었다. 그리하여 연안의 도시들은 거의 예외 없이 침략자들과 협정을 맺는 일을 서둘렀다.

선두는 나흐르 알 칼브에서 네 시간 거리의 베이루트였다. 베이루트의 주민들은 기사들에게 특사를 보내 주변 평원에서 수확하는 것을 보장해 준다는 조건으로 황금과 식량과 안내인을 약속하였다. 이들은 예루살렘을 탈환하기 위해 온 프랑크인들의 명분을 존중할 준비가 되어 있노라고 했다. 그러는 가운데에도 지난날 시돈이었던 도시 사이다만은 달리 행동했다. 사이다의 수비대가 침략자들에 맞서 몇 차례의 돌파 작전을 대담하게 감행하자 이에 대한 보복으로 프랑크인들은 주변의 과수원을 쑥밭으로 만들고 마을들을 약탈하였다. 어쨌거나 이것이 유일한 저항이었다. 티레와 아크레 항구는 방어하기가 수월했는데도 베이루트의 전례를 따랐다. 그리하여 프랑크인들이 채 다다르기도 전에 팔레스타인 땅의 도시 대부분과 마을들은 주민들이 떠나 텅 비게 되었다. 이처럼 프랑크인들은 진정한 의미의 저항군 한 번 마주쳐 보지 않고 전진하였다. 마침내 1099년 6월 7일, 예루살렘의 주민들은 예언자 사무엘의 사원에서 멀지 않은 언덕배기 아래에 모습을 나타내는 그들을 보았다. 프랑크인들의 함성이 점점 가까워졌다. 오후가 끝나갈 무렵, 그들은 이미 성곽 아래에 진지를 세우기 시작했다.

예루살렘을 지키던 이집트 수비대의 지휘관이며 '국가의 자랑' 이라는 이름을 가진 이흐티카르 알 다울라 장군은 다윗 탑 꼭대기에서 묵묵히 이들을 지켜보고 있었다. 몇 달 전부터 그는 장기간의 포위 공격에 대비하여 준비를 해왔다. 지난 여름에 알 아흐달이 투르크인들과 벌인 전투 때 손상을 입은 성벽도 보수하였다. 또 도시를 포위에서 풀어주기 위해 7월 이전에는 오겠다고 약속한 와지르 알 아흐달을 기다리는 동안 혹시 생길지 모를 식량 부족 사태에 대비하여 막대한 양의 식량을 징발하였다. 그는 더욱 신중을 기하기 위해 야기 시얀의 본을 따라 프랑크인들에게 동조할 가능성이 있는 그리스도 교도들을 내쫓았다. 마지막 며칠간 그는 적이 이용할 수 있는 부근의 우물과 샘에 모조리 독을 풀었다. 6월의 뜨거운 태양 아래 올리브 나무 몇 그루만이 드문드문 자라는 험준한 산악 지역에서 포위자들의 사정은 녹록치 않을 터였다.

이흐티카르가 보기에는 싸움을 펼치기에 유리한 조건 같았다. 아랍 기마병들과 수단의 궁사들이 가파른 언덕배기를 타고 넘어가거나 깊은 협곡에 잠겨 있는 두툼한 요새 안에 든든하게 자리잡고 있었으니 그는 충분히 버틸 만하다고 느꼈다. 그런데 용감하기로 소문 난 서유럽 기사들이 예루살렘 성벽 아래서 보인 행동은 노련한 군인인 그가 보기에는 다소 엉뚱한 것이었다. 이흐티카르는 그들이 도착하자마자 이동식 탑들과 여러 포위 공격용 도구들을 만들고 수비대의 돌파에 몸을 숨길 수 있는 참호들을 팔 것이라고 생각했다. 그런데 이런 시설들을 만들기는커녕 그들은 성벽 주위에 도열하더니 사제들의 인도에 따라 기도를 하고 목청껏 노래를 부른 다음, 변변한 사다리조차 없이 성난 사자처럼 요새로 돌격을 해왔던 것이다. 프랑크인들이 종교적 이유에서 이 도시를 탈환하고 싶어한다고 알 아흐달이 누누이 설명을 했지만 그처럼 맹목적이다 못 해 광적인 모습에 그는 적이 놀랐다. 그 자신도 신심 깊은 무슬림이지만 그가 팔레스타인에서 싸우는 것은 무엇보다 이집트의 이해를 수호하기 위해서였다. 물론 자신의 군사적 업적을 쌓기 위해서라는 사실도 부인할 수는 없겠지만.

이흐티카르는 예루살렘이 여느 도시와는 다르다는 것을 알고 있었다. 그는 이곳을 일상적으로 통용되는 이름인 일리야로 불렀지만 이슬람 법학자들인 울라마들은 이 도시에 알 쿠드스 내지는 '성스러운 곳'이라는 뜻의 바이트 알 무카다스라는 이름을 붙여 주었다. 그들은 이 도시를 메카와 메디나 다음가는 이슬람의 세 번째 성지로 여겼다. 즉 신이 기적의 밤을 통해 예언자를 이곳으로 인도하여 모세와 마리아의 아들인 예수를 만나게 했다는 것이다. 그 후로 알 쿠드스는 모든 무슬림에게 신의 계시의 연속성의 상징으로 받아들여져 왔다. 많은 신자들이 도시의 네모반듯한 집들을 굽어보고 있는 알 아크사 사원의 거대하고 찬란한 둥근 지붕 아래서 참배하기 위해 이 도시를 찾아오곤 했다.

비록 이 도시 거리거리마다 하늘이 존재하지 않는 곳이 없었으나 이흐티카르로 말할 것 같으면 그는 땅에 굳건히 발을 디디고 있는 사람이었다. 그는 어떤 도시에서나 군사 전략은 같다고 여겼다. 프랑크인들의 시끌벅적한 행진이 그의 심기를 건드렸지만 그것이 두렵지는 않았다. 그러던 것이 포위가 시작되고 2주일이 지나자 그도 슬그머니 불안해지기 시작했다. 적들이 거대한 목조탑 두 개를 건설하기 시작했던 것이다. 7월이 되자 탑이 완성되었고 요새 꼭대기까지 수백 명의 전투병들을 이동시킬 수 있을 정도가 되었다. 탑들은 적진 한복판에서 위협적인 모습으로 서 있었다.

이흐티카르의 명령은 단호했다. 만약 저 기계들이 성벽 쪽으로 조금이라도 움직이는 기색이 보이면 화살 세례를 퍼부으라는 것이었다. 그래도 탑이 성벽에 접근해 온다면 기름과 유황을 섞은 그리스 화약 단지에 불을 붙여서 적군 위로 던지기로 했다. 이 화약이 일으킨 불은 끄기가 쉽지 않았다. 이 가공할 무기로 이흐티카르의 병사들은 7월 둘째 주까지 몇 번의 연이은 공격을 격퇴할 수 있었다. 불을 조심하느라 공격자들은 갓 벗긴 동물의 가죽을 식초에 적셔 이동탑 표면에 씌웠다. 그 동안 알 아흐달이 곧 도착할 것이라는 소문이 돌았다. 그러자 두 개의 불길 틈에서 고생할 생각을 한 포위자들은 공격의 수위를 한층 높였다.

이븐 알 아시르는 쓰고 있다.

**프랑크인들이 만든 두 개의 이동탑이 한 개는 시온 방면인 남쪽에, 다른 한 개는 북쪽에 놓여졌다. 무슬림들이 남쪽의 탑을 불태웠고 그 안에 있던 병사들은 몰살당했다. 그런데 탑이 전소되었다고 여긴 순간 한 전령이 급하게 와서 구원을 청하였다. 도시의 다른 쪽이 공격을 당하고 있었다. 사실 도시는 북쪽에서부터 적의 손에 넘어갔다. 492년 샤반이 끝나기 이레 전, 금요일 아침이었다.**

1099년 7월의 그 끔찍한 날, 이흐티카르는 납으로 기반을 다진 팔각형의 다윗 탑에 방어 진지를 구축하고 있었다. 다윗 탑은 방어 체계의 정점이었다. 그는 며칠은 더 그곳을 지킬 수 있겠으나 싸움에는 졌다는 것을 알았다. 유대 마을이 침략당했고 거리에는 시체들이 즐비하였다. 대사원 근처에서는 벌써 싸움이 벌어지고 있었다. 곧 그와 부하들은 사방으로 포위되는 입장이 되었다. 그러나 그는 계속 싸웠다. 그 외에 달리 무엇을 할 수 있었겠는가? 시내 중심부에서 벌어지던 전투는 오후 무렵에는 사실상 종결되어 가고 있었다. 파티마 왕조의 흰색 깃발은 더 이상 다윗 탑 위에서 펄럭이지 않았다.

그런데 갑자기 프랑크인들이 공격을 멈추더니 전령을 보내왔다. 이집트 총사령관과 그 부하들에게 생 질은 한 가지 제안을 했다. 자신에게 탑을 넘겨준다면 그들을 살려주겠다는 것이었다. 이흐티카르는 머뭇거렸다. 프랑크인들이 약속을 저버린 것이 어디 한두 번이던가. 생 질이 약속을 지킨다는 보장은 어디에도 없었다. 그러나 생 질은 주변의 존경을 받고 있는 초로의 60대 기사이니 어쩌면 신의를 잘 지킬지도 몰랐다. 어쨌거나 생 질로서도 수비대와의 담판은 필요할 터였다. 나무탑도 완전히 파괴되었고 공격마다 격퇴당하고 있었으니 말이다. 사실 생 질은 자신의 형제들인 다른 프랑크 지휘관들이 도시를 약탈하고 노획물을 두고 다투고 있는 동안, 아침나절부터 성벽 아래서 제자리걸음을 하고 있었다. 주위의 찬반 의견을 들어보다가 이흐티카르는 마침내 항복할 결심을 굳혔다. 자신의 명예를 걸고 생 질에게 자신과 부하들의 안전 보장을 약속받는다는 조건이었다.

**프랑크인들은 약속을 지켰다. 이리하여 밤을 틈타 이흐티카르 일행을 아스칼론 항구 쪽으로 떠나게 하였다**고 이븐 알 아시르도 사실대로 쓰고 있다. 그러면서 그는 이렇게 덧붙였다. **성지의 주민들이 그들의 칼**

**날 아래 쓰러졌다. 프랑크인들은 일주일 동안 수많은 사람들을 학살하였다. 알 아크사 사원에서 그들은 7만 명이 넘는 사람들을 죽였다.** 그러나 이븐 알 칼라니시는 학살당한 사람들의 정확한 수는 확인하지 않은 채 이렇게만 쓰고 있다. **많은 이들이 죽었다. 프랑크인들은 유대인들을 그들의 교회당에 몰아넣고 산 채로 태워 죽였다. 그들은 또한 성스런 유적들과 아브라함의 무덤을 파괴하였다. 그에게 평화가 있기를!**

침략자들에게 유린당한 유적 중에는 우마르 사원도 있었다. 이 사원은 예언자의 2대 후계자로서 638년 2월에 예루살렘을 룸인들로부터 탈환한 칼리프 우마르 이븐 알 카타브를 기념하여 세워진 것이었다. 그 날 이후 아랍인들이 자신들과 프랑크인들의 행동 차이를 환기시킬 때마다 자주 끄집어내는 일화가 있다. 638년 2월의 그 날, 자신의 유명한 흰색 낙타를 타고 입성하는 우마르를 영접하기 위해 이 성스런 도시의 그리스인 총대주교가 앞으로 나섰다. 칼리프는 그 도시 주민들의 생명과 재산은 존중될 것이라는 약속으로 그를 안심시켰으며 그리스도교의 성지를 둘러보고 싶다는 요청을 하였다. 성묘(聖廟)가 있는 키야마 성당에 도착하였을 때 때마침 기도 시간이 되었다. 그러자 우마르는 총대주교에게 기도를 드려야겠는데 어디에 양탄자를 깔아야 할지 물었다. 총대주교가 당장 그 자리에서 하시라고 말하자 칼리프는 이렇게 대답하였다. "만약 내가 그렇게 하면 내일이라도 무슬림들이 이렇게 말하며 이곳으로 접근해 올 것이오. 우마르가 이곳을 빼앗았다고." 그는 자신의 양탄자를 가져오게 하여 교회 밖에다 깔게 하였다. 그가 옳았다. 그리고 (그가 양탄자를 깔았던) 바로 그 자리에 그의 이름을 붙인 사원이 세워졌다. 그런데 프랑크인들에게는 그러한 아량이 없었다. 그들은 형언키 어려운 살육으로 얻어진 승리를 요란하게 자랑하면서 자신들이 숭배한다던 그 도시를 야만스럽게 파괴했던 것이다.

심지어 같은 종교를 믿는 이들조차 안전하지 못했다. 프랑크인들이 행한 첫 번째 조치 중 하나는 성묘에서 당시까지 존중되던 고대의 전통을 지키며 복속하고 있던 동방인 사제들—그리스, 그루지아, 아르메니아, 콥트, 시리아인들—을 모조리 추방하는 일이었다. 그러한 광신적 태도에 대경실색한 동방 그리스도교 공동체의 지도자들은 저항을 결심했다. 그들은 예수가 실제로 못 박혔다는 진품 십자가를 숨겨둔 장소를 발설하기를 거부했다. 성유물에 대한 이들의 종교적 애착은 애국적인 자긍심으로 배가되었다. 알고 보면 자신들은 그 나자렛 사람과 동향인이 아니던가? 그런데 침입자들의 행동은 감동의 소지라고는 없는 것이었다. 그들은 십자가를 수호하던 사제들을 붙잡아서 비밀을 실토하라며 고문을 하였다. 이렇듯 그들은 가장 귀한 성유물을 성지의 그리스도 교도들로부터 강압적으로 탈취했던 것이다.

서유럽인들이 숨어 있는 생존자들을 찾아 학살하고 예루살렘의 부유층들을 짓밟고 있을 때 알 아흐달이 모은 군대는 시나이 반도를 건너 천천히 전진하고 있었다. 이 군대가 팔레스타인 땅에 발을 디딘 것은 그 비극이 있고 스무 날이 지난 후였다. 혼자 군대를 지휘하고 있던 와지르 알 아흐달은 성지로 곧장 진격하기를 주저했다. 비록 3만 명에 가까운 인원을 모으기는 하였으나 제 힘을 발휘하기는 어려울 것 같았다. 그들에게는 포위 공격을 감행할 만한 물자가 부족했으며 프랑크 기사들의 투지도 두려웠다. 그래서 그는 아스칼론 근처에 진을 친 다음, 적의 의중을 떠보기 위해 예루살렘으로 특사를 보냈다.

함락된 도시에 도착한 이집트 특사들은 황금색 머리와 수염을 길게 기른 덩치 큰 기사에게 인도되었다. 프랑크인들은 그가 예루살렘의 새로운 주인인 고드프루아 드 부용이라고 소개했다. 특사들은 프랑크인들이 와지르의 호의를 저버린 것에 유감을 표한 다음, 그들이 팔레스타인을 떠난다고 약속한다면 협상을 해보겠다는 제의를 전하였다. 그러나 그 대답으로 서유럽인들은 당장에 군사들을 모아서 아스칼론으로 출정했다.

프랑크 군의 진격이 어찌나 빨랐던지 정찰대의 보고가 도착하기도 전에 그들은 무슬림의 진영 앞까지 도달했다. 이븐 알 칼라니시는 **첫 번째 전투에서 이집트 군대는 패주하여 아스칼론 항구까지 밀리게 되었다**고 전하고 있다. **알 아흐달도 그리로 물러났다. 프랑크인들의 검이 무슬림을 제압한 것이다. 보병이나 자원병들은 물론이고 도시 주민들도 살육의 손길을 벗어나지 못하였다. 족히 1만여 명이 목숨을 잃었으며 진지는 쑥밭이 되었다.**

아부 사드 알 하라위가 이끄는 피난민들이 바그다드에 도착한 것은 이집트인들이 패하고 나서 겨우 며칠밖에 지나지 않은 시점이었음이 분명하다. 따라서 다마스쿠스의 카디 알 하라위는 프랑크 군이 새로운 승리를 거두었다는 사실은 아직 모르고 있었지만 침략자들이 예루살렘과 안티오케이아, 에데사를 손에 넣었고 클르츠 아르슬란과 다니슈멘드를 패퇴시켰음은 알고 있었다. 그들이 시리아를 남북으로 넘나들며 거침없이 죽이고 약탈을 자행하고 있다는 사실도. 그는 자신의 백성과 신앙이 조롱당하고 능멸당했음을 느끼고 있었다. 이제는 무슬림이 일어서야 한다고 큰 소리로 외치고 싶은 마음이 굴뚝같았다. 그는 형제들의 나태함을 깨닫게 하고 싶었고, 꾸짖고 싶었고 분연히 일어서게 하고 싶었다.

1099년 8월 19일 금요일, 그는 자기 일행을 이끌고 바그다드의 대사원으로 갔다. 마침 정오 기도를 올리러 신도들이 여기저기서 몰려들고 있었다. 그 때 그는 보란 듯이 음식을 먹기 시작했다. 당시는 금식 기간인 라마단이었다. 곧 분노한 군중이 그를 둘러쌌고 군인들이 그를 체포하러 다가왔다. 그러자 아부 사드는 일어서서 침착하게 물었다. 당신들은 금식을 어긴 것에 이처럼 분노하면서 수만의 무슬림들이 학살당하고 이슬람의 성지가 파괴되는 모습은 그리도 태연하게 놓아둘 수 있냐고. 군중이 물을 끼얹은 듯 조용해지자 그는 자신이 '빌라드 알 샴' 즉 시리아 땅에서 당한 재난과 예루살렘을 치러 온 이들에 대해 상세히 말했다. **피난민들은 눈물을 흘렸다. 그 눈물은 곧 다른 이들의 눈물을 자아냈다**고 이븐 알 아시르는 적고 있다.

거리를 떠난 알 하라위는 이번에는 궁정에서 한바탕 소동을 일으켰다. "내가 보기에 당신들은 연약하기 짝이 없소. 그러고도 신앙의 수호자라니!" 그는 신도들의 왕자인 스물두 살의 젊은 칼리프 알 무스타지르 빌라의 디완에 들어서자마자 대뜸 소리쳤다. 밝은 낯빛과 짧은 수염, 둥그스름한 얼굴을 가진 칼리프는 분노를 오래 품지 못하고 위협이 처벌로 이어지는 경우도 드물었던 쾌활하고 온화한 성격의 군주였다. 잔인함이 지도자의 으뜸가는 상징으로 여겨지던 시대에 이 젊은 아랍의 칼리프는 누구에게도 해를 입힌 적이 없다는 점을 자랑으로 삼고 있었다. **그는 백성이 행복하다는 얘기를 들으면 진심으로 기쁨을 느꼈다**고 이븐 알 아시르마저도 솔직하게 적고 있을 정도였다. 예민하고 섬세한 데다 붙임성이 있었던 알 무스타지르는 예술적 취향 또한 고급스러웠다. 건축에 각별한 애정을 갖고 있던 칼리프는 자신의 거처 주변인 바그다드 동쪽의 하렘 건축을 직접 감독하기도 했다. 또한 틈이 날 때마다 사랑의 송가를 짓고는 했다.

**내 사랑하는 이에게 작별을 고하러 손을 내밀 때면**
**내 뜨거운 불꽃이 유리마저 녹이게 하네.**

이븐 알 칼라니시가 명시하였듯 **그를 따르는 무리에게는 안타까운**

**노릇이게도 이 선량한 군주는 전제 군주의 모습과는 거리가 멀었다.** 그는 매 순간을 복잡한 경배 의식에 둘러싸여 있었고, 연대기 저자들 또한 늘 공손하게 언급하는 자신의 권세를 행사할 생각을 하지 않았다. 그에게 모든 희망을 걸고 있던 예루살렘의 피난민들은 그의 권한이 궁전의 담 너머까지 미치지 않는다는 것을, 무엇보다 칼리프 자신이 정치라면 질색한다는 사실을 간과하고 있는 듯했다.

그러나 칼리프의 배경에는 찬란한 역사가 있었다. 그의 선조 칼리프들은 예언자 무함마드가 죽고 난 뒤 632년부터 833년까지 2세기 동안을 거대한 제국의 정신적이며 물질적인 수장으로 군림해 왔다. 전성기에는 인더스로부터 피레네 산맥까지 아울렀으며 론 강과 르와르 강의 계곡들까지 넘보았던 제국이었다. 그리하여 알 무스타지르가 속했던 아바스 왕조는 바그다드를 천일야화의 도시로 만들었던 것이다. 11세기 초반, 즉 알 무스타지르의 조상인 하룬 알 라시드가 다스리고 있던 이슬람 국가는 지구상에서 가장 부유하고 강력한 국가였으며 그 수도는 가장 앞선 문명의 중심지였다. 이곳에는 천 명의 전문 의사들과 대규모 무료 병원이 있었으며 정기적인 우편 제도, 중국에까지 지점을 두었던 은행들, 훌륭한 관개 시설, 하수도 직결식 수세 장치 등과 더불어 제지 공장까지 있었다. 동방에 들어올 때만 해도 여전히 양피지를 쓰고 있던 서유럽인들은 시리아에서 밀짚으로 종이를 만드는 기술을 배웠다.

그러나 알 하라위가 알 무스타지르의 디완으로 예루살렘의 몰락을 알리러 왔던 1099년의 피비린내 나던 그 여름, 영화롭던 시대는 벌써 옛날 얘기가 되었다. 하룬이 죽은 것은 809년이었다. 그로부터 4반세기가 흐르면서 그의 후계자들은 실권을 잃어 갔으며 바그다드의 반은 폐허가 되었고 제국도 해체되고 있었다. 통일과 위대함과 번영의 시대에 관한 전설은 아랍인들에게는 한낱 꿈으로만 남아 있을 뿐이었다. 아바스 왕조가 여전히 통치하고 있는 것은 사실이었으나 그들의 치세는 4세기만에 막을 내릴 운명이었다. 그리고 그들은 더 이상 지배하지 못하였다. 그들은 왕권을 쥐락펴락하면서 주로 살인이라는 방책을 일삼던 투르크와 페르시아 병사들의 수중에 잡혀 있는 볼모에 불과한 신세였다. 대부분의 칼리프들이 정치적 행동을 삼갔던 것도 어찌 보면 이런 운명을 피하기 위해서였을 것이다. 그리하여 그들은 하렘에 들어앉아 시와 음악에 파묻혀서 향긋하고 어여쁜 노예들을 탐하는 등 쾌락에만 열중하곤 했다.

오랫동안 아랍인들의 영광의 상징이었던 무슬림들의 왕자는 이제 그들의 쇠락의 상징이 되었다. 예루살렘의 피난민들이 기적을 기대했던 알 무스타지르 역시 이러한 나태한 칼리프의 전형이었다. 설령 그가 원했다 하더라도 불과 수백 명의 백인과 흑인 환관들로 구성된 친위대만 거느리고 있는 처지에서 성지를 구원하러 나설 수도 없었을 것이다. 그렇다고 바그다드에 군인들이 없었던 것은 아니었다. 술에 취해 거리를 배회하는 군인들이 수천 명은 되었다. 이들의 행패가 어찌나 극심했던지 주민들은 밤마다 나무나 쇠붙이로 두툼한 담을 쌓아서 이들의 접근을 막곤 했다.

체계적으로 시장을 털어서 쑥밭으로 만들어 버리는 무리로 비난이 자자했던 군복 입은 망나니들이 알 무스타지르의 명령을 들을 리 만무했다. 사실 그들의 수장은 아랍어조차도 하지 못하였다. 왜냐하면 이슬람을 믿는 아시아의 다른 도시들의 전례를 따라 바그다드도 40여 년 전부터 셀주크 투르크의 영향권에 놓여 있었기 때문이다. 그러므로 아바스 왕조의 수도의 진짜 실권자는 바로 클르츠 아르슬란의 사촌인 젊은 술탄 바르키야루크였으니 이론상으로는 그가 그 지역 왕자들의 종주인 셈이었다. 그러나 셀주크 제국의 각 지방이 저마다 독립국임을 자처하면서 그 지배 가문들도 하나같이 왕권 다툼에 열중하고 있는 형편이었다.

1099년 9월, 알 하라위는 바르키야루크는 만나 보지도 못하고 바그다드를 떠났다. 당시 술탄은 친형제인 무함마드와 맞붙기 위해 페르시아 북부로 원정을 나서고 없었다. 그 싸움은 무함마드에게 유리하게 돌아가 10월 무렵, 무함마드는 바그다드를 점령하였다. 그런데 이 불합리한 싸움은 여기서 끝나지 않았다. 사태를 미처 이해하지 못해 어안이 벙벙해 있는 아랍인들의 눈앞에서 형세는 말 그대로 어이없이 전개되었다. 생각해 보라! 1100년 1월, 무함마드가 황급히 바그다드를 떠나고 바르키야루크가 의기양양하게 입성했으니 말이다. 그러나 그 승리도 오래가지 않았다. 봄이 되자 바르키야루크가 다시 패했던 것이다. 그리고 꼭 1년이 지난 이듬해 4월, 바르키야루크는 형제를 치기 위해 군사를 이끌고 다시 찾아왔다. 아바스 왕조 수도의 사원에서 열리는 금요 예배 시간에 다시 그의 이름이 불리기 시작했다. 그런데 9월이 되자 상황은 다시 역전되었다. 이번에는 형제 둘이 손을 잡은 연합군에 밀린 바르키야루크가 결정적으로 패한 듯했다. 그러나 그것도 모를 일이었다. 싸움에는 패했지만 그는 별 탈 없이 바그다드로 돌아와서 며칠 동안 권좌에 앉아 있더니 10월이 되자 다시 밀려났다. 그런데 이번에도 그의 부재는 길지 않았다. 12월에 그가 도시를 다시 돌려받는다는 중재안이 맺어졌기 때문이다. 이처럼 바그다드는 30개월 동안 여덟 번이나 주인이 바뀌었다. 평균 잡아 백 일만에 한 번 꼴로 왕이 바뀐 셈이다! 그런 일이 벌어지고 있는 동안 서쪽에서 온 침략자들은 정복지에서 자신들의 세력을 다져 가고 있었다.

**술탄들은 서로의 얘기를 듣지 않았다.** 이븐 알 아시르가 에둘러 표현한 대로 **프랑크인들이 그 땅을 차지할 수 있었던 것은 그 때문이었다.**

# 2부

## 정복(1100~1128)

프랑크인들은 요새를 하나 점령하고 나면 또 다른 요새를 공격하였다.
그들의 세력은 시리아 땅 전체에 미쳤으며 이 땅에서 무슬림들을 몰아냈다.

—트리폴리스의 통치자, 파크르 알 물크 이븐 암마르—

# 4장 트리폴리스의 2천 일

연이은 패전과 환멸, 모욕으로 점철된 1100년 그 여름, 다마스쿠스에 전해진 뜻밖의 소식 세 가지가 희망을 불러일으켰다. 카디 알 하라위를 호위하는 신심 깊은 전사들의 막사뿐 아니라 수크도 들끓었다. 포도 넝쿨 그늘 아래로 비단과 금빛 생사, 능직들, 다마스쿠스의 특산 가구들을 파는 상인들이 몰려 있는 중앙로의 아케이드에서는 이 상서로운 날을 축복하는 소리들이 오가는 행인들을 붙잡았다.

7월이 시작되자 첫 소문이 사실로 드러났다. 트리폴리스와 홈스를 비롯한 시리아 중부를 노골적으로 탐내던 연로한 생 질이 다른 프랑크 지휘관들과의 분쟁 끝에 콘스탄티노플행 배에 올랐다는 것이었다. 그리고 그가 돌아오지 않을 것이라는 소문이 무성했다.

7월 말, 사원과 사원, 거리와 거리로 더 특별한 두 번째 소식이 퍼져 나갔다. 이븐 알 칼라니시는 **아크레를 포위 공격하고 있던 예루살렘의 통치자 고드프르와가 화살을 맞고 죽었다**고 기록하고 있다. 혹자는 한 팔레스타인 귀족이 이 프랑크 대장에게 바친 과일에 독이 들어 있었다고도 했다. 또 역병에 걸려 죽었다는 얘기도 들렸다. 한편 떠도는 입소문을 인용한 다마스쿠스의 연대기 저자들은 다음과 같이 기록하고 있다. **고드**

**프롸는 아르카 방위군의 공격에 쓰러졌다**고. 예루살렘이 함락된 지 딱 1년 후에 얻은 그 승리는 이제 바람이 반대쪽으로 불기 시작했다는 징후였을까?

그 기대를 더욱 굳혀 주는 소식이 며칠 후에 들어왔다. 프랑크 군에서 가장 용맹하다고 하는 보에몽이 포로로 잡혔다는 것이다.[1] 그를 쳐부순 이는 바로 '현자' 다니슈멘드였다. 3년 전, 니카이아 전투 때와 마찬가지로 이 투르크족 대장은 아르메니아의 도시 말라트야를 포위하러 왔다. 이에 대해 이븐 알 칼라니시는 이렇게 말하고 있다. **프랑크인들의 왕이자 안티오케이아의 통치자인 보에몽은 사람들을 모아 무슬림 군대와 싸우기 위해 출정했다.** 그러나 그것은 무모한 행동이었다. 포위당한 도시에 도달하려면 프랑크 대장은 투르크 군대가 강력하게 버티고 있는 산악 지대를 일주일 동안이나 지나야 했기 때문이다. 프랑크 군의 접근을 보고받은 다니슈멘드는 매복 작전을 썼다. 보에몽과 5백 명의 프랑크 병사들은 작전을 펼쳐볼 수도 없을 만큼 비좁은 길목에서 비 오듯 쏟아지는 화살 세례를 받아야 했다. **신이 무슬림들에게 승리를 주셔서 많은 프랑크인들을 죽였다. 보에몽과 그 수하들 몇 명이 포로로 잡혔다.** 그들은 포로들을 포박해서 아나톨리아 북부 니크사르로 끌고갔다.

프랑크 침공의 삼두마차라 할 수 있는 생 질과 고드프롸, 그리고 보에몽의 연이은 퇴장은 하늘의 계시처럼 보였다. 무적처럼 보였던 서유럽인들의 공세에 위축되어 있던 무슬림들은 다시 기운을 차렸다. 지금이야말로 결정적인 반격을 해야 할 순간이 아닐까? 그 누구보다도 그것을 간절히 바랐던 이가 있었으니 바로 두카크였다.

사실 다마스쿠스의 이 젊은 왕이 이슬람의 열렬한 수호자와는 한참 거리가 멀다는 얘기는 아주 틀린 얘기는 아니었다. 자신의 영토욕 때문에 동족을 배신하려고까지 했던 안티오케이아의 전투가 이를 증명하고도 남았다. 그런데 1100년 봄이 되자 셀주크인들은 불경스런 자들과 맞설 성전의 필요성을 불현듯 느꼈다. 두카크의 제후들 중 하나인 골란 고원의 베드윈족 족장이 예루살렘의 프랑크인들이 연달아 자신들의 곡식을 약탈해 간다고 불평을 늘어놓더니 급기야 군사를 일으켰다. 두카크도 이 기회에 프랑크인들을 혼내주기로 했다. 5월의 어느 날, 유난히 만족스런 노획물을 거두어 돌아가던 고드프롸와 그의 오른팔이자 보에몽의 조카이기도 했던 탕크레드의 부대가 다마스쿠스 군대의 공격을 받았다. 엄청난 노획물 때문에 몸이 무거웠던 프랑크 군은 제대로 반격할 수 없었다. 그들은 전사자들은 버려둔 채 달아나기에 바빴다. 탕크레드도 겨우 목숨만 건졌다.

복수를 벼르던 탕크레드는 앙갚음이라도 하듯 시리아 도시 국가 주변을 공략하기 시작했다. 과수원들이 파괴되고 마을들이 약탈당하고 불태워졌다. 하지만 프랑크인들의 신속한 응수와 그 큰 규모에 기가 질린 두카크는 이번에는 감히 개입할 엄두를 내지 못하였다. 게다가 특유의 변덕이 발동하였는지 그는 골란 고원에서 펼쳤던 작전을 뼈저리게 후회하다가 급기야는 탕크레드에게 멀리 물러가기만 한다면 두둑하게 보상을 하겠다는 제의를 하기에 이르렀다. 이 제안은 당연히 그 프랑크 왕자의 결심만 굳혀준 셈이 되었다. 요모조모 따져 보다가 다마스쿠스의 왕이 막다른 골목에 몰려 있다고 본 탕크레드는 여섯 명의 특사를 보내 왕이 그리스도교로 개종을 하거나 아니면 다마스쿠스를 자신에게 넘겨달라고 요구했다. 더 생각해 볼 것도 없었다. 그 뻔뻔스러움에 화가 치민 왕은 특사들을 체포하게 한 뒤 분노로 말을 더듬거리면서 이번에는 그들에게 이슬람으로 개종할 것을 명했다. 그들 중 한 명은 받아들였으나 나머지 다섯은 바로 형장의 이슬로 사라져 버렸다.

고드프롸가 탕크레드와 합세하여 열흘 동안이나 이 시리아의 도시 국가 주변을 계획적으로 파괴하고 있다는 소식이 곧 퍼졌다. 이븐 주바이르의 표현에 따르면 **달을 감싸고 있는 광채처럼 다마스쿠스를 에워싸고 있는** 구타의 비옥한 평야는 황폐해질 대로 황폐해졌다. 그러나 두카크는 꿈쩍도 하지 않았다. 다마스쿠스의 궁전에 들어앉은 채 그 폭풍이 지나가기만을 기다렸다. 그러자 골란의 제후가 두카크를 봉건 군주로 받드는 것을 거부하면서 그 해의 조공을 예루살렘의 실권자들에게 바쳤다. 더욱 심각했던 것은 시리아의 백성들이 자신들을 보호해야 할 군주의 무능함에 대해 불평을 토해내기 시작했다는 것이었다. 저잣거리에서는 공작처럼 으스대다가 적이 성문으로 다가오면 땅 속으로 꺼져 버리는 투르크 군인들에 대한 원성이 자자했다. 두카크는 한 가지 생각에만 사로잡혀 있었다. 복수해야 한다. 가능한 빨리. 신하들 앞에서 면목을 세우자면 그 방법밖에 없었다.

그런 마당에 고드프롸가 죽었으니 셀주크의 왕이 얼마나 기뻐했을지는 상상하고도 남음이 있다. 석 달 전만 해도 거의 속수무책이었던 그에게 한술 더 떠 며칠 뒤에 전해진 보에몽의 생포 소식은 반격할 용기를 북돋아 줄만 했다.

기회는 10월에 찾아왔다. 이븐 알 칼라니시의 기록에 따르면 **고드프롸가 죽자 형제인 에데사[2]의 통치자 보두앵 백작이 5백 명의 기병과 보병을 이끌고 예루살렘으로 출발하였다. 그가 지난다는 소식을 들은 두카크는 군사를 모아서 출정하였다. 그들은 베이루트의 해안 근처에서 맞붙었다.** 보두앵은 고드프롸의 후계자가 되고 싶다는 의중을 감추지 않았다. 에데사에서 자신의 '양부모'를 살해했던 전력이 말해주듯 보두앵은 무자비하고 포악한 기사로 악명이 높았다. 그러나 그는 배짱만 두둑했던 것이 아니었다. 자신이 예루살렘에 나타남으로써 다마스쿠스는 물론 이슬람을 믿는 시리아에까지 두고두고 위협이 될 수 있다는 점을 간파할 만큼 영리한 전사이기도 했다. 따라서 이 중요한 순간에 그를 죽이거나 사로잡는다면 그것은 침략군 전체를 와해시키는 것은 물론 프랑크인들의 동방 진출 자체까지 위태롭게 할 수 있을지도 몰랐다. 시기를 잘 잡고 공격 장소도 멀지 않은 곳으로 정하면 모든 일이 잘 풀릴 것 같았다.

북쪽으로부터 지중해를 끼고 내려온 보두앵은 10월 24일쯤 베이루트에 도달할 예정이었다. 그는 파티마 왕조의 옛 국경선인 나흐르 알 칼브를 건너야 했다. 이 '개의 강'의 하구가 가까워지면 절벽과 가파른 산들이 감싸고 있는 좁은 길이 시작된다. 매복 공격을 실시하기에는 안성맞춤의 장소였다. 두카크가 병사들을 동굴이나 나무가 무성한 비탈 뒤에 숨겨놓고 프랑크 군을 기다리기로 한 곳도 바로 이곳이었다. 그의 척후병들은 정기적으로 적의 진로를 보고해 왔다.

아주 오래 전부터 나흐르 알 칼브는 정복자들에게 파멸의 원인이 되어 왔다. 그곳을 지났다는 것만으로도 자랑스러워서 그 업적을 절벽에 새겨놓게 할 정도였다.[3] 두카크의 시대에도 벌써 여러 명의 업적이 남겨져 있었다. 람세스 2세의 상형문자와 바빌로니아의 네부카드네자르의 설형문자에서부터 시리아 출신의 로마 황제인 셉티무스 세베루스가 저 전설과도 같이 용감무쌍한 골족 용병들에게 바친 라틴어로 된 찬사까지 있었다. 그러나 극소수에 불과한 이곳의 정복자들을 뺀다면 얼마나 많은 이들의 꿈이 그 바위들 위에서 산산조각이 났던가! 다마스쿠스의 왕 두카크조차도 그 "저주받을 보두앵"이 머지않아 피정복자들과 같은 신세가 되리라는 데 일말의 의심도 품지 않았다. 두카크가 그처럼 자신만만했던 데에는 충분한 이유가 있었다. 그의 군사들은 프랑크 대장의 군사들보다 예닐곱 배는 많았던 데다 무엇보다 기습 공격이라는 유리함이 있었기 때문이다. 이제 그는 자신이 당했던 수치를 갚고 시리아의 왕자들 가운데에서 지배적인 위치를 되찾을 것이며 프랑크인들의 침공으로 뿌리째 손상된 자신의 권위도 재건할 참이었다.

한편 이 전황을 누구보다도 주시하고 있던 이가 또 있었으니 바로 트리폴리스의 새로운 통치자인 카디 파크르 알 물크였다. 그는 1년 전에 자신의 형인 잘랄 알 물크의 자리를 물려받았다. 트리폴리스는 서유럽인들이 도착하기 전부터 다마스쿠스 통치자가 군침을 흘리던 곳인지라 그에게는 보두앵의 패배를 두려워할 이유가 충분했다. 두카크가 이슬람의 수장이자 시리아 땅의 해방자로 부상한다면 그는 두카크의 권위를 인정해야 할 뿐 아니라 그의 유별난 변덕까지 받아 주어야 할 판이었으니 말이다.

파크르 알 물크는 그러한 불미스런 사태를 막기 위해서라면 어떤 일도 불사할 작정이었다. 이리하여 보두앵이 예루살렘으로 통하는 베이루트 길을 따라 트리폴리스로 접근해 오고 있다는 소식을 들은 그는 술과 꿀, 빵, 고기는 물론 금은 세공품들을 잔뜩 싣고 가서 보두앵에게 따로 만나고 싶다는 전갈을 보냈다. 그는 두카크가 매복전을 준비하고 있다는 사실과 다마스쿠스 군의 배치 상황 같은 세밀한 정보들을 제공하는 한편, 프랑크인들이 사용할 만한 전략에 대해서도 아낌없이 충고해 주었다. 프랑크 대장은 뜻밖의 소중한 협력에 대해 카디에게 사의를 표하고 나흐르 알 칼브로 다시 출발했다.

그런 일이 벌어지고 있으리라고는 꿈에도 생각 못한 두카크는 궁사들에게 화살을 장전해 놓게 한 뒤 좁다란 해안 도로로 프랑크인들이 들어설 순간만을 기다리고 있었다. 마침내 주니야 방면에 모습을 나타낸 프랑크인들은 완전히 경계를 푼 모습으로 전진하고 있었다. 이제 몇 걸음만 더 가면 그들은 함정에 걸려들 터였다. 그런데 그들이 갑자기 걸음을 멈추었다. 그러더니 천천히 뒤로 물러서기 시작했다. 아직 아무런 일도 벌어지지 않고 있었으나 분위기로 보아 적은 함정을 눈치챈 것이 분명했다. 두카크는 어찌할 바를 몰랐다. 결국 수하 에미르들의 재촉에 그는 기마병들에게는 공격 명령조차 내리지 못한 채 궁사들에게 활시위를 당길 것을 명령했다. 날이 저물어 가자 무슬림 병사들의 사기는 떨어질 대로 떨어졌다. 아랍인들과 투르크인들은 상대방의 비겁함을 탓하면서 핏대를 세웠다. 아예 난투극까지 벌어졌다. 이튿날 아침, 짧은 전투 끝에 다마스쿠스 군은 레바논 산맥까지 퇴각하였다. 한편 프랑크 군은 유유히 팔레스타인으로 행군을 계속했다.

2년 전에 카르부카에게 같은 행동을 했던 두카크야말로 트리폴리스에 대한 가장 큰 위협이라고 판단한 트리폴리스의 카디는 이렇듯 치밀하게 보두앵의 편을 들었던 것이다. 그러고 보면 파크르 알 물크나 두카크 두 사람에게는 결정적인 순간에서조차 프랑크인들은 덜 위험한 존재였던 모양이다. 하지만 그 위험은 너무 빨리 퍼져 나갔다. 나흐르 알 칼브의 매복전을 무사히 돌파하고 3주일이 지난 뒤, 보두앵은 스스로를 예루살렘의 왕이라 선포하고 침공의 마무리를 다지는 조직과 정복이라는 두 가지 과업에 뛰어들었다. 그로부터 거의 1세기가 지난 후, 프랑크인들을 동방으로 움직이게 한 요인을 따져 보던 이븐 알 아시르는 그 원인을 서유럽의 우두머리로 여겨지던 알 바르다윌, 즉 보두앵 왕의 주도권에서 찾았다. 물론 이 기사는 침략군의 수많은 책임자들 중 한 사람이었을 뿐이지만 그를 정복 사업의 주요 원흉으로 묘사하고 있는 이 모술의 역사가의 판단은 옳은 것이었다. 쉽사리 치유되기 어려울 만큼 분열된 아랍 세계에 비해 프랑크 나라들은 결단력과 우수한 전사들, 상대적으로 단단한 연대감 등으로 단번에 그 지역의 주도 세력으로 부상했기 때문이다.

그러나 무슬림도 무시 못할 유리한 패를 갖고 있었으니 바로 수적인 우세였다. 예루살렘을 함락시킨 다음날, 대부분의 프랑크인들은 자신의 나라로 다시 떠나 버렸다. 보두앵의 대관식에는 불과 몇백 명의 기사들만이 참석하였다. 그런데 이러한 수적인 열세도 머지않아 회복되었다. 1101년 봄, 이제껏 알려진 것보다 훨씬 많은 수의 프랑크 군대가 콘스탄티노플에 집결해 있다는 소식이 들려왔다.

그 소식에 가장 놀란 사람들은 프랑크인들이 소아시아에서 저지른 만행을 잊지 못하고 있는 클르츠 아르슬란과 다니슈멘드였다. 그들은 새로운 침공을 막기 위해 힘을 합하기로 결의했다. 그러나 투르크인들은 룸인들이 단단하게 지키고 있는 니카이아나 도릴라이온 같은 곳에서 더 이상 모험을 감행할 형편이 못 되었다. 그들이 새로운 매복 장소로 택한 곳은 이보다 먼 아나톨리아의 남동부였다. 나이를 먹으면서 경험도 자란 클르츠 아르슬란은 적의 예상 진로를 먼저 지나면서 물이란 물에는 모조리 독을 풀도록 하였다.

1101년 5월, 술탄 클르츠 아르슬란은 거의 10만 명에 육박하는 인원이 보스포루스 해협을 건넜다는 소식을 들었다. 이들의 대장은 비잔티움에 근 1년 동안 머무르고 있던 생 질이었다. 술탄은 적절한 기습 공격의 순간을 결정하기 위해 이들의 움직임을 차근차근 뒤쫓으려 했다. 그들의 첫 번째 숙영지는 니카이아가 될 듯싶었다. 그런데 어찌된 셈인지 한때 술탄의 수도였던 이 도시 근처에 자리잡고 있던 척후병들은 이들이 다가오는 모습을 보지 못하였다. 마르마라 해변 기슭은 물론이고 콘스탄티노플에서조차 이들의 행방을 아는 이들이 없었다.

클르츠 아르슬란은 6월 말까지 이들의 흔적을 전혀 쫓지 못했다. 그런데 프랑크인들이 느닷없이 클르츠 아르슬란의 영토인 아나톨리아 중부의 앙카라를 치고 들어온 것이었다. 그 순간까지도 공격을 당하리라고는 꿈에도 생각하지 못했던 투르크 영토의 한복판이었다. 깜짝 놀란 클르츠 아르슬란이 부랴부랴 출발했으나 그가 도착하기도 전에 프랑크인들은 순식간에 그곳을 점령해 버렸다. 클르츠 아르슬란은 니카이아를 빼앗겼던 4년 전의 악몽이 되살아나는 것 같았다. 그러나 서유럽인들이 영토의 심장부를 위협해 오고 있는 마당이었으니 한탄만 하고 있을 수 없었다. 그는 프랑크인들이 남쪽으로 더 내려가기 위해 앙카라를 뜰 무렵을 택해 매복전을 다시 펼치기로 했다. 그러나 그는 이번에도 실수를 저질렀다. 침략자들은 시리아를 뒤로 한 채 다니슈멘드가 보에몽을 생포했던 강력한 성채 니크사르를 향해 북동쪽으로 방향을 튼 것이었다. 그랬다! 프랑크인들은 안티오케이아의 통치자를 구출할 속셈이었던 것이다.

술탄과 그 연합군은 그제야 침략자들의 기이한 여정의 의미를 깨달았다. 그나마 다행스러운 것은 적어도 매복 장소를 결정할 수는 있다는 것이었다. 그곳은 뙤약볕에 녹초가 된 프랑크 군이 8월 초순이면 도달한 메르지푼이라는 마을이었다. 프랑크 군대는 한때의 위협적인 모습을 찾아보기 어려웠다. 뜨겁게 달구어진 갑옷을 걸치고 힘겹게 전진하는 몇백 명의 기사들 뒤로 아녀자들이 더 많이 섞인 잡다한 순례 무리가 따르고 있었다. 투르크 기마병들의 공격이 시작되자마자 프랑크인들은 내빼기 시작했다. 그것은 전장이 아니라 숫제 도살장이었다. 그런 상황이 한나절 내내 계속되었다. 날이 어두워지자 생 질은 병사들에게 알리지도 않은 채 가까운 수하들만 데리고 도망쳐 버렸다. 이튿날, 최후까지 남은 생존자들마저 소탕되었다. 이곳에서 사로잡힌 수천 명의 젊은 여자들 때문에 얼마 동안 아시아 각 지역의 하렘이 적잖게 붐비게 되었다.

메르지푼의 학살이 끝나자마자 클르츠 아르슬란에게 전령들이 속속 도착했다. 그들은 새로운 프랑크 원정대가 벌써 소아시아로 행군해 오고 있다는 소식을 가져왔다. 이번에는 이들의 진로에 놀랄 일도 없었다. 십자가를 붙인 전사들은 남쪽으로 접어들었다. 이들이 함정에 걸려들었음을 깨달은 것은 며칠간의 행군이 끝나갈 무렵이었다. 8월 말, 술탄이 기마병들을 거느리고 북동쪽에서 내려왔을 때 프랑크인들은 물을 마시지 못해 벌써 죽어가고 있었다. 그들은 변변한 저항조차 해보지 못하고 패주하고 말았다.

그러나 그것이 끝은 아니었다. 1주일의 간격을 두고 세 번째 프랑크 원정대가 같은 길을 따라 온 것이다. 헤라클레스 시 가까이 접근한 기사들과 보병들, 아녀자들은 엄청난 갈증에 시달리고 있었다. 그곳에서 반짝거리는 물을 발견한 그들은 정신 없이 그리로 몰려갔다. 그러나 그 물길 주변에서는 클르츠 아르슬란이 기다리고 있었다.

프랑크인들은 다시는 떠올리고 싶지 않을 세 번의 학살을 경험했다. 그 중요한 몇 해 동안 그들의 확장 의지가 끌어들인 엄청난 수의 유입자들은(군인과 민간인을 막론한) 아랍인들이 미처 기력을 회복하기 전에 동방에 식민지를 건설할 수도 있었을 것이다. 그러나 이러한 대규모 인명 손실을 입은 프랑크인들은 아랍 땅에서 가장 견고하고도 거대한 사업을 시작했다. 바로 요새의 건설이었다. 즉 소수로 다수의 포위 공격자들을 궁지에 몰아넣을 수 있을 만큼 튼튼한 요새들을 건설해서 수적인 열세에 대처하자는 생각이었던 것이다. 그러나 비록 수는 적었어도 그 오랜 기간 동안 프랑크인들은 요새보다도 훨씬 막강한 무기를 이용할 수 있었다. 그것은 바로 아랍 세계의 무기력(無氣力)이었다. 그런 정황에서 1102년 4월 초순, 트리폴리스 초입에서 벌어진 전투의 특별한 배경을 설명해 주는 이븐 알 아시르의 기록은 대단히 설득력 있어 보인다.

> **생 질은—그에게 신의 저주가 있기를—클르츠 아르슬란에게 패한 뒤 시리아로 돌아왔다. 그의 휘하에는 3백 명의 병사들밖에 없었다. 그 때 트리폴리스의 영주인 파크르 알 물크는 두카크 왕과 홈스의 통치자에게 전갈을 보냈다. "생 질에게 사람들이 얼마 남지 않았다고 하니 이번에야말로 그를 완전히 물리칠 수 있는 좋은 기회가**

**아니겠소!" 두카크는 2천 명을 서둘러 모았고 홈스의 총독도 가세하였다. 트리폴리스의 군대는 성문 앞에서 이들과 합세한 뒤 생 질과 전투를 벌일 예정이었다. 생 질은 1백 명은 트리폴리스 군대와, 1백 명은 다마스쿠스 군과, 50명은 홈스 군과 맞붙게 하고 나머지 50명은 자신을 호위하도록 했다. 그런데 적을 보자마자 홈스의 군대는 달아나기 시작했다. 이어 다마스쿠스 군도 똑같이 도망쳤다. 트리폴리스 군대만 홀로 맞섰는데 이 모습을 본 생 질은 2백 명의 군사를 이끌고 이들을 공격하여 7천 명을 죽이는 승리를 거두었다.**

고작 3백 명의 프랑크 군이 수천 명이 넘는 무슬림 군대를 이겼다니? 그러나 이 아랍 역사가는 사실 그대로 증언한 것이었다. 그 배경을 가장 그럴듯하게 설명할 수 있는 것은 두카크가 나흐르 알 칼브의 매복전 때 트리폴리스의 카디가 저질렀던 행동에 복수를 하고 싶었다는 것이다. 당시 파크르 알 물크의 배신으로 결국 프랑크인들이 예루살렘 왕국을 건설하는 것을 막지 못하지 않았던가. 그러나 다마스쿠스 왕의 복수는 프랑크인들에게 네 번째 왕국, 즉 트리폴리스 백작령을 건설하게 만든 결과가 되었다.

이 수치스런 패배를 당하고 6주가 지난 뒤, 수적인 우세에도 불구하고 승리를 거머쥘 수 없는 그 지역 지도자들의 태만을 보여주는 또 다른 사건이 벌어졌다.

사정은 이러했다. 1102년 5월, 2만 명에 육박하는 이집트 군대가 와지르 알 아흐달의 아들인 샤라프의 지휘 아래 팔레스타인에 도착하여 자파 항 부근의 라말라에서 보두앵의 군사들에게 성공적인 기습 공격을 가했다. 보두앵은 갈대밭에 몸을 숨겨 겨우 생포만은 면하였다. 그의 기사들 대부분은 죽거나 포로로 잡혔다. 그 날 카이로의 군대는 예루살렘을 탈환할 기회를 완벽하게 잡았다. 이븐 알 아시르의 말마따나 그 도시를 지키는 이들도 없었거니와 프랑크인 왕도 도피하였기 때문이다.

> **샤라프의 수하 몇몇이 그에게 말했다. "성지를 탈환하러 가셔야 합니다!" 그런데 이렇게 말하는 이들도 있었다. "그보다는 자파를 손에 넣읍시다!" 샤라프는 결정을 내리지 못하고 갈팡질팡했다. 그가 머뭇거리고 있는 동안 바다를 건너온 원군과 합세한 프랑크인들은 기세를 회복하였고 샤라프는 결국 빈손으로 이집트의 부친에게 돌아가야 했다.**

두 번이나 승리의 기회를 놓쳐 버린 카이로의 통치자는 이듬해, 그리고 또 이듬해에 새로운 공격을 펼치려 했다. 그런데 그와 승리 사이를 가로막는 뜻하지 않는 사건이 매번 일어나는 것이었다. 처음에는 이집트 함대가 육군과 사이가 틀어진 사건이었다. 그리고 다음에는 원정대의 대장이 사고로 죽는 바람에 군사들이 크게 동요하였다. 이븐 알 아시르에 따르면 그는 용맹스런 장군이었으나 지나치게 미신을 믿었다고 한다. **그는 자신이 말에서 떨어져 죽을 것이라는 예언을 들었다. 베이루트의 통치자로 임명되자 자신의 말이 미끄러지지 말라고 길바닥의 포석을 모조리 걷어내게 한 적도 있었다. 그러나 그러한 신중함도 운명을 비켜 가게 하지는 못하였다.** 전장에서 공격도 받지 않았던 그의 말이 심하게 날뛰는 바람에 장군은 자신의 진지 한복판으로 떨어져 목숨을 잃었다. 운이 없었는지, 지략이 모자랐는지, 아니면 용기가 부족했는지 알 아흐달이 보내는 원정대마다 비참하게 패배의 고배를 마셨다. 그 동안 프랑크인들은 유유히 팔레스타인 정복 사업을 진행했다.

하이파와 자파를 점령한 뒤 1104년 5월, 프랑크인들은 겨울이든 여름이든 관계없이 배를 갖다 댈 수 있는 유일한 항구로서 천연의 정박지 구실을 할 아르카를 공격했다. **원군을 지원받을 가망이 없자 이집트 태수는 자신과 시민들의 목숨을 구걸하였다**고 이븐 알 칼라니시는 쓰고 있다. 보두앵은 걱정하지 말라며 태수를 안심시켰다. 그러나 무슬림들이 도시를 빠져나오자마자 프랑크인들이 달려들었다. 그들은 무슬림들이 가진 것을 다 빼앗고 많은 사람들을 죽였다. 알 아흐달은 그 모멸을 갚아주리라 다짐했다. 그는 이후 매년 프랑크인들을 공격할 강력한 부대를 보냈으나 번번이 패배하고 말았다. 1102년 5월에 라말라에서 아깝게 잃었던 그런 기회는 좀처럼 주어지지 않았다.

북부에서도 궤멸당할 뻔한 프랑크인들을 살려준 것은 무슬림 에미르들의 태만이었다. 1100년 8월 보에몽이 사로잡힌 뒤로 그가 세운 안티오케이아 공국에는 7개월 동안이나 대장은 물론 군대도 없는 무정부 상태가 이어졌으나 근처의 군주들 누구도, 심지어 리드완이나 클르츠 아르슬란, 다니슈멘드까지도 그 기회를 이용할 생각을 하지 않았다. 그들은 프랑크인들에게 안티오케이아를 섭정할 인물을 뽑을 시간만 벌어준 셈이었다. 이리하여 1102년 3월에 보에몽의 조카인 탕크레드가 숙부의 영지를 물려받았다. 탕크레드는 자신의 지위를 확실히 굳히기 위해 1년 전 다마스쿠스에서 했던 것처럼 알레포 주변을 약탈하기 시작했다. 그런데 이 사태에 대한 리드완의 대처는 형제인 두카크보다 더욱 한심한 것이었다. 그는 탕크레드가 도시 근처에서 떠나주기만 한다면 어떻게 해서라도 그의 변덕을 만족시켜 주겠다는 의사를 표했다. 그 어느 때보다도 기고만장해진 프랑크 전사는 알레포의 대사원 첨탑 위에 거대한 십자가를 설치하라고 요구했다. 리드완은 그대로 했다. 그러나 오욕은 거기서 끝나지 않았다.

1103년 봄, 보에몽의 야심을 과소평가하고 있던 다니슈멘드는 별다른 정치적 반대 급부 없이 그를 풀어주기로 했다. "다니슈멘드는 그의 몸값으로 10만 디나르와 프랑크인들에게 잡혀 있던 안티오케이아의 전 통치자 야기 시얀의 딸을 풀어줄 것을 요구했다." 이븐 알 아시르는 이 처사에 분개하며 이렇게 쓰고 있다.

**감옥에서 풀려난 보에몽은 안티오케이아로 돌아갔고 그의 추종자들은 다시 기세가 등등해졌다. 그는 곧장 근처 도시의 주민들에게 자신의 몸값을 지불하게 하였다. 이처럼 무슬림들은 보에몽의 생포가 가져다줄 이득을 수포로 돌아가게 하는 어리석은 짓을 저질렀던 것이다!**

지역 주민들을 희생시켜 "몸값을 갚게" 한 프랑크족의 대장은 이제 자신의 영역을 넓히는 작업에 착수하였다. 1104년 봄, 안티오케이아와 에데사 프랑크 군의 합동 작전이 하란의 요새에서 펼쳐졌다. 하란은 유프라테스 강 유역까지 미치는 광활한 평원을 관장하면서 북쪽의 시리아와 이라크 사이의 교류를 통제하고 있는 도시였다.

사실 도시 자체로 따지자면 별 이득은 없었다. 몇 년 후에 그곳을 방문했던 이븐 주바이르도 극히 실망스런 어조로 이곳을 묘사하고 있을 정도이다.

**하란의 물은 시원하지가 않다. 그 지역에는 뙤약볕이 일년 내내 내리쬐고 있다. 사람들이 헉헉대며 한숨을 내쉬다가 그나마 낮잠을 잘 만한 유일한 그늘을 찾는다는 곳이 그곳이다. 하란은 허허벌판 한복판에 내버려져 있다는 느낌을 준다. 찬란한 도시도 없고 우아**

**한 구석이라고는 찾아보기 힘든 곳이다.**

그러나 이곳의 전략적 가치는 무시할 수 없었다. 하란을 손에 넣은 프랑크인들은 향후 모술은 물론이고 바그다드까지도 진출할 수 있을 터였다. 그곳을 함락시키자마자 프랑크 군은 알레포 왕국에 대한 포위령을 내렸다. 야심 찬 목표가 아닐 수 없었다. 침략자들은 너무 오만했다. 하지만 아랍 세계가 침략군의 과업에 그만큼 용기를 불어넣어준 셈이었다. 그 즈음 철천지원수였던 형제 바르키야루크와 무함마드의 피비린내 나는 싸움이 그 어느 때보다 격렬하게 재개되어서 바그다드의 주인은 이 왕에서 저 왕으로 번갈아 바뀌고 있었다. 또 얼마 전에 아타베그 카르부카가 사망한 모술에서는 그의 후계자인 에미르 제케르미슈가 아직은 세력을 굳히지 못하고 있는 형편이었다.

게다가 하란 내부의 사정 또한 어지러웠다. 통치자가 한 연회장에서 부하에게 살해당한 뒤 도시는 피비린내 나는 소용돌이에 휩싸였다. 이븐 알 아시르에 따르면 **프랑크인들이 하란으로 몰려온 것은 바로 그 때였다**고 한다. 모술의 새 통치자인 제케르미슈와 그의 이웃이자 지난날 예루살렘의 통치자였던 소크만에게 이 소식이 전해진 것은 그들 또한 서로 싸울 궁리로 정신이 없었을 때였다.

**소크만은 제케르미슈에게 살해당한 조카의 복수를 하고 싶었다. 그런데 서로 맞붙기 직전, 이 새로운 소식을 접한 그들은 하란을 구하기 위해 힘을 모으기로 했다. 그들은 신과 하늘의 영광을 위해 목숨을 바칠 준비가 되어 있다고 큰소리쳤다. 그들은 서로 만나 동맹을 맺고 프랑크인들과 대적하기 위해 출정했다. 소크만은 7천 명의 투르크 기마병을, 제케르미슈는 3천 명의 병사를 이끌었다.**

1104년 5월, 무슬림 연합군이 적과 맞닥뜨린 곳은 유프라테스 강 지류인 발리크 강 유역이었다. 무슬림들은 적을 보자마자 후퇴하는 척하면서 한 시간 동안이나 프랑크 군을 유인하였다. 이윽고 에미르들의 신호가 떨어지자 그들은 갑자기 태도를 바꿨다. 그들은 곧장 적을 에워싸고 섬멸했다.

**보에몽과 탕크레드는 전장 한복판에서 떨어져 나와 무슬림들을 뒤에서 치기 위해 한 언덕 뒤로 숨어들었다. 그런데 시간이 지나면서 패색이 분명해지자 그들은 더 이상 움직이지 않기로 했다. 그리하여 날이 저물기를 기다렸다가 그들은 황급히 도주했다. 무슬림들은 그들을 추격하여 많은 수의 수하들을 죽이고 나머지는 생포하였다. 두 지휘관은 겨우 여섯 명의 기사들만을 이끌고 그곳을 빠져나왔다.**

하란 전투에 출정했던 프랑크 지휘관들 중에는 보두앵도 있었다. 그는 그에게 에데사 백작의 작위를 수여한 예루살렘 왕의 사촌이었다. 그 또한 피신하려고 했으나 발리크 강의 야트막한 곳을 건너던 말이 진창에 빠져 버렸다. 소크만의 병사들이 그를 생포해서 대장의 막사로 데려갔다. 이븐 알 아시르는 이 일이 동맹 상대의 질시를 불러일으켰다고 쓰고 있다.

**제케르미슈의 수하들이 그에게 말했다. "저들은 목적을 완수했는데 우리만 빈손으로 돌아간다면 무슨 낯으로 사람들을 대한단 말입니까?" 그들은 대장에게 소크만의 막사로 가서 백작을 데리고 오라고 부추겼다. 제케르미슈에게 백작을 내주고 만 소크만의 안색은 어두웠다. 그의 수하들은 벌써 말안장에 올라타고 싸움을 벌일 기세였**

다. 그러나 그는 이렇게 말하며 수하들을 제지했다. "우리의 승리가 무슬림들에게 불러일으킬 기쁨이 분쟁으로 무산되어서는 안 된다. 나는 무슬림들을 희생시켜 적에게 만족을 줌으로써 내 분노를 풀고 싶지는 않다." 소크만은 프랑크 군이 갖고 있던 무기와 군기를 모조리 거두게 한 다음, 그들의 옷을 부하들에게 입히고 말에 태워서 프랑크 군이 지키고 있는 요새로 보냈다. 그러자 이번에도 승리한 아군이 돌아온 것으로 믿은 프랑크 군이 그들을 맞으러 나왔다. 소크만은 그들을 죽이고 요새를 빼앗았다. 그는 이런 작전을 여러 곳에서 사용했다.

하란에서 거둔 승리의 여파는 대단했다. 이븐 알 칼라니시가 여느 때와는 다른 어조로 그 일을 증언하고 있는 것만 보아도 알 수 있다.

무슬림들은 이제껏 그만한 승리를 거두어 보지 못했다. 프랑크 군의 사기도 크게 떨어졌다. 그들의 수와 무기가 줄어든 만큼 공격력도 큰 손상을 입었다. 무슬림들의 사기는 크게 올랐다. 종교를 수호하겠다는 열렬한 의지로 분기탱천하였다. 사람들은 저마다 이 승리를 축하하였고 그 승리로 프랑크인들을 몰아내리라고 확신했다.

그 패배로 가장 큰 타격을 입은 프랑크인은 두말할 필요도 없이 보에몽이었다. 그로부터 몇 달 뒤 그는 배 한 척에 올라탔다. 이후 아랍 땅에서 그의 모습을 본 이는 없었다.

하란 전투는 이처럼 침략의 주도자 중의 한 인물을 무대에서 퇴장시켜 버렸다. 그러나 무엇보다도 큰 소득은 프랑크인들이 지속적으로 동쪽으로 이동하는 것을 주춤거리게 했다는 것이었다. 그러나 1102년에 이집트인들이 그러했듯, 하란의 승리자들은 다시 한 번 승리의 과실을 따먹을 줄 모르는 무능함을 보인다. 전장으로부터 이틀이면 닿을 에데사로 전진하는 대신 아랍 연합군은 또다시 분쟁으로 두 편으로 갈린 것이다. 소크만이 계략을 써서 별로 중요하지 않은 요새 몇 곳을 탈환했다면 제케르미슈는 탕크레드의 기습 공격을 받는 신세가 되었다. 여기서 탕크레드는 많은 포로들을 붙잡았는데 그 중에는 미모가 빼어난 아랍의 공주도 있었다. 그런데 이 여인을 유달리 아꼈던 모술의 통치자 제케르미슈는 공주를 에데사의 보두앵과 맞바꾸거나 아니면 황금 1만 5천 디나르를 내고 찾겠다는 제안을 했다. 그 제안을 놓고 상의를 한 삼촌과 조카는 동료(보두앵)는 그대로 놓아둔 채—그는 포로 상태로 3년을 더 지낸다—황금을 갖는 쪽을 택했다. 이처럼 기사도와는 거리가 먼 프랑크 지휘관들의 대답을 들었을 때 모술의 에미르가 어떤 생각을 했을지는 알 수 없다. 다만 그는 약속한 액수를 지불하고 공주를 되찾았으며 보두앵을 한참은 더 붙잡고 있었다.

그런데 문제는 여기서 끝나지 않았다. 프랑크 군의 전쟁사 가운데에서 가장 이해할 수 없는 일 중 하나가 벌어진 것이다. 얘기는 그로부터 4년이 지난 1108년 10월, 검정 자두가 무르익어 가던 한 벌판에서 시작된다. 민둥산이나 다름없는 언덕들이 끝없이 펼쳐진 지형 한복판에 장엄하게 우뚝 솟아 있는 텔 바시르 요새 근처에서 심상치 않은 모습의 두 진영이 대치하고 있었다.

한쪽은 안티오케이아의 탕크레드였다. 머리와 코를 가리는 투구를 쓰고 검과 철퇴, 날이 선 도끼 등으로 단단히 무장한 1천5백 명의 기사들과 보병들에게 둘러싸여 있었다. 그런데 그의 진영에는 머리를 길게 땋은 6백 명의 투르크족 기마병들이 정렬해 있었다. 바로 알레포의 리드완이 보낸 군사였다.

한편, 맞은편은 모술의 에미르인 자왈리의 진영이었다. 쇠사슬 갑옷을 입고 소맷부리에 수를 놓은 긴 겉옷을 걸친 이 대장의 휘하에는 2천 명의 병사들이 세 부대로 도열해 있었다. 왼편은 아랍인들, 오른편은 투르크인들, 그리고 가운데에는 프랑크 기사들이 모인 이 기묘한 진영에는 에데사의 보두앵과 그의 사촌인 텔 바시르의 통치자 조슬랭도 참가해 있었다.

안티오케이아의 대전투에 참가했던 이들이라면 감히 상상이나 할 수 있었을까? 그 전투로부터 10년이 흐른 지금, 아타베그 카르부카의 후계자인 모술의 통치자가 에데사의 프랑크인 백작과 나란히 손을 잡고, 안티오케이아의 프랑크족 대장과 알레포의 셀주크족 왕이 구성한 연합군과 싸우게 될 줄을? 그러고 보면 프랑크인들이 무슬림 왕들끼리 서로 죽고 죽이는 전쟁에 완전한 동지가 되는 날도 그리 멀지 않은 것 같았다! 그런데 이 사건을 묘사하고 있는 연대기 저자들은 이에 대해 새삼스레 놀라움을 표시하지 않고 있다. 이븐 알 아시르의 기록만 보아도 은근한 조소가 담겨 있긴 하지만 그는 특별히 어조를 바꾸지 않은 채 프랑크인들과 그들의 연합군 사이에 벌어진 다툼을 기술하고 있다. 이것만 보면 영락없이 그가 쓴 ≪완전한 역사≫를 줄곧 점철하고 있는 무슬림 군주들간의 숱한 다툼의 한 구절을 얘기하고 있는 듯하다. 이 아랍 역사가의 설명은 이렇다. 보두앵이 모술에 잡혀 있는 동안 탕크레드는 에데사에 손을 뻗쳤다. 탕크레드가 보두앵이 풀려나는 것을 전혀 바라지 않고 있다는 얘기가 돌았다. 심지어 그는 되도록 오랫동안 보두앵을 붙잡고 있어 주기를 바란다며 제케르미슈와 합의를 했다고도 한다.

그런데 1107년에 제케르미슈가 권좌에서 쫓겨나자 프랑크인 백작은 모술의 새로운 통치자인 자왈리의 손에 넘겨졌다. 머리가 비상했던 이 투르크족 무장은 두 프랑크 대장들간의 다툼에서 자신이 얻을 이득을 즉시 가늠해 보았다. 그리하여 그는 보두앵을 풀어준 뒤 좋은 옷을 하사하고 그와 손을 잡기로 했다. "당신의 에데사 영지는 지금 위협받고 있소." 그의 얘기는 대충 이러했다. "게다가 모술에서의 내 위치도 안정적이지 못하오. 그러니 우리 서로 힘을 합칩시다."

이븐 알 아시르는 쓰고 있다.

풀려나자마자 알 코메스 바르다윌, 즉 보두앵 백작은 안티오케이아의 '탕크리(탕크레드를 말한다—옮긴이)'를 만나서 당장 에데사를 돌려 달라고 요구하였다. 탕크레드는 그에게 3만 디나르와 말과 무기, 의복을 비롯한 여러 가지를 주었으나 그 도시를 넘겨주는 것만은 거절하였다. 이에 분노한 보두앵은 안티오케이아를 떠났다. 탕크레드는 보두앵이 자신의 우방인 자왈리와 손을 잡는 일을 방해하려고 했다. 그들간에 몇 번의 충돌이 있었다. 그런데 매번 싸움이 끝나면 그들은 함께 모여 음식을 먹으면서 떠들곤 했다!

모술의 역사가의 눈에는 이 프랑크인들이 참으로 이해하기 어려운 족속들로 보인 듯했다. 그의 글은 이렇게 이어진다.

그들이 좀체 이 문제를 해결하지 못했으므로 일종의 이맘 같은 존재였던 한 족장이 중재안을 내놓았다. 그는 탕크레드의 숙부인 보에몽이 제 나라로 돌아가기 전에 만약 보두앵이 풀려나서 돌아오면 에데사를 그에게 넘겨주라고 한 당부를 증언할 주교들과 사제들의 위원회를 거론했다. 결국 안티오케이아의 통치자는 이 중재안을 받아들였고 보두앵 백작은 자신의 영지를 다시 찾게 되었다.

영지를 되찾은 것이 탕크레드의 선의보다는 자왈리의 개입이 두려워서 얻게 된 결과라는 것을 알고 있던 보두앵은 그 길로 자신의 영토에 있던 무슬림 포로들을 풀어주고 드러내놓고 이슬람을 욕하던 그리스도교도 대신들 중 한 명을 처단하기까지 했다.

백작과 에미르 사이의 희한한 동맹에 분노한 사람은 비단 탕크레드만이 아니었다. 리드완 왕도 안티오케이아의 통치자 탕크레드에게 보낸 편지에서 자왈리의 야심과 배신 행위에 대한 경계를 늦추지 말라고 당부하고 있으니 말이다. 리드완은 이 자왈리라는 인물이 알레포에 눈독을 들이고 있으며 만약 그의 욕심대로 된다면 프랑크인들도 더 이상 시리아에서 견디지 못할 것이라고도 했다. 이 셀주크 왕과 프랑크라는 안전 장치 사이의 밀착은 이처럼 별난 것이었지만, 두꺼운 종교적, 문화적 장벽과는 상관없이 군주들간의 이해관계가 성립하는 것은 언제든지 가능한 것이었다. 그리하여 먼저 만들어진 동맹에 대항하기 위해 새로운 이슬람-프랑크 동맹이 만들어진다. 1108년 10월, 텔 바시르 요새 부근에서 대치하고 있던 두 진영은 이런 정국에서 탄생한 것이었다.

먼저 기선을 제압한 쪽은 안티오케이아와 알레포의 연합군이었다. **자왈리는 후퇴했다. 그리고 수많은 무슬림들이 몸을 숨기기 위해 텔 바시르로 찾아들었다. 보두앵과 그의 사촌 조슬랭은 이들을 환대하였다.** 보두앵의 기사 정신을 칭송하고 있는 이 아랍 역사가의 글은 에데사의 그리스도 교도들이 그 백작에 대해 갖고 있는 시각과는 사뭇 다르다. 보두앵이 패했으며 분명히 죽었다고 믿은 아르메니아 사람들은 이 때야말로 프랑크인들의 지배로부터 도시를 해방시킬 절호의 기회라고 생각했다. 그 결과 에데사로 귀환한 보두앵은 그 도시가 일종의 공동위원회의 통치를 받고 있다는 것을 알게 되었다. 속국 주민들의 독립 의사에 초조해진 그는 일부 사제를 포함해 귀족들을 체포하게 한 후 눈알을 뽑아 버렸다.

그의 우방인 자왈리 역시 자신의 부재를 틈타 봉기를 계획하던 모술의 귀족들을 혼내주고 싶었다. 그러나 그는 포기할 수밖에 없었다. 패배로 인해 그의 권위는 땅에 떨어질 대로 떨어진 터였다. 바야흐로 그는 바람 앞의 등불 같은 신세였다. 영지와 무기와 보물을 잃었음은 물론, 술탄이 그의 머리에 현상금까지 걸어놓은 형편이었다. 하지만 자왈리는 쉬이 굴복하지는 않았다. 그는 상인으로 변장한 뒤 자신의 수의를 직접 들고 이스파한의 궁정으로 들어가 술탄 앞에 비굴하게 엎드렸다. 그 모습을 보고 마음을 푼 술탄 무함마드는 그를 용서해 주기로 했다. 그로부터 얼마 후, 술탄은 그를 페르시아 한 지방의 통치자로 임명하기까지 했다.

한편 탕크레드는 1108년에 거둔 그 승리 이후 전성기를 누리고 있었다. 안티오케이아 공국은 투르크인과 아랍인, 아르메니아인은 물론이고 프랑크인들까지 망라한 주변 지역 전체를 위협하는 강력한 지역 세력으로 부상했다. 리드완 왕도 그 앞에서는 벌벌 떠는 신하에 불과했다. 보에몽의 조카는 자신을 "위대한 에미르"로 부르도록 하였다!

텔 바시르 전투가 끝난 뒤 불과 몇 주일만에 이번에는 예루살렘과 다마스쿠스 왕국 사이에 휴전 조약이 맺어짐으로써 프랑크인들은 시리아 땅 북쪽에 쉽게 발을 들여놓을 수 있게 되었다. 그 조약에 따라 두 도시 사이의 경작지에서 거둔 수확은 3등분하여 **3분의 1은 투르크인들에게, 3분의 1은 프랑크인들에게, 나머지 3분의 1은 농부들에게 돌아갔다. 이를 바탕으로 한 결의문이 작성되었다**고 이븐 알 칼라니시는 쓰고 있다. 그러나 몇 달 후, 시리아의 도시 국가는 새로운 모반으로 인해 어느 곳보다도 중요한 한 지역을 잃는다. 레바논 산맥 동쪽에 위치한 베카라는 비옥한 평야 지대였다. 이제는 그곳마저 예루살렘 왕국과 분배해야 하는 처지가 된 것이다. 결국 다마스쿠스인들은 완전히 무기력한 상태가 되었다. 그들은 수확물을 프랑크인들의 자비에 의존해야 할 형편이었으며, 교역 또한 제노바의 상인들이 장악하고 있던 아크레 항을 통해서만 가능했다. 시리아의 남부 역시 북부처럼 프랑크인들의 점령이 일상이 되었다.

그러나 프랑크인들은 거기서 멈추지 않았다. 1108년, 그들은 예루살렘의 정복 이후 가장 큰 규모의 영토 확장 사업을 추진하려 하고 있었다. 연안의 도시들치고 위험하지 않은 곳이 없었으나 토착 세력가들은 방어할 능력도, 의지도 없었다.

프랑크인들이 가장 먼저 노린 곳은 트리폴리스였다. 1103년부터 생 질은 이 도시 근처에 자리를 잡고 요새 하나를 건설했다. 그곳의 주민들은 그 요새에 그의 이름을 붙였다. 잘 보존되어서 오늘날에도 트리폴리스 신시가지 한복판에 우뚝 서 있는 '생 질의 요새'는 이렇게 탄생했다. 그런데 프랑크인들이 접근해 오던 무렵에 이 도시의 경계는 이 유명한 요새가 접근을 통제하고 있던 작은 반도 언저리의 알 미나라는 항구 지역을 넘지 못하고 있었다. 따라서 생 질의 부하들을 거치지 않고는 어떤 대상도 트리폴리스로 들어갈 수 없었다.

트리폴리스의 카디 파크르 알 물크는 수도를 옥죄고 있는 이 성채를 파괴할 수만 있다면 어떠한 대가도 치를 작정이었다. 밤만 되면 카디의 군사들은 요새의 경비병들을 공략하거나 건설 중인 성벽을 파괴하는 공세를 폈다. 1104년 9월에 감행한 공격은 그 중 가장 규모가 큰 작전이었다. 트리폴리스에 주둔하고 있던 병사들 전부가 카디의 지휘 아래 대규모 공세를 감행했다. 이 공격으로 프랑크 군 몇 명이 전사하고 성채의 일부가 소실되었다. 생 질 자신도 한 건물에서 화마의 습격을 받았다. 중화상을 입은 그는 극심한 고통을 겪다가 그로부터 5개월 후에 세상을 뜨고 말았다. 병석에 누워 있는 동안 그는 파크르 알 물크 휘하의 에미라들을 만나서 한 가지 거래를 제안했다. 즉 트리폴리스인들이 요새를 공격하는 것을 멈춘다면 프랑크 대장은 그 대가로 여행자들과 상인들의 이동을 더 이상 방해하지 않겠다는 것이었다. 카디는 승낙했다.

참으로 어이없는 공모가 아닐 수 없었다! 사람들과 물자의 통행을 방해하는 것이야말로 포위자들의 본래 목적이 아니었던가? 그런데 포위자들과 포위된 자들 사이의 관계라 부를 수 없을 만한 거의 정상적인 관계가 성립되었으니 말이다. 어쨌거나 트리폴리스는 갑자기 활력을 되찾았다. 상인들은 프랑크인들에게 세금을 내고 드나들었으며 통행증을 가진 트리폴리스의 상류층도 적의 경계선을 넘나들 수 있게 되었다!

사실 두 교전 당사자들은 저마다 기다리는 것이 있었다. 프랑크인들은 제노바와 콘스탄티노플에서 그리스도 교도의 함대가 도착하여 자신들이 포위하고 있는 도시를 공격할 수 있게 되기를 바랐다. 한편 그들의 속셈을 모를 리 없는 트리폴리스인들도 자신들을 구원해 줄 무슬림 원군을 기다리고 있었다. 그들이 기대하고 있는 가장 효과적인 원군은 이집트 군대였다. 막강한 해군력을 지니고 있는 파티마 왕조의 칼리프가 단순히 개입하는 것만으로도 프랑크 군의 간담을 서늘하게 하기에 충분할 터였다. 그러나 트리폴리스의 통치자와 카이로의 통치자 사이의 관계는 망가질 대로 망가진 상태였다. 알 아흐달의 부친은 카디 파크르 알 물크 가문의 노예였는데 그는 자신의 부친과 주인들과의 관계가 썩 좋지 않았던 것으로 알고 있었다. 와지르 알 아흐달은 파크르에 대해 노골적으로 원한과 적개심을 드러냈다. 더욱이 그는 자신의 손에 도시를 내주느니 차라리 생 질에게 넘기는 것이 낫다는 듯 행동하는 파크르에게 본때를 보여주리라 다짐해 온 터였다. 따라서 트리폴리스의 카디는 시리아 땅에서는 더 이상 기댈 우방을 찾기 힘들었다. 그는 다른 곳에서 원군을 찾아야 했다.

1104년 6월에 하란의 승리 소식이 전해지자 파크르는 지체 않고 에미르 소크만에게 전갈을 보냈다. 프랑크 군을 트리폴리스 땅에서 몰아내고 승리를 굳혀 달라는 요청이었다. 그는 그 요청이 받아들여지길 바라는 뜻에서 많은 양의 황금을 바치는 한편, 원정에 필요한 경비 일체를 부담하기로 했다. 하란의 승리자 소크만은 그 제안에 솔깃했다. 그는 군대를 모아 시리아로 향했다. 그러나 트리폴리스까지 나흘이 채 남지 않은 순간 인두염이 그를 덮쳤다. 그의 부대는 산산이 흩어졌다. 소크만을 철석같이 믿고 있던 카디와 그의 추종자들은 하늘이 무너지는 것 같았다.

그러나 이듬해인 1105년, 새로운 서광이 비추기 시작했다. 술탄 바르키야루크가 결핵으로 세상을 떠나자 프랑크인들의 침공 이래 셀주크 제국을 마비시켰던 그 끝없는 골육상쟁이 종지부를 찍게 된 것이다. 이라크, 시리아 그리고 서부 페르시아는 단일 통치자의 지배를 받게 되었다. "세계와 종교의 구원자인 술탄 무함마드 이븐 말리크샤"였다. 스물네 살의 셀주크족 전제 군주에게 주어진 이 명칭을 트리폴리스인들도 인정하였다. 파크르 알 물크는 술탄에게 연달아 특사를 보냈고 거듭 다짐을 받아냈다. 그러나 정작 기다리는 원군은 모습을 나타내지 않았다.

트리폴리스에 대한 봉쇄는 날로 강화되고 있었다. 생 질의 자리를 물려받은 그의 사촌 "알 세르다니", 즉 세르다뉴 백작은 포위망을 더욱 거세게 조여 갔다. 육로를 통해 식량을 반입하는 일이 점점 어려워졌다. 식료품 값이 천정부지로 치솟았다. 대추야자 한 개가 1디나르에 팔렸으며 그나마 한 조각으로 가족 전체가 몇 주일씩이나 연명해야 하는 형편이었다. 많은 주민들이 티레나 홈스, 또는 다마스쿠스로 이주할 궁리를 했다. 결국 극심한 기근은 모반을 불러일으켰다. 어느 날 트리폴리스의 귀족들이 알 세르다니를 만나러 와서 도시로 식량을 반입하던 통로를 알려주며 그의 자비를 구했다. 그 사실을 안 파크르 알 물크는 자신에게 그

반역자들을 넘겨주면 막대한 보상을 하겠다고 백작에게 제의했다. 백작은 이를 거절했다. 그리고 이튿날 아침, 적진 한복판에서는 목이 졸려 죽은 귀족들의 시신이 발견되었다.

그러한 전과를 올렸음에도 불구하고 트리폴리스의 사정은 점점 악화되고 있었다. 기다리는 원군이 나타나기는커녕 프랑크 함대가 접근해 오고 있다는 소문만 집요하게 떠돌았다. 기다리다 지친 파크르 알 물크는 아예 바그다드로 가서 술탄 무함마드와 칼리프 알 무스타지르 빌라에게 자신의 처지를 호소하기로 결심했다. 그는 사촌에게 국사를 맡기고 군대에는 6개월분의 급료를 미리 지불하였다. 또 5백 명의 기병들과 보병들로 든든한 호위대를 구성하고 많은 시종들을 동원해 화려한 검들과 섬세하게 조각된 작은 칼들, 순종마, 수놓은 의례복과 트리폴리스의 특산품인 금은 세공품 같은 보물을 잔뜩 지참하게 했다. 1108년 3월 말, 긴 행렬이 도시를 출발했다. **그는 육로를 통해 트리폴리스를 나섰다**고 이븐 알 칼라니시는 분명하게 서술하고 있다. 이 장면을 목격하여 기록한 유일한 역사가인 그는 트리폴리스의 카디가 프랑크 군과 성전을 벌이기 위해 그들의 점령 지역을 통과해도 좋다는 허가를 받은 일까지도 기록하고 있다! 하기야 당시 포위자들과 포위당한 자들 사이의 묘한 관계를 고려해 본다면 전혀 신기한 일도 아니었을 것이다. 그러나 카디가 뱃길로 베이루트에 도착하였고 그 다음부터 육로를 이용했으리라는 추측이 더 그럴싸해 보인다.

어느 길로 갔든 파크르 알 물크는 다마스쿠스 초입에서 멈춰 섰다. 이 트리폴리스의 통치자는 두카크에게도 심한 반감을 갖고 있지 않았던가. 그러나 그 무능한 셀주크 왕도 얼마 전에 저 세상 사람이 되었다. 독살당한 것이 분명했다. 이제 다마스쿠스는 그의 스승인 아타베그 투그티긴의 수중에 있었다. 프랑크인들에 대한 진짜 속마음이 모호했던 이 다리 불편한 노예 출신 지도자가 향후 20년이 넘는 기간 동안 시리아 정국을 좌지우지하게 된 것이다. 야심만만한 데다 교활했으며 무자비하기까지 했던 이 투르크족 무관은 파크르 알 물크에 버금가는 현실주의자였다. 두카크의 적대적인 입장과는 단절을 한 아타베그는 트리폴리스의 통치자를 열렬히 환영하는 한편, 그를 위해 거대한 향연을 준비하고 특별히 자신의 함맘*으로 초청하였다. 트리폴리스의 카디는 그의 호의에 감사하였으나 성 밖에 머무는 편을 택했다. 완전히 믿기에는 그간의 골이 너무 깊었던 것이다!

한편 바그다드에서의 환대는 더욱 요란했다. 무슬림 세계에서 트리폴리스는 중요한 위치에 있었던지라 카디 또한 강력한 절대 군주와 다름없는 융숭한 대접을 받았다. 술탄 무함마드는 친히 자신의 배를 보내 카디가 티그리스 강을 건너게 하였다. 의전 담당관들은 배의 응접실에서 술탄이나 앉는 커다란 자수 방석으로 그를 안내하였다. 그런데 파크르 알 물크가 기어이 방문객의 자리인 옆자리에 자리를 잡자 고관들은 황급히 그를 제지하러 몰려들었다. 술탄이 손님을 자신의 자리에 꼭 앉히라고 긴히 명했기 때문이었다. 이 궁전, 저 궁전을 오가면서 카디는 술탄과 칼리프에게 연달아 접대를 받았으며 포위된 트리폴리스를 위해 협력하겠다는 다짐을 받았다. 프랑크 군에 맞서 성전을 벌이고 있는 용감한 카디를 칭송하는 소리가 온 바그다드에 울려 퍼졌다.

정치적인 사안에 이르자 파크르 알 물크는 술탄 무함마드에게 트리폴리스가 포위에서 벗어날 수 있게 서둘러 파병해 주기를 요청했다. 이븐 알 칼라니시는 이 부분을 비꼬듯 기술하고 있다. **술탄은 수하의 주요 에미르들 몇 명에게 그 도시를 포위하고 있는 자들을 격퇴하러 파크르 알 물크와 함께 떠나라고 명했다. 허나 술탄은 원정대에게 또 다른 임무를 주었으니 모술에 이르면 자왈리로부터 그곳을 빼앗으라는 임무였다.**

그 임무를 완수하고 나서 트리폴리스로 가라는 것이었다.

파크르 알 물크는 기가 막혔다. 모술의 정국은 안정을 찾으려면 족히 몇 년은 걸릴 만큼 복잡했다. 그러나 무엇보다 그 도시는 바그다드의 북쪽에 있었고 트리폴리스는 완전히 서쪽이었다. 만약 군대가 그처럼 돌아간다면 트리폴리스에 제때에 당도하지 못할 것은 불을 보듯 뻔했다. 파크르 알 물크는 그러다가는 트리폴리스가 적의 수중에 떨어지고 말 것이라고 누차 주장했다. 그러나 바그다드의 술탄은 그의 얘기를 묵살했다. 셀주크 제국의 이해로 따지자면 모술의 문제가 한층 중요했던 것이다. 트리폴리스의 카디는 왕의 조언자들 몇몇을 뇌물로 매수해 보려고까지 했으나 소용없었다. 이리하여 군대는 먼저 모술로 출발했다. 그렇게 4개월이 흐르고 난 뒤 파크르 알 물크는 아무런 환송 의식도 없이 귀환길에 올랐다. 이제 그는 자신이 도시를 더 이상 지키지 못하리라는 것을 알았다. 그러나 그는 도시를 벌써 잃었다는 사실은 미처 모르고 있었다.

1108년 8월, 다마스쿠스에 도착할 즈음, 그에게 안타까운 소식이 전해졌다. 통치자가 지나치게 오랫동안 자리를 비운 탓에 사기가 떨어진 트리폴리스의 귀족들이 도시를 프랑크인들로부터 지켜주겠다는 약속을 한 이집트의 통치자에게 맡기기로 결정해 버렸다는 것이다. 이집트의 알 아흐달은 식량을 가득 실은 배들을 보냈다. 그리고 새 통치자에게 파크르 알 물크의 가족과 그 측근들의 보물, 가구, 의복은 물론 도시의 모든 물자를 압수하여 배에 실어 이집트로 보내라는 첫 번째 임무를 내렸다.

이집트의 와지르가 이 불운한 카디를 악착같이 괴롭히고 있을 즈음, 프랑크인들은 트리폴리스에 대한 최후의 대공세를 준비하고 있었다. 프랑크 군의 지휘관들이 포위된 도시의 성벽 아래로 속속 모여들었다. 그 중에는 총사령관이라 할 수 있는 예루살렘의 보두앵도 있었다. 또한 그 일로 화해를 한 에데사의 보두앵과 안티오케이아의 탕크레드도 있었다. 한편 생 질 가문에서는 알 세르다니와 제노바의 선박 수십 척을 이끌고 얼마 전에 도착한, 연대기 사가들이 이븐 생 질이라 부르던 죽은 생 질의 아들이 참가했다. 그 두 사람 모두 트리폴리스에 눈독을 들이고 있다는 것을 알고 있는 예루살렘의 왕 보두앵은 이들의 다툼을 사전에 막았다. 이븐 생 질이 자신의 경쟁자를 암살하려면 전투가 끝날 때까지 기다려야 했다.

1109년 3월, 육로와 수로를 통한 만반의 공격 태세가 갖추어졌다. 트리폴리스 사람들은 적의 준비 과정을 초조하게 지켜보고 있었으나 희망만은 버리지 않았다. 알 아흐달이 약속하지 않았던가? 이제껏 보았던 어떤 함대보다도 더 강력한 함대를 보내주기로. 식량과 전사들, 그리고 1년은 족히 버틸 군수품을 가득 싣고서 말이다.

파티마의 함대가 나타나기만 하면 제노바의 배들쯤이야 금세 도망칠 것이라고 트리폴리스 사람들은 믿어 의심치 않았다. 그나저나 언제 도착하느냐가 문제였지만! 이븐 알 칼라니시는 쓰고 있다. **여름이 시작되자 프랑크인들은 그들의 이동탑들을 성벽으로 밀어붙이면서 트리폴리스에 대한 총공세를 개시했다. 주민들은 격렬한 공격을 감당해야 할 것을 생각하자 일찌감치 기가 질려 버렸다. 그들은 자신들이 이길 수 없으리라는 것을 벌써 느꼈다. 식량도 바닥난 데다 이집트 함대의 도착도 늦어지고 있었다. 상황을 마무리지으려는 신의 의지인지 바람은 반대편에 머물러 있었다. 프랑크인들은 공격의 수위를 곱절로 높였고 1109년 7월 12일, 마침내 도시를 함락시켰다.** 화려한 세공품과 도서관들, 용감무쌍한 해군들과 교양 있는 카디들의 도시가 2천 일을 버틴 끝에 서유럽 전사들의 말굽에 짓밟히고 말았다. 다르 알 일름에 보관 중이던 10만 권에 이르는 책들은 "불경한" 책들은 없애야 한다는 명분 아래 약탈당하거나 불살라졌다. 다마스쿠스의 연대기 저자에 따르면 프랑크인들은 **도시의 3분의 1**

은 제노바인들에게, 나머지 3분의 2는 생 질의 아들에게 주기로 결정했다. 보두앵 왕에게 돌아갈 일부는 따로 남겨두었다.** 주민들 대부분은 노예로 팔려 갔다. 재산을 몰수당하고 추방된 이들도 있었다. 많은 난민들이 티레 항구 쪽으로 흘러들었다. 파크르 알 물크로 말할 것 같으면 트리폴리스 땅은 밟아 보지도 못한 채 다마스쿠스 인근에서 눈을 감게 된다.

그렇다면 이집트 함대는 어떻게 된 것일까? 이븐 알 칼라니시의 기록이다. **함대는 트리폴리스가 함락된 지 여드레 후에 티레에 도착했다. 모든 것이 끝났다. 그곳 주민들에게 내려진 하늘의 뜻이었다.**

프랑크인들의 두 번째 목표는 베이루트였다. 레바논 산맥에 들어앉은 이 도시는 소나무 숲에 에워싸여 있었는데 침략군은 마즈라트 알 아랍과 라스 알 나바 지역에서 포위 공격에 필요한 도구들을 만들 목재를 얻을 수 있었다. 화려함으로 보자면 베이루트는 트리폴리스에는 미치지 못하였다. 이곳의 수수한 건물들은 그 때까지도 고대 베이루트 지역에 산재해 있던 로마의 대리석 궁전들과는 비교가 안 되었다. 그러나 이 도시를 상대적으로 번창하게 만든 것은 성 지그프리트가 용을 물리쳤다는 전설이 내려오는 절벽 위에 세워진 항구였다. 다마스쿠스인들은 탐을 냈으나 이집트인들은 방치했던 이 도시가 자신들만의 힘으로 프랑크인들과 맞선 것은 1110년 2월이 시작되던 어느 날이었다. 5천 명의 주민들은 죽을힘을 다해 싸웠다. 그들은 포위자들의 목재탑을 하나씩 파괴해 나갔다. **프랑트인들은 결코 이보다 격렬한 전투는 겪어 보지 못할 것이다!** 하고 이븐 알 칼라니시는 흥분된 어조로 적고 있다. 침략자들은 가차 없었다. 결국 5월 13일, 도시가 함락되자 그들은 닥치는 대로 학살을 시작했다. 본때를 보여주기 위해서였다.

프랑크들은 교훈을 잊지 않았다. 그 해 여름, **프랑크의 왕 한 명**(여기서 저 먼 나라 노르웨이의 군주인 시구르를 몰랐다고 이 다마스쿠스의 역사가를 비난할 수 있을까?)**이 이슬람 땅에서 순례와 성전을 수행하기 위해 60척이 넘는 배에 전사들을 싣고 도착했다. 그가 예루살렘 쪽으로 향하자 보두앵이 그를 마중 나왔다. 그리고 그들은** 고대 페니키아에서 시돈이라는 이름을 가졌던 **사이다 항구의 땅과 바다를 함께 포위하였다.** 한 번 이상 파괴되었다가 그 후 재건된 적이 있는 그 성벽은 세찬 지중해의 물살을 맞으면서도 꿋꿋하게 버틴 덕에 오늘날에도 그 거대한 돌벽을 자랑하고 있다. 그런데 프랑크인들의 침공 초기에 흔치 않은 용기를 발휘했던 이곳 주민들은 싸울 의욕을 잃고 있었다. 이븐 알 칼라니시는 그 이유를 이렇게 썼다. **그들은 베이루트 같은 신세가 될까 봐 두려웠다. 그들은 보두앵에게 목숨을 구걸하러 귀족들로 구성된 사절단과 카디를 보냈다. 보두앵은 그들의 요청을 수락하였다.** 1110년 12월 4일, 도시는 항복을 했다. 이번에는 학살은 일어나지 않았으나 이미 피난민들로 넘쳐나고 있던 티레와 다마스쿠스로 거대한 난민 행렬이 이어졌다.

불과 17개월 사이에 트리폴리스와 베이루트, 사이다라는 아랍 세계에서 가장 이름난 세 도시가 함락되었고 유린당했다. 주민들은 학살당하거나 추방되었다. 그들의 에미르들과 카디들, 법관들 또한 죽거나 유형 길에 올라야 했으며 사원들은 침탈당했다. 무슨 힘으로 머지않아 티레와 알레포, 다마스쿠스, 카이로, 모술, 그리고—못할 이유가 뭐 있었겠는가?—바그다드까지 이어질 프랑크인들의 전진을 저지할 수 있겠는가? 저항의 의지가 남아 있기나 했을까? 무슬림 지도자들만 보자면 분명히 아니었다. 그러나 지난 30여 년 동안 서유럽 순례자인 전사들이 거세게 수행해 온 성전의 효과가 가장 심하게 유린당한 도시의 주민들 가운데에서 나타나기 시작했다. 지하드, 즉 오래 전부터 기껏해야 공식적인 미사여구에 지나지 않았던 그 말이 다시 출현하게 된 것이다. 일부 난민들과 시인들, 성직자들 사이에서 지하드가 다시 찬양받기 시작했다.

잠자는 사자가 되어 버린 아랍 세계를 일깨우기로 결심한 압두 파들 이븐 알 카샤브도 그들 중 하나였다. 작달막한 덩치에 쩌렁쩌렁한 목소리를 자랑했던 그는 알레포의 카디였다. 그가 맨 처음 대중을 상대로 한 행동은 지난날 알 하라위가 바그다드에서 공분을 불러일으키기 위해 했던 그 성토극을 12년만에 재현하는 것이었다. 그리고 이번에는 그 성토가 진정한 봉기로 이어질 터였다.

# 5장 암살단 아사신

1111년 2월 17일, 카디 알 카샤브가 바그다드에 있는 술탄의 사원으로 쳐들어왔다. 예언자의 후손인 하심가의 샤리프* 한 명과 수피 수행자들, 이맘들과 상인 같은 적지 않은 수의 알레포 지도층이 그의 뒤를 따르고 있었다. 이븐 알 칼라니시는 그 날을 이렇게 묘사하고 있다.

> **그들은 설교자를 연단에서 내려오게 했다. 그들은 예배를 중단시키고 울부짖으며 눈물을 흘렸다. 그리고 남자들과 하인들과 여자들과 아이들을 죽인 프랑크인이 이슬람에게 저지른 만행을 규탄했다. 그들이 기도를 하려는 신도들을 막자 예배에 참석한 고관들은 그들을 진정시키려고 술탄의 이름을 걸고 약속했다. 프랑크인들과 모든 불경한 자들로부터 이슬람을 지키기 위해 군대를 파견하겠노라고.**

그러나 이 허울뿐인 약속으로 저항자들을 달래기는 역부족이었다. 다음날인 금요일, 그들은 다시 항의 집회를 열었다. 이번에는 칼리프의 사원에서였다. 경비병이 그들을 제지하자 그들은 거세게 저항하면서 아라베스크 무늬와 꾸란의 구절이 새겨진 연단을 파괴했다. 또한 신도들의 왕자까지도 비난했다. 바그다드는 그 어느 때보다도 크게 술렁거렸다. 그런데 다마스쿠스의 역사가가 남긴 다음의 기록을 보면 이 사건을 은근히 호도하고 있다는 느낌을 준다.

> **그 때, 술탄 무함마드의 누이이자 칼리프의 아내인 공주가 귀중한 보물을 가지고 이스파한에서 바그다드로 왔다. 보석들과 화려한 의복, 온갖 종류의 말들과 마구, 시종들, 남녀 노예들, 수행원까지 망라하는, 그 수와 가치를 헤아리기 어려울 정도의 대규모 행렬이었다. 그런데 공주가 도착했을 때 앞서 얘기한 사태가 벌어지고 있었다. 왕족의 귀환에 따른 기쁨과 안정이 혼란으로 무산될 지경이었다. 칼리프 알 무스타지르 빌라는 불같이 화를 냈다. 그는 문제를 일으킨 자들을 엄벌로 다스리기를 원했다. 그러나 술탄이 칼리프를 막고 나섰다. 그는 이들의 행동을 감싸면서 에미르들과 군대의 지휘관들에게 자신들의 지역으로 돌아가서 불경한 자들과 신의 적들에 맞서는 지하드를 준비하라고 일렀다.**

사람 좋은 알 무스타지르가 그처럼 성을 낸 것은 비단 자신의 젊은 아내 때문만은 아니었다. 수도의 거리 곳곳에서 울려 퍼지는 치가 떨리는 구호가 문제였다. "신도들의 왕자보다 룸의 왕이 차라리 더 무슬림답다!" 그는 그 구호가 전혀 근거 없는 비난이 아니라는 것을 알고 있었다. 이븐 알 카샤브가 이끄는 시위대가 외치는 이 구호는 몇 주 전 칼리프의 디완으로 도착한 메시지를 상기시켰다. 그것은 알렉시오스 콤네노스로부터 온 메시지였다. 황제는 무슬림들에게 **룸인들과 힘을 합쳐 프랑크인들에 맞서 싸우고 우리 땅에서 그들을 몰아내자**고 힘차게 권하고 있었다.

이처럼 역설적이게도 콘스탄티노플의 강력한 통치자와 알레포의 일개 카디가 바그다드라는 도시에서 같은 입장을 확인했던 것은 다름 아닌 탕크레드한테서 당한 수모 때문이었다. 사실 프랑크족의 "위대한 에미르"는 13년 전에 안티오케이아를 함락시킬 당시 안티오케이아를 바실레이오스에게 넘겨주겠다고 했던 맹세를 지키지 않았으며 그 사실을 상기시키러 온 비잔티움의 대사들마저 박대했다. 또한 알레포인들도 얼마 전에 탕크레드로부터 심한 모욕을 당한 터였다. 탕크레드는 2만 디나르에 달하는 조공을 해마다 챙겼으며 도시에서 멀지 않은 두 개의 요새를 넘겨받는 것만으로는 성이 차지 않았는지 충성의 표시로 가장 뛰어난 말 열 필을 바치라고 요구했다. 여전히 소심했던 왕 리드완은 그 요구를 감히 거절하지 못했다. 그러나 조약 내용이 알려지자 도시는 술렁거리기 시작했다.

역사적으로 알레포인들은 중대한 고비 때마다 작은 무리로 모여 열띤 토론을 벌이곤 했다. 귀족들은 대사원의 붉은 양탄자 위에서 정좌를 하고 논의를 하거나 사원의 첨탑이 도시의 황토색 가옥들을 굽어보며 그늘을 드리우고 있는 정원에 모였다. 상인들은 안티오케이아의 성문으로부터 저 무시무시한 리드완의 처소가 있는 금단의 왕성 구역까지 이어지며 알레포를 동과 서로 가로지르는 옛 보도의 주랑들을 따라서 모이곤 했다. 로마인들이 건설한 이 중앙 도로는 오래 전부터 온갖 직물과 호박 장식, 레이스, 피스타치오나 향신료 등을 겹겹이 쌓아놓은 수백 개의 노점들이 차지하고 있던 탓에 수레나 행렬이 지날 수 없었었다. 도로와 근처 샛길들의 교차로에는 통행인들이 햇빛이나 비를 피할 수 있게 회반죽 장식을 한 둥근 정자들이 세워져 있었다. 길모퉁이에는 주로 돗자리 제조인이나 대장장이, 장작 장수들이 모인 수크가 자리잡고 있었다. 알레포 사람들은 펄펄 끓는 기름 냄새와 고기 굽는 냄새, 향료 냄새 등을 연신

풍기며 양고기 만두, 튀김, 렌즈콩 같은 저렴한 음식으로 행인을 유혹하는 수많은 싸구려 식당들 앞에서 한담을 나누곤 했다. 평민들은 대개 수크에서 만들어진 음식을 사 먹었다. 부자들만이 집에서 요리를 했다. 식당가 멀지 않은 곳에서는 '샤랍' 장수들의 방울 소리가 늘 쩌렁거렸다. 과일을 농축시켜 만든 이 청량 음료는 프랑크인들이 아랍인들로부터 액체 상태로 도입하여 훗날 '시럽' 또는 얼려서 먹는 '소르베'(영어로는 '셔벗' —옮긴이)가 되었다.

오후가 되면 모든 계층의 사람들이 석양 기도를 올리기 전에 몸을 깨끗이 하려고 특별한 만남의 장소인 공중 목욕탕, 즉 함맘으로 모였다. 밤이면 알레포의 중심가는 텅 비다시피 했다. 술 취한 군인들의 행패를 피하려고 사람들이 저마다 자기 구역으로 들어가 버린 까닭이다. 그러는 와중에도 소문은 끊임없이 돌고 돌았고 민심이 형성되어 갔다. 3백 년이 넘는 시간 동안 이 부산한 도시에서는 매일같이 분노와 열광, 실망 같은 감정들이 흘러다녔다.

이븐 알 카샤브는 알레포 지역에서 가장 두터운 신망을 얻는 인물이었다. 부유한 목재상 가문 출신인 그는 도시의 행정 업무를 주관하였다. 시아파의 카디로서 종교적으로나 도덕적으로 커다란 권위를 행사하고 있었을 뿐 아니라 알레포에서 가장 비중이 큰 공동체 구성원들간의 분쟁이나 재산을 둘러싼 분쟁을 해결하는 임무도 담당했다. 게다가 그는 도시의 시장이랄 수 있는 라이스*로서, 왕과 민병대장에게 시민과 상인들의 이해를 대표하는 대리인이었다.

그러나 이븐 알 카샤브의 활동 영역은 그러한 공식적인 기능을 한참은 넘어서는 것이었다. 그는 그를 주시하는 수많은 '청중'에게 침략자들에 단호히 맞서기를 주장하면서 애국심과 경건주의를 고취시키는 연설을 하여 여론을 불러일으켰다. 그는 타협적이다 못해 비굴하기까지 한 정책을 펴는 왕에게 직언을 서슴지 않았다. 일례로 탕크레드가 셀주크 왕에게 십자가를 대사원 첨탑에 걸도록 요구했을 때 카디는 항의대를 조직하여 결국 십자가를 성 헬레나 성당으로 옮기겠다는 약속을 얻어내기도 했다. 그 일 이후로 리드완 왕은 이 깐깐한 카디와 부딪히는 일을 피하게 되었다. 왕궁의 하렘과 친위대, 자신의 사원, 자신만의 우물, 자신만의 푸르른 전차 경기장에 파묻혀 투르크족 왕은 자신의 추종자들만을 상대하려 했다. 따라서 왕의 권위만 의심받지 않는다면 그는 민심 정도는 너그러이 묵인할 생각이었다.

그런데 1111년, 이븐 알 카샤브가 왕의 성채에 다시 나타났다. 흉흉한 민심을 리드완에게 전하기 위해서였다. 그의 설명은 이러했다. 신도들은 이슬람 땅에 자리잡은 불경한 자들에게 세금을 바쳐야 하는 것에 분개하고 있으며 저 고약한 안티오케이아의 왕이 알레포로부터 지중해에 이르는 전 통로를 장악하고 대상들에게 강제로 통행세를 걷는 바람에 심각한 타격을 입은 상인들의 불만이 이만저만이 아니라는 것이었다. 그는 도시가 더 이상 그 재산을 지켜줄 수 없다면 시아파와 순니파 양측을 대표하는 귀족과 상인, 성직자들을 바그다드로 보내 술탄 무함마드에게 원조를 요청하라고 왕에게 제의했다. 리드완은 자신의 왕국 문제로 셀주크 사촌과 상의하고 싶은 마음은 털끝만치도 없었다. 차라리 탕크레드와 다시 접촉을 하는 편이 낫겠다고 여길 정도였다. 그러면서도 한편으로는 아바스 왕조의 수도로 파견한 사절단이 보나마나 빈손으로 돌아올 것이 뻔할 텐데 차라리 신하들의 의견을 경청하는 시늉이라도 하는 것이 위험부담이 적지 않겠는가 하는 생각도 했다.

그러나 그 생각은 완전히 빗나갔다. 왕의 기대를 배반하기라도 하듯 1111년 2월에 바그다드에서 일어난 소요가 이븐 알 카샤브에게 바라던 결과를 안겨준 것이다. 사이다가 함락되었다는 소식과 알레포인들에게 제시된 조약 내용을 보고받은 술탄은 프랑크인들의 야심을 걱정하기 시작했다. 술탄은 이븐 알 카샤브의 청원을 들어주어 시간적으로 가장 빨리 도달할 수 있는 모술의 통치자인 에미르 마우두드에게 강한 부대를 이끌고 알레포를 도우러 출발하라는 명을 내렸다.

알레포에 귀환한 이븐 알 카샤브로부터 임무를 성공적으로 수행하였음을 보고받은 리드완은 사실이 아니기를 내심 바라면서도 겉으로는 기쁜 척할 수밖에 없었다. 그는 한술 더 떠 자신의 사촌에게 자기 편을 들어 서둘러 성전에 참여할 것인지 묻기까지 했다. 그런데 7월, 술탄의 군대가 정말로 도시로 진군해 오고 있다는 전갈을 받자 왕은 불편한 심기를 마냥 감추고 있을 수만은 없었다. 그는 성문이란 성문은 모조리 닫게 한 다음, 이븐 알 카샤브와 그의 심복들을 체포해서 왕궁의 감옥에 가두어 버렸다. 왕의 군사들은 주민들과 '적'이 접촉하는 것을 막는다는 핑계로 밤낮을 가리지 않고 도시를 순찰하고 단속하였다. 이 사건의 결과만으로 본다면 리드완의 돌연한 행동이 어느 정도 먹혀들어간 셈이었다. 왕으로부터 지급받을 보급품이 단절되자 술탄의 군인들은 그 보복으로 알레포 주위를 약탈하고 다녔다. 이어 에미르 마우두드와 다른 에미르들 사이에 불화가 생겨 병사들은 변변한 전투 한 번 치러 보지 못하고 뿔뿔이 흩어져 버렸다.

마우두드는 2년 후에 다시 시리아 땅으로 돌아왔다. 술탄이 무슬림 왕자들을 규합하여 프랑크인들과 대적하라는 임무를 다시 그에게 부여했던 것이다. 물론 리드완만은 제외였다. 알레포는 술탄도 어찌해 볼 수 없는 도시였다. 따라서 예루살렘 왕국에 대한 총공세를 준비할 사령부는 당연히 다른 도시인 다마스쿠스에 세워졌다. 다마스쿠스의 통치자인 아타베그 투그티긴은 술탄의 사절의 방문을 받게 된 영광에 황송해 마지않은 듯 행동했으나 사실은 그 역시 리드완만큼이나 마음이 개운치 않았다. 그는 마우두드가 자신의 도시를 빼앗지나 않을까 염려했다. 에미르 마우두드의 행동 하나 하나가 그에게는 미래의 위협처럼 느껴졌다.

1113년 10월 2일, 다마스쿠스의 역사가는 이런 기록을 남기고 있다. **에미르 마우두드는 도시로 통하는 여덟 개의 관문 중 하나인 페르 성문 근처에 있던 자신의 진영을 출발했다. 그 날 다리를 저는 아타베그와 함께 우마이야 사원을 찾기 위해서였다.**

> **기도가 끝나고 마우두드가 몇 가지 기원을 더 올린 다음 둘은 사원을 나섰다. 투그티긴은 에미르에게 경의를 표하는 뜻에서 앞서 걸었다. 온갖 무기로 무장한 군인들과 호위대, 민병대가 그들을 에워싸고 있었다. 날이 선 칼들과 언월도(초승달 모양으로 생긴 칼—옮긴이), 단도들이 두꺼운 숲을 이뤘다. 그들 주위로 몰려든 군중은 그 행렬의 위엄과 장중함에 감탄했다. 그런데 그들이 사원의 뜰에 들어선 순간, 군중 틈에서 한 남자가 튀어나오더니 신의 자비를 비는 모양새로 그에게 손을 내밀었다. 그런데 다음 순간 그가 갑자기 에미르의 망토 허리춤을 부여잡고 단도로 에미르의 배꼽 위를 두 번 찔렀다. 아타베그 투그티긴이 몇 발작 물러서자 수하들이 그를 에워쌌다. 한편 혼자 내버려진 마우두드는 북문까지 걸어가서 피신하였다. 사람들은 의사를 불러 그의 상처 부위를 꿰매게 했으나 에미르는 몇 시간만에 세상을 뜨고 말았다. 신의 가호가 있기를!**

프랑크 군에 대한 총공세를 개시하기 바로 전날, 모술의 통치자를 살해한 자는 누구였을까? 투그티긴은 곧장 리드완과 그의 심복인 아사신파를 지목하고 그들을 비난했다. 그러나 대부분의 동시대인들은 살인을 저지를 만큼 무장을 시킬 수 있는 사람은 다마스쿠스의 통치자뿐이라고 믿었다. 이븐 알 아시르는 그 암살 소식에 놀란 보두앵 왕이 특별히 악의에 찬 전갈을 투그티긴에게 보냈다고 했다. 보두앵은 이렇게 말했다. **자신의 대장을 신의 집에서 죽인 민족은 망해야 마땅하리!** 한편 참모의 사망 소식을 전해들은 술탄 무함마드는 분노에 신음했다. 이 가증할 범죄는 다름 아닌 자신에 대한 모욕 행위라고 판단한 술탄은 알레포와 다마스쿠스는 물론 시리아의 모든 지도자들에게 자신의 의지를 따를 것을 명했다. 가장 뛰어난 셀주크족 지휘관들이 지휘하는 수만 명의 군사를 일으켜서 지하드라는 성스러운 의무를 수행하라는 단호한 명령이었다.

술탄의 강력한 원정대가 시리아 중부에 도착한 1115년 봄, 매우 놀랄 만한 일이 벌어졌다. 예루살렘의 보두앵과 다마스쿠스의 투그티긴이 어깨를 맞대고 자신들의 군사들에 둘러싸여 술탄의 군대를 기다리고 있었던 것이다. 그곳에는 안티오케이아와 알레포, 그리고 트리폴리스의 군사들도 있었다. 무슬림들인 시리아의 왕자들은 프랑크인들 못지않게 술탄이 자신들을 위협하고 있다고 느꼈던지라 서로 힘을 모으게 된 것이었다. 셀주크의 술탄 군대는 몇 달만에 수치스럽게 퇴각하고 만다. 그 일이 있고 난 후 술탄 무함마드는 다시는 프랑크인들과 관련된 문제에는 개입하지 않겠다고 맹세를 했다. 그리고 그는 그 맹세를 지켰다.

무슬림 왕자들이 이처럼 철저하게 무책임한 모습을 재현하고 있던 그 몇 달 새에 아직은 이방인의 정복에 저항할 수 있음을 보여주던 아랍 도시 두 곳이 있었다. 1110년 12월에 사이다가 함락되고 난 뒤, 프랑크인들은 연안 지역 전부를, 즉 시나이로부터 안티오케이아 북쪽인 '아르메니아 아들의 나라' 에 이르는 이른바 '사힐'* 지역을 마음껏 유린할 수 있게 되었다. 그런 와중에도 예외가 있었으니 두 개의 연안 독립국인 아스칼론과 티레였다. 연이은 승리에 고무된 보두앵은 그들에게 주권을 어서 빨리 넘기라고 재촉했다. 아스칼론 지역은 훗날 프랑크인들이 "에샬

로트(염교)"로 바꿔 부른 "아스칼로니안"이라는 불그스름한 양파의 산지로 유명했다. 그러나 이곳의 가치는 무엇보다 강력한 군사력에 있었다. 이집트 왕국이 군대를 모아 예루살렘 왕국으로 원정대를 파견할 때마다 주력 부대는 늘 이들로 구성되었을 정도였다.

1111년부터 보두앵은 이 도시의 성벽 아래에 자신의 부대를 도열시켜 놓고 있었다. 아스칼론의 통치자는 파티마 왕조를 받드는 '칼리파의 태양', 샴스 알 칼리파였다. 그는 이븐 알 칼라니시도 분명히 적고 있듯 **전쟁보다는 상업에 더 걸맞은 인물이었다.** 그는 서유럽인들의 무력시위에 바로 겁을 집어먹었다. 그는 저항은 꿈도 꾸지 못하고 7천 디나르에 달하는 조공을 바치기로 승낙했다. 뜻하지 않은 항복에 수치를 느낀 도시의 팔레스타인계 주민들은 통치자를 파면시켜 줄 것을 청하는 사절단을 카이로로 보냈다. 이 사실을 알게 된 샴스 알 칼리파는 카이로의 와지르 알 아흐달이 자신의 비겁한 행동을 처벌할지 모른다고 판단하여 이집트 관리들을 모조리 쫓아낸 뒤 아예 프랑크인들의 보호막 아래로 피신하기로 했다. 보두앵은 아스칼론의 항복을 받아내기 위해 3백 명을 급파했다.

주민들은 이 처사에 분개하였으나 사기는 쉬이 꺾기지 않았다. 곧 사원들에서 비밀 회합이 소집되었다. 그들은 은밀하게 계획을 세웠다. 1111년 7월 그 날, 샴스 알 칼리파가 자신의 거처에서 말을 타고 나섰을 때 일단의 모의자들이 그를 덮쳐서 전신에 칼을 꽂았다. 그것은 항거의 표시였다. 그의 호위대인 베르베르족 병사들까지 가세한 무장 시민들이 성채를 습격했다. 프랑크 병사들은 망루에 갇히거나 성벽 곳곳으로 밀려났다. 보두앵이 보낸 3백 명 중 누구도 목숨을 건지지 못했다. 프랑크인들의 진출 이후 40년이 지나고서야 이 도시는 그들의 지배로부터 벗어날 수 있었다.

아스칼론 사람들의 항거로 당한 수모를 만회하기 위해 보두앵은 티레로 눈을 돌렸다. 훗날 프랑크인들의 대륙에 자신의 이름을 붙이게 되는 에우로파의 친동생 카드모스 왕자가 지중해를 거쳐 알파벳을 전해주기 위해 출발한 곳이 바로 이 페니키아의 옛 도시였다. 티레의 위압적인 성벽은 역사적으로 이 도시가 누렸던 영광을 여전히 상기시켜 주고 있다. 도시는 3면이 바다에 면해 있었으며 알렉산드로스 대왕이 건설한 좁다란 벼랑길만이 육지와 연결되어 있었다. 난공불락이라는 소문 때문에 이 도시에는 1111년 당시 정복당한 지역의 여러 곳에서 피난민들이 몰려들었다. 실제로 그들은 이 도시를 지키는 데 중요한 역할을 했다. 알 칼라니시는 직접 들은 정보에 바탕을 둔 것이 분명한 기록을 남기고 있다.

**프랑크인들은 엄청난 위력을 가진 파성추를 부착한 이동탑 한 개를 세웠다. 성벽이 흔들거리더니 돌들이 튀어나가면서 벽 일부가 부서졌다. 포위당한 자들은 절체절명의 위기에 놓였다. 그 때였다. 야금술에 능통하였으며 전쟁 경험도 많았던 트리폴리스 출신의 뱃사람 한 명이 쇠갈고리들을 만들었다. 방어자들은 그것들을 밧줄처럼 붙잡고 파성추의 상부와 옆구리에 걸었다. 그들이 이 갈고리들을 세게 끌어당기자 나무로 만든 탑이 중심을 잃고 기우뚱했다. 이렇게 몇 번을 잡아당기자 프랑크인들은 탑이 무너지지 않게 하기 위해 아예 자기들의 파성추를 망가뜨려 버렸다.**

이런 시도를 몇 번 하자 공격자들은 그들의 탑을 성벽에서 떨어진 곳으로 밀고 갔다. 이윽고 그들은 더욱 단단한 새로운 파성추를 제조하기 시작했다. 그 파성추는 길이가 60큐빅(30미터쯤 되는 길이—옮긴이)에 달하는 데다 머리에만도 20파운드(약 9킬로그램—옮긴이) 이상의 주철이

들어갔다. 그러나 트리폴리스의 뱃사람은 가만히 보고만 있지 않았다. 이븐 알 칼라니시는 이렇게 쓰고 있다.

> **그는 능숙한 목수들의 도움으로 들보들을 세운 다음, 쓰레기와 오물을 가득 담은 솥을 올려놓고 그것을 프랑크 군에게 끼얹었다. 지독한 악취 때문에 프랑크 군은 파성추를 제대로 조종하지 못했다. 이어 이 뱃사람은 기름과 역청, 장작, 송진, 갈대 껍질 등이 가득 담긴 광주리를 준비시켰다. 광주리들에 불을 붙인 뒤 그는 프랑크 군의 탑 위로 집어던졌다. 프랑크 군의 나무탑 꼭대기에 불이 붙었다. 프랑크 군은 황급히 물과 포도주까지 동원해서 불을 끄려 했지만 그 트리폴리스 사람은 불기운을 더 돋우기 위해 이번에는 펄펄 끓는 기름이 담긴 바구니를 내던졌다. 불길은 탑 꼭대기를 태운 뒤 계단을 타고 내려가서 이윽고 나무탑 전체를 삼켜 버렸다.**

불을 끌 수 없었던 공격자들은 마침내 탑을 버리고 도망쳐 버렸다. 그 기회를 틈타 방어군은 돌파전을 감행했고 적이 버리고 간 많은 무기들을 탈취하였다. 이븐 알 칼라니시는 의기양양하게 결론짓고 있다.

> **이것을 보자 프랑크인들은 사기가 꺾였고 자신들의 진지에 만들어 놓았던 선박들을 불사른 뒤 배를 타고 퇴각했다.**

1112년 4월 10일의 일이었다. 133일간에 걸친 포위 공격을 막아낸 끝에 티레 사람들은 프랑크 군에게 막대한 손실의 패배를 안겼던 것이다.[1]

바그다드의 소요, 아스칼론의 항거와 티레의 승리가 있고 난 뒤 항쟁의 바람이 일기 시작했다. 침략자들에 대한 증오 하나로 똘똘 뭉친 아랍인들이 늘어갔다. 그러나 대부분의 무슬림 지도자들은 태만한 것도 모자라 배반까지 저지르는 등 여전히 많은 원성을 사고 있었다. 특히 알레포의 통치자가 보인 모습은 그저 어이없다고 치부하기에는 너무도 심각했다. 카디 이븐 알 카샤브의 인도에 따라 시민들은 자신들의 운명을 스스로 결정하겠다고 다짐했다. 그들은 자신들의 지도자들을 손수 뽑았으며 그들의 정책에도 관여했다.

물론 패배도 있었고 실망 또한 많았을 것이다. 프랑크인들의 확장욕은 좀처럼 수그러들 줄 몰랐으며 그들의 오만함 또한 끝이 없었다. 그러나 알레포의 거리 어딘가에서는 비록 미약했지만 훗날 동방의 아랍을 뒤덮을 큰 물결이 천천히 일어나고 있었다. 그것은 정의롭고, 담대하며, 충성스러우며 잃어버린 땅을 탈환하려는 사람들이 힘을 얻는 날을 기약하는 물결이었다.

그러나 그 날이 올 때까지 알레포는 그 긴 역사에서 가장 험난한 시기를 견뎌 내야 했다. 1113년 11월 말, 이븐 알 카샤브는 리드완이 왕성 구역 내의 궁전에서 중병에 걸려 드러누웠다는 소식을 들었다. 그는 사태에 대처하기 위해 즉시 측근들을 불러모았다. 12월 10일, 왕이 세상을 떴다. 무장한 민병대가 도시 전역의 주요 건물들을 점거하고 리드완의 심복들을 체포했다는 소문이 돌았다. 특히 아사신파는 적 프랑크와 내통했다는 혐의로 잡히는 즉시 사형당했다.

카디 이븐 알 카샤브의 목적은 그 자신이 정권을 탈취하는 데 있지 않았다. 그는 알레포의 새 왕인 리드완의 아들 알프 아르슬란에게 선왕과는 다른 정책을 시행할 것을 주지시키고 싶었다. 심하게 말을 더듬어서 "벙어리"라는 별명으로 불린 이 16세의 어린 왕은 처음 얼마간은 이븐 알 카샤브의 군정을 지지하는 듯했다. 그는 리드완의 심복들을 남김

없이 체포한 뒤 희희낙락하며 목을 베게 하였다. 이븐 알 카샤브는 내심 불안해졌다. 그는 젊은 왕에게 피비린내 나는 숙청극을 자행할 것이 아니라 본을 보이기 위해 배신자들만을 처단하라고 권유했다. 알프 아르슬란은 그 얘기를 무시했다. 그는 친동생 둘을 죽였으며 무관들과 시종들은 물론 자신의 비위를 거스르는 자들은 가차없이 처단했다. 차츰 백성들은 무서운 진실을 확인하게 되었다. 왕이 미친 것이다! 이 시대에 대한 기록 중 가장 신뢰할 만한 자료를 남긴 알레포의 외교관이자 문필가 카말 알 딘[2]은 이 사건이 있은 지 1세기가 지난 뒤 당시 사람들의 증언에 기초하여 이런 일화를 소개하고 있다.

> **어느 날 알프 아르슬란은 에미르들과 귀족들을 왕성 구역 안에 있는 지하실로 불렀다. 그들이 들어서자 왕은 물었다. "내가 이 자리에서 그대들 목을 모조리 벤다고 하면 뭐라 하겠소?"**
> **"소인들은 그저 폐하의 명을 받드는 종일 뿐이지요." 그 딱한 신하들은 왕의 위협을 재미 삼아 뱉은 농담으로 받아들이는 척하였다. 그리하여 그들은 겨우 죽음을 면할 수 있었다.**

광기에 사로잡힌 젊은 왕은 금세 외톨이가 되었다. '진주'라는 이름의 환관 룰루만이 유일하게 그에게 접근할 수 있는 사람이었다. 그러나 이 환관조차도 곧 자기 목숨을 걱정해야 하는 처지가 되었다. 그리하여 1114년 9월, 그는 왕이 잠든 틈을 노려 그를 죽이고 리드완의 또 다른 아들인 겨우 여섯 살짜리 왕자를 권좌에 앉혔다.

알레포의 정국은 또다시 혼미에 휩싸였다. 왕궁 주위에서는 통제가 풀린 노예들과 군인들이 걸핏하면 싸움을 벌였으며 시민들은 도적질로부터 재산을 보호하기 위해 무장을 하고 순찰을 돌았다. 그러나 이 혼란의 초창기에 안티오케이아의 프랑크인들은 알레포의 무정부 상태를 이용할 생각을 하지 못했다. 왜냐하면 리드완이 죽기 1년 전에 탕크레드가 죽은 데다 카말 알 딘이 연대기에서 시르잘이라 부르는 그의 후계자 로제 경은 그러한 대규모 군사 행동을 일으킬 만큼 충분한 기반을 확보하지 못하고 있었기 때문이다. 그러나 유예 기간은 그리 길지 않았다. 1116년에 들어서자 안티오케이아의 로제가 알레포로 통하는 길을 통제하기 시작하더니 도시를 둘러싸고 있는 주요 요새들을 차례로 점령해 나갔다. 별다른 저항도 받지 않고 그는 메카로 가는 순례자들에게 세금을 징수하기에 이르렀다.

1117년 4월, 환관 룰루가 살해되었다. 카말 알 딘에 따르면 **군인들과 환관의 호위대가 모의한 일이었다**고 한다. **그가 도시의 동쪽을 걷고 있을 때 암살자들은 이렇게 외치며 그의 뒤를 쫓아갔다. "토끼다! 토끼 잡아라!" 사람들은 이들이 토끼를 모는 줄로 알았다. 결국 온 몸에 화살 세례를 받은 것은 룰루였다.** 룰루가 제거되자 실권은 다시 새로운 노예에게 넘어갔지만 권한을 행사할 능력이 부족했던 그는 로제에게 도움을 청했다. 그러자 정국은 더욱 어지러워졌다. 프랑크 군이 도시를 포위할 준비를 하고 있는 동안에도 알레포의 군인들은 왕궁의 통제권을 놓고 다투고만 있었다. 그러자 보다 못한 이븐 알 카샤브가 곧장 행동에 나섰다. 그는 도시의 주요 인사들을 모은 다음, 중대한 결과를 초래할 한 가지 계획을 얘기했다. 알레포는 국경 도시인만큼 프랑크인들과의 지하드에 선봉이 되어야 한다. 따라서 이 나라의 국정은 강력한 에미르나 술탄이 장악해야 한다. 이슬람의 운명보다는 개인의 이해관계를 먼저 따지는 지방의 소국 왕에게 더 이상 도시를 맡길 수는 없다.

카디의 제안은 반대 없이 받아들여졌다. 사실 알레포인들은 그들만의 독자적 입장 때문에 주변으로부터 곱지 않은 시선을 받아 왔다. 그들은 후보자들을 검토하기 시작했다. 술탄한테 맡길까? 그러나 그는 다시는 시리아 땅에 개입하지 않겠다고 공언했다. 투그티긴은? 유일하게 충분한 역량을 갖춘 시리아의 지도자였으나 정작 알레포의 백성들은그 다마스쿠스인을 받아들이지 않을 터였다. 그러자 이븐 알 카샤브는 메소포타미아의 마르딘을 통치하던 투르크족 에미르 일가지의 이름을 조심스럽게 거론했다. 사실 일가지는 본받을 만한 구석이라고는 없는 인물이었다. 그는 2년 전에 술탄에 대항했던 이슬람-프랑크 동맹을 지지한 적이 있었던 데다가 무엇보다 고약한 음주벽으로 유명했다. 이븐 알 칼라니시도 이런 기록을 남기고 있다. **일가지는 술을 마시기만 하면 명령을 내리거나 국사를 운영할 수 없을 만큼 몽롱한 상태로 며칠을 보냈다.** 그러나 정신 멀쩡한 무장을 찾기에는 시간이 너무도 촉박했다. 이븐 알 카샤브가 일가지를 지지하는 이유는 다음과 같았다. 그는 배짱이 두둑한 전사이며 그의 가문은 오랫동안 예루살렘을 통치했고 또 형제인 소크만이 하란 싸움에서 프랑크인들에게 승리를 거두었다는 것이다. 이 의견에 모두 동의하는 것은 아니었지만 어쨌거나 일가지는 알레포를 방문해 달라는 요청을 받았다. 1118년 여름, 이븐 알 카샤브는 알레포의 성문을 몸소 열어 그를 맞았다. 에미르 일가지가 먼저 한 일은 리드완 왕의 딸과 혼인하는 것이었다. 그것은 그 도시와 새로운 통치자가 하나됨을 상징하는 것이며 동시에 그의 정통성을 확립해 주는 일이었다. 일가지는 자신의 군사들을 불러모았다.

프랑크인들로부터 침공을 당한 지 20년이 지난 후에야, 북부 시리아의 수도는 처음으로 싸워볼 의사를 가진 지도자를 갖게 된 것이다. 그 결과는 놀라웠다. 1119년 6월 28일, 알레포의 주력 부대는 안티오케이아의 군대와 마주쳤다. 두 도시의 중간에 위치한 사르마다[3] 평원에서였다. 건조하고 무더운 바람인 캄신*이 몰고 온 모래 먼지에 병사들은 눈을 제대로 뜨지 못했다. 카말 알 딘은 이 장면을 이렇게 묘사하고 있다.

**일가지는 수하의 에미르들에게 용감하게 싸우겠노라고 맹세했다. 절대로 물러서지 않을 것이며 지하드를 위해 목숨을 바칠 각오가 되어 있다고 말했다. 밤이 되자 무슬림들은 작은 무리로 나뉘어 로제 경의 부대 가까이 접근했다. 날이 밝자 프랑크인들은 무슬림들이 자기들을 빙 둘러싼 채 조여오고 있다는 것을 갑자기 알았다. 카디 이븐 알 카샤브는 창을 들고 말에 올라탄 채 앞으로 나아갔다. 그는 아군에게 싸움을 독려했다. 그 모습을 본 병사 한 명이 불만스러운 어조로 말했다. "우리가 저 터번을 쓴 자의 명령을 받으려고 우리 나라를 나섰단 말인가?" 그러나 카디는 아랑곳 않고 군사들 쪽으로 오더니 군사들 틈을 누비고 다니면서 그들의 사기를 고취시키기 위해 우렁찬 목소리로 연설을 했다. 그의 연설이 어찌나 장중하였던지 병사들은 가슴이 벅차 올라 눈물을 흘리며 그를 찬양하였다. 이윽고 그들은 단번에 적을 둘러쌌다. 곧바로 화살들이 메뚜기 떼처럼 날아 올랐다.**

안티오케이아 군대는 크게 패했다. 전사자들 틈에서 얼굴이 반쯤 날아간 채 널브러져 있는 로제 경의 시신이 발견되었다.

**승전을 알리는 전령이 알레포에 도착한 순간, 무슬림들은 대사원에 정렬하여 정오 기도를 올리려던 참이었다. 그들은 서쪽 근방에서 울리는 함성을 들었다. 그러나 오후 기도가 끝날 때까지 전사들은 도시로 입성하지 않았다.**

며칠 동안 알레포는 승리의 환호로 들끓었다. 사람들은 노래를 부르고, 맘껏 마셨으며, 양을 잡았다. 군대가 가져온 깃발과 투구, 갑옷 등을 구경하거나 가난한 포로를 참수형에 처하는 모습—부자는 몸값을 내고 풀려날 수 있었으므로—을 보려고 인파가 모여들었다. 대중이 모이는 광장에서는 일가지를 찬양하는 즉흥시들이 울려 퍼졌다. **신 다음으로 우리가 의지할 수 있는 자는 바로 그대이리라!** 수 년 전부터 보에몽과 탕크레드, 안티오케이아의 로제의 위협 속에서 살아온 알레포인들이었다. 언젠가는 트리폴리스의 형제들처럼 죽음과 유배 둘 중의 하나를 택해야 할 날을 숙명처럼 기다리던 이들도 많았다. 그런데 사르마다의 승리로 그들은 생의 의지가 다시 용솟음침을 느꼈다. 일자기가 세운 무훈은 아랍 세계 전체를 열광시켰다. **지난 세월 동안 이슬람이 한 목소리로 인정한 승리는 이 승리 외에는 없었다**고 이븐 알 칼라니시도 쓰고 있다.

이 과장된 표현은 바꿔 말하면 일가지가 승리를 거두기 전까지 무슬림들의 사기가 얼마나 형편없었는지 보여주는 것이었다. 프랑크인들의 오만함은 상식을 넘어선 지 오래였다. 1118년 3월 초순, 정확히 216명의 기사와 4백 명의 보병을 이끌고 보두앵이 침공을 단행했다. 목표는 이집트였다! 그 빈약한 군대의 선두에 서서 그는 시나이 반도를 지났다. 그는 특별한 저항을 받지 않고 알 파라마를 점령한 다음 나일 강 유역까지 도달하였다. **그들은 거기에 이르러서야 몸을 씻었다**고 이븐 알 아시르는 조롱이 섞인 투로 확인해 주고 있다. 사실 보두앵이 병에 걸리지만 않았더라면 더 멀리 나아갈 수 있었을지도 모른다. 그는 황급히 팔레스타인으로 철수했으나 시나이 반도 북동쪽에 있는 알 아리슈에서 죽음을 맞이했다. 보두앵의 죽음에도 불구하고 카이로의 알 아흐달은 새로 당한 모욕을 결코 회복하지 못하였다. 곧이어 정국에 대한 통제권을 박탈당한 그도 3년 뒤에 카이로의 한 거리에서 암살당했기 때문이다. 한편 프랑크인들의 왕위는 죽은 보두앵의 사촌인 에데사의 보두앵 2세가 넘겨받았다.

시나이 반도를 건너온 사르마다의 승전보에 일부 낙관주의자들은 이 승리를 반격으로, 이른바 재정복의 효시로 보았다. 그들은 일가지가 차제에 통치자도, 군대도 전무한 안티오케이아로 진군하기를 기대했다. 사실 프랑크인들도 그렇게 되리라 짐작을 했는지 포위에 대비하는 조치를 취했다. 그들이 취한 첫 조치는 우선 도시에 거주하는 시리아, 아르메니아, 그리스 출신의 그리스도 교도들의 무장을 해제하고 집 밖으로 나서지 못하게 하는 것이었다. 프랑크인들은 이들이 알레포인들과 손을 잡을지 모른다고 여겼다. 동방의 그리스도 교인들은 서유럽인들이 자신들의 의식을 경멸하고 자신들의 도시에서 하찮은 일만 시키는 것에 불만이 많았던 만큼 같은 종교를 믿는 서유럽인들과 팽팽한 긴장 상태를 유지하고 있었다. 그러나 프랑크인들의 경고성 박해도 별 쓸모가 없게 된다. 일가지가 공적을 더 쌓고 싶은 생각을 조금도 하지 않았기 때문이다. 그는 승리의 주연이 내내 계속될 것이라고 여겼는지 리드완의 옛 궁전에 들어앉은 채 또다시 술독에 빠져 지냈다. 게다가 연거푸 독한 발효주를 들이마신 탓에 그는 곧 심한 열병으로 몸져눕게 되었다. 그가 20여 일을 자리를 보전하고 있는 동안, 새로운 왕 보두앵 2세가 이끄는 예루살렘의 군대가 안티오케이아에 막 도착했다는 소식이 전해졌다.

술로 건강을 해친 일가지는 시름시름 앓더니 자신의 업적을 일구어 볼 생각조차 못한 채 3년 후에 세상을 떴다. 알레포인들은 그가 도시를 프랑크의 위협으로부터 지켜준 것에는 감사했지만 그의 죽음에는 전혀 애통해하지 않았다. 민심이 벌써 그의 후계자에게 돌아선 까닭이었다. 사람들이 너도나도 입에 올리는 그 특별한 인물은 발라크였다. 그는 일가지의 조카였으나 숙부와는 전혀 다른 기질의 소유자였다. 단 몇 달 만에 사원들과 광장에서 그의 공적이 입에 오르내리더니 마침내 곧장 아랍 세계에서 추앙받는 영웅으로 부상했다.

1122년 9월, 발라크는 에데사를 급습하여 보두앵 2세로부터 백작 자리를 물려받은 조슬랭을 생포하는 데 성공했다. 이븐 알 아시르에 따르면 **그는 조슬랭을 낙타 가죽으로 싸서 바늘로 꿰맸다. 그리고 몸값 제의도 마다하고 그를 한 요새에 유폐했다.** 안티오케이아의 로제가 사망한 이후, 프랑크인들의 두 번째 나라가 통치자를 잃게 된 것이었다. 예루살렘의 왕은 걱정이 된 나머지 몸소 북쪽을 찾아왔다. 보두앵 2세는 에데사 기사들의 호위를 받으며 조슬랭이 갇혀 있는 유프라테스 강 유역의 질퍽한 늪지를 방문했다. 보두앵 2세는 부하들을 간단하게 사열한 다음 밤을 보낼 막사를 세우라고 명령했다. 이튿날, 그는 동방의 왕자들한테 배운 매사냥에 나서기 위해 일찌감치 눈을 떴다. 그 때 발라크와 그 부하들이 슬그머니 그곳으로 접근하여 그들의 막사를 포위해 버렸다. 예루살렘의 왕은 무기를 내던졌다. 이번에는 그마저 붙잡힌 것이다.

혁혁한 전공을 세운 발라크는 1123년 6월, 의기양양하게 알레포로 입성하였다. 일가지의 경우처럼 그도 우선 리드완의 딸과 혼례를 올렸다. 그는 단 한순간도 지체하지 않고, 단 한 차례의 패배도 맛보지 않으면서, 프랑크인들이 점령하고 있던 도시 주변의 땅을 체계적으로 탈환하는 작업을 실행했다. 마흔 살의 이 투르크족 에미르의 출중한 군사적 능력과 결단력, 프랑크인들과는 일체의 타협을 거부하는 단호한 의지, 절제력 등은 여타의 무슬림 군주들이 보여온 미온적 태도와는 사뭇 달랐다.

특히 그를 하늘이 보낸 구원자로 받드는 도시가 있었다. 프랑크인들의 왕이 사로잡혔음에도 불구하고 그들에게 다시 침범을 당한 티레였다. 이 도시의 사정은 그들이 꿋꿋하게 저항했던 12년 전과는 차이가 있었다. 이번에는 서유럽인들이 바닷길을 통제하고 있었기 때문이다. 1123년 봄에 120척이 넘는 베네치아의 함대가 팔레스타인 해안가에 출현했다. 함대는 도착하자마자 아스칼론 근해에 정박 중이던 이집트 함대를 기습 공격하여 침몰시켰다. 이듬해인 1124년 2월, 예루살렘 측과 전리품을 나누어 갖는 조약에 서명한 베네치아인들은 티레 항을 봉쇄하기 시작했다. 그 동안 프랑크 군은 도시 동쪽에 진지를 구축했다.

사정이 이러하니 포위된 이들의 전망은 어둡기 짝이 없었다. 물론 티레인들은 용감히 싸웠다. 어느 날 밤인가는 수영에 능한 자원자들이 항구 초입을 지키고 있던 베네치아 선박이 있는 곳까지 헤엄쳐 가서 그 배를 기슭으로 끌고 와 무장 해제시키고 파괴한 적도 있었다. 그러나 그러한 기습적인 행동에도 불구하고 승리의 가능성은 거의 없었다. 파티마 왕조의 해군이 패퇴했다는 것은 수로를 통한 원조가 차단된다는 얘기였다. 그 결과 뱃길을 통한 물자의 보급이 어려워졌다. 티레의 가장 치명적인 약점은 성 안에 용수원이 없다는 점이었다. 평화시에 이 도시의 식수는 성 밖에서 운하를 통해 끌어왔다. 그러나 전시에는 내부의 저수 탱크와 작은 나룻배들이 날라다 주는 구호 식량에 의존해야 하는 형편이었다. 베네치아 함대의 강력한 봉쇄 작전은 이 원조를 차단해 버렸다. 그 봉쇄가 풀리지 않는다면 채 몇 달도 버티기 어려울 것 같았다.

이제 이집트인들에 대한 기대는 접어둔 도시의 방어자들은 그 즈음 영웅으로 부상하던 발라크에게 눈을 돌렸다. 당시 에미르 발라크는 알레포의 한 제후가 반란을 일으킨 만비지라는 요새를 포위하고 있던 중이었다. 카말 알 딘의 기록에 따르면 티레인들의 구원 요청을 전해들은 발라크는 즉시 참모 한 명에게 지휘권을 넘긴 뒤 몸소 티레를 구하러 나서려 했다. 1124년 5월 6일, 그는 출정하기에 앞서 마지막으로 정찰을 시행했다.

알레포의 역사가는 이렇게 쓰고 있다.

머리에 투구를 쓰고 방패를 든 발라크는 투석기들을 설치할 만한 장소를 고르기 위해 만비지 요새로 다가갔다. 그가 지시를 내리고 있는데, 요새로부터 날아온 화살 한 개가 그의 쇄골에 정통으로 꽂혔다. 그는 손수 화살을 뽑고 침통한 표정으로 이렇게 내뱉었다. "이 일격은 모든 무슬림에게 치명적이 될 것이다!" 그러고 나서 그는 숨을 거두었다.

그 말은 사실이었다. 발라크의 전사 소식이 전해지자 단번에 사기가 꺾인 티레의 주민들은 이제는 항복 조건을 타진하는 일만 궁리했다. 이븐 알 칼라니시는 이렇게 기록하고 있다. **1124년 7월 7일, 그들은 프랑크인들로부터 별 박해는 받지 않은 채 병사들이 양편에 도열해 있는 성 밖으로 나섰다. 몸이 불편한 이들만 남기고 군인들과 일반 주민들은 모조리 도시를 떠났다. 일부 피난민들은 다마스쿠스로, 나머지는 그 나라의 여기저기로 흩어졌다.**

비록 피비린내 나는 살육만은 면했지만 한때 감동적인 저항을 했던 티레인들에게는 크나큰 수치가 아닐 수 없었다.

발라크의 죽음이 영향이 미친 곳은 비단 티레만이 아니었다. 알레포에서는 일가지의 아들인 티무르타슈에게 권력이 이양되었다. 이븐 알 아시르에 따르면 **갓 열아홉이 된 이 청년은 유난히 노는 것을 좋아하여 아예 알레포를 떠나 고향인 마르딘으로 가버렸다. 시리아는 프랑크인들과의 전쟁이 너무 잦다는 것이 이유였다.** 수도를 포기하는 것으로도 성이 차지 않았던지 이 무능한 티무르타슈는 2만 디나르를 받고 예루살렘의 왕을 풀어주기까지 했다. 그는 한술 더 떠 예루살렘의 왕에게 귀한 의복과 금으로 만든 투구, 장식이 달린 장화는 물론, 발라크가 그를 생포할 때 함께 잡아온 말까지 챙겨 주었다. 군주다운 통 큰 행동이었음은 분명

하나 따지고 보면 그보다 무책임한 행동이 없었다. 풀려난 보두앵 2세가 몇 주만에 알레포를 치겠다는 단호한 의지를 갖고 다시 쳐들어왔기 때문이다.

이제 도시의 방어는 전적으로 이븐 알 카샤브의 손에 맡겨졌다. 기껏해야 몇백 명의 군사밖에 남지 않은 현실에서 도시 주변에 도열해 있는 수천 명의 전사들을 바라본 그는 일가지의 아들에게 급히 전갈을 보냈다. 특사는 위험을 무릅쓰고 어둠을 틈타 전선을 넘었다. 마르딘에 도착한 그는 에미르의 디완에 들어서서 알레포를 포기하지 말 것을 간곡히 청원했다. 그러나 겁만 많은 것이 아니라 후안무치하기까지 했던 티무르타슈는 특사의 불평이 귀에 거슬린다며 그를 당장 감옥에 가두어 버렸다.

이븐 알 카샤브는 다른 구원자에게 눈을 돌렸다. 얼마 전에 모술의 통치자로 임명된 왕년의 투르크 전사 보르소키였다. 엄격하고 신심 또한 깊은 것으로 알려져 있었으나 정치적인 술수가 능한 데다 야심가이기도 했던 알 보르소키는 카디의 요청을 정중히 받아들인 뒤 즉시 길을 나섰다. 1125년 1월, 포위당한 도시 앞에 도착한 그의 모습을 본 프랑크인들은 놀라서 진지를 버리고 떠나 버렸다. 이븐 알 카샤브는 보르소키의 후속 행동을 부추기기 위해 서둘러 그를 만나려고 했다. 그러나 에미르는 장시간 말을 탄 탓에 피곤했던 데다 한시라도 빨리 자신의 새로운 소유지를 보고 싶은 마음이 앞서 있었다. 결국 5년 전의 일가지처럼 그도 유리한 상황을 이용할 생각을 하지 않았으며 적으로 하여금 전력을 회복할 시간만 벌게 해 주었다. 그러나 그의 개입이 무시할 수 없는 중요성을 갖는 것은 1125년에 맺어진 알레포와 모술 사이의 동맹이 머지않아 프랑크인들의 오만함에 성공적으로 응수를 할 강력한 국가의 핵심을 이루게 된다는 점 때문이다.

불굴의 의지와 뛰어난 통찰력으로 이븐 알 카샤브는 자신의 도시가 점령당하는 것을 막았을 뿐 아니라 무엇보다 침략자들에 대항하여 성전을 펼칠 위대한 지도자들의 터를 닦는 데 기여했다. 그러나 그 카디는 이들의 출현을 볼 수 없었다. 1125년 어느 여름날, 그는 정오 기도를 올린 뒤 알레포의 대사원을 나서고 있었다. 그 때 수행자로 변장한 한 남자가 그에게 달려들어 가슴에 단검을 꽂았다. 그것은 아사신파의 복수였다. 이븐 알 카샤브로 말하자면 그 무리에게는 철천지원수나 다름없었다. 그는 이 무리의 추종자들을 가혹하게 처단했고 그 점에 대해서는 한 치의 후회도 하지 않았다. 따라서 그는 언젠가는 자신이 그 대가를 치러야 한다는 것을 모르지 않았다. 지난 30여 년 동안 아사신의 적치고 그들로부터 빠져나올 수 있었던 사람은 단 한 명도 없었다.

그는 방대한 교양을 지녔으며 시에 능했고 당대의 학문적 발전에 왕성한 호기심을 갖고 있었다. 그리고 1090년, 역사상 유례 없이 무시무시한 이름을 떨친 아사신파를 창설했다. 하산 이븐 알 사바흐는 1048년 무렵 라이라는 도시에서 태어났다. 수십 년 뒤 이름이 테헤란으로 바뀌는 지역에서 멀지 않은 곳이었다. 전해지는 얘기처럼, 수학과 천문학에 열중했던 최고의 시인 오마르 알 하이얌이 그의 유년기에 각별한 친구였을까? 정확히 알 길은 없다. 다만 여기서 얘기할 수 있는 것은 이 총명한 청년이 일생을 바쳐 그 무리를 조직하는 데 헌신하게 만든 당시의 상황이다.

하산이 태어날 무렵에는 그가 섬기는 시아파 교리가 아시아의 무슬림들에게 지배적으로 받아들여지고 있었다. 시리아는 이집트 파티마 왕조의 속국이었고 또 다른 시아파 왕조였던 부이 왕조는 페르시아를 통치하고 있었으므로 바그다드의 아바스 칼리프는 이들의 말을 곧 법으로 여기고 있었다. 그런데 하산이 유년기를 보내는 동안 사정은 완전히 달라졌다. 정통 순니파를 지지하는 셀주크족이 온 지역을 휩쓸고 들어온 것이다. 한때 찬란한 위세를 자랑했던 시아파는 근근히 명맥을 유지하거나 박해당하기 일쑤였다.

신심 깊은 페르시아인 가문에서 자랐던 하산은 이 상황을 받아들일 수 없었다. 1071년경, 그는 시아파의 마지막 보루인 이집트로 건너가기로 결심했다. 그러나 이 나일 강의 나라에서도 그는 희망을 찾지 못하였다. 파티마 왕조의 노쇠한 칼리프 알 무스탄시르는 경쟁자인 아바스보다 더한 꼭두각시였다. 그는 아르메니아 출신의 와지르인 바드르 알 자말리—알 아흐달의 부친이자 선임자—의 허락 없이는 궁전조차 나설 수 없었다. 하산은 카이로에서 자신과 뜻을 함께하는 많은 교조주의자들을 만났다. 이들 역시 하산처럼 시아파 칼리프를 옹립하여 셀주크에게 복수를 하고 싶어했다.

얼마 지나지 않아 칼리프의 장남인 니자르를 중심으로 진정한 반발의 움직임이 꿈틀거리기 시작했다. 독실한 신앙심과 용기까지 갖추었던 이 파티마 왕조의 후계자는 궁정의 쾌락 속에 안주하고 싶다거나, 와지르의 손에 놀아나는 꼭두각시 노릇을 할 생각 따위는 전혀 하지 않았다. 비록 오래 걸릴지는 모르지만 노쇠한 아버지가 죽으면 그는 하산과 동료들의 도움을 받아 부친의 자리를 계승하여 시아파의 새로운 황금기를 다지고 싶었다. 하산이 주축이 되어 세세한 계획이 세워졌다. 페르시아 군대가 셀주크 제국의 중심부로 들어가서 이 땅의 재탈환을 준비할 것이며 니자르는 왕권을 계승하는 일을 추진하기로 했다.

하산은 기대 이상의 성공을 거두었다. 그러나 고결한 성품의 니자르가 상상하던 방법과는 전혀 다른 방법을 통해서였다. 1090년, 그는 알라무트 요새를 기습 공격하여 탈환하였다. 카스피해 근처의 알브루즈 산맥에 있는 이 "독수리 둥지"는 현실적으로 접근이 불가능한 지역에 있었다. 이렇게 침범할 수 없는 성소를 손에 넣은 하산은 역사상 유례 없는 엄격한 교리와 위력을 가진 정교일치 조직을 구성하는 일에 착수하였다.

구성원들은 교육과 신앙심, 담력의 정도에 따라 신참과 대사제로 구분되었다. 그들은 집중적인 교화 과정은 물론 육체적인 훈련까지 받았다. 하산이 적을 겁주는 데 선호한 무기는 바로 살인이었다. 조직원은 대개는 혼자서, 아주 드물게는 두세 명의 무리를 이루어 지목한 인물을 살해하는 임무를 부여받았다. 그들은 주로 상인이나 수행자로 변장을 하고 범행을 저지를 도시를 배회하면서 그 장소와 희생자의 습관 등을 익혔다. 계획이 일단 결정되면 그들은 단번에 실행했다. 그런데 준비는 극도로 엄중한 비밀 속에서 이루어졌지만 실행은 되도록 많은 군중들이 모인 장소에서 공공연하게 행해지는 것이 관례였다. 장소는 대사원이, 시기는 금요일 정오가 선호되었던 이유가 바로 여기에 있다. 하산에게 살인은 단순히 적을 제거하는 방법에 그치지 않았다. 무엇보다 그것은 대중에게 이중의 교훈을 주는 방식이었다. 살해당한 자에 대한 개인적인 징벌이 하나라면 그 일을 행한 조직원의 영웅적 희생이 또 하나였다. 이 암살자를 이른바 '자살 특공대' 라는 뜻의 '피다이'*로 불렀던 것도 그들이 주로 그 자리에서 스스로 목숨을 끊기 때문이었다.

그 조직원들이 침착하게 죽음을 맞는 모습 때문에 이들이 하시시에 중독되었을 것이라고 믿는 동시대인들이 많았다. '하시시 중독자' 라는 뜻의 '하슈샤신' 이라는 별칭이 훗날 '아사신' 으로 변형되어 여러 나라 말들에서 보통명사로 자리잡게 된다. 그럴듯한 가정임이 분명하지만 이 집단을 두고 떠도는 모든 얘기들은 현실과 전설의 구분이 쉽지 않다. 하산은 암살자가 천당에 오르는 느낌을 갖고 순교할 수 있게 조직원들을 하시시 중독자로 만들었을까? 아니면 이보다는 범속한 이유로 그들을 자신의 뜻대로 잡아두기 위해 마약을 상용하도록 했을까? 아니면 단지 살인을 저지르는 순간에 마음이 약해지지 않게 단순한 안정제로 주었을까? 그도 아니면 그저 맹목적인 신앙의 힘을 기대했던 것일까? 그 답이 어떤 것이든 간에 이 가설들이 환기시키는 유일한 사실은 이 조직이 유난히 존경을 바친 인물이 바로 하산이었다는 것이다.

그의 성공은 놀랄 만했다. 조직이 만들어진 지 2년 후인 1092년에 저지른 첫 번째 살인은 유명한 무훈시의 주인공을 겨냥한 것이었다. 그즈음 셀주크의 위세는 하늘을 찌르고 있었다. 그 제국의 지주이며 30여 년에 걸쳐 투르크 전사들이 정복한 땅에 진정한 제국을 건설하여 순니파를 부활시킨 장본인이자 시아파와의 싸움을 이끈 그 늙은 와지르는 그 이름만 들어도 업적이 떠오를 '왕국의 질서', 니잠 알 물크였다. 이븐 아시르에 따르면 **니잠 알 물크가 살해당하자 제국은 와해되었다.** 실제로 셀주크 제국은 더 이상 단일 제국을 이루지 못하였다. 그들의 역사에는 더 이상 정복은 기록되지 않을 것이며 대신 끝없는 계승 전쟁만이 기록될 것이었다. 임무 완수. 하산은 이집트의 동료들에게 이 말을 할 수 있었다. 그러자 파티마 왕조의 재정복 사업을 위한 길이 열렸다. 니자르는 매우 기뻐했다. 그러나 카이로에서의 봉기는 오래 가지 못했다. 부친의 뒤를 이어 와지르를 계승한 알 아흐달은 1094년 니자르의 동료들을 가차없이 처단하였으며 니자르마저도 산 채로 묻어 버렸던 것이다.

사태가 이렇게 진행되자 하산은 예상치 못한 난관에 봉착하게 되었다. 그는 새로운 시아파 칼리프의 도래를 포기하지는 않았으나 시간이 걸리리라는 것을 깨달았다. 결국 그는 전략을 수정하기로 했다. 이슬람 관리들과 종교계 및 정계 지도자들을 지속적으로 공격하면서 자치적인 영지를 건설할 이주지를 물색하는 것이었다. 서로 경쟁하는 소국들로 산산이 나누어진 시리아보다 그 계획에 안성맞춤인 곳이 또 있었겠는가? 파티마 왕조가 그 무기력 상태에서 벗어나는 날까지 살아 남는 데는 조직을 그곳으로 옮겨와 도시와 도시를 이간질시키고 에미르 형제들끼리 싸움을 붙여놓기만 해도 충분할 터였다.

하산은 페르시아 출신의 한 설교자를 시리아로 급파했다. "의사이자 점성술사"로만 알려진 이 수수께끼 인물은 알레포에 자리를 잡고 리드완 왕의 신임을 얻어내는 데 성공했다. 이윽고 조직원들이 이 도시로 밀려 들어와 그들의 교리를 전파하면서 세포들을 만들어 나갔다. 그들은 이 셀주크 왕과의 우정을 지키기 위해 그의 심기를 건드릴 비난을 삼갔으며 그의 정적들을 제거하는 일까지 마다하지 않았다. 1103년에 그 "의사이자 점성술사"가 죽자 조직은 즉시 리드완에게 새로운 페르시아인 고문인 금은 세공사 아부 타히르를 보냈다. 그의 영향력은 곧 전임자를 넘어설 만큼 막강해졌다. 카말 알 딘의 기록에 따르면 **리드완은 완전히 그의 손아귀에서 놀아났다**고 한다. 알레포인치고 왕의 주위에 깔려 있는 그 수많은 조직원들을 거치지 않고 행정상의 문제를 해결하거나 최소한이라도 왕의 호의를 얻어낼 수 있는 사람은 아무도 없었다.

그러나 그들이 누리던 그 권력 때문에 아사신파는 미움을 샀다. 특히 이븐 알 카샤브는 그들의 만행을 종식시켜야 한다고 끊임없이 주장해오던 사람이었다. 그는 그들의 뒷거래 행위는 물론이거니와 특히 서유럽 침입자들에 대해 그들이 보여주는 호의적인 태도를 비난하였다. 어찌 보면 역설적인 듯한 이 비난은 나름의 정당성을 갖고 있었다. 프랑크인들이 동방으로 들어올 무렵, 이제 막 시리아에 정착하기 시작한 아사신파는, '겉으로 주장하는 것과는 다른 신앙을 믿는 자들'이라는 뜻을 가진 '바티니'라고 불렸다. 이 별명은 이들이 겉모습만 무슬림에 불과하다는 뜻을 넌지시 암시하고 있다. 이븐 알 카샤브도 그랬지만 시아파조차도 하산의 교리를 인정하지 않았다. 비록 약해졌기는 하나 아랍 세계의 시아파가 정식으로 인정하는 수호자인 현존하는 파티마 왕조의 칼리프와 단절했다는 이유에서였다.

모든 무슬림들에게 멸시와 박해를 당했던 아사신파로서는 니자르를 죽인 알 아흐달 같은 셀주크족에게 연거푸 패배를 안겨주는 그리스도교 군대의 진출이 그리 껄끄럽지만은 않았을 것이다. 따라서 리드완이 서유럽인들에게 유난스레 호의적으로 굴었던 것도 상당 부분은 이 '바티니' 들의 조언 때문이었을 가능성이 크다.

이븐 알 카샤브는 아사신파와 프랑크인들 사이의 공모에 가까운 묵인을 배신 행위나 다름없다고 보았다. 그리고 그는 그 입장에 따라 행동했다. 1113년 말, 리드완이 죽고 난 뒤 벌어진 학살극에서 바티니들은 거리마다, 집집마다 쫓겨다니는 신세가 되었다. 일부는 군중들에게 몰매를 맞기도 했고 성벽 꼭대기에서 뛰어내린 이들도 있었다. 족히 2백 명에 달하는 조직원들이 희생되었는데 그 중에는 보석 세공사였던 아부 타히르도 있었다. 이븐 알 칼라니시는 이렇게 적고 있다. **일부는 빠져나와 프랑크인들 가운데로 몸을 숨기거나 나라 곳곳으로 흩어졌다.**

시리아 땅에서 그토록 아사신을 뿌리뽑으려 했던 이븐 알 카샤브의 노력은 뜻을 이루지 못했다. 그들의 가공할 행적은 시작에 불과했다. 그 패배에서 배운 바가 컸던 그들은 전술을 바꾼다. 하산은 새로운 인물을 시리아로 보냈다. 페르시아 출신의 선동가였던 바람이라는 이 인물은 눈에 띄는 일체의 행동을 잠시 중단하고 좀 더 세세하고 구체적인 계획을 가지고 조직과 침투라는 활동에 전념했다. 다마스쿠스의 이븐 알 칼라니시는 얘기한다.

> **바람은 극도로 비밀을 유지하면서 눈에 띄지 않게 지냈다. 그는 정체를 들키지 않으려고 옷차림을 수시로 바꿔가면서 도시 곳곳과 요새들을 돌아다녔다.**

그렇게 몇 년을 지내던 끝에 그는 은밀한 생활을 청산해도 되겠다고 믿을 만큼 충분한 조직망을 구축하였다. 때마침 리드완을 대신할 만한 훌륭한 후원자도 발견되었다. 이븐 알 칼라니시는 얘기한다.

**어느 날, 바람이 다마스쿠스에 도착하였는데 그와 그 무리들의 악명 높은 만행이 마음에 걸렸던 아타베그 투그티긴은 그를 융숭히 대접하였다. 다마스쿠스 지도자들은 그에게 호의를 표했고 그들을 보호해 주겠노라고 약속했다. 이 시리아 도시 국가의 제2인자였던 와지르 알 마즈다가니는 그 무리에 속하지도 않았는데도 바람과 뜻이 잘 통하여 그가 악행의 올가미를 어느 곳에서라도 던질 수 있도록 도왔다.**

사실 하산 이븐 알 사바흐는 1124년에 알라무트의 은신처에서 사망했으나 아사신의 활동은 수그러들기는커녕 훨씬 강력한 반향을 몰고 왔다. 이븐 알 카샤브의 살해는 한 예에 불과했다. 그보다 1년 앞선 어느 이른 아침, 또 다른 "터번을 쓴 저항자"가 그들의 칼날에 쓰러졌다. 이 사건을 언급하는 기록자들은 하나같이 예의를 갖추어 그의 죽음을 얘기하고 있다. 그도 그럴 것이 그는 1099년 8월에 프랑크인들의 침략에 대한 분노를 최초로 공표한 이래 무슬림 세계에서 가장 권위 있는 종교 지도자 중의 하나로 추앙받아 왔기 때문이다. 소식은 이라크로부터 전해졌다. 바그다드의 카디 중의 카디이자 이슬람의 광명인 아부 사드 알 하라위가 하마단 대사원에서 바티니들의 습격을 받고 쓰러졌다고. 그들은 알 하라위를 해친 뒤 어떠한 단서나 흔적도 남기지 않고 그 자리에서 사라졌다. 누구도 그들을 뒤쫓지 못할 정도로 그들은 두려운 존재였다. 알 하라위가 오랫동안 살았던 다마스쿠스 사람들은 격분했다. 특히 종교계에서는 아사신파의 행위에 크게 분개했다. 교계의 지도자들은 마음이 무거웠으나 드러내 놓고 발설할 수도 없었다. 그 바티니들은 누구든 자신들에게 저항하거나 그 저항을 지지하기만 해도 가차없이 죽이기 시작했기 때문이었다. 어느 누구도 그들을 공공연히 비난할 수 없었다. 에미르도, 와지르도, 심지어 술탄까지도!

그 공포에는 근거가 있었다. 1126년 11월 26일, 알레포와 모술의 강력한 통치자였던 알 보르소키가 아사신 일당의 무시무시한 복수의 제물이 된 것이다. 이븐 알 칼라니시의 어조에서도 놀라움을 읽을 수 있다.

> **에미르는 경계를 게을리하지 않았다. 그는 칼날이 뚫지 못하도록 늘 갑옷을 착용하였으며 철저히 무장한 병사들의 호위를 받았다. 그러나 운명을 거스를 수는 없었다. 알 보르소키는 여느 때와 다름없이 금요 예배를 드리러 모술의 대사원에 나타났다. 그러나 수피로 변장하고 한구석에서 기도를 드리고 있는 그 악당들을 의심하는 이들은 아무도 없었다. 갑자기 그들이 에미르에게 덤벼들더니 검으로 몇 차례 난자했다. 그러나 칼날은 갑옷을 뚫지 못하였다. 그 때 에미르가 상처를 입지 않은 것을 본 바티니 중 한 명이 이렇게 외쳤다. "위를 가격하라, 머리를!" 그들은 그의 목을 겨냥하여 사정없이 찔렀다. 알 보르소키는 거룩하게 죽음을 맞이했다. 그의 살해자들도 죽임을 당했다.**

아사신파의 위협이 그처럼 심각했던 적은 없었다. 그것은 단순한 보복 행위가 아니었다. 프랑크의 점령에 맞서 모든 힘을 모아야 할 아랍 세계를 갉아먹는 암적인 행동이었다. 그러나 암흑의 행로는 계속되었다. 알 보르소키가 죽고 몇 달이 지난 뒤, 그의 뒤를 이었던 아들마저 암살당했다. 알레포는 네 명의 에미르들이 권력 다툼을 벌이는 싸움터로 변했다. 그러나 최소한의 단결이나마 끌어냈던 이븐 알 카샤브는 더 이상 없었다. 1127년 가을, 엄청난 무정부 상태에 휘말려 있던 알레포의 성벽 아래에 안티오케이아의 프랑크 군이 다시 모습을 나타냈다. 안티오케이아는 초대 왕 보에몽의 젊은 아들을 새 왕자로 맞아들였다. 몸집이 우람한 열여덟 살짜리 이 왕자는 가문의 유산을 승계하기 위해 자신의 나라에서 막 도착한 터였다. 그는 아버지의 이름뿐 아니라 그 격렬한 기질도 고스란히 물려받은 것 같았다. 알레포인들은 허둥지둥 그에게 공물을 갖다 바쳤으며 지독한 비관주의자들은 그에게서 벌써부터 자신들의 도시의 미래를 보았다.

다마스쿠스의 상황도 그에 못지않게 극적이었다. 노쇠한 데다 병까지 든 아타베그 투그티긴은 이제 아사신파에게 어떠한 영향력도 행사할 수 없는 처지가 되었다. 그들은 아예 자체 군사 조직까지 보유했으며 도시의 행정 또한 멋대로 주물렀다. 와지르 알 마즈다가니가 몸과 마음을 바쳐 이들에게 충성하면서 예루살렘과의 관계는 더욱 긴밀해졌다. 보두앵 2세는 이 시리아의 도시 국가를 손에 넣어 자신의 업적을 최고조로 끌어올리고 싶은 심정을 노골적으로 비쳤다. 비록 연로했으나 그나마 투그티긴이라는 존재가 있었기에 아사신파가 다마스쿠스를 프랑크인들에게 쉽사리 넘겨주지 못하는 것 같았다. 그러나 그 유예 기간도 얼마 가지 못했다. 1128년이 시작되면서 아타베그의 건강이 눈에 띄게 나빠지더니 아예 병상에 누워 버렸다. 그의 머리맡에서는 온갖 간교한 술책들이 오갔다. 아타베그 투그티긴은 아들인 부리를 후계자로 지목한 뒤 2월 12일에 눈을 감았다. 이제 다마스쿠스인들은 자신들의 도시가 함락되는 것은 시간 문제라고 여기게 되었다.

그로부터 1세기가 지나 뒤, 이븐 알 아시르도 바로 이 때를 아랍 역사에서 결정적인 시기로 꼽고 있다.

> **투그티긴의 죽음으로 프랑크인들과 맞설 수 있었던 최후의 인물이 사라졌다. 바야흐로 프랑크인들은 시리아 땅 전체를 점령할 수 있을 것 같았다. 그러나 한없이 자비로우신 신께서는 무슬림들을 불쌍히 여기셨다.**

# 3부

## 반격(1128~1146)

내가 기도를 막 시작하려고 할 때였다. 한 프랑크인이 나를 덮치더니 내 고개를 억지로 동쪽으로 돌렸다. 그리고 이렇게 말했다. "기도는 이렇게 해야 하는 거야!"

—우사마 이븐 문키드—

# 6장 다마스쿠스의 음모

**와지르 알 마즈다가니는 매일같이 왕성 구역 내에 있는 장미 별장에 모습을 나타냈다. [이븐 알 칼라니시의 말이다.] 다른 에미르들과 군 지휘관들도 그리로 모였다. 그 자리에서 여러 사안들이 처리되었다. 도시의 통치자인 투그티긴의 아들 부리와 참석자들이 의견을 교환한 다음 거처로 돌아가려고 자리에서 일어섰다. 관습에 따르면 와지르는 다른 이들보다 더 늦게 떠나야 했다. 그가 자리에서 일어서고 있을 때였다. 부리가 자신의 가족 한 명에게 신호를 하자 그는 알 마즈다가니의 머리를 칼로 수 차례 내리쳤다. 와지르는 목이 잘렸고 두 부분으로 나뉜 시신은 페르 성문 위에 걸렸다. 간교한 술책에 의존하는 자를 신이 어떻게 처벌하셨는지 똑똑히 보라는 뜻이었다.**

아사신파의 후원자가 죽었다는 소문이 다마스쿠스의 수크에 삽시간에 퍼졌다. 곧이어 끔찍한 사냥이 시작되었다. 칼과 단검을 든 인파들이 거리로 몰려나왔다. 그들은 바티니들과 그 부모들, 지인(知人)들은 물론이고 그들에게 동조한 사람이면 모조리 쫓아다니면서 잔인하게 살해했다. 그들의 지도자들은 요새의 총안에 걸어놓은 십자가에서 죽었다. 이븐 알 칼라니시의 가족 몇 명도 그 학살극에 적극적으로 가담했다. 이 사건이 벌어졌던 1129년 9월 당시 이 역사가는 57세의 고위 관리였기 때문에 그 하층민 무리에 직접 끼어들지는 않았을 것으로 보인다. 다만 그 사건을 길게 언급하고 있는 것으로 보아 이 피비린내 나는 시기를 보는 그의 심정을 짐작할 수 있다. **아침이 되자 광장이란 광장은 바티니들의 시체들로 뒤덮였다. 개들이 으르렁거리며 시체들을 차지하려고 다투었다.**

다마스쿠스인들은 자신들의 도시에서 무소불위의 권력을 휘두르는 아사신파를 못마땅해 했다. 특히 투그티긴의 아들은 누구보다도 이 도시가 그 일파와 와지르 알 마즈다가니의 손아귀에서 놀아나는 것을 참지 못했다. 이븐 알 아시르는 그의 행동에서 단순한 권력 다툼이 아니라 당면한 재앙으로부터 이 도시를 구하려 했다는 의미를 찾고 있다. **알 마즈다가니는 자신에게 티레를 넘겨주면 대신 다마스쿠스를 넘겨주겠다는 제의를 담은 친서를 프랑크인들에게 보냈다. 협정이 맺어졌다. 그들은 아예 날짜까지 잡았다. 그 주 금요일이었다.** 보두앵 2세의 군대가 기습적으로 도시의 성벽에 도착하면 무장한 아사신파가 성문을 열어주기로 했다. 그들의 지휘관들이 도시의 지도자들과 군인들이 대사원에서 나오지 못하도록 지키는 동안 프랑크인들이 도시를 점령한다는 계획이었다. 이 계획이 실행되기 불과 며칠 전에 이 사실을 알게 된 부리는 서둘러 와지르를 제거했던 것이다. 그리고 이 행동은 시민들로 하여금 아사신파에게 분풀이를 하게 하는 신호탄이 되었다.

그런데 그러한 공모가 실제로 있었던 것일까? 바티니들에 관해서라면 시종일관 강경한 어조를 거두지 않고 있는 이븐 알 칼라니시가 그들이 도시를 프랑크인들에게 넘겨주려 했던 것에 대해서만은 별 비난을 하지 않고 있는 것을 보면 그 점을 은근히 의심해 볼 수도 있겠다. 그러나 이븐 알 아시르의 기록을 보면 꽤 신빙성이 있는 얘기로 보인다. 아사신과 그들의 지지자였던 알 마즈다가니는 다마스쿠스에서 위험을 느끼고 있었다. 시민들의 반감도 커가고 있었고 부리와 그 측근들이 무슨 음모를 꾸미고 있을지도 몰랐다. 게다가 그들은 프랑크인들이 어떤 대가를 치르더라도 이 도시를 손에 넣고 싶어한다는 것을 알고 있었다. 그리하여 아사신파는 이중의 적과 동시에 맞서는 것보다는 티레 같은 안전한 곳을 확보해서 하산 이븐 알 사바흐의 교리가 주요 목표로 삼고 있는 파티마 왕조의 이집트로 설교자들과 암살자들을 보낸다는 계산을 했으리라는 것이다.

이어지는 일련의 사건들은 그 공모의 신빙성에 힘을 보태 주고 있다. 학살에서 살아 남은 얼마 되지 않은 바티니들은 팔레스타인으로, 즉 보두앵 2세의 그늘로 들어갔다. 그들은 보두앵 2세에게 예루살렘에서 다마스쿠스로 통하는 길목을 관장하는 헤르몬 산 어귀의 튼튼한 요새 바니야스를 넘겨주었다. 몇 주일이 지나자 강력한 프랑크 군대가 다마스쿠스 주변에 모습을 나타냈다. 프랑크 군은 팔레스타인뿐 아니라 안티오케이아와 에데사, 트리폴리스에서 족히 1만 명에 가까운 기사들과 보병들을 모았다. 특히 프랑크인들의 나라에서 얼마 전에 도착한 전사들은 다마스쿠스를 손에 넣겠다는 의지를 노골적으로 천명했다. 그들 중 가장 광신적인 무리는 '성전 기사단'이었는데, 그들은 10년 전에 팔레스타인에서 건설되어 종교와 군사가 일치된 조직을 받들고 있었다.

침략자들과 맞설 만한 군사력을 보유하고 있지 못했던 부리는 황급히 투르크 유목민들과 근방의 아랍 부족들에게 도움을 요청했다. 적을 격퇴하는 데 도움을 준다면 큰 사례를 하겠다는 약속과 함께. 투그티긴의 아들은 머지않아 약탈을 하러 탈영할 것이 뻔한 이 용병들을 마냥 믿고 있을 수만은 없었다. 따라서 가능하면 빨리 전투를 시작하는 것이 급선무였다. 11월의 어느 날, 수천 명의 프랑크인들이 구타의 비옥한 평야

지대를 휘젓고 다니고 있다는 척후병들의 보고가 들어왔다. 그는 즉시 군대를 출동시켰다. 서유럽인들은 불시에 포위를 당하는 신세가 되었다. 개중에는 채 말 등에 채 올라타지도 못한 기사들도 적지 않았다.

이븐 알 칼라니시는 적고 있다.

> **늦은 오후, 목적을 달성한 투르크인들과 아랍인들은 의기양양하게 다마스쿠스로 돌아왔다. 사람들은 이들을 반겼다. 그들은 사기충천했으며 군대는 곧 프랑크인들의 진지를 공격하러 출발하기로 했다. 이튿날 새벽, 많은 기병들이 전속력으로 출발했다. 멀리서 연기가 피어오르는 것을 본 기병들은 프랑크인들이 그곳에 있을 것으로 판단했다. 그러나 다가가서 보니 적들은 가재도구에 불을 붙여놓고 철수한 뒤였다. 그들에게는 짐을 옮길 가축조차도 없었기 때문이다.**

그 후퇴에도 불구하고 보두앵 2세는 다마스쿠스를 다시 공격하기 위해 군사들을 모았다. 9월, 엄청난 폭우가 그 지역에 쏟아지고 있었다. 프랑크인들의 진지는 곧 거대한 진흙탕으로 변하고 말았다. 사람들과 말들이 오도가도 못하는 지경이 되자 예루살렘의 왕은 내키지는 않았지만 결국 퇴각 명령을 내릴 수밖에 없었다.

부친의 자리를 이어받을 무렵에는 경박하고 소심한 에미르로 보이던 부리는 다마스쿠스를 위협하는 두 세력, 즉 프랑크인들과 아사신파로부터 도시를 지켜냈다. 자신이 당한 패배에서 깨달은 바가 있었는지 보두앵 2세는 결국 그 욕심나는 도시에 대해 더 이상 새로운 작전을 시도하지 않았다.

그러나 부리라고 해서 모든 적수들을 다 물리칠 수는 없었다. 어느 날 다마스쿠스에 수상한 인물 두 사람이 들어왔다. 두건 달린 망토와 뾰족한 모자를 쓴 투르크인 차림새를 한 그들은 고정적인 일거리를 찾는다고 말했고 에미르 부리는 그들을 자신의 친위대에 받아들였다. 1131년 5월 어느 날 아침, 궁전에 있는 함맘에서 돌아오던 에미르를 그들이 덮쳤다. 에미르는 복부에 상처를 입었다. 처형당하기 전, 그들은 형제들을 죽인 투그티긴의 아들에게 복수하라는 임무를 아사신의 대장에게서 부여받고 알라무트의 요새로부터 왔노라고 털어놓았다.

에미르의 상처를 치료하기 위해 많은 의사들이 불려왔다. 이븐 알 칼라니시는 **상처 치료 전문가들인 외과 의사들**이었다고 구체적으로 밝히고 있다. 당시 다마스쿠스의 의료 체계는 세계 최고 수준이었다. 두카크가 '무리스탄', 즉 병원을 세운 이래 두 번째 병원[1]이 1154년에 개원했다. 그로부터 몇 년 후에 다마스쿠스를 찾은 여행가 이븐 주바이르는 이 병원의 기능을 충실히 묘사하고 있다.

> **각 병원마다 환자들의 이름과 그 치료에 드는 비용, 치료 과정, 식단 외에도 여러 정보를 기록한 일지들이 있다. 의사들은 매일 아침 병원으로 출근하여 환자들을 진찰하고 환자의 상태에 따라 약과 음식을 처방해 준다.**

의사들의 치료를 받고 몸이 한결 나아진 부리는 말을 타겠다고 우기더니 매일같이 지인들을 만나 마시고 떠들며 놀았다. 그러나 그 무리한 행동은 건강에 치명적이었기에 그의 상처가 도지고 말았다. 결국 1132년 6월, 13개월을 끔찍한 고통에 시달리다가 그는 세상을 떴다. 다시 한 번 아사신의 복수가 이루어진 셈이었다.

비록 짧은 재위 기간 탓에 세인의 기억 속에 오래 남지 못했지만 아랍 세계에서 프랑크인들의 점령에 처음으로 제대로 된 반격을 시도한 인물이 부리였다. 우연인지 그를 이은 후계자는 전혀 다른 도량과 기질을 가진 인물이었다. 그는 알레포와 모술의 새로운 통치자로 선출된 아타베그 이마드 알 딘 장기[2]였다. 이븐 알 아시르는 그를 **하늘이 무슬림에게 주신 선물**이라고 표현하기를 주저하지 않았다.

언뜻 보면 구릿빛 피부를 가진 이 털북숭이 장군은 앞서 프랑크인들과 지난한 전투를 치렀던 수많은 투르크인 무장들과 특별히 달라 보이지 않았다. 걸핏하면 술독에 빠지고, 그들처럼 자신의 목적을 위해서라면 온갖 권모술수와 잔인함을 발휘할 준비가 되어 있던 그였던지라 그 역시 프랑크인들보다는 같은 무슬림들과의 치열한 권력 다툼에 휘말리는 일이 더 많았다. 1128년 6월 18일, 엄숙하게 알레포로 입성한 그에 대해 알려진 사실은 자못 실망스러운 것이었다. 그가 명성을 얻기 시작한 것은 1년 전, 그러니까 셀주크 후원자들에 대항하여 바그다드의 칼리프가 일으킨 봉기를 진압하면서부터였다. 양순했던 알 무스타지르는 1118년에 세상을 뜨면서 아들인 알 무스타르시드 빌라에게 권좌를 넘겼다. 푸른 눈과 붉은 머리카락, 주근깨가 가득했던 스물다섯 살의 젊은 왕은 아바스 왕조 조상들의 영광스런 전통을 다시 잇겠다는 옹골찬 야심을 갖고 있었다. 술탄 무함마드가 사망하고 늘 그래 왔듯이 계승 전쟁이 시작되자 젊은 칼리프는 이것을 더 없이 좋은 기회로 보았다. 그는 자신이 부대를 장악하고 있다는 점을 이용하기로 했다. 사실 이것은 지난 2세기 동안이나 볼 수 없었던 모습이었다. 타고난 웅변가였던 알 무스타르시드는 도시의 백성들을 끌어모았다.

그런데 공교롭게도 신도들의 왕자가 기나긴 태만의 전통과 단절하려는 그 순간, 술탄 자리는 사냥과 하렘의 쾌락에만 몰두하는 열네 살짜리 어린 왕자에게 넘어가 버렸다. 알 무스타르시드는 무함마드의 아들인 새 술탄 마흐무드에게 걸핏하면 오만한 말투로 페르시아로 돌아가라는 조언을 했다. 이 행동은 오래 전부터 자신들을 지배해 온 이방의 군인 가문인 투르크인들에 대한 아랍인들의 저항을 의미했다. 이 반발에 어떻게 대처해야 할지 몰랐던 젊은 술탄은 당시 페르시아 만 귀퉁이에 있던 부유한 항구 바스라의 통치자이던 장기에게 도움을 호소했다. 장기의 개입은 결정적이었다. 바그다드에서 장기의 군대와 맞붙은 칼리프의 군대는 무기를 버리고 투항했으며 칼리프는 훗날을 기약하며 자신의 성 안에 갇히는 몸이 되었다. 적절한 도움에 대한 고마움의 표시로 술탄은 몇 달 뒤에 장기를 모술과 알레포의 통치자로 임명했던 것이다.

사실 이 미래의 이슬람 영웅에게 그것이 가장 영광스런 무훈이 아니었음은 당연하다. 훗날 장기가 프랑크인들과 맞선 최초의 지하드 전사로 추앙받는 데는 다 이유가 있었다. 그보다 앞서 시리아 땅에 들어온 투르크의 장군들은 하나같이 약탈에 혈안이 된 부대들을 이끌고 왔다가 목적을 완수하면 서둘러 그 땅을 떠나 버리곤 했다. 따라서 그들이 거둔 승리는 뒤이은 패배로 그 빛이 바래기 일쑤였다. 그들은 군대를 해산시켰다가 다음해에 다시 징집하는 일을 반복했다. 그러나 장기는 그 관례를 고쳤다. 이 지칠 줄 모르는 전사는 무려 18년에 걸쳐 시리아와 이라크 땅을 누비고 다녔다. 때로는 진창에 빠지지 않으려고 짚단 위에서 잠을 자고, 어떤 이들과는 싸우고, 어떤 이들과는 우호 조약을 맺는 등 모두를 작전 대상으로 삼았다. 그는 자신의 광활한 영지 곳곳에 널려 있는 궁전에서 편히 머무르겠다는 생각은 꿈에도 해보지 않았다.

그의 주변에는 비위 맞추기에 연연하는 간신들이 아니라 그에게 필요한 연륜 깊은 조언자들이 포진해 있었다. 또한 바그다드는 물론, 이스파한, 다마스쿠스, 안티오케이아, 예루살렘, 심지어 자신의 영지인 알레포와 모술에까지 퍼져 있는 촘촘한 정보망 덕분에 지속적으로 정보를 얻을 수 있었다. 프랑크인들과 싸웠던 다른 군대와는 달리 그의 군대는 언제든지 배반하거나 분쟁을 일으킬 소지가 있던 에미르들의 자율적인 집단 지도체제를 따르지 않았다. 군기는 엄격했으며 지극히 사소한 과실도 엄하게 다스려졌다. 아타베그의 병사들은 경작지에 함부로 발을 들여놓지 않기 위해 **흡사 두 밧줄 사이에서 행군하는 것처럼 보였다**고 카말 알 딘은 말하고 있다. 이븐 알 아시르도 이를 입증하는 한 일화를 얘기하고 있다. **한번은 장기 휘하의 에미르 한 명이 작은 도시를 봉토로 받은 뒤 부유한 유대 상인의 집을 차지했다. 이 상인은 아타베그를 만나게 해 달라고 요청했고 그에게 자신의 처지를 호소했다. 장기가 그 에미르를 단 한 차례 힐끗 노려보는 것만으로 그 에미르는 허겁지겁 집을 비워 주었다.** 알레포의 통치자는 다른 이들에게만이 아니라 스스로에게도 엄격했다. 그는 도시에 도착하더라도 자신의 뜻대로 머무를 수 있는 그 많은 성들을 무시하고 늘 성 밖에 있는 자신의 막사에서 묵었다. 모술의 역사가는 장기에 대해 이렇게 얘기하고 있다.

> **장기는 여자들의 명예, 특히 병사들의 아내들의 명예를 중요시했다고 한다. 그는 이렇게 말했다. 여자들을 잘 지키지 못하면 남편들이 전쟁터에 나가 있느라 오랫동안 집을 비우는 사이에 타락하고 말 것이다.**

엄격함, 불굴의 의지와 정치적 감각 같은 장기가 지녔던 그러한 자질들은 안타깝게도 당시 아랍 세계의 지도자들한테는 부족한 것들이었다. 그러나 그가 미래를 내다보면서 더욱 중요하게 여겼던 것은 바로 자신의 정통성이었다.

알레포에 도착하자마자 그는 우선 세 가지 일부터 했다. 다시 말해 세 가지 상징적인 행위였다. 첫 번째는 전통적인 것으로 일가지와 발라크와도 벌써 결혼한 바 있던 리드완 왕의 딸과 혼례를 올리는 것이었다. 두 번째는 아버지의 식솔들을 이 도시로 데려와서 그 봉토에 자기 가문의 뿌리를 심는 일이었다. 세 번째는 술탄 마흐무드로부터 시리아 전부와 북부 이라크에 대한 이론의 여지없는 권한을 아타베그인 자신에게 맡긴다는 공식적인 윤허를 받아내는 일이었다. 장기는 단순한 군사적 모험가가 되기보다는 자신의 사후에도 지속될 국가의 기틀을 닦고 싶었다. 그러나 그가 아랍 세계를 움직였던 이 단결력은 수 년이 흘러야 그 효력을 발휘하게 된다.

그 즈음, 광범위한 대공세를 준비하기에 절호의 기회가 찾아왔다. 그 때까지 뛰어난 단결력을 보여주던 서유럽인들의 군대가 심각하게 와해되고 있는 것 같았기 때문이다. **프랑크인들 사이에 틈이 벌어지고 있다고들 했다. 그들에게는 흔치 않은 일**이라고 이븐 알 아시르는 덧붙이고 있다. **심지어 그들끼리 싸워서 몇 명이 죽었다고도 한다.** 그러나 이 역사가를 가장 경악시켰던 건 어느 날 장기에게 도착한 전갈이었다. 예루살렘의 왕 보두앵 2세의 딸인 알릭스가 다름 아닌 자기 아버지에 대항하여 동맹을 제의해 왔던 것이다!

이 희한한 사태의 발단은 1130년 2월로 거슬러 올라간다. 당시 북부로 출정했던 안티오케이아의 보에몽 2세는 30년 전에 보에몽 1세를 생포했던 다니슈멘드의 아들 가지가 펼친 매복전에 걸려들고 말았다. 선친보다 운이 없었던지 보에몽 2세는 그 싸움에서 전사를 했고 방부 처리된 금발의 보에몽 2세의 목은 은상자에 담겨 칼리프에게 선물로 보내졌다. 보에몽 2세의 죽음이 안티오케이아에 전해지자 그의 아내였던 알릭스는 차제에 쿠데타를 일으킬 모의를 했다. 안티오케이아에 거주하는 아르메니아와 그리스, 시리아계 주민들의 지지를 업고 그녀는 도시의 실권을 장악한 뒤 장기에게 연락을 취한 것으로 보인다. 공주가 취하기에는 전혀 어울리지 않아 보이는 이 행동은 초기 침략자들과는 전혀 공통점이 없는 새로운 세대의 탄생을 알리는 것이었다. 아르메니아인을 어머니로 둔 이 공주는 유럽 땅은 밟아 본 적도 없었던 데다 스스로를 동방인이라 여기고 있었으니 그 생각대로 행동한 것이었다.

딸의 반란을 보고받은 예루살렘의 왕은 즉시 군대를 이끌고 북쪽으로 출발했다. 안티오케이아가 얼마 남지 않았을 때 왕은 눈부신 모습을 한 기사와 마주쳤다. 그는 갈기부터 가슴팍까지 조각이 새겨진 멋진 갑옷을 입힌 티끌 하나 없는 흰색 준마를 타고 있었다. 그 말은 알릭스가 장기에게 보내는 선물이었다. 그가 지참한 친서에는 자신을 도우러 아타베그가 오면 그의 지위를 인정해 주겠다는 약조가 적혀 있었다. 전령을 교수형시킨 뒤 보두앵은 안티오케이아로 진군하여 재빨리 도시를 장악했다. 알릭스는 궁성에 들어앉아 상징적인 저항을 했지만 결국 잡히고 말았다. 아버지는 딸을 라타키아로 유배 보냈다.

그러나 얼마 후인 1131년 8월, 예루살렘의 왕은 세상을 떴다. 다마스쿠스의 역사가가 볼 때 그는 제대로 격식을 갖춘 장례식에 능히 어울리는 인물이었다. 세월이 그렇게 만들어 주었는지 프랑크인들은 이제 더 이상 침공 초기에 기껏 몇 명의 지휘관들만이 눈에 띄던 엉성한 무리가 아니었다. 이에 대해 세세한 분석까지 덧붙이고 있는 이븐 알 칼라니시의 기록은 그런 점에서 흥미롭다.

**보두앵은 세월의 흐름과 더불어 자신이 당했던 숱한 불행들이 다듬어 준 원숙한 노인이 되었다. 그는 수 차례 무슬림들에게 사로잡혔으며 널리 알려진 계책들 덕분에 풀려나곤 했다. 그의 죽음으로 프랑크인들은 가장 빈틈없는 정치가이자 가장 유능한 행정가를 잃었다. 그의 자리는 그들의 나라에서 뱃길로 도착한 지 얼마 되지 않은**

**앙주 백작에게 돌아갔다. 그러나 이 백작은 판단력도 없었거니와 그처럼 나라를 잘 다스릴 능력도 없었다. 따라서 보두앵을 잃은 프랑크인들은 혼란과 무질서에 빠질 것이다.**

예루살렘의 세 번째 왕인 풀크 당주는 붉은 머리칼을 한 땅딸막한 오십대의 남자였다. 알릭스의 언니인 멜리장드와 혼례를 올린 그는 실상 동방 땅에 갓 발을 들여놓은 인물이었다. 대부분의 프랑크 군주들처럼 보두앵도 남자 후계자를 남기지 못했다. 원시적인 위생 수준과 동방의 생활 환경에 잘 적응하지 못했던 탓에 서유럽인들의 유아 사망률은 유난히 높았다. 게다가 자연의 법칙상 남자아이들의 경우가 더 심했다. 그들이 함맘을 정기적으로 이용하고 아랍 의사들의 도움을 받아 생활 조건을 개선하는 것을 배우는 데는 한참이 걸렸다.

서쪽에서 온 후계자의 정치적 능력을 폄하하는 이븐 알 칼라니시의 평가는 옳았다. "프랑크인들의 무질서"가 극에 달하는 시기가 바로 이 풀크의 치하에서였기 때문이다. 권좌에 오르자마자 알릭스가 이끄는 반대 세력과 맞서야 했던 그는 매우 힘들게 이들을 진압했다. 그러나 반역의 기운은 다름 아닌 팔레스타인 땅에서 꿈틀거렸다. 그의 아내인 멜리장드 왕비를 겨냥하는 소문이 집요하게 떠돌았다. 왕비가 젊은 기사인 위그 뒤 퓌세와 연인 사이라는 것이었다. 이 불륜은 남편의 신하들과 애인의 측근들 사이에 분열을 조장했다. 단순한 말다툼에 그치지 않고 결투와 암살 소문 등으로 프랑크 귀족들은 분열된 양상을 보였다. 목숨의 위협을 느낀 위그는 도피처를 찾았다. 이집트인들의 수중에 있는 아스칼론으로 피신한 그를 이집트인들은 반갑게 맞았다. 그들은 위그에게 파티마 군대까지 맡기는데, 그는 군대를 이끌고 자파 항을 점령해 버렸다. 그러나 그 몇 주 후에 그는 쫓기는 몸이 되고 만다.

1132년 12월, 풀크가 자파를 탈환하기 위해 군사를 모으고 있을 때 부리의 아들이며 다마스쿠스의 새로운 통치자인 젊은 아타베그 이스마일은 기습적으로 바니야스 요새를 점령했다. 이곳은 3년 전에 아사신파가 프랑크인들에게 넘겨준 곳이었다. 그러나 이 재탈환은 단 한 번의 승리로 끝나 버린다. 자기들끼리 다투느라 여념이 없던 무슬림 왕자들은 서유럽인들을 흔들어 놓고 있던 내분을 이용할 능력이 없었기 때문이다. 그 즈음 장기조차도 시리아 땅에서 보이지 않았다. 알레포의 국정을 심복에게 맡긴 뒤 그는 다시금 칼리프와의 냉혹한 싸움에 뛰어들었던 것이다. 그러나 이번에 우세를 잡은 쪽은 칼리프 무스타르시드였다.

장기에게 힘을 실어 주었던 술탄 마흐무드는 스물여섯의 나이로 요절하고 말았다. 그러자 셀주크 왕족들은 다시 새로운 계승 전쟁에 말려 들었다. 신도들의 왕자는 이 기회를 이용하여 체면을 세우기로 했다. 각 후보자의 이름을 딴 사원에서 각자를 위해 기도를 올려 주겠다는 약속을 하고 그는 그 상황의 실질적인 조정자로 부상했다. 장기는 펄쩍 뛰었다. 그는 서둘러 군사를 모아 5년 전 첫 대결에서 그랬던 것처럼 알 무스타르시드에게 뼈아픈 패배를 안기겠노라는 다짐을 되씹으며 바그다드로 향했다. 그러나 칼리프 알 무스타르시드도 아바스 왕조 수도 북쪽의 티그리스 강 유역에 있는 타크리트 근처로 수천 명을 이끌고 왔다. 결국 장기의 군대는 크게 패하고 아타베그 자신도 적의 손에 잡히게 될 찰나, 결정적으로 끼여든 한 사내의 도움으로 목숨을 구할 수 있었다. 아이유브라는 이름으로 알려진 이 사내는 타크리트의 통치자이자 젊은 쿠르드족 장교였다. 그는 칼리프에게 적을 넘겨줌으로써 그의 은덕을 입는 대신 아타베그가 추적자들을 피해 강을 건너 신속히 모술로 돌아갈 수 있도록 도왔다. 장기는 그의 기사다운 행동을 결코 잊지 않았다. 장기는 그의 가족에게 두고두고 호의를 베풀었는데 그 일은 결국 수 년 후에 아이유브의 아들의 운명을 결정짓게 만든다. 유수프라는 이름의 그 아들은 후일 살라흐 알 딘, 혹은 살라딘으로 알려지게 된다.

장기를 상대로 승리를 거둔 알 무스타르시드의 위세는 하늘을 찌를 듯했다. 이에 위협을 느낀 투르크인들은 유일한 셀주크족 왕위 계승자, 마흐무드의 동생인 마수드 주변으로 뭉쳤다. 1133년 1월, 새 술탄이 신도들의 왕자로부터 왕관을 받기 위해 바그다드에 모습을 나타냈다. 이것은 관례에 불과했으나 알 무스타르시드는 자신의 생각대로 의식을 변형시켰다. 당대의 '기록자' 이븐 알 칼라니시가 묘사하는 장면을 보자.

**신도들의 왕자인 이맘이 앉아 있었다. 사람들이 이맘을 소개하자 술탄 마수드는 그의 지위에 어울리는 경의를 표하였다. 칼리프는 그에게 연달아 일곱 벌의 화려한 의상을 바쳤는데 마지막 것은 검은색이었다. 또 보석이 박힌 왕관과 팔찌, 목걸이를 바치며 이렇게 말하였다. "이 호의를 기꺼이 받을 것이며, 또한 공적으로나 사적으로 신을 두려워하시오." 술탄은 바닥에 입을 맞춘 뒤 그를 위해 마련된 옥좌에 앉았다. 그러자 신도들의 왕자는 이렇게 말하였다. "자신을 잘 다스리지 못하는 자는 다른 이들을 잘 이끌지 못할 것이오." 그 자리에 참석한 와지르는 이 말을 페르시아 말로 반복했으며 새로운 서약과 칭송의 말을 했다. 이어 칼리프가 칼 두 자루를 가지고 오게 하여 술탄에게 엄숙히 내밀었다. 그러자 술탄은 가져온 두 개의 깃발을 손수 묶었다. 그 교환이 끝날 무렵 이맘 알 무스타르시드는 이 말로 결론을 삼았다. "가서 내가 그대에게 준 것을 가지시오. 은혜를 아는 사람이 되시길 바라오."**

비록 체면을 세우는 시도로만 보이지만 칼리프는 확실한 자신감을 표했다. 그는 투르크족 술탄에게 태연히 훈계를 한 것이다. 장기적으로 볼 때 다시 이룩된 셀주크족의 통일이 갓 태어난 자신의 권력을 위협할 것은 분명했으나 그도 당장에는 정통성 있는 술탄을 인정하지 않을 수 없었을 것이다. 그럼에도 1133년 정복의 꿈을 다시 한 번 불태우기로 한 칼리프는 6월, 군사를 이끌고 모술로 향했다. 이곳을 확실히 손에 넣어 이번에야말로 장기와의 일을 마무리짓겠다는 결연한 의지의 표현이었다. 술탄 마수드는 그를 굳이 말리려 하지 않았다. 그는 아예 시리아와 이라크를 단일 국가로 합쳐서 술탄 체제 아래 두자는 제의를 내놓기까지 했다. 후일 툭하면 거론되는 생각이었다. 그러나 이 제안을 내놓으면서도 셀주크족 술탄은 다른 한편으로 장기가 3개월 동안이나 칼리프의 공격을 막아내고 모술의 포위를 무산시킬 수 있도록 도왔다.

이 공격의 실패는 알 무스타르시드의 운명에서 치명적인 전환점이 되었다. 대다수 에미르들로부터 외면당한 그는 1135년 술탄 마수드에 의해 생포되어 두 달 후 처참하게 살해된다. 그 신도들의 왕자는 자신의 막사에서 귀와 코가 잘려 나가고 이십여 군데나 난자당한 채 발견되었다.

이 분쟁에 전력을 쏟다 보니 장기로서도 시리아의 국정을 직접 관장하기가 어려웠을 것이다. 1135년 1월에 부리의 아들 이스마일이 보낸 다급한 전갈을 받지 않았더라면 그는 아바스 왕조의 부흥 시도가 완전히 제거될 때까지 이라크에 머물러 있었을지도 모른다. 그러나 다마스쿠스의 통치자인 이스마일은 가능하면 빨리 와서 자신의 도시를 접수해 달라는 요청을 했다. "혹시 그대가 늦는다면 프랑크인들에게 다마스쿠스와 그 모든 재산을 넘겨줄 수밖에 없소. 따라서 이 도시의 주민들이 다시 피를 흘리게 된다면 그 책임은 이마드 알 딘 장기에게 있는 것이오."

궁전 곳곳에 암살자들이 매복해 있어서 자신의 생명을 노린다는 강박관념에 사로잡혀 있던 이스마일은 수도를 떠나 장기의 휘하로 피신하기로 결심했다. 그는 도시 남쪽에 있는 사르카드 요새에 이미 재산과 의복들을 옮겨 놓았다.

부리의 아들은 재위 초기에는 장래가 유망한 통치자로 보였다. 열아홉 살에 부친의 자리를 이어받은 그는 바니야스 요새의 탈환에서 보듯 놀라운 적극성을 보였다. 그러나 그는 거만했던 데다 부친이나 조부인 투그티긴의 조언자들이 하는 얘기를 전혀 귀담아 듣지 않았던 것이 분명하다. 주변에서는 젊은이의 치기려니 하고 받아넘겨 주었지만 문제는 다마스쿠스 백성들한테 그가 인심을 얻지 못한다는 것이었다. 욕심이 끝이 없던 통치자가 걸핏하면 세금을 올리는 바람에 불만이 팽배해 있었다.

1134년, 사태는 비극으로 치달았다. 지난날 투그티긴을 섬겼던 아일바라는 늙은 노예가 젊은 주인을 암살하려고 했다. 겨우 죽음을 모면한 이스마일은 가해자를 몸소 심문하겠다고 우겼다. 노예는 주인에게 이렇게 대답했다. "내가 그러한 행동을 했던 것은 그대의 악정으로부터 백성들을 벗어나게 하여 신의 은혜를 얻기 위함이었소. 그대는 가난한 자들과 의지할 곳 없는 자들, 장인들, 농부들을 학대하였소. 그대는 백성들과 군인들을 함부로 다루었소." 아일바는 이스마일이 죽기를 바랐던 이들의 이름을 줄줄이 주워섬겼다. 광분한 부리의 아들은 아일바가 거명한 인물들을 모조리 체포하게 하였고 재판도 없이 처형해 버렸다. **그는 그 부당한 처형으로도 성이 차지 않았다.** 다마스쿠스의 연대기 저자의 말이다. **자신의 친형제인 사윈지에 대해 의심을 키워 오던 이스마일은 그에게 감옥에서 굶어 죽게 하는 가장 끔찍한 형벌을 가했다. 그가 저지르는 부정과 악행은 도무지 끝이 보이지 않았다.**

결국 이스마일은 지옥 같은 고통의 악순환에 빠진다. 형벌을 집행할 때마다 복수에 대한 공포는 더욱 커졌고, 그 공포는 또 다른 살인을 낳았다. 더는 그런 상태에서 지낼 수 없다고 생각한 그는 도시를 장기에게 넘기고 자신은 사르카드 요새로 피신하기로 결심했다. 그러나 수 년 전부터 다마스쿠스인들은 그 알레포의 통치자를 너나없이 미워하고 있었다. 1129년 말엽, 장기는 부리에게 자신의 편에 서서 대 프랑크 군 원정에 나서자는 제안을 한 적이 있었다. 다마스쿠스의 부리는 기꺼이 이 제의를 받아들여 정예 장교들이 지휘하는 5백 명의 기병들과 함께 아들인, 저 불운한 사윈지를 보냈다. 장기는 일단 그들을 정중히 맞이하였으나 곧 무기를 모조리 빼앗은 다음, 감옥에 가두어 버렸다. 그런 다음 자신에게 감히 대항하려 한다면 인질들을 모두 처단하겠다는 의사를 부리에게 전했다. 사윈지는 2년이 지나고서야 풀려났다.

이 배신의 상처가 다마스쿠스인들의 뇌리에 생생히 남아 있던 1135년, 이스마일의 계획을 알게 된 도시의 지도자들은 무슨 수를 써서라도 그를 막기로 결심했다. 에미르들과 귀족들, 비중 있는 노예들은 분주히 회합을 가지면서 자신들의 생명과 도시를 구할 방도를 모색하였다. 결국 모의자들은 상황을 이스마엘의 어머니, 즉 '에메랄드'라는 뜻의 주무루드 공주[3]의 손에 맡기기로 했다. 다마스쿠스의 연대기 작가는 이렇게 얘기한다.

> **공주는 경악을 금치 못했다. 공주는 아들을 불러 심하게 꾸짖었다. 그리고 그녀는 옳은 일을 하고자 하는 욕망과, 깊은 신앙심, 지성을 발휘하여 그 악의 뿌리를 근절시키고 다마스쿠스와 그 백성들을 위해 상황을 개선할 방도를 강구하였다. 그녀는 정의롭고 경험 많은 남자라면 그러했을 방식으로 명철하게 상황을 검토하고 그 문제를 다루었다. 마침내 공주는 아들의 악행을 고칠 방법은 바로 아들을 제거하여 그로 인하여 가중되는 혼란에 종지부를 찍는 일이라 생각했다.**

거사는 곧 행해졌다.

**공주는 오로지 이 계획에만 집중했다. 그녀는 자신의 심복들에게 아들이 시종이나 노예 없이 혼자가 되는 순간을 노렸다가 가차없이 그를 죽이라고 명했다. 그녀는 동정도, 슬픔도 드러내지 않았다. 공주는 아들의 시신을 사람들이 발견하도록 궁성의 어느 곳으로 옮기게 하였다. 이스마일이 사라지자 모두들 기뻐했다. 사람들은 신에게 감사했으며 공주를 찬양하고 공주를 위해 기도했다.**

그런데 과연 주무루드 공주는 다마스쿠스를 장기에게 넘겨주는 것을 막기 위해 아들을 죽인 것일까? 그 사건이 있고 3년 후에 공주가 다름 아닌 장기와 재혼을 했으며 그에게 도시를 점령하도록 사정했다는 사실을 본다면 그 설명을 의심하지 않을 수 없다. 그렇다고 부리가 다른 아내에게서 얻은 사윈지의 복수를 위해서 공주가 그런 행동을 했을 리도 없을 것이다. 그렇다면 다음과 같은 이븐 알 아시르의 설명에 더 무게를 실어 주어야 하지 않을까? 주무루드는 이스마일의 주요 조언자와 연인 사이였으며, 아들이 자신의 정부를 제거하려고 할 뿐만 아니라 어머니인 자신까지도 없애려 한다는 사실을 알고 그런 행동을 했을 것이라는 것이다.

그 진짜 동기야 무엇이든 간에 공주는 그렇게 하여 미래의 남편이 쉽게 도시를 차지할 수도 있었을 일을 그르쳐 버렸다. 그렇지만 1135년 1월 30일, 이스마일이 암살당한 날, 장기는 이미 다마스쿠스를 향해 진군하고 있었다. 1주일 후 그의 군대가 유프라테스 강을 건너고 있을 때 주무루드는 또 다른 아들인 마흐무드를 왕위에 앉혔다. 그리고 시민들은 열심히 항쟁 준비를 하였다. 이스마일의 죽음을 까맣게 모르는 채 아타베그 장기는 항복 조건을 타진해 보기 위해 다마스쿠스로 대표를 보냈다. 그들이 대표들을 정중히 맞이한 것은 분명했으나 최근의 사태 변화를 알려주지는 않았다. 분노한 장기는 되돌아가기를 거부했다. 그는 도시 북동부에 진지를 세우고 공격 개시 시점과 장소를 택하기 위해 정찰대를 파견했다. 그러나 그는 방어자들이 목숨이 다하는 날까지 싸우기로 결심한 것을 곧 알게 되었다. 그들의 지휘자는 투그티긴의 옛 전우였던 무인 알 딘 우나르였다. 그는 술책에 능하고 완고한 투르크족 출신의 무장이었다. 그와 장기는 후일 한 번 더 결정적으로 마주치게 된다. 몇 번의 소규모 접전을 벌인 끝에 아타베그는 휴전안을 제시했다. 자신의 체면을 보아 포위당한 도시의 지도자들이 볼모들을 보낼 것과 비록 명목상에 불과하더라도 그의 지위를 인정하라는 것이었다.

3월 중순 아타베그는 포위를 풀었다. 그는 소득 없는 소모전으로 사기가 꺾인 군대의 사기를 끌어올리기 위해 즉시 북쪽으로 기수를 돌려 전광석화 같은 기습 공격으로 프랑크 군의 요새 네 곳을 점령해 버렸다. 그 중에는 저 슬픈 기억을 간직한 마라도 있었다. 그러나 이 전공에도 불구하고 그의 체면은 한참은 깎여 있었다. 그가 다마스쿠스 앞에서 겪은 실패를 만회할 기습 작전을 펼치려면 그 후로 2년은 더 기다려야 할 것이었다. 그 자신의 의지와는 상관없이 결국은 장기에게 명예를 회복할 기회를 제공한 것은 역설적이게도 무인 알 딘 우나르였다.

# 7장 에미르의 눈에 비친 야만인들

1137년 6월, 단단히 포위 공격을 준비하고 홈스에 도착한 장기는 주위에 펼쳐진 포도밭에 진지를 세웠다. 시리아 중부의 대표적인 도시인 홈스를 두고 알레포와 다마스쿠스는 오래 전부터 다투어 왔다. 당시 홈스의 통치자는 연로한 우나르였던 까닭에 도시의 주도권은 다마스쿠스인들이 쥐고 있다고 할 수 있었다. 그런데 즐비하게 늘어선 적의 쇠뇌와 투석기들을 본 무인 알 딘 우나르는 자신들이 오래 버티지 못할 것이라는 것을 깨달았다. 그는 자기가 장기에게 항복할 것이라는 얘기가 프랑크인들의 귀에 들어가도록 꾸몄다. 그러자 이틀이면 닿을 거리에 장기가 터를 잡는 것을 원하지 않았던 트리폴리스의 프랑크 군 기사들은 그 길로 군대를 이끌고 달려왔다. 우나르의 계략이 맞아떨어진 것이다. 우나르와 프랑크 군대 양쪽으로부터 협공을 당할 일이 골치 아파진 아타베그는 늙은 적수에게 즉각 휴전을 선언한 다음, 프랑크 군에게 눈을 돌려 그 근방에서 가장 강력한 요새인 바린을 포위하기로 결심했다. 이에 초조해진 프랑크 기사들은 풀크 왕에게 원조를 청했고 왕은 즉시 달려왔다. 계곡을 따라 계단식 경작지를 일구어 놓은 바린의 성벽 아래서 장기와 프랑크 군 사이에 처음으로 격전이 벌어졌다. 그 아타베그가 9년이 넘도록 알레포를 통치했다는 것을 감안하면 그것이 프랑크인들과 맞붙은 최초의 전투였다는 것이 놀라운 따름이다.

싸움은 짧았으나 승부는 곧 결정되었다. 수적으로도 밀린 데다 기나긴 행군에 지칠 대로 지쳐 있던 프랑크 군대는 단 몇 시간만에 패하고 말았다. 왕과 그 부관들 몇 명만이 간신히 요새 안으로 대피할 수 있었다. 풀크에게는 자신을 구출해 달라는 전언을 예루살렘으로 보낼 시간적 여유가 있었으나 그러지 못했다. 그 사정을 이븐 알 아시르는 이렇게 적고 있다. **장기는 어떠한 소식도 새어 나가지 않게 모든 통로를 미리 차단하였다. 어찌나 철저하게 막았던지 포위자들은 자기 나라에서 무슨 일이 벌어지고 있는지도 몰랐다. 그처럼 단속이 철통같았던 것이다.**

사실 아랍인들에게라면 이러한 봉쇄는 소용없었을 것이다. 그들은 수 세기 전부터 도시들끼리 소식을 전하는 데 연락용 비둘기를 이용해 오고 있었기 때문이다. 군대가 출정할 때면 무슬림의 여러 도시들과 요새에 속해 있는 비둘기들을 꼭 동반하였다. 그들은 늘 제 둥지로 돌아오는 비둘기의 습성을 이용하여 길을 들였다. 비둘기의 다리에 편지를 감아서 날려보내기만 하면 되었다. 비둘기 전령들은 승리나 패배를 알리고 원조를 요청하거나 포위당한 수비대의 사기를 북돋는 데 그 어떤 전령보다도 빨랐다. 프랑크인들과의 항전에 아랍인들의 동원이 구체화되면서 다마스쿠스, 카이로, 알레포를 비롯한 여러 도시들은 연락용 비둘기를 정기적으로 띄우게 되었다. 이 비둘기들을 기르고 훈련시키는 사람들은 나라에서 봉급까지 받았다.

프랑크인들도 그 즈음 동방에서 비둘기 사육을 배우게 되었고 이것은 훗날 그들의 나라에서 크게 유행하게 된다. 그러나 바린에 포위되어 있을 당시에는 그들이 외부와 연락할 어떤 방도도 갖고 있지 않았다는 점을 장기는 이용했다. 포위를 점점 좁혀 가던 아타베그는 냉정한 협상 끝에 결국 자신에게 유리한 항복 조건을 제시하였다. 요새를 넘겨주고 5만 디나르를 바친다면 그들이 안전하게 떠나도록 허락하겠다는 것이었다. 풀크와 수하들은 항복을 하고 그처럼 가뿐하게 풀려날 수 있었던 것을 다행으로 여기며 전속력으로 도망쳤다. **바린을 떠난 지 얼마 되지 않아 그들은 자신들을 도우러 온 대부대를 만났다. 그들은 간발의 차이로 항복을 했다는 것에 아쉬워했다.** 이븐 알 아시르의 말이다. **그러나 그들은 제때에 도착할 수 없었을 것이다. 프랑크인들은 바깥 세계와 완전히 단절된 채 있었기 때문이다.**

한편 바린의 일을 유리하게 해결하여 몹시 흡족해 있던 장기는 경악할 만한 소식을 전해 듣는다. 1118년에 부왕인 알렉시오스를 계승한 비잔티움의 새 황제 요안네스 2세 콤네노스가 수만 명의 대군을 이끌고 북부 시리아로 진군해 오고 있다는 것이었다. 그는 풀크가 떠나자마자 당장 알레포로 달려갔다. 과거에 룸인들의 표적이 되었던 도시는 심하게 동요하고 있었다. 공격을 당할 것이라는 예상을 한 그들은 평화시에는 쓰레기나 버리던 성벽 근처의 참호들을 치우기 시작했다. 그러나 바실레이오스가 보낸 특사들은 곧 장기를 안심시켰다. 그들의 목표는 알레포가 아니라 룸인들이 한시도 복수를 포기한 적이 없던 프랑크인들의 도시 안티오케이아라는 것이었다. 실제로 아타베그는 곧 안티오케이아가 벌써 포위를 당한 채 석궁 세례를 받고 있다는 뿌듯한 사실을 알게 되었다. 그는 그리스도 교도들끼리 싸우라고 내버려둔 채 우나르가 계속 저항하고 있던 홈스를 포위 공격하러 출발했다.

그런데 룸인들과 프랑크인들은 예상보다 빨리 화해를 했다. 바실레이오스를 달래기 위해 서유럽인들이 안티오케이아를 넘겨주기로 약속한 것이다. 그러자 요안네스 콤네노스는 그 보답으로 시리아의 몇몇 무슬림 도시들을 넘겨주기로 했다. 1138년 3월에 벌어진 이 일은 후일 새로운 정복 전쟁의 발단이 된다. 바실레이오스의 참모는 두 명의 프랑크족 기사였는데 한 명은 에데사의 새로운 백작인 조슬랭 2세였고, 다른 한 명은 보에몽 2세와 알릭스의 딸인 불과 여덟 살짜리 콩스탕스와 결혼하여 안티오케이아 공국을 막 장악한 레몽이었다.

4월, 연합군은 18대의 투석기를 설치하고 샤이자르에 대한 포위공격을 개시했다. 프랑크인들이 침입하기 전부터 그 도시를 통치하고 있던 연로한 에미르 술탄 이븐 문키드가 룸인들과 프랑크인들의 협공을 막아낼 가능성은 전혀 없어 보였다. 이븐 알 아시르는 연합군이 샤이자르를 표적으로 삼은 것은 다음과 같은 이유에서였다고 말하고 있다. **그들은 장기가 제 소유가 아닌 도시를 혼신의 힘을 다해 지킬 리 없다고 보았기 때문이다.** 그러나 그것은 오판이었다. 그 투르크인은 몸소 저항군을 조직하여 지휘를 했다. 그리하여 샤이자르 전투는 그 어느 때보다 장기의 뛰어난 정치적 역량을 보여주는 기회가 되었다.

단 몇 주만에 장기는 동방 전체를 술렁이게 했다. 그는 아나톨리아로 특사를 보내 다니슈멘드의 후계자들이 비잔티움 영토를 공격하도록 설득하였을 뿐 아니라 바그다드로 선동가들을 보내 1111년에 이븐 알 카샤브가 일으켰던 것 같은 소요를 조직하여 술탄 마수드가 샤이자르로 군대를 급파하지 않을 수 없게 하였다. 또한 시리아와 자지라의 모든 에미르들에게 협박에 가까운 서신을 보내 새로운 침략에 맞서 힘을 모을 것을 명했다. 적의 군대보다 수가 적었던 아타베그의 군대는 전방에 나서지는 않으면서 작은 교란 작전을 펼쳤다. 아타베그는 바실레이오스와 프랑크 지휘관들한테 긴밀히 전갈을 보냈다. 그는 바실레이오스—일단은 그가 황제였으니까—에게 자신은 이 연합군이 두려우며 그들이 시리아 땅을 조속히 떠나기를 바란다는 뜻을 "넌지시 알렸다." 그러면서 에데사의 조슬랭과 안티오케이아의 레몽 같은 프랑크인들에게는 이런 전언을 보냈다. **일단 룸인들이 시리아 땅의 요새 한 군데를 점령한다면 머지않아 당신네 도시들을 전부 손에 넣을 것이라는 사실을 모른단 말인가?** 또한 페르시아와 이라크, 아나톨리아 등지에서 엄청난 무슬림 원군이 도착할 것이라는 소문을 퍼뜨려서 사기를 저하시키라는 임무를 띤 첩자들이 비잔티움과 프랑크의 일반 전사들 틈에 잠입했다.

프랑크인들에게서 이 선전술은 톡톡히 결실을 보았다. 바실레이오스가 금으로 만든 투구를 쓰고 홀로 투석기들을 지휘하고 있을 때 에데사와 안티오케이아의 대장들은 막사 안에 들어앉아 주사위 놀이에만 열중하고 있었다. 이집트의 파라오 시대에 시작되었다고 알려진 이 놀이는 12세기에 동방은 물론 서유럽에까지 퍼져 있었다. 아랍인들이 '아즈 자흐르'라고 부르는 이 놀이는 나중에는 프랑크인들에 의해 단지 놀이의 이름만이 아닌 운, 우연을 지칭하는 '아자르(hasasrd)'라는 단어로 정착하게 된다.

동맹군의 한심한 투지에 실망한 데다 강력한 무슬림 원군이 도착하리라는 집요한 소문—사실 바그다드는 원군을 보낼 생각도 않고 있었지만—에 움츠러든 요안네스 콤네노스는 한술 더 떠 주사위 놀이에나 열중하고 있는 프랑크 대장들의 태도에 화가 났다. 그는 결국 1138년 5월 21일, 샤이자르에 대한 포위를 풀고 안티오케이아를 향해 다시 출발했다. 그는 도시로 입성하면서 자신은 말을 타고 레몽과 조슬랭은 걸어서 자신을 따르게 함으로써 그들을 시종처럼 취급했다.

장기에게는 크나큰 승리였다. 룸인들과 프랑크인들이 손을 잡았다는 사실만으로도 두려움에 벌벌 떨었던 아랍 세계에서 아타베그 장기는 바야흐로 구원자로 보였다. 그는 염두에 두고 있던 몇 가지 문제를 자신의 권세를 이용하여 즉시 해결한 다음, 자연스레 홈스로 눈을 돌렸다. 5월 말, 샤이자르 전투가 끝나자마자 장기는 다마스쿠스와 기이한 협정을 맺는다. 주무루드 공주와 혼례를 올리고 지참금으로 홈스를 받은 것이다. 아들을 죽인 어미는 3개월 후 새 남편과 성대한 식을 올리기 위해 긴 행렬을 이끌고 홈스의 성벽 아래에 도착했다. 예식은 술탄이 보낸 대표를 비롯하여 바그다드와 카이로의 칼리프, 심지어 지난번의 실패에서 배운 바가 있었던 듯 장기와 친밀한 관계를 유지하고자 룸의 황제가 보낸 특사들까지 참석한 가운데 성대히 치러졌다.

모술과 알레포의 통치자이자 중부 시리아 전체를 관장하게 된 아타베그는 새로 얻은 아내의 힘을 배경으로 다마스쿠스를 손에 넣겠다는 목적을 분명히 했다. 그는 새 아내가 피를 보지 않고 그 도시를 자신에게 넘겨주도록 아들인 마흐무드를 설득할 것이라 기대했다. 그런데 공주는 이런저런 핑계를 대며 머뭇거렸다. 공주를 믿을 수 없다고 판단한 장기는 그녀에 대한 기대를 접기로 했다. 그런데 1139년 7월, 그 즈음 하란에 머물고 있던 장기는 주무루드 공주로부터 다급한 전갈을 받았다. 마흐무드가 잠자리에서 노예 세 명에게 암살당했다는 것이었다. 공주는 남편에게 속히 와서 다마스쿠스를 접수하여 아들의 살인자들을 처벌해 주기를 간청했다. 아타베그는 지체 않고 출발했다. 아내의 눈물 어린 하소연은 사실 그의 관심 밖이었다. 다만 그는 마흐무드의 죽음을 시리아의 통일이라는 자기 목표의 실현에 이용할 수 있으리라고 생각했을 뿐이었다.

그러나 그것은 홈스를 포기한 뒤 다마스쿠스로 돌아왔다가 마흐무드가 죽자 도시의 내정을 직접 관장하기 시작한 저 불사신 우나르를 계산에 넣지 않은 생각이었다. 장기가 공격을 개시할 순간을 기다리면서 우나르는 그와 맞설 수 있는 비밀 계획을 꾸몄다. 그러나 당장은 그 계획을 실행하는 것을 미루고 방어 작전을 짜는 데 주력하기로 했다.

장기도 그 탐나는 도시로 곧장 진격하지 않았다. 일단 그는 다마스쿠스인들이 차지하고 있던 유일한 요충지인 바알베크라는 고대 로마의 도시를 공격하기로 했다. 그렇게 함으로써 이 시리아의 도시 국가를 포위하는 동시에 방어군의 사기를 떨어뜨리겠다는 속셈이었다. 8월, 장기는 바알베크 부근에 14대의 투석기를 설치했다. 단 며칠이면 도시를 손에 넣고 여름이 끝나기 전에 다마스쿠스를 공격할 수 있으리라는 희망으로 쉴새없이 공격을 퍼부었다. 바알베크는 큰 저항 없이 항복을 했다. 그런데 페니키아의 바알 신을 모셨던 고대 석조 신전의 돌로 만든 성채가 두 달간이나 버티리라고 누가 생각했겠는가. 장기는 얼마나 화가 났던지 너그럽게 용서하겠다는 확답을 주고 항복을 받아낸 10월 말, 37명의 수비대 전사들을 십자가에 못 박고, 그들의 지휘관은 산 채로 껍질을 벗기라는 명령을 내렸다. 이 야만적인 처사는 다마스쿠스인들을 겨냥하여 어떠한 저항도 자살 행위라는 것을 보여주려고 저지른 것이었지만 기대와는 전혀 다른 결과를 낳게 된다. 우나르를 중심으로 단단히 뭉친 다마스쿠스의 시민들은 어느 때보다도 힘찬 방어 의지를 불태웠다. 게다가 겨울이 다가오고 있었으니 장기로서도 봄이 되기 전까지는 공격을 검토할 수가 없었다. 우나르는 이 몇 달의 유예 기간을 이용해 비밀 작전을 구체적으로 다듬기로 했다.

아타베그가 포위를 좁히며 총공세를 준비하고 있던 1140년 4월, 우나르가 계획의 개시일로 택한 시기가 착착 다가오고 있었다. 그는 풀크 왕이 지휘하고 있는 프랑크 군대에게 다마스쿠스를 구하기 위해 전속력으로 달려와 줄 것을 요청했다. 그가 염두에 두고 있었던 것은 단순한 국지전이 아니었다. 장기가 죽고 나서도 계속 이어질 예루살렘과의 정식 우호 조약을 체결하자는 것이었다.

1138년경부터 우나르는 친구인 연대기 저자 우사마 이븐 문키드[1]를 예루살렘으로 보내 알레포의 통치자에게 맞설 수 있는 프랑크와 다마스쿠스의 협력 가능성을 타진해 오고 있던 터였다. 우사마는 원칙적인 합의를 얻어냈다. 1140년 보강된 사절단이 더욱 구체적인 제안을 가지고 그 성지로 출발했다. 새로운 위험이 발생할 시 두 나라가 하나로 합친다. 무인 알 딘이 군사 작전에 소용될 비용 2만 디나르를 부담한다. 공동 원정대는 우나르의 지휘 아래 장기 휘하의 제후가 지키고 있는 바니야스 요새를 쳐서 예루살렘의 왕에게 양도한다는 내용이었다. 다마스쿠스인들은 그 제안에 믿음을 실어주는 뜻에서 도시의 명문가에서 뽑은 볼모들을 프랑크인들에게 보내기로 했다.

그것은 프랑크인들의 보호 아래서 살겠다는 뜻이나 다를 바 없었지만 다마스쿠스 시민들을 그 안을 받아들였다. 알레포 아타베그의 거친 처사에 겁을 집어먹은 시민들은 우나르가 추진한 협상안을 두말 않고 지지하였다. 어쨌든 우나르의 정책은 부인하기 어려운 효과를 거두었다. 사면초가에 빠질지도 모른다는 걱정을 한 장기는 바알베크로 후퇴했다. 그는 이곳을 믿을 만한 인물, 아이유브에게 영지로 하사한 뒤 곧 복수하러 오겠다고 약속한 뒤 북쪽으로 출발했다. 한편 아타베그가 철수하자 우나르는 바니야스를 탈환한 뒤 동맹 조약에 따라 그곳을 프랑크인들에게 넘겨주었다. 그러고 나서 그는 예루살렘 왕국을 공식 방문했다.

프랑크인들에 관해서라면 일종의 전문가가 된 연대기 저자 우사마 이븐 문키드가 그 방문길에 동행했다. 이 연대기 저자의 관심이 단순히 외교적인 임무에만 머무르지 않았다는 것이 후세 사람들에게는 다행이 아닐 수 없다. 유달리 호기심 많고 예리한 관찰가였던 그는 프랑크인들의 일상과 풍습에 대해 인상적인 기록을 남겼다.

**예루살렘을 방문할 때마다 나는 알 아크사 사원을 찾았다. 그곳은 나의 벗들인 성전 기사단이 머무르는 곳이기도 했다. 사원 한 귀퉁이에 작은 예배당이 있었는데 그곳에 프랑크인들이 예배소를 만들**

**어 놓았다. 성전 기사단은 내가 기도를 드리러 이 사원에 마음대로 드나들도록 해 주었다. 어느 날 그곳을 찾은 나는 "알라후 아크바르"라고 말한 다음 기도를 드리기 시작했다. 그 때 한 남자가 나를 덮치더니 나를 붙잡고 내 고개를 억지로 동쪽으로 돌리는 것이었다. 그는 이렇게 말했다. "기도를 드릴 때는 이렇게 해야 하는 거야!" 즉시 성전 기사단이 뛰어와서 그를 떼어놓았다. 나는 하던 기도를 계속했다. 그런데 방심한 틈을 타서 그 사내가 다시 나한테 달려들었다. 그는 내 고개를 동쪽으로 돌리면서 다시 이 말을 반복하는 것이었다. "기도는 이렇게 해야 한단 말이다!" 이번에도 성전 기사단이 그를 떼어놓은 뒤 나에게 양해를 구했다. "저자는 뭘 모르오. 방금 프랑크의 나라에서 온지라 동쪽으로 고개를 돌리지 않고 기도를 올리는 사람을 본 적이 없었을 것이오." 나는 기도를 다 올렸다고 말하고 그 자리를 떴다. 나는 메카를 향해 기도를 올렸다며 그처럼 길길이 날뛰는 포악한 모습에 질겁하면서 사원을 나섰다.**

그런데 에미르 우사마가 주저 않고 성전 기사단을 "내 벗들"이라고 부른 것을 보면 동방을 접한 뒤 그들의 행동거지가 많이 세련되어졌다는 뜻일 것이다. 그는 이런 얘기를 한 적이 있다. **프랑크인들 중에는 우리들 틈에 잘 정착하여 무슬림 사회와 잘 교제하는 이들이 있음을 본다. 그들은 자신들이 점령한 땅으로 갓 진입한 이들보다 훨씬 나은 사람들이다.** 우사마 이븐 문키드에게 알 아크사 사원의 사건은 **교양 없는 프랑크인들의 전형적인 행태**였다. 그는 이 외에도 예루살렘을 여러 차례 방문하는 과정에서 수집한 다른 사례들도 기록하고 있다.

**한번은 티베리아스에서 프랑크인들의 축제를 구경한 적이 있다. 기**

사들은 마상 경기에 참가하기 위해 도시를 나섰다. 그들은 남루한 차림의 늙은 여인네 둘을 데리고 와서는 경기장 한쪽 끝에 세웠다. 맞은편 끝에는 돼지고기를 걸어둔 바위가 있었다. 기사들은 그 두 노파에게 달리기 경주를 시켰다. 노파들은 자기 편 기사들이 상대방이 전진하지 못하도록 길을 막는 동안 조금씩 앞으로 나갔다. 그러는 동안 그네들이 넘어졌다가 다시 일어서는 모습을 보면서 구경꾼들은 박장대소를 했다. 마침내 먼저 목적지에 도착한 노파 한 명이 자랑스럽게 그 돼지고기를 낚아챘다.

우사마처럼 교양 있고 세련된 관리는 이러한 모습에 눈살을 찌푸렸다. 이런 시큰둥한 표현은 프랑크인들의 법 집행 과정을 보면서 아예 심한 거부감으로 변한다.

나블루스에서 나는 희한한 광경을 목격하게 되었다. 두 사내가 한 문제를 두고 다투었다. 이유는 이러했다. 무슬림 폭도들이 인근 마을을 습격했는데 농부 한 명이 그들의 안내인 노릇을 했다는 혐의를 받았다. 그는 즉시 도주했다가 풀크 왕이 그의 가족들을 감옥에 가두었다는 소식을 듣고는 돌아왔다. "나를 공정하게 처리해 주십시오. 나를 고발한 자와 겨루도록 허락해 주십시오." 농부는 왕에게 이렇게 청했다. 그러자 왕은 그 마을을 봉토로 하사받은 영주에게 말했다. "싸울 사람을 데려오너라." 영주는 마을에서 일을 하던 대장장이를 지목하고 그에게 말했다. "결투에는 네가 참가하거라." 영주는 마을의 농부 중 한 명이 결투에 참가하여 죽는 것을 원치 않았다. 그랬다가는 농사에 지장을 줄 수 있기 때문이다. 내가 보니 그 대장장이는 건장한 젊은이였다. 그런데 앉거나 움직일 때마다 늘 마실 것을 달라고 했다. 한편 죄인으로 고발당한 자는 용기가 있는 늙은이였는데 손가락을 딱딱 마주치면서 맞설 의사를 표시하였다. 나블루스의 영주인 자작이 앞으로 나서 각자에게 창과 방패를 하나씩 준 다음 그들 주위로 구경꾼들을 둘러서게 하였다.

싸움이 시작되었다. 노인이 대장장이를 밀었다. 그는 군중 쪽으로 물러났다가 다시 결투장 한복판으로 돌아왔다. 수 차례의 가격이 오갔는데 어찌나 격렬했던지 결투자들의 피만이 일직선으로 오가는 것 같았다. 속히 매듭을 짓기를 바라는 자작의 부추김에도 불구하고 싸움은 끝날 줄을 몰랐다. "어서, 빨리!" 자작이 그들에게 외쳤다. 마침내 노인이 기운이 다 빠지자 대장장이는 망치를 다루던 경험을 살려 그에게 일격을 가해서 그를 넘어뜨렸다. 노인의 손에서 창이 떨어졌다. 대장장이는 노인에게 달려들어 그의 눈에 손가락을 찔러 넣으려고 했으나 피범벅이 된 상태라 조준하기가 쉽지 않았다. 그래서 대장장이는 일어서서 결정적으로 창을 꽂았다. 사람들은 즉시 시신의 목에 밧줄을 걸고 그를 교수대까지 끌고 갔다. 보시라, 이것을 프랑크인들은 재판이라고 한다!

에미르의 분노가 당연할 수밖에 없었던 것은 12세기의 아랍인들에게 재판이란 대단히 진지한 사안이었기 때문이다. 무슬림의 법관이라 할 수 있는 카디들은 두터운 신망을 받는 인물들이었으며 그들은 판결을 내리기 전에 꾸란에서 정한 논고, 변론, 증언이라는 정확한 절차를 따라야 했다. 서양인들이 흔히 의지하는 '신명(神明) 재판'도 아랍인들에게는 한 편의 무시무시한 잔혹극처럼 보였다. 그 연대기 저자가 묘사한 그 결투는 신명 재판의 한 모습일 뿐이었다. 그 신명 재판에는 화형과 더불어 그가 경악을 금치 못하며 묘사한 물고문도 있었다.

그들은 물을 가득 채운 커다란 통을 준비하였다. 그리고 혐의를 받은 청년의 온몸을 결박한 채 배꼽 근처에 밧줄을 매달아 통 안으로 떨어뜨렸다. 그들이 말하기를 그가 결백하다면 물통 바닥으로 가라앉을 것이니 그 때 밧줄을 당겨 끌어올릴 것이라고 했다. 만약 그가 죄가 있다면 물 속으로 빠질 수가 없을 것이라 했다. 그 불행한 사내는 물 속으로 던져지자마자 사력을 다해 바닥으로 가라앉으려 했다. 그러나 그는 성공하지 못했고 가혹한 법 집행을 받아야 했다. 신이여, 그들을 벌주소서! 이윽고 그들은 벌겋게 달군 꼬챙이로 그의 눈을 찔러 그를 소경으로 만들어 버렸다.

"몽매한 자들"에 대한 시리아인 에미르의 의견은 그들의 지식을 예로 들 때에도 바뀌지 않았다. 12세기에 프랑크인들은 과학이나 모든 기술 영역에서 아랍인들보다 한참은 뒤져 있었다. 특히 앞서갔던 동방과 원시적인 서양과의 격차가 가장 심했던 것은 의학 분야였다. 우사마는 그 차이점을 이렇게 관찰했다.

어느 날, 레바논 산악 지대에 있는 무나이트라의 프랑크인 통치자가 나의 숙부이신 샤이자르의 에미르 술탄에게 위중한 환자 몇몇을 돌봐 줄 의사를 보내 달라는 편지를 보냈다. 숙부께서는 그리스도교 신자 중에서 타비트라고 하는 의사 한 명을 뽑아 보냈다. 그런데 그는 며칠만에 돌아왔다. 우리는 그가 무슨 수로 그리 빨리 환자들을 치료했는지 궁금하여 앞다투어 그에게 물었다. 타비트의 대답은 이러했다. "그들은 다리가 곪아 들어간 기사 한 명과 결핵을 앓아 쇠약해진 한 여인을 나에게 데리고 왔습니다. 나는 그 기사에게 고약을 붙였습니다. 종기가 벌어지면서 차츰 낫도록 하기 위해서였지요. 여인에게는 열을 내리게 하는 식사 요법을 처방했습니다. 그런데 프랑크인 의사가 와서 말했습니다. "이 자는 환자들을 고치는 법을 모르오!" 그리고는 기사를 향해 이렇게 물었습니다. "어느 쪽을 택하겠소? 한쪽 다리만으로 살아 남는 길을 택하겠소, 아니면 양쪽 다리를 다 가진 채 죽겠소?" 환자는 한쪽 다리로나마 살고 싶다고 대답했습니다. 그러자 의사가 명했습니다. "그렇다면 건장한 기사 한 명에게 잘 갈아둔 도끼를 가져 오라 이르시오." 곧 도끼를 들고 기사가 왔습니다. 프랑크인 의사는 나무 작업대 위에 다리를 올려놓게 한 뒤 새로 온 기사에게 말했습니다. "깨끗하게 잘리게 잘 내려치시오!" 내 눈앞에서 그 자가 다리를 내리쳤습니다. 그런데 다리가 완전히 절단되지 않자 다시 내리치는 것이었습니다. 다리의 골수가 사방으로 튀었고 결국 환자는 즉사하고 말았습니다. 이번에는 폐병에 걸린 여인을 진찰한 프랑크인 의사가 이렇게 말했습니다. "이 여인의 머릿속에 악마가 들어앉아서 이 여인과 사랑에 빠졌소. 우선 머리카락을 자르시오!" 사람들이 여인의 머리카락을 잘랐습니다. 그리고 여인은 악마를 퇴치한다는 마늘과 겨자를 먹기 시작했는데 결국 증세를 더 악화시키는 결과만 낳았습니다. "악마가 머릿속에서 나오지 않아서요." 그들의 의사가 큰소리쳤습니다. 그는 면도칼을 집어들고 여인의 머리 위에 십자가를 그은 다음, 두개골이 드러나게 하더니 그 위를 소금으로 마구 문지르는 것이었습니다. 결국 여인도 그 자리에서 죽고 말았습니다. 그래서 제가 물었습니다. "이제 더 이상 내가 필요없겠지요?" 그들이 그렇다고 대답했습니다. 그래서 저는 프랑크인 의사들에 대해 몰랐던 여러 가지를 알게 된 뒤 돌아온 것입니다.

서양인들의 무지를 비판한 우사마는 그들의 풍속에 이르러서는 비난의 수위를 한층 높이고 있다. "프랑크인들은 명예에 대한 관념이라고는 도무지 갖고 있지 않은 사람들이다! 일례로 아내와 함께 거리로 나선 한 남자가 도중에 다른 남자를 만났다고 하자. 이 다른 남자는 여인의 손을 잡고 한쪽으로 데려가 말을 건다. 그러면 남편은 아내의 대화가 끝날 때까지 멀찌감치 서서 기다린다. 대화가 너무 길어지면 남편은 아내를 외간 남자와 놓아두고 가 버린다!" 에미르 우사마로서는 도무지 이해할 수 없는 일이었을 것이다. "참으로 모순이 아닐 수 없다. 그처럼 용감한 사람들이 질투라든가 명예에 대한 개념은 갖고 있지 않으니 말이다! 그러나 용기는 명예심과 옳지 못한 것에 대한 경멸에서 나오는 법이다!"

우사마는 서유럽인들에 대해 알면 알수록 그들의 빈약한 사상에 실망하였다. 그가 감탄한 것은 단지 그들의 전투력이었다. 그의 이런 생각이 담긴 일화 한 토막이 있다. 어느 날 그가 사귄 프랑크인 "벗들" 중 한 명으로 풀크 왕의 군대에서 복무하고 있던 한 기사가 자신의 아들이 유럽으로기사의 규율을 배우러 가는데 동행해 줄 수 있냐고 물었다. 그 때 에미르는 그 청을 정중히 거절했다. 친구의 아들이 "프랑크인들의 나라로 가느니 차라리 감옥에 가는 편이" 더 나을 것이라고 은근히 생각했기 때문이었다. 이방인들과의 우정에는 한계가 있었다. 우사마에게 뜻하지 않게 서유럽인들을 더 잘 알 수 있는 기회를 제공했던 다마스쿠스와 예루살렘 사이의 저 유명한 동맹이 지나가는 막간극에 불과한 것이 되기 때문이다. 머지않아 특별한 사건 하나가 점령자에 대한 전쟁을 촉발시키게 된다. 1144년 9월 23일 토요일, 동방에서 프랑크인들이 세운 가장 오래된 네 나라 중 한 곳의 수도인 에데사가 이마드 알 딘 장기의 수중에 떨어지게 된 것이다.

1099년 7월, 예루살렘 함락이 프랑크인들의 침공의 정점이었다면 1124년 7월의 티레 함락은 점령 국면의 완성이었으며, 무슬림의 에데사 재탈환[2]은 역사적으로 침략자들에 대한 아랍 세계의 반격의 견인차이자 승리로 가는 긴 여정의 출발점이었다.

프랑크인들의 기반이 그처럼 급격하게 흔들리리라고는 누구도 예상하지 못하였다. 사실 에데사는 프랑크인들 진출의 전초 기지였을 뿐 아니라 그곳의 백작들은 그 지역 정세에 완전히 동화하는 데 성공했다고 볼 수 있었다. 주민들 대다수가 아르메니아인이었던 이 도시를 마지막으로 통치한 서유럽의 통치자는 조슬랭 2세였다. 덥수룩한 수염에 커다란 코, 눈두덩이 툭 튀어나온 볼품없는 외모를 가진 그는 용기라든가 지혜를 발휘하는 지도자상과는 거리가 먼 사람이었다. 그러나 신하들은 그를 싫어하지 않았다. 그의 모친이 아르메니아 사람이었거니와 특별히 비난받을 만한 통치를 하지 않았기 때문이다. 그는 관례에 따라 노획물을 주변과 나누었고 으레 휴전을 맺곤 했다.

그런데 1144년의 그 가을, 상황이 급변했다. 능숙한 군사 행동으로 장기는 동방의 이 지역에서 반세기에 걸친 프랑크인들의 지배를 종식시켰다. 페르시아로부터 저 머나먼 '알만'의 나라들까지, 상류층과 하층민을 막론하고 모두를 뒤흔들어 놓을 승리를 쟁취한 것이다. 이 승리는 더욱 강력한 프랑크 왕들이 지휘하는 새로운 침략을 있게 할 전주곡 구실을 했다.

에데사의 정복을 두고 나돌았던 가장 놀라운 이야기는 그 사건에 직접 말려들어 생생히 목격할 수 있었던 시리아 출신 주교 아불 파라지 바실의 증언일 것이다. 전투가 벌어지는 동안에 보여준 그의 태도는 그가 속했던 동방의 그리스도교 공동체의 비극적 상황을 보여주는 것이기도 했다. 도시가 공격당하자 아불 파라지는 적극적으로 방어에 가담했다. 그런데 줄곧 하찮게 평가하고 있었던 서양인 "보호자들"보다는 무슬림 군대에게 마음이 쏠리는 것이었다.

**조슬랭 백작은 유프라테스 강 유역을 약탈하러 떠났다. 그 때 장기가 나타났다. 11월 30일, 그가 에데사의 성벽 아래에 도달했다. 그의 군사들은 하늘에 떠 있는 별들만큼이나 수가 많았다. 도시 주위가 전부 그들로 메워질 지경이었다. 여기저기 막사가 세워졌다. 아타베그는 도시의 북쪽, 고해자들의 성당이 내려다보이는 언덕 위, 시간의 문 앞에 막사를 세웠다.**

계곡 도시 에데사는 세모꼴의 주성곽이 서로 인접한 언덕 안에 단단히 자리잡고 있는 터라 공략하기가 쉽지 않은 도시였다. 아불 파라지의 설명에 따르면 **조슬랭은 군대를 전혀 남겨두지 않았다. 도시에는 구두 수선공들과 직조공들, 비단 상인들, 재봉사들, 사제들밖에 없었다.** 따라서 도시를 기록자 자신이기도 한 고위 성직자의 힘으로 방어해야 하는 형편이었다. 그런데 그는 아타베그와의 타협에 마음이 더 끌렸다.

**장기는 포위당한 이들에게 평화를 제의하는 이런 연설을 계속했다. "오, 불행한 이들이여! 그대들은 모든 희망을 잃었음을 알고 있다. 대체 뭘 원하는가? 뭘 기다리는가? 그대들 자신과, 아들들과 아내들과 집들이 딱하지도 않은가! 그대들의 도시가 주민들한테 버림받은 황폐한 곳이 되지 않도록 하라!" 그러나 도시에는 그런 의지를 담보할 만한 지도자가 없었다. 사람들은 허풍이나 중상 모략 같은 어리석은 대답이나 할 뿐이었다.**

마침내 공병들이 성벽 아래로 굴을 파내려 가는 것을 본 아불 파라지는 휴전을 바라는 편지를 장기에게 보내자고 제의했다. 그 제의에 프랑크인 주교가 동의했다. "우리는 편지를 써서 주민들 앞에서 읽었다. 그 때 정신 나간 한 비단 상인이 손을 뻗어 편지를 가로채더니 찢어 버렸다." 그러나 장기는 반복하여 자신의 입장을 밝혔다. "며칠간의 휴전을 원한다면 허락하고 그 동안 그대들이 원군을 얻을 수 있을지 두고 보겠다. 만약 원군이 도착하지 않는다면 당장 항복을 하고 살아 남는 쪽을 택하라!"

그러나 어떤 지원군도 모습을 나타내지 않았다. 조슬랭은 수도가 공격받고 있다는 소식을 일찌감치 들었으나 아타베그의 위력에 맞설 엄두를 내지 못하였다. 그는 차라리 텔 바시르에 머물면서 안티오케이아나 예루살렘에서 자신을 도우러 올 손길을 기다리기로 했다.

**이제 투르크인들은 북벽의 토대를 헐어낸 뒤 그 자리에 나무와 들보, 받침대들을 잔뜩 세웠다. 그들은 그 틈에다 원유와 비계, 유황을 채워 넣었다. 불을 붙여서 성벽을 쉽게 무너뜨릴 심산이었다. 장기의 명령이 떨어지자 군사들은 불을 붙였다. 그의 진지에서는 전투를 준비하는 군사들의 함성이 요란했다. 성벽이 무너지자마자 그 틈으로 군사들이 진입하도록 부추기면서 사흘간 도시를 약탈하도록 내버려두겠다는 약속도 들렸다. 원유와 유황으로 지펴진 불길이 나무와 걸쭉한 비계를 태웠다. 북쪽에서 불어오는 바람에 연기가 방어자들 쪽으로 날아왔다. 단단하게 축성된 벽이었으나 성벽이 흔들리더니 곧 무너지고 말았다. 투르크인들은 그 틈으로 난입하여 닥치는 대로 사람들을 학살하기 시작했다. 그 날, 족히 6천 명의 주민이 목숨을 잃었다. 여자들과 아이들과 청년들은 학살을 피하려고**

높은 곳에 있는 성채로 몰려갔다. 그러나 그 문은 닫혀 있었다. 프랑크인 주교가 경비에게 이런 말을 했던 것이 문제였다. "만약 내 얼굴을 보지 못하거든 문을 열어 주어서는 안 된다!" 사람들은 서로 먼저 성문 위로 오르려고 야단이었다. 끔찍하고 무시무시한 장면이 아닐 수 없었다. 줄잡아 5천 명이나 되는 사람들이 뒤엉켜 넘어지고 밟히거나 밀려서 처참하게 죽어갔다.

한편 장기는 살육을 멈추게 할 생각으로 아불 파라지에게 자신의 참모를 보내 일에 개입하게 했다. "존경하는 아불 파라지여, 십자가와 성경을 걸고 그대와 그대의 공동체가 충성을 지키겠노라고 맹세하길 바라오. 이 도시는 2백 년 동안이나 아랍인들이 통치하였으며 도시 국가로 번영을 누렸다는 것을 잘 알 것이오. 프랑크인들이 점령한 지 50년이 된 오늘날, 벌써 폐허가 되어가고 있소. 우리의 통치자이신 이마드 알 딘 장기께서는 그대들의 안전을 이미 염두에 두고 계시오. 평화롭게 사시오. 그의 권위 아래서 안전하게 지내며 그의 안위를 위해 기도하시오."

아불 파라지의 기록이 이어진다.

사실 그들은 시리아인들과 아르메니아인들을 성채에서 내보냈으며 그들은 큰 탈 없이 제 집으로 돌아갔다. 그러나 프랑크인들에게는 그들이 가지고 있는 돈과 성기(聖器), 술잔, 파테나(聖盤), 장식을 넣은 십자가와 보석을 모조리 탈취했다. 한편 사제들과 귀족들과 유력 인사들은 따로 모아 옷을 빼앗고 포박하여 알레포로 유형 보냈다. 나머지 사람들 중 기술을 가진 장인들은 장기가 포로로 삼아서 제 능력에 맞는 일을 시켰다. 그리고 백여 명에 달하는 프랑크인들은 처형을 시켰다.

에데사를 탈환했다는 소식은 아랍 세계를 흥분의 도가니로 몰아넣었다. 사람들은 장기에게 가장 야심 찬 계획들을 맡겼다. 팔레스타인과 아타베그 주위의 여러 해안 도시들로부터 온 난민들은 프랑크인들에 대한 항거의 상징이 될 예루살렘 정복을 벌써부터 거론하기 시작했다.

칼리프는 시대의 영웅에게 명예로운 칭호를 하사했다. 알 말리크 알 만수르('승리의 왕'), 자이나트 알 이슬람('이슬람의 자랑'), 나시르 아미르 알 무민('신도들의 왕자가 지지하는 자') 등이었다. 당대의 지도자들과 마찬가지로 장기도 자신의 권력을 상징하는 이 칭호들을 자랑스럽게 나열하였다. 그런 점에서 이븐 알 칼라니시는 은근한 조롱조가 섞인 자신의 연대기에서 단지 "그 술탄"이라든지 "에미르", 또는 "아타베그"처럼 그들의 온전한 호칭을 첨부하지 않는 것에 대해 읽는 이들의 양해를 구하고 있다. 그의 설명에 따르면 이유는 다음과 같다. 10세기부터 이러한 명예로운 별칭이 남발되었는데 그것들을 온전히 기록했다가는 자신의 글을 읽어 내려가기가 힘들 것이라는 얘기였다. 이어 '신도들의 왕자'라는 단순함 속에 깃든 당당함에 만족하였던 초기 칼리프 시대를 은근히 아쉬워하는 듯 이 다마스쿠스의 역사가는 자신의 관점을 드러내는 몇 안 되는 사례를 인용하면서 장기도 그 안에 포함시키고 있다. 예컨대 이븐 알 칼라니시는 아타베그를 언급할 때마다 자신이 그 칭호를 고스란히 옮길 수밖에 없었다는 점을 상기시키곤 했다.

**에미르이자 장군, 위대하고 공정한 신의 조력자, 승리자, 특별한 자, 종교의 지주, 이슬람의 초석, 이슬람의 자랑, 피조물의 보호자, 왕조의 동반자, 교리의 구원자, 민족의 위대한 인물, 왕들의 명예, 술탄의 조력자, 불경스러운 폭도들과 무신론자들을 정복하는 자, 무슬림 군대의 대장, 승리의 왕, 왕자들의 왕, 미덕의 태양, 이라크**

**와 시리아 두 곳의 에미르, 이란의 정복자, 발라완 지한 알프 이나 사지 코트로그 토그룰베그 아타베그 아부 사이드 장기 이븐 아크 순쿠르, 신도들의 왕자의 지주.**

비록 다마스쿠스의 연대기 저자가 불손에 가깝도록 은근히 희화화하고는 있지만 이 명칭들은 사실 아랍 세계에서 차지하고 있는 장기의 막강한 위치를 반영해 주는 것이었다. 프랑크인들은 그의 이름만 들어도 벌벌 떨었다. 그들의 혼란은 에데사가 함락되기 직전에 예루살렘의 풀크 왕이 어린 자식 둘만 남겨두고 죽자 한층 심해졌다. 섭정을 행사한 그의 아내는 자신의 백성들한테 닥친 재난의 소식을 알리려고 프랑크인들의 나라들에 특사를 급파했다. **그들은 이슬람 땅을 치러 가자며 자기네 영토 곳곳에 지원을 호소했다**고 이븐 알 칼라니시는 쓰고 있다.

서유럽인들의 두려움을 확인시켜 주려는 듯 승리를 거두고 시리아 땅으로 돌아온 장기는 프랑크인들의 수중에 있는 주요 도시들을 겨냥하여 총공세를 준비하겠노라고 큰소리쳤다. 애초에는 시리아의 도시들도 이 계획에 환영을 표했다. 그러다가 다마스쿠스인들은 점점 불안해지기 시작했다. 과연 아타베그의 진짜 의도는 무엇일까? 1139년처럼 수많은 포위 공격용 무기를 만들어 내기 위해 바알베크에 자리를 잡고 있는 그가 지하드를 핑계로 정작 다마스쿠스인들을 치려는 계산을 하고 있는 것은 아닐까?

그러나 그의 본심은 알 수가 없었다. 왜냐하면 1149년 1월에 춘계 원정 준비가 끝나가고 있는 듯한 상황에서 장기는 다시 북쪽으로 출발해야 했기 때문이다. 그는 첩자로부터 에데사의 조슬랭이 그 도시에 남아 있던 아르메니아 동료들과 손을 잡고 투르크 수비대를 학살하려는 모의가 있었다는 소식을 들었다. 곧장 정복한 도시로 돌아온 아타베그는 다시 사태를 장악하고 옛 백작의 측근들을 처형한 다음, 반(反)프랑크 세력을 강화시키기 위해 자신을 한결같이 지지하는 유대인 3백 가구를 눌러앉게 하였다.

이 위기를 겪고 난 뒤 장기는 적어도 당분간은 영토를 확장하는 것보다 세력을 공고히 다지는 것에 힘을 쏟기로 하였다. 그 때 알레포에서 모술로 이어지는 주요 길목인 유프라테스 강 유역의 자바르 요새를 관장하는 아랍인 에미르가 아타베그의 권위에 반기를 들고 나섰다. 그의 불복종은 두 도시 사이의 소통에 큰 지장을 초래할 수 있었기 때문에 장기는 1146년 6월 자바르 요새에 대한 포위 공격을 개시했다. 그는 단 며칠이면 요새를 손에 넣을 수 있으리라 계산했지만 그 일은 생각보다 어려웠다. 석 달이 지나도 방어자들의 사기는 떨어지지 않았다.

9월의 어느 밤, 아타베그는 술을 잔뜩 마신 뒤 잠이 들었다. 그런데 그는 막사 안에서 들려오는 소리에 잠을 깼다. 눈을 뜬 아타베그는 프랑크족 출신으로 야란카슈라 부르는 환관이 자신의 술잔으로 술을 마시고 있는 모습을 보게 되었다. 노발대발한 아타베그는 날이 새는 즉시 엄하게 다스리겠노라 하며 꾸짖었다. 주인에게 혼이 날 것이 두려웠던 야란카슈는 아타베그가 잠들기를 기다렸다가 단도로 그를 난도질한 후 곧장 자바르 요새로 도망쳤다. 거기서 그는 큰 포상을 받았다.

장기는 그 자리에서 절명하지는 않았다. 그의 의식이 반쯤 남아 있을 때 측근 한 명이 그의 막사로 찾아왔다. 이븐 알 아시르는 그 목격자의 증언을 이렇게 옮기고 있다.

**나를 본 아타베그는 내가 자신을 완전히 끝장내러 온 것이라고 여겼던지 손가락으로 나에게 자비를 구하는 시늉을 했다. 나는 가슴이 미어질 듯하여 무릎을 꿇고 그에게 말했다. 주인님, 누가 이런**

짓을 했습니까? 그러나 그는 차마 대답을 하지 못하고 영면하였다.
신이여, 그를 긍휼히 여기시길!

승리를 거둔 지 얼마 지나지 않아 일어난 장기의 비극적인 죽음은 동시대인들의 마음을 크게 흔들어 놓았다. 이븐 알 칼라니시는 시구 형식을 빌려 그 사건을 묘사하고 있다.

그 날 아침, 침상에 누워 있는 그를 보리라.
환관에게 죽임을 당한 그곳에서.
허나 그는 충성스런 군대 한복판에서 잠들었다.
용맹한 군사들과 그들의 검에 둘러싸여,
그는 부도 명예도 버리고 떠났다.
그의 보물은 남들의 먹이가 되었고,
아들들과 적들에게 갈가리 찢겨 나갔다.
그가 사라지자 적들은 일어섰으며 그가 있을 때는
꿈도 못 꾸던 검을 집어들고 휘둘렀다.

장기가 죽고 나자 정말로 요란한 쟁탈전이 벌어졌다. 한때 엄격한 군기를 자랑하던 군사들은 통제 불가능한 도적떼로 변했다. 그의 보물과 무기들, 심지어 그의 옷가지까지 순식간에 사라지고 말았다. 그의 군대는 뿔뿔이 흩어졌다. 에미르들도 자신의 부하들을 속속 불러모았으며 다른 요새들을 점령하러 나서거나 좀 더 안전한 곳에서 사태의 추이를 지켜볼 생각을 하였다.

한편 적수의 죽음을 알게 된 무인 알 딘 우나르는 군사를 이끌고 곧장 다마스쿠스를 출발하여 바알베크를 탈환하였다. 그리고 단 몇 주만에 시리아 중부 전체를 자신의 세력권 안에 편입시켰다. 안티오케이아의 레몽도 잊어버렸던 것처럼 보였던 전통을 다시 잇기로 했는지 알레포의 성곽까지 공격을 단행해 왔다. 조슬랭은 한술 더 떠 에데사를 되찾을 궁리를 했다.

한때 강력한 국가의 건설이라는 역사적 사건이 장기의 손으로 마무리되는 듯 보였다. 그러나 그것은 이제 막 시작된 것일 뿐이었다.

# 4부
## 승리(1146~1187)

신이여, 마흐무드가 아니라 이슬람에게 승리를 주옵소서.
마흐무드라는 개가 승리를 얻을 자격이나 있단 말입니까?

—누르 알 딘 마흐무드, 동방의 아랍 통일자(1117~1174)—

# 8장 성왕 누르 알 딘

장기의 죽음으로 온 진지가 혼란으로 들끓고 있을 때 유독 평정을 유지하는 이가 있었다. 훤칠한 키, 거무스름한 피부에 턱수염을 기른 그는 넓은 이마와 온화하고 고요한 시선을 가진 스물아홉 살의 청년이었다. 그는 아직 온기가 남아 있는 아타베그의 시신으로 다가가서 전율을 하며 손을 잡았다. 이윽고 그는 권력의 상징인 반지를 뺀 다음 손가락으로 쓰다듬었다. 그의 이름은 누르 알 딘이라 하였다. 바로 장기의 둘째 아들이었다.[1]

**나는 지난 시절 군주들의 삶에 관해 많이 읽었으나 뛰어난 칼리프들 가운데 누르 알 딘만큼 덕망 있고 공정한 이를 보지 못했다.** 이븐 알 아시르가 이 왕자를 진정으로 숭배해 마지않았던 것도 무리가 아니었다. 장기의 아들은 아버지의 덕목—엄격함과 담력, 정치적 감각—을 고스란히 물려받았을 뿐 아니라 아버지 아타베그가 일부 동시대인들에게 오만하게 군 것 같은 오류들은 전혀 범하지 않았다. 장기가 저돌적인 추진력과 인정사정없는 냉혹함으로 주변을 움츠러들게 하였다면 누르 알 딘은 권좌에 오를 때부터 경건하고, 공정하며, 신의가 있는 데다 이슬람의 적에 대항하는 지하드에 온전히 헌신하는 모습을 보여주었다.

그런데 더 중요한 것은 자신의 장점을 가공할 정치적 무기로 삼을 줄 아는 그의 능력이었다. 12세기 중엽이라는 시대 상황에서 전례 없는 고도의 심리적 전술을 사용한 것을 보자면 그는 진정한 의미에서 선전선동술을 확립한 인물이라 불러 마땅하다. 누르 알 딘이 동원한 수백 명의 성직자나 문인들은 변덕스러운 민심을 사로잡았고 이를 통해 아랍 세계의 지도자들을 그의 영향권 아래 묶어두는 임무를 수행했다. 이븐 알 아시르는 장기의 아들로부터 대 프랑크 원정에 참가하라는 권유를 받은 자지라의 어떤 에미르가 한 하소연을 기록하고 있다.

**에미르가 말했다. 만약 내가 누르 알 딘을 도우러 달려가지 않는다면 그는 내 영지를 거두어들일 것이오. 그는 여러 헌신자들과 수행자들에게 신자들의 염원을 도우라고 청할 것이며 무슬림들이 지하드에 참여하도록 부추기라고 썼더군요. 지금 이 순간 그들은 신자들과 동료들이 함께 모인 자리에서 누르 알 딘의 서신을 읽으면서 눈물을 짓고 나를 비난하겠지요. 그 비난을 면하고 싶다면 그의 청을 들어줄 수밖에요.**

누르 알 딘은 선전선동을 몸소 관장했다. 그는 시와 서신, 책을 쓰게 하였으며 기대하는 효과를 거둘 만한 적당한 때를 골라 퍼뜨리게 하였다. 그가 설파하는 교리는 간단했다. 단일 종교. 곧 이슬람 순니파로서 모든 '이단들'에 맞서는 격렬한 싸움을 의미하였다. 이어 단일 국가. 이것은 프랑크인들을 사방에서 포위할 수 있는 국가를 의미했다. 마지막으로 단일 목표. 이것은 빼앗긴 땅을 되찾고 특히 예루살렘을 해방시키는 지하드를 의미했다. 권좌에 머무른 28년 동안 누르 알 딘은 여러 울라마들을 부추겨 조약을 쓰게 했고, 이슬람 사원들과 학교에서는 대중 강독

집회를 통해 성지 알 쿠드스의 가치를 선전하게 하였다.

그러나 잊어서는 안 될 것은 이런 선전선동을 통해 누르 알 딘이야말로 최고의 무자히딘이며 나무랄 데 없는 무슬림이라는 점을 찬양하게 했다는 것이다. 역설적이게도 이러한 개인 숭배는 그의 겸손함과 엄격함에 바탕에 두었던 만큼 훨씬 교묘하고 효과적이었다.

이븐 알 아시르가 전하고 있는 일화다.

**한번은 누르 알 딘의 아내가 생활비가 부족하다고 불평했다. 그는 홈스에 가게 세 곳을 소유하고 있어서 매년 20디나르 정도의 수입을 얻고 있었다. 그의 아내가 그 돈으로는 턱없이 부족하다고 말하자 그는 이렇게 대꾸했다. "그 외엔 나도 도리가 없소. 비록 내가 돈을 쓰는 것을 명령하지만 나는 무슬림들의 보물창고일 뿐이오. 게다가 난 그들을 배신할 생각도 없거니와 또 아내 때문에 지옥불에 떨어지고 싶지도 않소."**[2]

이 일화가 널리 퍼져 나가자 부하들을 있는 데까지 쥐어짜면서 자신들은 사치를 누리던 그 지역의 제후들은 적이 당황했다. 사실 누르 알 딘의 이 선전이 겨냥하고 있던 것은 자신의 영향력 아래에 있던 지방에서 으레 행해지던 제후들의 세금 징수를 폐지하는 것이었다.

숱한 적들을 혼내준 장기의 아들이었지만 같은 편의 에미르들과는 썩 잘 지내지 못하였다. 시간이 흐르면서 그가 종교적 계율을 지키는 데서만큼은 누구보다도 엄격해져 갔기 때문이다. 그는 스스로 술을 멀리하는 것으로는 성이 차지 않았는지 군대 전체에 술을 금지했다. "더불어 북과 피리뿐 아니라 신을 불쾌하게 만드는 일체의 물건들"까지 금하였다고 알레포의 역사가 카말 알 딘은 적고 있다. 그는 "누르 알 딘은 일체의 화려한 의상을 벗어 던지고 거친 직물로 된 옷만을 입었다"고 덧붙이고 있다. 음주와 요란한 치장에 길들여진 투르크 장교들로서는 좀처럼 웃지도 않거니와 터번을 쓴 울라마들과 어울리기 좋아하는 통치자가 달가울 리 없었다.

게다가 장기의 아들의 이런 성향만큼이나 에미르들을 힘 빠지게 하는 일이 있었는데 그것은 그가 자신의 이름인 마흐무드를 즐겨 쓰면서 '종교의 빛' 이라는 뜻의 칭호인 누르 알 딘을 생략하려고 하는 것이었다. 그는 전투가 시작되기 전이면 으레 이런 기도를 올렸다. "신이여, 마흐무드가 아니라 이슬람에게 승리를 주옵소서. 마흐무드라는 개가 승리를 얻을 자격이나 있단 말입니까?" 이런 겸손함은 약한 자들의 지지는 끌어내겠지만 권력자들에게는 달가울 리가 없었다. 비록 밖으로 보이는 그의 모습이 부분적으로는 만들어진 것이었을지라도 그의 확신은 진지했던 것으로 보인다. 어찌되었든 누르 알 딘이 얻은 결과는 이랬다. 아랍 세계가 프랑크인들을 섬멸할 힘을 갖게 한 인물이 누르 알 딘이었다면 그 승리의 과실을 따먹은 이는 살라딘이었다는 것이다.

아버지가 죽자 누르 알 딘은 알레포를 장악하는 데 성공했다. 물론 아타베그가 정복했던 광활한 영토에 비하면 보잘것없는 규모였는지 모른다. 그래도 원래의 영토에만 만족했던 이 겸허함이 나중에는 그 통치의 영광을 다지게 만든다. 장기는 이라크와 자지라의 칼리프들과 술탄들, 여러 에미르들과 싸우는 데 생의 대부분을 보냈다. 그의 아들은 그 부질없이 지난한 과업을 물려받지 않았다. 그는 모술과 그 주변을 우애 좋았던 형 사이프 알 딘에게 넘겨주었다. 든든한 형제에게 동쪽 국경을 맡길 수 있게 되자 누르 알 딘은 전적으로 시리아의 사태에만 신경을 쓸 수 있게 되었다.

1146년 9월, 심복이자 살라딘의 숙부인 쿠르드족 에미르 시르쿠와 함께 알레포에 도착한 누르 알 딘의 앞길은 그리 순탄한 것만은 아니었다. 안티오케이아 기사들의 위협이 다시 고개를 들고 있었을 뿐 아니라 누르 알 딘의 영향력도 수도의 성벽을 넘지 못하고 있는 형편이었다. 10월 말, 조슬랭이 아르메니아계 주민들의 도움으로 에데사를 다시 손에 넣었다는 소식이 들려왔다. 이 도시는 장기가 죽은 후로 잃었던 여타의 다른 도시들과는 차원이 다른 곳이었다. 에데사는 아타베그의 영광의 상징이었으니 그곳을 빼앗겼다는 것은 왕조의 존립 자체를 위협하는 일일 수도 있었다. 누르 알 딘은 즉시 손을 썼다. 기진맥진한 말들은 길가에 버려두면서 밤낮으로 달린 끝에 그는 조슬랭이 방어 준비를 채 마치기도 전에 에데사의 성벽 앞에 도착할 수 있었다. 전적이 말해주듯 용맹함과는 거리가 멀었던 에데사의 백작은 어둠을 틈타 도망쳐 버렸다. 그러나 그를 따르기로 했던 심복들은 알레포의 기마병들에게 생포되거나 죽임을 당했다.

저항을 신속하게 무마한 장기의 아들은 이로써 막 움트고 있던 권력이 무엇보다 필요했던 권위를 세우는 데 성공했다. 그 일로 배운 바가 있었던지 안티오케이아의 레몽은 한층 몸을 도사리게 되었다. 그러자 우나르는 알레포의 새로운 지도자와 자신의 딸을 서둘러 혼인시키려 했다.

이븐 알 칼라니시는 이렇게 쓰고 있다.

> **누르 알 딘이 보낸 특사들이 참석한 가운데 혼인 조약이 다마스쿠스에서 맺어졌다. 사람들은 즉시 혼례 준비를 시작했고 준비를 마치자 특사들은 알레포로 출발했다.**

바야흐로 시리아에서 누르 알 딘의 위치는 자리를 잡아가고 있었다. 그러나 저 멀리서 스멀스멀 피어오르고 있는 음험한 기운에 비한다면 조슬랭의 음모나 레몽의 도발, 다마스쿠스의 늙은 여우의 술책은 새 발의 피에 불과했다.

> **콘스탄티노플과 프랑크인들의 땅인 주변 지역으로부터 소식들이 속속 들어왔다. 다른 프랑크 왕들이 이슬람을 징벌하기 위해 그들의 나라로부터 도착하고 있다고 했다. 그들은 제 나라를 버려둔 채 헤아릴 수 없이 많은 보물과 물자를 거느리고 왔다는 것이다. 항간에는 그들의 보병과 기병이 족히 백만에 가깝거나 그 이상일 것이라는 소문도 나돌았다.**

이 글을 쓸 때 이븐 알 칼라니시는 75세였다. 그는 시차를 두고, 그러니까 반세기도 더 전에 일어난 비슷한 사건을 기억했음이 분명하다.

애초에 에데사의 함락이 촉발시킨 제2차 프랑크 침공은 제1차 침공과 특별히 달라 보이지 않았다. 1147년 가을에 소아시아 지역으로 밀려들어 온 수많은 전사들은 이번에도 등에 십자가 모양의 천을 붙이고 있었다. 이들이 클르츠 아르슬란의 역사적인 패배가 있었던 도릴라이온을 지날 때 그의 아들인 마수드는 50년 전의 복수를 벼르며 이들이 다가오기만을 기다리고 있었다. 그는 프랑크 군을 상대로 수 차례 매복 공격을 펼쳐 아주 치명적인 피해를 입혔다. **그들의 군사력이 점점 약해지고 있다는 소문이 끊임없이 나돌았다. 그러자 사람들도 점점 마음의 안정을 찾아갔다.** 이븐 알 칼라니시는 **프랑크인들이 연달아 패하면서 항간에는 그 수가 10만 명으로 줄어들었다고 한다**고 덧붙였다. 그러나 명심할 것은 이 숫자를 흔히 돈을 세는 개념으로 받아들여서는 안 된다는 점이다. 동시대인들처럼 그도 정확함의 신봉자와는 거리가 멀었을 뿐 아니라 어림짐작한 숫자를 확인할 도리가 있었을 리도 없다. 어쨌거나 우리로서는 미심쩍어 보이는 숫자를 기록할 때마다 "항간에는"이라는 경고성 구절을 꼭꼭 덧붙여 주는 이븐 알 칼라니시의 세심함에 경의를 표해야 하지 않을까. 한편 이븐 알 아시르는 그와 같은 세심한 배려는 하지 않고 있으나 그도 사견을 제시할 때는 매번 "신만이 아시겠지만"이라는 뜻의 "알라후 알람"이라는 말로 끝을 맺는 조심성을 보여주고 있다.

새로 침공한 프랑크인들의 정확한 수가 얼마든 간에 예루살렘과 안티오케이아, 그리고 트리폴리스까지 가세한 그들의 위력은 그 움직임을 불안하게 주시하고 있던 아랍 세계에 큰 근심거리였음은 분명하다. 과연 프랑크인들은 어느 도시를 처음으로 칠 것인가? 여러 정황을 비추어 보자면 그들은 에데사부터 시작해야 했다. 바로 얼마 전에 빼앗겼으니 복수를 해야 하지 않겠는가? 아니면 알레포도 가능성이 없지 않았다. 그런 식으로 지금 막 떠오르고 있는 누르 알 딘에게 타격을 입힌다면 에데사는 의외로 쉽게 굴러들어올지도 몰랐다. 어쨌거나 둘 중에 한 곳을 선택할 것이라고 내다보았다. 이븐 알 칼라니시는 이렇게 쓰고 있다. **왕들은 장시간 토의를 거친 끝에 다마스쿠스를 공격하기로 결정했다. 그들은 다마스쿠스라면 쉽게 칠 수 있을 것이라며 자신만만해 하면서 그 부속국을 나누어 갖는 문제도 단번에 합의를 보았다.**

다마스쿠스를 공격하겠다고? 예루살렘과 동맹 조약을 맺고 있는 유일한 무슬림 지도자인 무인 알 딘 우나르가 버티고 있는 그 도시를 공격하겠다는 것이었다. 프랑크인들은 그 어느 때보다 아랍인들의 심한 저항을 불러일으킬지 모를 일이었다. 당시 이 프랑크 군대를 이끌던 강력한 왕들은 다마스쿠스 같은 화려한 도시 한 곳만 점령해도 그들의 동방 진출은 보장된다고 판단했던 모양이다. 아랍의 역사가들이 이구동성으로 독일인들의 왕 콘라트를 주로 거론하고 있는 반면 프랑스 왕 루이 7

세에 대해서는 일언반구도 없는 것을 보면 그는 큰 비중을 차지했던 인물이 아니었음이 분명하다.

이븐 알 칼라니시는 말한다.

**프랑크인들의 계획을 전해들은 에미르 무인 알 딘은 그들의 도발을 무산시킬 준비에 착수했다. 그는 저들의 공격이 의심되는 장소는 모두 점검하였고 주요 길목마다 병사들을 배치했으며 우물들을 막고 도시 주변에 있는 수원지들을 모조리 못 쓰게 만들었다.**

1148년 7월 24일, 소문대로 막대한 양의 물자를 실은 낙타 부대를 이끌고 프랑크 군대가 다마스쿠스 앞에 나타났다. 다마스쿠스인들은 그들에게 맞서기 위해 백여 명씩 무리를 지어 도시를 나섰다. 그들 중에는 마그레브(모로코, 튀니지, 알제리 등의 아프리카 북서부 지방을 말한다—옮긴이) 출신의 원로 신학자 알 핀달라위도 있었다.

이븐 알 아시르의 기록이다.

**그가 걸어서 나서는 것을 본 무인 알 딘은 그에게 다가가 인사를 한 뒤 말했다. "아니, 존경하는 어르신, 어르신처럼 연배가 높은 분은 싸움을 하지 않으셔도 됩니다. 무슬림들을 지키는 임무는 저희들의 몫이지요." 그는 알 핀달라위에게 도시로 다시 돌아갈 것을 청했으나 알 핀달라위는 그 청을 물리쳤다. "나는 이미 팔린 몸이오. 신께서 날 사셨거든." 그는 경전의 구절을 인용했다. "신은 이슬람 교도들과 그 재산을 사셨고 대신 그들에게 천국을 주신다." 알 핀달라위는 앞으로 뚜벅뚜벅 걸어나갔다. 그는 프랑크인들의 가격에 쓰러지는 순간까지 그들에 맞서 싸웠다.**

그 순교에 이어 팔레스타인 난민인 알 할훌리라는 수행자가 뒤를 따랐다. 그러나 이런 영웅적인 행동들도 프랑크인들의 전진을 막기에는 역부족이었다. 그들은 구타 평야에 도달하자 성곽의 몇몇 지점에서 상당히 가까운 곳에다 진지를 세웠다. 공격 첫날, 해가 떨어지자 다마스쿠스인들은 엄청난 공포 속에서 거리 곳곳에 바리케이드를 쳤다.

이튿날인 7월 25일, **그 날은 일요일이었다**고 이븐 알 칼라니시는 적고 있다. **주민들은 새벽에 돌파전을 감행했다. 날이 저물 때까지 전투가 계속되자 모두 기진맥진해졌다. 그들은 제자리로 하나둘씩 돌아왔다. 다마스쿠스 군대는 프랑크 군대와 마주한 채 그 밤을 보냈다. 시민들은 성벽에서 보초를 서며 경계를 늦추지 않았다. 적이 그들의 코앞에 있었기 때문이다.**

월요일이 밝아오자 다마스쿠스인들은 다시 희망을 불태웠다. 북쪽에서 노도와 같이 밀려들어오는 투르크와 쿠르드, 아랍의 기마병들을 보았기 때문이다. 우나르의 원군 요청을 받아들인 그 지역 왕자들이 파견한 군대가 포위당한 도시로 속속 몰려들고 있었다. 다음날에는 알레포의 누르 알 딘과 모술의 군대를 이끄는 그의 형 사이프 알 딘도 도착할 것이라는 소식이 들렸다. 이븐 알 아시르에 따르면 그들이 점점 접근해 오자 무인 알 딘은 **새로 온 프랑크인들과 시리아의 프랑크인들에게 각각 전령을 보냈다**고 한다. 새로 온 프랑크인들에게 그는 딱 이 말만을 전했다. **동방 나라의 왕이 도착하오. 만약 그대들이 떠나지 않는다면 나는 그에게 도시를 넘길 생각이오. 그대들은 크게 후회할 것이오.** 그런데 시리아의 프랑크인들에게 한 말은 전혀 달랐다. **이자들이 우리에게 대항하게 도울 만큼 그대들은 생각이 없는 것이오? 그들이 다마스쿠스를 손에 넣고 나면 당신들의 도시에 눈을 돌리리라는 것을 깨닫지 못한단 말이오? 만약 그대들이 이 도시를 지키러 나서지 않는다면 나는 도시를 사이프 알 딘에**

**게 넘겨줄 수밖에 없을 듯하오. 그가 다마스쿠스를 손에 넣는다면 그대들이 시리아에서 더 이상 버텨 내기가 힘들 것이라는 것은 다들 알고 계시겠지요?**

우나르의 계략은 이내 효력을 발휘했다. 원군이 도착하기 전에 그 지방의 프랑크인들과 비밀 조약을 맺는 데 성공하여 독일 왕의 군사를 다마스쿠스로부터 철수하도록 설득하게 할 수 있었던 것이다. 그는 이 외교적 술책의 성공을 다지는 뜻에서 수도 주변의 포도밭에 매복해 있던 수백 명의 프랑크 병사들에게 포도주를 나누어 주면서 그들의 집중력을 흐트러뜨렸다. 월요일 저녁이 되자 이 늙은 투르크인이 예측했던 분열 양상이 드러나기 시작했다. 순식간에 사기가 꺾인 포위군은 힘을 다시 모으기 위해 작전상 후퇴하기로 결심했다. 그러나 그들은 사방이 뚫려 있는 평원 지대에서는 다마스쿠스인들의 공격에 훤히 노출될 뿐 아니라 목을 축일 물 한 방울도 없다는 사실을 이내 깨달았다. 삽시간에 그들은 견디기 어려운 상황에 빠졌다. 그들의 왕들은 시리아의 수도를 손에 넣기는커녕 군사들과 백성들을 궤멸될지도 모를 상황에서 구해야 하는 입장이 되었다. 화요일 오전, 우나르의 부하들에게 쫓기는 프랑크 군은 예루살렘까지 밀리고 있었다.

한마디로 그들은 왕년의 프랑크인들이 아니었다. 지도자들의 태만과 군 지휘관들 사이의 불화는 더 이상 아랍인들에게나 한정된 서글픈 특권이 아니었다. 다마스쿠스인들도 믿어지지 않을 정도였다. 수 개월 전부터 동방을 벌벌 떨게 만들었던 그 강력한 프랑크 원정대가 기껏 나흘을 싸우고 그처럼 지리멸렬해질 수가 있단 말인가? **그들은 프랑크인들이 계략을 꾸미고 있다고 생각했다**고 이븐 알 칼라니시도 쓰고 있을 정도다. 그러나 그것은 사실이 아니었다. 프랑크의 2차 침공은 허탈하게 막을 내렸다. 이븐 알 아시르의 말이다. **프랑크 독일인들은 제 나라로 돌**

**아가서 콘스탄티노플 뒤에 자리를 잡았다. 신께서 이 성가신 신자들을 쫓아 버리시기를.**

우나르는 이 속전 속결로 얻은 승리로 다시 위신을 세웠을 뿐 아니라 한때 맺었던 침략자들과의 공모 혐의도 덮어 버릴 수 있었다. 그러나 무인 알 딘의 경력은 종말을 앞두고 있었다. 그는 이 전투가 있고 나서 딱 1년 후에 죽음을 맞이한다. **어느 날 그는 여느 때처럼 음식을 잔뜩 먹었다. 그 때문에 그는 몸져누웠다. 사람들은 그가 이질에 걸렸다는 사실을 알게 되었다.** 이븐 알 아시르에 따르면 **그 병은 좀체 고치기 힘든 무서운 병**이었다. 그가 죽자 권력은 허울뿐인 군주였던 아바크에게 넘겨졌다. 투그티긴의 후손인 이 열여섯 살의 젊은이는 영특하지 못하여 제 날개로 날아볼 엄두조차 내지 못했다.

다마스쿠스 전투의 진정한 승리자는 의심할 바 없이 누르 알 딘이었다. 1149년 6월, 그는 안티오케이아의 왕자 레몽의 군대를 물리쳤다. 살라딘의 숙부인 시르쿠는 레몽을 제 손으로 죽였다. 시르쿠는 레몽의 목을 잘라 관례대로 은상자에 넣어 바그다드의 칼리프에게 보냈다. 이리하여 북부 시리아에서 프랑크인들의 위협을 물리친 장기의 아들은 아버지대의 오랜 숙원을 푸는 일에 전력을 기울일 수 있게 되었다. 그것은 바로 다마스쿠스 정복이었다. 1140년에 그 도시는 장기의 폭정에 굴복하느니 차라리 프랑크인들과 손을 잡는 편을 택한 바 있다. 그러나 그 때와는 사정이 많이 달라졌다. 이제 무인 알 딘은 이 세상이 사람이 아니었다. 또 서유럽인들의 행동은 그들의 가장 열렬한 지지자들마저 동요시키고 있는 데다가 무엇보다도 누르 알 딘의 평판은 아버지의 그것과 전혀 달랐다. 누르 알 딘은 자존심 강한 우마이야 왕조의 도시를 강제로 탈취하고 싶지는 않았다. 그는 이곳이 제발로 항복해 오게 할 심산이었다.

이윽고 군사를 이끌고 도시 주변을 싸고 있는 포도밭으로 다가간 누르 알 딘은 공격 준비보다는 주민들의 인심을 얻는 일에 치중했다. 이븐 알 칼라니시의 기록을 보자. **누르 알 딘은 농부들에게 호의를 보였으며 그들에게 좋은 인상을 심어 주었다. 어디서나 그를 위해 신에게 기도했다. 다마스쿠스나 누르 알 딘의 속국뿐 아니라.** 누르 알 딘이 도착하고 얼마 지나지 않아 오랜 가뭄을 해갈해 줄 큰비가 내렸는데 사람들은 이것마저 그의 덕으로 돌렸다. "다 그의 덕이야. 그의 정의로움과 귀감을 보이는 행동 때문이라고."

야심의 본질이 훤히 보이는데도 알레포의 통치자는 단순한 정복자로만 보이기를 거부했던 것이다. 다마스쿠스의 지도자들에게 쓴 편지에서 그는 이렇게 말했다.

> 내가 이곳에 진을 친 것은 당신들과 전쟁을 하거나 포위하기 위해서가 아니오. 무슬림들의 숱한 호소 때문에 이렇게 하지 않을 수 없었소. 농부들은 가진 것을 다 빼앗긴 데다가 프랑크인들 때문에 자식들과도 생이별을 해야 했는데도 그들을 지켜줄 이는 한 사람도 없었소. 신께서 나에게 힘을 주시면서 무슬림을 구하고 불경스런 자들과 전쟁을 벌이라는 명을 내리셨소. 신은 나에게 많은 재물과 사람들을 허락하시면서 무슬림들을 그대로 방치하거나 그들을 지키는 일을 소홀히 하는 것을 허락치 않으셨소. 무엇보다 그대들이 땅을 지키지 못하였으며 프랑크인들에게 구원을 청하고 가장 빈한한 백성들이 가진 것들마저 그들에게 넘겨주었던 그 비굴함을 내 잘 알고 있는 바요. 그대들은 범죄 행위를 저지른 것이오. 신은 물론 어느 무슬림도 기뻐하지 않을 것이오!

이 편지에서 우리는 알레포의 새 통치자의 교묘한 전략을 읽을 수 있다. 다마스쿠스를 방어하는 이들, 특히 가장 박탈감이 심한 이들을 겨냥하면서 그들의 지도자들에게 대놓고 저항하기를 요구하고 있는 것이다. 장기의 아들이 보여준 무례함에 대한 다마스쿠스 지도자들의 대답은 하나였다. "이제 너와 우리들 사이에는 칼밖에 없다. 프랑크인들이 우리를 구하러 도착할 것이다."

백성들에게는 호의를 보여주었으나 누르 알 딘은 예루살렘과 다마스쿠스 연합군과 맞서는 일은 달갑지 않았다. 일단 그는 북쪽으로 물러서기로 했다. 그러나 사원의 설교 시간에 자신의 이름이 칼리프와 술탄 다음으로 불려야 하며 동전에 자신의 이름을 새길 것과 무슬림 도시들간에 빈번히 행해지는 동맹은 정복자들을 달래는 목적에만 한정되어야 한다는 조건을 관철시키는 것을 잊지 않았다.

비록 반쪽의 승리였으나 누르 알 딘은 용기 있는 자로 인정받았다. 그로부터 1년 후, 그는 군사들과 함께 다마스쿠스 근처에 다시 모습을 나타냈다. 그는 다마스쿠스의 아타베그 아바크와 도시의 지도자들 앞으로 편지를 보냈다. 내가 바라는 것은 **오로지 무슬림들의 안위뿐. 불경스런 자들과의 지하드를 통해 그들이 억류하고 있는 포로들을 석방시키는 것이오. 만약 그대들이 다마스쿠스 군대를 데리고 내 편에 서서 서로 도와 지하드를 수행할 수 있다면 나로서는 더 바랄 것이 없겠소.** 그러나 아바크는 대답 대신 풀크 왕의 아들인 새 왕 보두앵 3세가 이끌고 와서 수 주일 전부터 다마스쿠스 성문 근처에 진을 치고 있던 프랑크인들에게 다시 도움을 청했다. 프랑크 기사들은 수크를 멋대로 돌아다닐 수도 있었는데 3년 전에 자신들의 아이들이 당한 것을 아직 잊지 않고 있는 도시 주민들과 긴장을 불러일으키지 않을 수 없었다.

누르 알 딘은 연합군들과 정면으로 맞서는 것을 신중하게 피하고 있었다. 그는 프랑크인들이 예루살렘으로 기수를 돌리는 순간을 기다리면서 군사들을 다마스쿠스의 뒤로 뺐다. 그에게 싸움이란 무엇보다 정치적인 사안이었다. 되도록 철저히 주민들의 고통을 파헤치면서 다른 한편으로는 다마스쿠스 귀족층과 교계 지도자들에게 아바크의 배신 행위를 고발하는 전갈을 연달아 보냈다. 심지어 그는 프랑크인들과의 협력에 불만을 품고 있는 군인들과도 관계를 텄다. 그는 그저 아바크를 성가시게 만드는 수준의 저항을 불러일으키는 것을 목표로 삼지 않았다. 그는 다마스쿠스가 결국에는 항복할 수밖에 없게 만들 내부의 공모 조직을 엮는 일을 꾸몄다.

이 치밀한 임무를 부여받은 이가 바로 살라딘의 아버지 아이유브였다. 1153년, 용의주도하게 조직망을 짠 아이유브는 역사가 이븐 알 칼라니시의 동생이 대장으로 있던 도시 민병대로부터 호의에 가까운 중립을 얻어내기에 이른다. 군대의 일부 지휘관들도 같은 입장을 보이자 아바크는 날로 고립되어 갔다. 이제 그에게는 끝까지 굽혀서는 안 된다고 우기는 소수 측근만 남게 되었다. 최후의 저항자들을 제거할 심산으로 누르 알 딘은 아바크의 측근들이 모반을 꾸미고 있다는 거짓 정보를 흘리게 하였다. 아바크는 진위를 가려볼 생각도 하지 않은 채 자신의 협력자들 일부를 처형하거나 구금시켜 버렸다. 결국 그는 완전히 고립되고 말았다.

최후 작전에 돌입할 순간이 왔다. 누르 알 딘은 다마스쿠스로 향하는 물자의 수송로를 완전히 장악했다. 단 이틀만에 밀가루 한 부대의 값이 반 디나르에서 25디나르로 뛰었다. 주민들은 굶주림의 공포에 떨었다. 나머지 작업은 누르 알 딘의 수하들 몫이었다. 그들은 아바크가 알레포의 같은 교인들에 대항하여 프랑크인들과 손을 잡지만 않는다면 굶어 죽는 일은 없을 것이라는 식으로 여론을 몰아갔다.

1154년 4월 18일, 누르 알 딘이 군사를 이끌고 다마스쿠스 앞에 모습을 나타냈다. 다급해진 아바크는 다시 한 번 보두앵에게 전령을 보냈다. 그러나 예루살렘의 왕은 제때 도착하지 못했다.

4월 25일 일요일, 도시의 동쪽에서 최후의 공격이 개시되었다. 다마스쿠스 연대기 저자는 적고 있다.

> **성벽 위에는 망루 수비대로 임명된 일군의 투르크인들을 제외하고는 군인들도, 시민들도 보이지 않았다. 누르 알 딘의 병사 한 명이 성곽으로 뛰어오자 꼭대기에 있던 한 유대 여인이 그에게 밧줄을 던졌다. 병사가 밧줄을 잡고 성벽을 오르기 시작했다. 그는 들키지 않고 꼭대기까지 올라왔고 뒤이어 올라온 수백 명의 군사들이 깃발을 벽에 꽂고 함성을 질렀다. "야 만수르![이겼다!]" 누르 알 딘이 너그럽고 공정하다는 것을 익히 들어 알고 있는 다마스쿠스 군대와 주민들은 저항을 포기했다. 바브 샤르키라 부르는 한 공병이 동쪽 성문으로 뛰어가더니 곡괭이를 들고 닫힌 문을 부수기 시작했다. 그 틈으로 군사들이 몰려들어 왔고 저항 한 번 받지 않고 곧 주요 도로에 좍 퍼지게 되었다. 바브 투마, 곧 토마 성문도 열렸다. 마침내 누르 알 딘 왕이 입성했다. 기쁨에 겨워 환호하는 주민들과 병사들이 그의 뒤를 따랐다. 그들은 굶어 죽을지 모른다는 두려움과 불경스런 프랑크인들에게 조만간 포위될지 모른다는 두려움에 떨던 사람들이었다.**

누르 알 딘은 승리자다운 아량으로 아바크와 그 측근들에게 홈스 지역의 봉토를 하사하였으며 그들이 재산을 갖고 피난하는 것도 허락했다.

전투 없이, 피 한 방울 흘리지 않고 누르 알 딘은 무기가 아닌 설득으로 다마스쿠스를 정복했다. 4반세기 전부터 아사신이건, 프랑크인들이건, 장기이건 간에 자신들을 예속하려는 누구에게나 격렬히 저항해 왔던 이 도시는 안전과 자주성을 존중해 주겠다는 한 왕자의 너그러움에 손을 들고 만 것이다. 다마스쿠스인들은 그 점을 후회하지 않았다. 그들은 누르 알 딘과 그의 후계자들 덕분에 도시의 역사에서 가장 영광스런 한 시대를 누리게 될 터였다.

승리를 얻은 다음날, 도시의 울라마들과 카디들, 상인들을 불러모은 누르 알 딘은 회유책을 내놓았다. 주요 생필품과 과일 거래를 비롯하여 야채와 물의 배급에 대해서까지 거두던 세금을 없애겠다는 내용이었다. 그 다음주 금요일, 기도가 끝난 후 사원의 연단에서 이 내용을 담은 칙령이 공포되었다. 이제 81세가 된 이븐 알 칼라니시는 동포들의 기쁨을 생생히 목격하였다. 그는 이렇게 전하고 있다. **군중은 환호했다. 일반 시민들과 농민들, 여자들, 가난한 자를 막론하고 모두가 신에게 기도를 드렸다. 누르 알 딘의 치세가 계속되기를, 또한 그의 깃발이 늘 승리로 펄럭이기를.**

프랑크 전쟁이 시작되고 나서 처음으로 시리아의 거대한 두 도시, 알레포와 다마스쿠스가 단일 국가의 품으로, 점령자에 대한 거센 투쟁을 굳게 결심한 서른일곱 살의 왕자의 세력 아래 통합되었다. 여전히 자주권을 지키고 있던 문키드 왕조가 지배하는 샤이자르를 제외한다면 실상 시리아 전부가 통일된 셈이라 할 수 있었다. 그러나 독립 샤이자르 왕국의 운명도 머지않아 막을 내리게 된다. 그것도 이 소국의 역사로 볼 때 가장 돌발적인 방식으로 말이다.

1157년, 누르 알 딘이 예루살렘으로 원정을 떠날 것이라는 소문이 파다하게 나돌던 그 무렵, 유례 없이 강한 지진이 시리아 전체를 강타했다.[3] 프랑크인들뿐 아니라 아랍인 가운데에서도 사망자가 속출하였다.

알레포에서는 성벽 일부가 붕괴되자 겁에 질린 주민들이 근처 평야 지대로 흩어졌다. 하란에서는 땅덩어리가 갈라져서 그 틈으로 고대 도시 유적이 다시 솟아오르기까지 했다. 트리폴리스와 베이루트, 티레, 홈스, 마라에서도 헤아릴 수 없이 많은 사망자가 생겼고 건물들이 무너졌다.

그러나 이 천재지변으로 가장 큰 피해를 본 두 도시는 뭐니뭐니해도 하마와 샤이자르였다. 당시 하마에서 아이들을 가르치던 한 교사는 이런 증언을 했다고 한다. 용변을 보고 돌아와 보니 학교는 죄다 부서졌고 학생들은 모조리 죽어 있었다. 경악을 한 그는 폐허 더미 위에 앉아 어떻게 이 참변을 부모들에게 전할까 고민했으나 살아 남아서 아이들을 찾으러 온 부모 또한 한 사람도 없었다는 것이다.

그 날 샤이자르에서는 역사가 우사마의 사촌이기도 했던 에미르 무함마드 이븐 술탄이 아들의 할례를 축하하는 주연을 베풀고 있었다. 도시의 지도층과 유력 가문의 인사들이 한자리에 모인 순간 돌연 땅이 세게 흔들리더니 벽들이 무너지기 시작했다. 그 자리에 있던 이들 중 목숨을 건진 이는 아무도 없었다. 문키드 왕조의 에미르 체제는 어이없이 단번에 종말을 고하고 말았다. 당시 다마스쿠스에 머물고 있던 우사마는 그 일족 가운데 몇 안 되는 생존자 중 한 사람이었다. 그는 이렇게 탄식했다. **죽음은 우리 일족을 한 걸음 한 걸음씩 이끌지 않았다. 아예 둘씩이거나 전멸시켜서 서로 헤어지게 만들었다. 그들은 눈 깜짝할 새에 모두 죽었고 그들의 궁전은 무덤이 되었다.** 그는 이 일에서 깨달은 바가 있었는지 이렇게 덧붙이고 있다. **지진은 이 무심한 나라를 무기력 상태에서 끌어내기 위해 덮친 모양이다.**

문키드 왕조의 비극은 동시대인들에게 인간사의 허망함을 반추하게도 했으나 세속적인 측면에서 보자면 그 재앙은 폐허가 된 도시들이나 벽이 무너진 요새들을 손쉽게 정복하거나 약탈할 수 있는 기회를 제공하는 것이기도 했다. 특히 기다렸다는 듯 아사신파와 프랑크인들이 공격을 해오자 샤이자르는 결국 알레포 군대에게 무릎을 꿇고 말았다.

1157년 10월, 도시들을 돌며 성벽 보수 공사를 감독하던 누르 알 딘에게 병마가 덮쳤다. 왕의 병세를 살피던 다마스쿠스인 의사 이븐 알 와카르는 가망이 없다는 결론을 내렸다. 왕이 삶과 죽음 사이를 오락가락하고 있던 그 일년 반 동안 기회다 싶었던 프랑크인들은 몇몇 요새들을 점령하고 인근을 약탈하였다. 그러나 누르 알 딘은 이 칩잠기를 자신의 삶을 돌이켜보는 기회로 삼았다. 그는 재위 초기에 무슬림의 시리아를 통일시켰으나 건강을 해칠 정도로 끝없는 내전 속에서 살았다. 이제 그는 프랑크인들이 점령한 주요 도시들을 탈환하는 지하드를 수행할 참이었다. 주로 알레포인들인 그의 측근 일부는 안티오케이아부터 탈환할 것을 제안했다. 그런데 뜻밖에도 누르 알 딘은 거절했다. 무엇보다 이 도시가 역사적으로 룸인들의 것이라는 것이 큰 이유였다. 또 이 도시를 손에 넣으려는 시늉만 해도 그 황제가 즉각 시리아의 내정에 관여할 것이 뻔한데, 그렇다면 무슬림 군대는 이중의 적과 상대해야 할지도 몰랐다. 따라서 룸인들을 자극해서는 안 된다는 것이 그의 주장이었다. 그보다는 차라리 해안 지역의 주요 도시, 혹시 신이 허락하신다면 예루살렘을 탈환하는 것이 낫다고 보았다.

누르 알 딘에게는 안 된 일이었지만 사태는 너무 빨리 그의 우려를 증명하는 쪽으로 흘러갔다. 1159년, 채 몸을 회복하지도 못한 누르 알 딘은 요안네스 콤네노스의 아들인 마누엘 황제가 이끄는 비잔티움 군대가 시리아 북쪽에 집결해 있다는 소식을 들었다. 누르 알 딘은 정중한 예를 표하려고 환영 사절단을 서둘러 황제에게 보냈다. 위엄 있고 현명했으며 특히 의학에 관심이 많았던 황제는 사신을 맞이하는 자리에서 자신은 시리아의 통치자와 더욱 돈독한 우호 관계를 갖기 위해 온 것이라고 입장을 밝혔다. 자신이 시리아로 온 것은 안티오케이아의 지도자들에게 본때를 보여주기 위해서라고 확언하는 것도 잊지 않았다. 그러나 시리아인들은 마누엘의 선왕이 22년 전에도 같은 명분을 내세우며 찾아와서는 무슬림과 싸우려고 서유럽인들과 동맹을 맺기를 주저하지 않았던 일을 잊지 않고 있었다. 하지만 누르 알 딘의 사절들은 당장에는 황제의 말을 의심하지 않았다. 왜냐하면 그들은 이름만 들어도 룸인들이 치를 떠는 인물이 있음을 알고 있었기 때문이다. 그는 1153년부터 안티오케이아의 운명을 좌지우지하고 있던 르노 샤티용이었다. 거칠고 거만한 데다 냉소적이었던 르노는 훗날 살라딘조차 제 손으로 없애겠다고 다짐하게 만들 정도로 아랍인들에게는 프랑크인들의 모든 악행을 상징하는 인물이었다.

아랍 연대기 편찬가들이 "브린스 아르나트"라고 부른 르노는 1147년에 동방 땅을 밟았는데 초기 침략자들이나 갖고 있었을 법한 시대에 한참은 뒤떨어진 생각을 갖고 있었다. 바로 황금과 피와 정복에 굶주려 있었던 것이다. 안티오케이아의 레몽이 죽고 얼마 지나지 않아 그는 레몽의 처를 꾀어내 결혼하는 데 성공, 도시의 통치자 자리에 올랐다. 곧 그의 행적은 가까운 알레포뿐만 아니라 룸과 그 속국들의 비위를 상하게 했다. 1156년, 르노는 마누엘이 약속한 조공을 이행하지 않았다는 것을 빌미로 비잔티움의 영토였던 키프로스 섬을 본보기로 약탈하기로 결정하고 안티오케이아의 대주교에게 원정 비용을 대라고 요구했다. 이 고위 성직자가 난색을 표하자 그는 즉시 감옥에 가두고 고문을 했다. 대주교의 상처 부위에 꿀을 발라 뙤약볕 아래 하루 종일 놓아두자 수많은 벌레들이 그의 몸뚱어리에 달려들었다.

결국 대주교는 금고 문을 열 수밖에 없었다. 르노는 함대를 구성하여 지중해 연안을 통해 상륙하였고, 빈약한 비잔티움의 수비대를 별 어려움 없이 물리치고 자기 편을 그 섬에 눌러 앉혔다. 이 사건이 일어난

1156년 봄 이후, 키프로스는 이들의 손에서 영영 벗어나지 못하게 된다. 북쪽에서 남쪽까지 조직적인 약탈로부터 무사한 경작지들이 없었으며, 군인들은 학살당했고, 궁전과 교회는 약탈당했다. 미처 빼내지 못한 것들은 모조리 그 자리에서 파괴되고 불태워졌다. 여자들은 겁탈당했고 노인과 어린아이들은 목이 졸렸으며, 부유한 이들은 인질로 잡혔고, 가난한 이들은 참수당했다. 잔뜩 거두어들인 노획물을 갖고 출발하기에 앞서 르노는 도시의 사제들과 그리스인 수도사들을 모아놓고 그들의 코를 잘라 콘스탄티노플로 보냈다.

마누엘 황제는 답변을 해야 했다. 그러나 명색이 로마 황제들의 후손인 그가 똑같이 비열한 방식을 쓸 수는 없는 노릇이었다. 그래서 그는 안티오케이아의 이 불한당 기사의 위신을 대중적으로 손상시키는 길을 택했다. 르노는 황제에게 저항해 보았자 소용없다는 것을 알고 황제의 군대가 시리아 방면으로 출발했다는 소식을 듣자 일단 가서 싹싹 빌기로 했다. 포악함만큼이나 비굴함도 타고났는지 그는 맨발에 걸인 행색으로 마누엘의 진지에 나타나 다짜고짜 황제 앞에 뛰어들어 덥석 배를 깔고 엎드렸다.

때마침 누르 알 딘이 보낸 특사들이 그 장면을 목격했다. 그들은 "브린스 아르나트"가 먼지가 피어오르는 바실레이오스의 발치에 엎드리는 것을 보았다. 황제는 짐짓 그를 무시하는 척하고 이야기를 계속했다. 몇 분을 그렇게 있다가 그는 적수를 흘낏 본 다음 일어나도 좋다는 손짓을 했다.

르노는 황제에게 용서받은 덕분에 왕국을 잃지 않을 수 있었다. 그러나 북부 시리아에서는 떨어질 대로 떨어진 그의 위신을 회복할 수 없었다. 이듬해 그는 약탈에 나섰다가 알레포의 병사들에게 사로잡혀 도시 북부로 이송되었다. 그곳에서 그는 운명이 그를 위해 준비한 가장 저주스러운 역할을 수행하기 위해 등장할 때까지 무려 16년을 갇혀 있게 된다.

한편 그 원정 이후, 마누엘의 영향력은 날로 강화되어 갔다. 그의 권세가 프랑크인들의 안티오케이아 백작령을 비롯해 소아시아의 투르크 나라들에까지 미치게 되면서 시리아 정세에서 비잔티움 제국이 끼치는 영향은 결정적인 것이 되었다. 제국의 역사상 마지막이 될 그 군대의 부흥은 아랍인들과 프랑크인들의 대립 구도를 다시 짜게 만들었다. 룸인들이 국경 부근에 진을 치고 있는 위협 상태가 계속되자 누르 알 딘은 염원하던 대대적인 재정복 사업을 순조롭게 추진할 수가 없었다. 하지만 동시에 마누엘의 세력이 프랑크인들이 확장 의지 또한 막고 있었으므로 당시 시리아는 일종의 소강 상태에 놓이게 되었다.

이렇듯 아랍인들과 프랑크인들이 꼭꼭 눌러두고 있던 엄청난 힘이 단번에 폭발할 기회를 노리고 있던 그 무렵, 전쟁은 새로운 무대로 옮겨가고 있었다. 바로 이집트였다.

# 9장 살라딘의 등장

"숙부이신 시르쿠께서 나에게 말씀하셨다. '유수프, 짐을 꾸리거라. 우린 떠난다!' 이 명을 받는 순간 나는 가슴에 비수가 꽂히는 줄 알았다. 나는 대답했다. '신의 뜻대로 이루어지길, 그들이 내게 이집트 왕국을 몽땅 바친다 해도 저는 떠나지 않겠습니다!'"

역사상 가장 위대한 군주 중 하나로 만들어 줄 행적의 발단을 이렇듯 내밀하고도 겸손하게 얘기하고 있는 인물은 다름 아닌 살라딘이다. 본디 모든 언행에서 놀랄 만한 신중함을 보였던 유수프는 이집트에서 세운 공적을 자신의 것으로 돌리기를 자제하고 있다. 그는 이렇게 덧붙였다. "나는 숙부님을 따라가기로 했다. 숙부님은 이집트를 정복하고 나서 세상을 뜨셨다. 기대도 하지 않았던 권력을 신께서 내 손에 넘겨주신 것이다." 살라딘은 곧장 이집트 원정의 최고 수혜자로 부상했지만 그가 이 원정에서 핵심적인 역할을 하지 않았다는 것은 사실이었다. 그렇다고 누르 알 딘이 한 것도 아니었다. 비록 이 나일 강의 나라가 그의 이름으로 정복되기는 했지만.

1163년부터 1169년에 걸쳐 이루어진 이 원정의 배경에는 세 명의 범상치 않은 인물이 있었다. 먼저 이집트의 와지르였던 샤와르. 그는 교활한 권모술수로 그 지역을 피와 불의 바다로 몰아넣었다. 다음으로 프랑크 왕 아모리. 그는 이집트를 정복하겠다는 야욕에 사로잡혀 6년 동안 무려 다섯 차례나 이집트를 침공한 인물이다. 그리고 마지막이 쿠르드족 장군인 '사자' 시르쿠로서 당대에 탁월한 군인 중 한 명으로 남을 인물이었다.[1]

1162년 12월, 카이로에서 정권을 잡은 샤와르는 부와 명예를 얻기에 손색없는 위엄과 책임감을 갖춘 인물이었다. 다만 동전에는 양면이 있는 법. 그를 앞서간 15명의 통치자 중 천수를 누린 사람은 단 한 명에 불과했다. 나머지는 교수형이나 참수형 또는 십자가형을 당했고, 그도 아니면 비수에 찔리거나 독살되거나 군중에게 돌팔매질을 당해 죽었다. 그 중 한 명은 양아들에게 살해당했으며 다른 한 명은 친아버지에게 죽임을 당했다. 결국 이 얘기는 그처럼 흉흉한 시대에 이 구릿빛 피부를 가진 에미르에게 일말의 양심의 가책을 기대하는 것은 무리라는 뜻이기도 하다. 정권을 잡자마자 그는 전임자들과 그 일족을 몰살하고 그들의 보물과 궁전을 빼앗는 일부터 시작했다.

운명의 수레바퀴는 멈추지 않았다. 정권을 잡은 지 9개월도 채 못 되어 이 신임 와지르는 디르감이라고 하는 참모 한 명에게 권력을 빼앗긴다. 구사일생으로 이집트를 빠져나온 그는 누르 알 딘의 지원을 받아 권력을 다시 잡을 기회를 노리기로 했다. 손님이 똑똑한 데다 달변이었음에도 불구하고 애초에 장기의 아들은 그의 얘기에 크게 귀기울이지 않았다. 그러나 얼마 지나지 않아 누르 알 딘도 태도를 바꾸지 않을 수 없게 사태가 흘러갔다.

1162년 2월 이래 예루살렘의 프랑크인들은 불굴의 의지를 자랑하는 새 왕을 갖게 되었다. 아랍인들이 "모리"라고 부른 아모리는 풀크 왕의 둘째 아들이었다. 누르 알 딘의 선전술에 영향을 받았음이 분명한 듯 스물여섯 살의 새 왕은 자신을 겸소하고, 신실하고, 신앙서를 탐독하며 정의감에 불타는 모습으로 보이고 싶어했다. 그러나 그것은 겉모습에 불과했다. 이 프랑크 왕은 지혜롭다기보다는 우악스러운 인물이었다. 큰 덩치에 머리숱도 풍부했는데 유독 위엄이 없었다. 그가 비정상적으로 좁은 어깨를 들썩거리며 유난히 오랫동안 경박스럽게 웃을 때에는 듣는 이들도 당황하기 일쑤였다. 게다가 그는 타인과 관계를 맺는 일에 무척이나 서툴렀다. 자나깨나 아모리의 머릿속을 떠나지 않았던 이집트 정복의 야심은 지칠 줄 모르는 그의 행보에 어울리는 대담성을 부여했다.

사태도 그럴싸하게 돌아가고 있었다. 1153년 이래 서유럽 기사들은 팔레스타인에 남은 파티마 왕조 최후의 보루인 아스칼론을 점령하고 있었다. 그것은 나일 강으로 가는 길이 열렸다는 얘기였다. 또 지역의 경쟁자들과 싸우는 데 몰두하던 후임 와지르들은 1160년경부터는 프랑크인들에게 이집트 내정에 관여하는 않는다는 조건으로 매년 조공을 바치고 있었다. 샤와르가 축출당하자 아모리는 이집트의 혼란을 침략의 기회로 이용하기로 했다. 6만 디나르에 달하는 조공이 제때 도착하지 않았다는 트집을 잡아 아모리는 지중해 연안을 따라 시나이 반도를 건너 강의 지류[2]—수세기 뒤에는 말라 없어질 운명인—에 있는 빌바이스를 포위했다. 도시의 방어자들은 프랑크인들이 성 밖에 포위 공격용 기구들을 설치하는 것을 아연해 하면서 한편으로는 흥미롭게 지켜보았다. 때는 9월이었으니 강이 범람할 시기였던 것이다. 따라서 둑 몇 개를 터서 서유럽 전사들이 물 속에 잠기는 모습을 지켜보기만 해도 될 일이었다. 결국 프랑크 군에게는 후퇴해서 팔레스타인으로 돌아갈 여유조차 주어지지 않았다. 그들의 첫 번째 침공은 이렇듯 짧았으나 알레포와 다마스쿠스에는 아모리의 야욕을 깨닫는 계기를 만들어 주었다.

누르 알 딘은 주저했다. 카이로의 술책에 다시는 말려들고 싶지 않왔기 때문이다. 열렬한 순니파인 그는 프랑크인들에게 빌붙은 파티마 왕조[3]의 칼리프들을 노골적으로 경멸하였다. 다른 한편으로 동방의 최고 강국이라 할 만큼 이집트가 아무리 찬란한 부를 소유하고 있다 해도 그 땅을 다시 밟아서 프랑크인들과의 싸움에 휩쓸리고 싶지 않았다. 그러나 그곳을 휩쓸고 있는 무정부 상태를 고려해 보건대 카이로는 아모리의 야욕에 오래 맞서지 못할 것이 분명했다. 물론 샤와르는 나일 강의 나라로 원정을 갔을 때 얻게 될 이득에 대해 줄줄이 늘어놓았다. 샤와르는 누르 알 딘을 제 편으로 끌어들이기 위해 자기가 정권을 찾게만 해준다면 원정 경비를 모두 부담하는 것은 물론, 누르 알 딘을 알레포와 다마스쿠스의 통치자로 인정하고 덤으로 매년 동부 지방에서 거두어들이는 세금의 삼분의 일을 보내겠다고 약속했다. 그러나 무엇보다도 누르 알 딘이 군사 개입을 결정하게 만든 것은, 가장 믿을 만한 인물인 시르쿠의 의견 때문이었음이 분명하다. 장기의 아들이 원정대를 구성하도록 할 만큼 시르쿠는 이 계획에 큰 관심을 보였던 것이다.

누르 알 딘과 시르쿠라는 상이한 두 인물이 그렇게 강하게 결속되어 있었다는 것은 상상하기가 쉽지 않다. 장기의 아들이 해가 갈수록 위엄 있고, 덕망 있으며, 검소와 절제의 미덕을 배워가고 있었다면, 살라딘의 숙부인 이 땅딸막한 애꾸눈의 관리는 점점 몸이 불어가면서, 의심이 많아지고, 술과 지나친 영양 섭취로 늘 벌겋게 상기된 얼굴을 하고 있었다. 그는 화가 날 때면 미친 사람처럼 울부짖으면서 완전히 분별력을 잃고 적수를 죽이는 일도 마다 않았다. 그러나 그 다혈질의 장군을 누구나 싫어하는 것은 아니었다. 그의 병사들은 자신들과 함께 먹고 자면서 허물없이 농지거리를 나누는 장군을 좋아했다.

시르쿠는 시리아에서 벌어진 여러 전투들을 통해 타고난 육체적 대담성을 과시했다. 이집트 원정[4]은 탁월한 전략가로서의 그의 능력을 유감 없이 발휘하는 기회가 된다. 왜냐하면 그 과업은 처음부터 끝까지 한 판의 도박일 수밖에 없었기 때문이다. 사실 프랑크인들에게는 이 나일 강의 나라로 접근하는 것이 상대적으로 쉬웠다. 유일한 장애물이라면 시나이 반도에 넓게 펼쳐진 황무지였다. 수백 마리의 낙타 등에 물을 실은 프랑크 기사들은 사흘만에 빌바이스 성문 앞에 이르렀다. 하지만 시르쿠에게는 간단한 일이 아니었다. 시리아에서 이집트로 가려면 팔레스타인을 지나야 했는데 이것은 프랑크인들에게 버젓이 공격하라고 나서는 것이나 다름없었다.

1164년 4월, 시리아의 이집트 원정대가 요란하게 출발했다. 그것은 누르 알 딘의 군대가 아모리와 휘하 기사들을 팔레스타인 북쪽으로 끌어들이기 위한 유인책이었다. 샤와르와 함께 약 2천 명의 기병들을 이끌고 있던 시르쿠는 동쪽으로 가서 강변을 따라 미래의 요르단을 넘어 사해의 남단에서 서쪽으로 기수를 돌린 다음, 강을 건너서 시나이 반도 방향으로 전속력으로 전진하기로 했다. 시르쿠는 적에게 들키지 않게 연안 도로에서 멀찍이 떨어져서 진군했다. 4월 24일, 그는 이집트의 동쪽 관문인 빌바이스를 점령하였고 5월 1일, 카이로의 코앞에다 진지를 세웠다. 갑자기 당한 일이라 와지르 디르감은 항전을 준비할 틈도 없었다. 모두에게 버림받은 그는 도주를 계획하다 살해당했고, 그의 시신은 거리의 개들에게 던져졌다. 샤와르는 파티마 왕조의 칼리프인 열세 살 난 알 아디드의 신임을 공식적으로 다시 받았다.

시르쿠의 속전속결전은 군사 작전의 모범을 보여주는 것이었다. 살라딘의 숙부로서는 그 짧은 시간에 거의 아무런 손실 없이 이집트를 정복한 것이 자못 흐뭇했다. 게다가 모리를 이겼으니 금상첨화였다. 그러나 샤와르는 정권을 쥐자마자 느닷없이 태도를 바꾸었다. 누르 알 딘에게 언제 약속을 했냐는 듯 그는 시르쿠에게 되도록 빨리 이집트를 떠나라고 재촉했다. 살라딘의 숙부는 그 배은망덕한 처사에 머리끝까지 화가 치밀었다. 그는 이제 옛말이 된 동맹에게 자신은 떠나고 싶은 마음이 들 때까지 머물 것이라고 단호히 대답했다.

시르쿠의 고집이 보통이 아니라는 것을 알고는 있었으나 자신의 군대조차도 믿지 못하던 샤와르는 결국 예루살렘의 아모리에게 시리아 원정대를 몰아내 달라고 청했다. 프랑크 왕은 기다렸다는 듯 대답했다. 그렇지 않아도 이집트로 끼여들 구실을 찾고 있던 그에게 카이로 지도자의 도움 요청만큼 더 좋은 명분이 어디 있었겠는가? 1164년 7월, 프랑크군이 두 번째로 시나이 반도에 발을 들여놓았다. 시르쿠는 5월부터 진을 치고 있던 카이로 근교를 급히 떠나 빌바이스에 다시 진을 쳤다. 거기에서 그는 몇 주간에 걸친 적의 공격을 막아내고는 있었으나 사태는 가망이 없어 보였다. 자신의 근거지로부터 너무 멀리 떨어진 곳에서 프랑크군과 그들의 새 동맹인 샤와르에게 포위된 쿠르드족 장군은 오래 버틸 수 있으리라는 희망을 가질 수 없었다. 수년 후에 이븐 알 아시르는 이 상황을 이렇게 적고 있다.

**빌바이스의 돌아가는 모양새를 지켜보고 있던 누르 알 딘은 프랑크인들을 이집트로부터 몰아내기 위해 대규모 공격을 감행하기로 했다. 그는 모든 에미르들에게 지하드에 참여하자는 편지를 썼으며 안티오케이아에서 가까운 강력한 요새 하림을 공격하러 나섰다. 시리아에 남아 있던 모든 프랑크인들이 누르 알 딘과 맞서기 위해 이곳에 모여들었다. 그 중에는 안티오케이아의 영주인 보두앵 공작과 트리폴리스 백작도 있었다. 여기서 벌어진 전투에서 프랑크인들은 크게 패했다. 1만 명이 목숨을 잃었고 공작과 백작을 비롯한 지휘관 전원이 사로잡혔다.**

승리를 거두자마자 누르 알 딘은 십자가가 그려진 군기들과 전투에서 몰살당한 금발 기사의 머리 가죽을 벗겨 오게 했다. 그는 그 모두를 자루에 담아 가장 빈틈없는 부하에게 맡기면서 말했다. "이 길로 빌바이스로 가거라. 너는 그곳을 충분히 통과할 수 있을 것이니 이 전리품을 시르쿠에게 보여준 다음 이 말을 전하거라. 신이 우리에게 승리를 주셨다고. 그가 이것을 성벽 위에 진열한다면 그 모습을 본 저 불경스런 자들에게 두려움이 퍼져갈 것이다."

실제로 하림의 승리 소식은 이집트의 전세에 큰 영향을 미쳤다. 포위당한 이들의 사기는 크게 오른 반면, 프랑크인들은 팔레스타인으로 발길을 돌렸다. 르노의 뒤를 이어 안티오케이아의 왕이 된 젊은 보에몽 3세는 아모리가 없을 때 예루살렘의 국정까지 책임지고 있었다. 그런데 그의 생포와 부하들의 몰살 소식을 들었으니 프랑크 왕은 시르쿠와 타협을 모색하지 않을 수 없었다. 몇 번의 접촉을 시도한 끝에 두 사람은 동시에 이집트를 떠나기로 합의를 보았다. 1164년 10월, 아모리가 연안을 따라 팔레스타인으로 귀환했다. 한편 쿠르드족 장군은 자신이 원하는 길을 골라 2주도 안 걸려 다마스쿠스에 도착했다.

시르쿠는 큰 탈 없이 빌바이스를 떠나올 수 있었으니 그리 섭섭하지는 않았다. 그러나 6개월에 걸친 대규모 원정의 가장 큰 승리자는 뭐니뭐니해도 샤와르였다. 시르쿠를 이용해 정권을 되찾았을 뿐 아니라 아모리를 이용해서 그 쿠르드족 장군을 잠잠하게 만들었으니 말이다. 게다가 그 둘은 앞다투어 내빼기까지 했으니 이집트 전체의 지배권이 저절로 그에게 떨어진 셈이었다. 그 후 2년간의 공백기를 그는 자신의 권력을 다지는 데 쏟았다.

그러나 뒷일에 대해 마음을 놓을 수 있는 상황은 아니었다. 시르쿠가 자신의 배신을 그리 쉽게 용서할 인물이던가. 그 때부터 샤와르는 시리아로부터 정기적으로 정보를 수집하였다. 쿠르드족 장군이 재차 이집트 원정을 나서도록 누르 알 딘을 채근하고 있다는 소문이 들렸다. 그러나 장기의 아들은 섣불리 움직이지 않았다. 그는 그런 소강 상태가 불편하지 않았다. 중요한 것은 프랑크인들을 나일 강으로부터 멀리 묶어두는 일이었으니까. 특히 늘 그렇듯 한 번 말려들면 사태의 톱니바퀴로부터 빠져나오기는 쉽지 않은 일이었다. 시르쿠가 또다시 전광석화 같은 원정을 벌일지 몰라 전전긍긍하던 샤와르는 결국 아모리와 상호협력 조약을 맺는 것으로 준비를 했다. 이 사실을 안 누르 알 딘은 프랑크인들이 이집트 땅에 발을 들여놓는다면 즉시 무력 간섭을 할 수 있는 권한을 시르쿠 장군에게 부여했다. 시르쿠는 군대의 핵심 인물들을 뽑아 원정대를 구성했다. 그의 조카인 유수프도 그 중 하나였다. 그러자 시리아의 원정 준비에 겁을 먹은 카이로의 와지르는 이집트에 부대를 파견해 달라며 아모리를 졸랐다. 그리하여 해가 1167년으로 바뀐 지 얼마 되지 않은 어느 날, 나일 강으로 향하는 길이 다시 열렸다. 저마다 편한 길에서 출발한 프랑크 왕과 쿠르드족 장군은 거의 동시에 그 욕심나는 나라에 도착했다.

샤와르와 프랑크인들은 동맹군을 모아놓고 카이로 앞에서 시르쿠를 기다렸다. 그러나 시르쿠는 본인이 그 대면 방식을 정하고 싶었다. 알레포를 출발하여 기나긴 행군을 해온 그는 이집트 수도를 남쪽에서 빙 돌아 작은 배를 이용하여 나일 강을 건넌 다음, 멈추지 않고 그대로 북쪽으로 올라갔다. 적이 동쪽으로부터 오겠거니 하면서 기다리던 샤와르와 아모리는 난데없이 전혀 반대 방향에서 나타나는 그들을 보고 깜짝 놀랐다. 고약하게도 시리아 군은 카이로의 서쪽, 즉 기자의 피라미드 군락 근처에 진지를 구축하였다. 적은 강이 만들어준 천혜의 장애물을 방패로 분리되어 있었다. 단단히 구축된 진지에서 시르쿠는 와지르에게 전령을 보냈다. **자신의 본거지로부터 단절된 적 프랑크가 우리 사정권에 들어와**

**있소.** 그는 이렇게 썼다. **우리가 힘을 합쳐 놈들을 섬멸해 버립시다. 이처럼 좋은 기회는 다시는 없을 것이오.** 그러나 샤와르는 거절하는 것만으로는 분이 풀리지 않았다. 그 즉시 전령을 처형한 뒤 시르쿠의 편지를 아모리에게 보내 자신의 충심을 증명할 기회로 삼았다.

이런 우호적인 자세에도 불구하고 프랑크인들은 동맹자를 여전히 경멸하였다. 그들은 자신들이 더 이상 필요하지 않은 날에는 샤와르가 자신들을 배신하고도 남을 인물임을 알고 있었다. 그들은 이번에야말로 이집트에서 자신들의 세력을 확실히 다져놓기 위해 시르쿠를 위협할 만한 긴밀한 관계를 맺어놓을 때가 되었다고 믿었다. 아모리는 파티마 왕조의 칼리프가 몸소 날인한 카이로와 예루살렘 사이의 공식적인 동맹 관계를 요구했다.

아랍어에 정통한 기사 두 명이—당시 동방의 프랑크인들에게는 드문 일이 아니었다—알 아디드의 궁전을 방문했다. 이번에야말로 단단히 깊은 인상을 심어 주어야겠다고 다짐한 샤와르는 그들을 요란하게 꾸민 화려한 궁전으로 안내했다. 기사들은 수비대에 둘러싸여 일사천리로 그곳을 지났다. 이어 행렬은 한낮에도 빛이 새들어오지 않는 끝없이 이어진 아치형 천장 아래를 지나 섬세한 장식이 새겨진 큰 문 앞에 다다랐다. 그들이 현관을 지나자 또 다른 문이 나타났다. 온갖 장식을 한 수도 없이 많은 방들을 지난 뒤 샤와르와 방문객들은 황금빛 기둥들이 서 있고 대리석이 깔린 정원에 들어섰다. 한복판에 있는 연못에서는 금과 은으로 만든 분수대가 감탄을 자아내는가 싶더니 주위에는 아프리카 여러 곳에서 가져온 형형색색의 새들이 지저귀고 있었다. 수비대는 칼리프와 허물없이 지내는 환관들에게 이들을 인도했다. 이번에도 다시 수많은 방들을 지나자 길들인 야수들과 사자, 곰, 표범들이 어슬렁거리는 정원이 나타났다. 마침내 그들은 알 아디드의 궁전에 도착했다.

그들은 즉시 거대한 방으로 안내되었다. 벽 안쪽에 금과 루비, 에메랄드 등으로 장식한 비단 장막이 보였다. 샤와르는 그쪽을 향해 삼배를 올리고 차고 있던 칼을 바닥에 내려놓았다. 그러자 장막이 걷히더니 비단으로 몸을 감고 베일로 얼굴을 가린 칼리프가 비로소 모습을 나타냈다. 그리 다가가 그의 발 밑에 엎드린 와지르는 프랑크인들과의 동맹 계획을 알렸다. 열여섯 살밖에 안 된 칼리프는 와지르의 얘기를 조용히 듣고 나서 그의 정책에 경의를 표했다. 그런데 샤와르가 몸을 일으키려고 하는 순간, 두 프랑크인들이 동맹이 확고하다는 징표를 요구했다. 알 아디드를 둘러싸고 있던 신하들은 그 요구에 당황했다. 칼리프 자신도 매우 놀란 기색을 보이자 와지르가 재빨리 끼여들었다. 그는 예루살렘과의 협정은 이집트의 생사가 걸린 사안이라고 군주에게 설명했다. 그는 프랑크인들의 요구를 무례한 행동으로만 보지 말고 동방의 풍습에 대한 무지에서 오는 행동으로 이해해 달라고 간청했다.

마지못해 미소를 지은 알 아디드는 비단 장갑을 낀 손을 내밀면서 동맹을 존중하겠노라고 다짐했다. 그 때 프랑크인 특사 한 명이 칼리프를 제지했다. "맹세란 맨손으로 해야 하는 법이오. 장갑 낀 손은 언젠가 배신할지 모른다는 표시입니다." 기사의 요구에 다시 주변이 술렁거렸다. 대신들은 칼리프를 모독하는 행위라며 수군거렸고 무엄한 자들을 당장 벌주라고 했다. 그러나 이번에도 샤와르가 허겁지겁 중재에 나섰고 차분히 얘기를 듣던 칼리프는 장갑을 벗더니 맨손을 내밀면서 아모리의 사신들이 하는 말을 한 마디씩 따라하며 맹세를 했다.

이 희한한 회담이 끝나자마자 이집트와 프랑크 동맹군은 당시 남쪽으로 진군하고 있던 시르쿠 군을 격퇴하기 위해 나일 강을 건널 계획을 짰다. 아모리가 지휘하는 부대가 시리아 분견대를 뒤쫓았다. 살라딘의 숙부는 자신이 곤경에 처해 있다는 인상을 주고 싶었다. 자신의 가장 치명적인 약점이 본진과 단절되어 있는 것이라고 생각한 그는 추적자들도 같은 처지로 몰아넣을 심산이었다. 카이로를 출발한 지 일주일이 넘자 그는 돌연 군사들을 멈추게 했다. 그는 군사들을 향해 열띤 웅변을 토했다. 승리의 날이 마침내 왔다고.

1167년 3월 18일, 나일 강 서안의 알 바바인이라는 지역에서 두 진영은 마주쳤다. 고된 행군으로 만신창이가 된 두 군대는 단번에 모든 것을 끝장낼 기세로 덤벼들었다. 시르쿠는 살라딘에게 중앙 부대를 맡기면서 적이 공격을 해오면 곧장 후퇴하라는 명령을 내렸다. 아니나 다를까 아모리와 휘하 기사들이 그를 향해 몰려들자 살라딘은 후퇴하는 척했다. 그들은 살라딘을 계속 추격했다. 시리아 군대의 좌우 날개가 자신들의 퇴로를 이미 끊어버린 줄은 꿈에도 모른 채 말이다. 프랑크 군은 큰 손실을 입었고 아모리는 겨우 탈출할 수 있었다. 주력 부대 일부와 함께 카이로로 귀환한 아모리는 빠른 시일 내에 복수를 하겠다며 비장한 다짐을 했다. 그러나 샤와르와 합동으로 상이집트로 향하는 강력한 원정을 준비하고 있던 그에게 대경실색할 소식이 전해졌다. 시르쿠가 이집트에서 가장 큰 도시이자 이 나라의 북쪽 끝 지중해 연안의 알렉산드리아를 점령해 버렸다는 것이다!

알 바바인에서 승리를 거둔 다음날, 이 예측 불능의 쿠르드족 장군은 단 하루도 쉬지 않았다. 적이 전열을 채 가다듬기도 전에 번개 같은 속도로 이집트 영토를 종단하여 알렉산드리아로 의기양양하게 입성해 버린 것이다. 그렇지 않아도 프랑크인들과의 동맹을 달갑지 않게 여기고 있던 이 지중해 도시의 주민들은 시리아인들을 해방군이라도 된 듯 환영하였다.

시르쿠가 수행하는 엄청난 전쟁 속도를 따라잡는 것만으로도 벅찼던 샤와르와 아모리는 허겁지겁 알렉산드리아를 포위하러 왔다. 그러자 한 달째 식량난에 시달리고 있던 도시 주민들은 시리아의 원정대에게 선불리 문을 열어준 것을 슬슬 후회하기 시작했다. 프랑크 함대가 항구에 모습을 드러내자 상황은 더욱 절망적으로 보였다. 하지만 시르쿠는 패배를 인정하지 않았다. 그는 살라딘에게 지휘권을 맡긴 뒤 수백 명의 날랜 기병을 뽑아 밤을 틈탄 대담한 돌파전을 감행했다. 그는 밤낮을 가리지 않고 전속력으로 적진을 돌파한 끝에 상이집트까지 도달하였다.

한편 알렉산드리아에 대한 봉쇄는 날로 강화되었다. 기아에 역병까지 도는 데다 하루가 멀다하고 투석 공격까지 가해졌다. 스물아홉 살의 청년 살라딘의 책임은 실로 막중했다. 그러나 숙부가 시도한 교란 작전은 머지않아 결실을 거둘 터였다. 모리가 한시라도 빨리 이 원정을 마무리짓고 누르 알 딘이 계속 괴롭히고 있는 왕국으로 돌아가고 싶어 전전긍긍하고 있다는 것을 시르쿠가 모를 리 없었기 때문이다.

알렉산드리아를 봉쇄 상태로 내버려둔 채 남쪽에서 다시 전선을 구축한 쿠르드족 장군의 행동은 분쟁 상태를 언제까지라도 끌고 가겠다는 위협이나 다름없었다. 상이집트에서 그는 아예 수백 명의 무장 농민들을 규합하여 샤와르에 대항하는 반란군을 조직했다. 부대의 틀이 어느 정도 갖추어지자 그는 카이로로 접근하였고 아모리에게 능청스런 전갈을 보냈다. 이 시점에서 서로 용서하자는 내용이었다. 프랑크 왕이 사태를 냉정하게 판단해 보면 이 나라를 빼앗는다 해도 샤와르에게만 좋은 일을 시키는 것이라는 것을 알게 될 것이라고도 했다. 아모리는 그의 얘기에 끄덕거렸다. 그들은 즉시 휴전안에 서명했다. 프랑크 군은 알렉산드리아의 포위를 풀었고 살라딘은 비로소 마음 편하게 이 도시를 떠날 수 있었다. 1167년 8월, 꼭 3년 전의 모습을 재현하면서 두 군대는 제 나라로 출발하였다. 군의 정예가 복귀한 데 한숨을 돌린 누르 알 딘은 이집트 정벌 같은 소모전에는 다시는 말려들지 않고 싶었다.

그러나 이듬해, 운명의 장난인지 나일 강으로 향하는 길이 다시 열렸다. 카이로를 떠나면서 아모리는 동맹 협정이 잘 지켜지고 있는지 감시할 임무를 일부 기사들에게 맡겼다. 그 임무 중에는 도시의 성문들을 감시하며 샤와르가 예루살렘 왕국에 해마다 바치기로 한 조공 10만 디나르를 징수할 프랑크 관리들을 보호하는 것도 있었다. 외국 군대가 떠날 기미는 보이지 않는 데다 그처럼 과도한 세금까지 더해졌으니 주민들의 원성이 높아지지 않을 수 없었다.

점령군에 반발하는 여론이 차츰 확산되어 갔다. 이런저런 소문들이 나돌았다. 심지어 칼리프의 측근들 사이에서도 누르 알 딘과의 동맹이 차라리 낫겠다는 얘기가 나돌 정도였다. 샤와르가 모르는 새에 카이로와 알레포 사이에 전령들도 오갔다. 그러나 이 상황에 굳이 개입할 필요를 느끼지 않았던 장기의 아들은 예루살렘 왕의 반응을 지켜보기로만 했다.

카이로에 주둔하고 있던 프랑크 군과 관리들은 급속도로 번지는 불만을 모를 리 없던 터라 불안에 떨었다. 그들은 아모리에게 자신들을 도와달라고 호소했다. 왕은 처음에는 망설였다. 이성적으로는 카이로의 주둔군을 철수시키고 이집트 주변 지역을 중립화시키는 것이 옳았다. 그러나 그의 기질은 늘 이성을 앞질러 가곤 했다. 한시라도 빨리 "사라센을 박살내고" 싶어하는 서유럽 기사들이 최근 동방에 대거 도착한 점에 고무된 그는 1168년 10월, 네 번째 이집트 공격에 나서게 된다.

새로운 원정은 뚜렷한 이유도 없이 저질러진 피비린내 나는 학살극과 함께 시작되었다. 빌바이스를 함락시킨 서유럽인들은 남녀노소 가리지 않고 주민들을 죽이기 시작했다. 무슬림들은 물론 콥트파 그리스도교도들까지 죽임을 당했다. 이븐 알 아시르가 예리하게 지적했듯이 **프랑크인들이 빌바이스에서 잘 처신했더라면 그들은 세계에서 가장 손쉽게**

**카이로를 정복했을 것이다. 그 도시의 지배층은 이미 항복할 채비를 하고 있었다. 그런데 빌바이스에서 벌어진 참극을 알게 된 그들은 죽는 날까지 저항하기로 결심했다.** 실제로 침략자들이 접근해 오자 샤와르는 카이로의 구시가지에 불을 놓으라고 명령했다. 2만여 개의 항아리에 담긴 기름이 노점과 민가, 궁전, 사원에까지 뿌려졌다. 주민들은 새 시가지로 옮겨졌다. 10세기에 파티마 왕조가 건립한 새 시가지에는 궁전과 관청, 병영, 그리고 알 아자르 종교 대학 등이 밀집해 있었다. 무려 58일 동안이나 화염은 구 도시를 휩쓸었다.

그 동안 와지르는 망동을 그만두라고 설득하기 위해 아모리와의 접촉을 끈질기게 시도했다. 그는 어떻게든 시르쿠가 개입하지 않고 일이 마무리되기를 바랐다. 그러나 카이로에서 그의 입지는 점점 약해지고 있었다. 특히 칼리프 알 아디드는 누르 알 딘에게 하루속히 달려와서 이집트를 구해 달라는 친서를 띄움으로써 선수를 쳤다. 장기의 아들의 마음을 움직일 심산으로 파티마 왕조의 군주는 편지 안에 한 움큼의 머리카락까지 동봉했다. 칼리프는 썼다. **이것들은 내 여인들의 머리카락이오. 그대가 와서 프랑크인들로부터 당한 치욕을 씻어주길 애타게 바라고 있소.**

이 다급한 편지를 받은 누르 알 딘의 반응을 우리는 특별히 중요한 인물의 증언을 통해 알 수 있다. 다름 아닌 살라딘이다. 이븐 알 아시르가 인용한 그의 증언을 보자.

> **알 아디드의 호소를 들은 누르 알 딘은 나를 불러 저간의 사정을 설명했다. 그는 이렇게 말했다. "홈스로 가서 그대의 숙부인 시르쿠에게 신속히 이리로 오라 이르게. 이 일은 조금도 지체해서는 안 될 사안이니." 나는 알레포를 출발하였는데 때마침 이리로 오신 숙부님을 도시에서 멀지 않은 곳에서 만났다. 누르 알 딘은 숙부님에게**

**이집트로 떠날 준비를 하라 일렀다.**

쿠르드족의 장군은 조카에게 자신과 동행하자고 부탁했으나 살라딘은 거절했다.

**나는 알렉산드리아에 머물 때 당한 고초를 완전히 잊지 못하고 있다는 이유를 들어 거절의 답변을 드렸다. 그러자 숙부께서 누르 알 딘에게 말씀하셨다. "그래도 유수프는 나와 함께 가야 합니다!" 누르 알 딘은 거듭 명했다. 내가 처한 난처한 상황을 아무리 설명하려 해도 소용없었다. 누르 알 딘의 명령을 다시 받들 수밖에 없던 나는 흡사 형장에 끌려가는 사람처럼 떠날 수밖에 없었다.**

그러나 이번에는 시르쿠와 아모리 사이에 접전은 벌어지지 않았다. 그들에게 도시를 넘겨주느니 차라리 태워 버리기를 택한 카이로인들의 항전 의지 앞에서 기가 꺾인 데다 시리아 군에게 배후 공격을 당할지도 모른다는 두려움에 1169년 1월 2일, 프랑크 왕이 팔레스타인으로 말머리를 돌려 버린 것이다. 엿새 후에 카이로에 도착한 쿠르드족 장군은 구원자나 되는 듯 환영을 받았다. 일반 백성들뿐 아니라 파티마 왕조의 지배층도 마찬가지였다. 샤와르조차도 그의 도착을 기뻐하고 있는 듯했다. 그러나 사람들은 쉽게 속지 않았다. 비록 샤와르가 지난 몇 주 동안 프랑크인들에게 저항했다고는 하지만 사람들은 그를 여전히 프랑크인들과 한패로 여기고 있었으니 그로서는 그 대가를 치러야 할 판이었다. 1월 18일경, 매복 공격에 걸려든 그는 한 막사에 갇혀 있다가 칼리프의 윤허를 받은 살라딘의 손에 죽임을 당했다. 그 날 시르쿠가 와지르 자리를 승계하였다. 그런데 수놓은 비단옷을 입고 새로 머물 전임자의 거처로 들어선 시르쿠는 앉을 방석을 발견할 수 없었다. 샤와르가 죽었다는 소식이 전해지자마자 그의 전 재산이 순식간에 약탈당했던 것이다.

세 번의 원정 끝에 쿠르드족 장군은 이집트의 실질적인 통치자 자리에 올랐다. 그러나 행운의 여신은 마냥 후하지만은 않았다. 와지르 자리에 오르고 두 달밖에 되지 않은 3월 23일, 그 날 따라 유난히 푸짐한 식사를 마친 시르쿠가 호흡 곤란을 호소했다. 그는 불과 몇 초 후에 숨을 거두었다. 그것은 한 시대의 종말이자 또 다른 서사시의 서막이었다. 더욱 넓게, 그리고 끝없이 울려퍼질.

이븐 알 아시르는 적고 있다.

> **시르쿠가 죽자 칼리프 알 아디드의 조언자들은 유수프를 신임 와지르로 천거하였다. 그가 가장 젊은 데다 군대의 에미르들 중 경험도 가장 부족하고 무엇보다 세력이 가장 약하다는 이유에서였다.**

결국 살라딘은 칼리프의 왕궁에 불려가서 알 말리크 안 나세르, 즉 '승리하는 왕'이라는 칭호를 받았다. 더불어 그는 금실로 수놓은 흰색 터번과 이중으로 짠 진홍색 겉옷, 갖은 보석들이 박힌 검, 금과 진주로 장식한 고삐와 안장을 얹은 밤색 암말과 진귀한 보석들을 하사받았다. 궁전을 나선 그는 긴 행렬을 이끌고 와지르의 관저로 향했다.

몇 주만에 유수프는 와지르의 권한을 급속도로 회복시켰다. 그는 충성이 의심되는 파티마 왕조의 관리들을 축출한 뒤 측근들을 그 자리에 앉히는 한편 이집트 부대원들이 일으킨 소요를 가차없이 진압했다. 1169년 10월, 아모리가 이끄는 프랑크 군이 다섯 번째이자 마지막이 될 통한의 원정길에 올랐다. 나일 강 삼각주에 있는 다미에타 항을 점령하겠다는 희망으로 이집트 땅에 들이닥친 것이다. 그렇지 않아도 누르 알 딘의 수하가 파티마 제국의 수장 자리에 오르는 것을 초조히 지켜보고 있던 마누엘 콤네노스는 프랑크인들에게 비잔티움 함대를 지원하기로 약속했다. 그러나 그것은 부질없는 짓이었다. 지원할 전쟁 물자도 부족했고 동맹군조차 지원 제의를 거절했기 때문이다. 몇 주 후에 살라딘은 그들과 협상을 시작했고 사태가 지나치게 악화되기 전에 원정대를 철수하도록 설득하는 데 성공했다.

그 해 1169년이 끝나갈 무렵 유수프는 의심할 바 없는 이집트의 통치자가 되었다. 예루살렘의 아모리가 프랑크의 주적인 누르 알 딘에 대항하기 위해 시르쿠의 조카와 동맹을 맺기로 약속했던 것이다. 프랑크 왕의 낙관주의가 지나친 감이 있어 보이기는 하지만 사실 전혀 근거가 없는 것만은 아니었다. 실제로 살라딘은 자신의 주군과 급속도로 거리를 벌리고 있었다. 물론 그는 충성과 복종을 지속적으로 다짐하고는 있었으나 다마스쿠스나 알레포가 이집트에 직접적으로 권한을 행사할 수는 없었다.

살라딘과 누르 알 딘의 관계를 결정적으로 단절시킨 것은 참으로 극적인 사건이 계기가 되었다. 카이로에서의 권한을 확고히 다지고 있기는 했으나 유수프는 자신의 주군과 직접적으로 맞설 엄두는 내지 못하고 있었다. 장기의 아들이 그를 부르기라도 할 때면 그는 늘 그 부름을 회피하곤 했다. 함정에 걸려들 위험 때문이 아니라 주군과 마주하면 그 자신이 나약해질 것이 두려웠기 때문이었다.

둘 사이에 처음으로 심각한 위기가 닥친 것은 1171년 여름이었다. 누르 알 딘이 젊은 와지르 살라딘에게 파티마의 칼리프를 폐하라는 명령을 내린 것이다. 순니파 무슬림이었던 시리아의 통치자는 이른바 '세습' 왕조의 정신적인 권위가 자신이 다스리는 땅에서 여전히 행사되는 상황을 받아들일 수 없었다. 그는 이 입장을 전하는 전령을 살라딘에게 수 차례 보냈다. 그러나 살라딘은 계속 주저하고 있었다. 주로 시아파인 민심과 맞서는 것도 내키지 않았지만 파티마 왕조의 지도층과 멀어지는 것도 싫었기 때문이다. 게다가 와지르의 권한에 정통성을 부여해 주고 있는 것이 다름 아닌 칼리프 알 아디드임을 알고 있던 그는 칼리프를 폐위시킴으로써 이집트에서 자신의 권력을 공식적으로 보장해 주는, 다시 말해 누르 알 딘의 대리인으로 만들어 준 후원자를 잃고 싶지 않았던 것이다. 마침내 그는 누르 알 딘의 채근에서 열렬한 종교적 행동보다는 정치적인 의미가 더 짙음을 읽었다. 8월에 이르자 시아파 칼리프를 폐위하라는 시리아 통치자의 요구는 협박조로 변했다.

궁지에 몰린 살라딘은 적대적인 민심을 다스릴 채비를 하면서 칼리프의 폐위를 공포할 준비까지 하였다. 그러나 막상 행동에 옮기는 것은 여전히 주저했다. 당시 중병을 앓고 있던 갓 스무살 된 알 아디드와의 우정을 떠올릴 때 칼리프의 신뢰를 차마 배반할 수가 없었던 것이다. 1171년 9월 10일 금요일, 카이로를 방문한 한 모술 사람이 사원을 찾았다. 그는 연단에 올라가서 파티마 왕조가 아니라 아바스 왕조의 칼리프 이름으로 기도를 올렸다. 그런데 희한하게도 그 순간에도, 그 이후에도 누구도 반발을 하지 않았다. 그는 살라딘을 궁지에 몰아넣으려고 누르 알 딘이 보낸 첩자였을까? 가능한 추정이다. 어쨌거나 그 사건이 있자 살라딘도 정리에 이끌려 마냥 결정을 미루고 있을 수만은 없게 되었다. 일주일 후, 기도 시간에 더 이상 파티마 왕조를 언급하지 말라는 명령이 공포되었다. 그 때 알 아디드는 혼수상태에서 깨어나지 못한 채로 죽어가고 있었는데 유수프는 그에게 소식을 알리지 말도록 손을 썼다. 그는 말했다. "혹시 그가 회복된다면 언젠가는 그 소식을 알게 될 것이요, 그렇지 않다면 그가 고통 없이 죽게 놔두거라." 실제로 얼마 지나지 않아 알 아디드는 세상을 떴다. 자신의 왕조의 슬픈 종말을 알지 못한 채.

한때 영광을 누렸던 시아파 칼리프가 두 세기에 걸친 치세를 마감하자 아사신파의 낙담이 얼마나 컸을지는 예상하고도 남을 일이다. 파티마 왕조가 무기력 상태에서 벗어나 시아파의 새로운 황금기를 열기를 바랐던 하산 이븐 알 사바흐의 꿈이 영영 사그라지는 것을 본 그들은 아연실색했다. 특히 시리아에 있던 조직의 지도자인 "산의 장로" 라시드 알 딘 시난은 아모리에게 자신과 동조자들 모두 그리스도교로 개종할 준비가 되어 있다는 전갈을 보내기도 하였다. 당시 아사신파는 중부 시리아의 요새 몇 곳과 마을 등지에서 상대적으로 평온한 날들을 보내고 있었다. 수 년 전부터 그들은 대규모 작전 같은 것은 포기하고 있는 듯 보였다. 물론 라시드의 휘하에는 완벽하게 훈련된 암살단과 열렬한 설교자들이 있었으나 그 일파의 구성원 중 많은 수가 이미 성전 기사단의 권위에 복종하면서 정기적으로 세금을 바치는 충실한 농부로서 살아가고 있었다.

그 "산의 장로"가 개종을 약속한 데에는 무엇보다도 비그리스도교도들만이 바쳐야 했던 공물을 면제받기를 바라는 마음이 컸다. 그러나 자신들의 소득이 줄어드는 것이 반가울 리 없었던 성전 기사단은 아모리와 아사신파 사이의 협정을 못마땅하게 여겼다. 협정이 기정 사실이 될 무렵, 그들은 훼방을 놓기로 결심했다. 1173년 어느 날, 왕을 만나고 돌아오던 라시드의 특사들이 성전 기사단의 매복에 걸려 모조리 죽고 말았다. 그 날 이후 아사신파의 개종을 입에 올리는 이는 아무도 없었다.

이 일화와는 별도로 파티마 왕조 칼리프의 몰락은 예상 밖의 중요한 결과를 몰고 왔다. 살라딘에게 그 때까지 갖지 못했던 정치적 권한을 가져다 준 것이다. 누르 알 딘이 그런 결과를 바랐을 리는 없다. 칼리프가 사라지자 시리아 통치자의 단순한 대리인에 머물 줄 알았던 유수프가 이집트의 실질적인 군주이자 몰락한 왕조가 모아놓은 엄청난 보물의 관리자로 부상해 버린 것이다. 두 사람 사이가 더 험악해지기 시작한 것은 그 즈음부터였다.

이 일이 벌어진 직후, 살라딘은 예루살렘 동쪽에 있는 프랑크 군 요새인 샤우바크를 향해 대담한 원정길에 나섰다. 요새의 수비대로부터 곧장 항복을 받아낼 기미가 보이던 순간, 살라딘은 누르 알 딘이 군사를 이끌고 그 작전에 개입하러 오고 있다는 소식을 듣는다. 그러자 유수프는 부하들에게 곧장 진지를 철수하여 카이로로 전속력으로 귀환하라는 명령을 내렸다. 그는 누르 알 딘에게 편지를 보내 이집트에서 돌발 사태가 발생하여 급히 출발할 수밖에 없었다는 핑계를 댔다.

그러나 누르 알 딘이 쉽게 속아넘어갈 사람이던가. 그는 반역과 다름없는 불충을 비난하면서 몸소 이집트로 가서 국정을 장악하기로 다짐했다. 초조해진 살라딘은 가까운 조력자들을 불러모았다. 그 중에는 와지르의 부친인 아이유브도 있었는데 그는 누르 알 딘이 위협을 행사할 경우, 그의 주장을 수용하는 태도를 취하라고 조언했다. 그러자 일부 에미르들이 장기의 아들과 맞서 싸울 채비가 되어 있다고 큰소리쳤고 살라딘도 그들의 의견에 동조하는 듯했다. 그 때 아이유브는 분노로 부들부들 떨면서 그들을 가로막았다. 그는 유수프가 철없는 아이라도 되는 듯 호통을 쳤다. "나는 네 아비다. 여기서 너를 진정 사랑하는 사람이 있다면 그건 바로 나일 것이다. 누르 알 딘이 온다면 내가 그에게 머리를 조아리고 그의 발 밑에 입맞추는 것을 누구도 막을 수 없음을 알거라. 그가 내 손으로 네 목을 베라고 명한다면 내 그리할 것이다. 이 땅은 그의 것이니까. 그러니 너는 그에게 이런 글을 써 보내야 할 것이다. 주군께서 이집트로 원정대를 파견하신다는 것을 알고 있습니다만 그러실 필요가 없을 것입니다. 이 땅은 당신의 것이기 때문입니다. 내가 당신 앞에 겸허하고 복종하는 사람으로 나서기를 바라신다면 심부름꾼 한 명이나 낙타

한 마리만 보내도 족할 것입니다."

회의가 끝나자 아이유브는 아들을 따로 불렀다. "신의 이름을 걸고 말하겠다. 누르 알 딘이 네 영토에 손을 대려 한다면 나는 죽을 때까지 그와 맞서 싸울 것이다. 헌데 어찌하여 그처럼 야심을 드러내는 것이냐? 시간은 너의 편이다. 신의 뜻대로 흘러가게 놔두거라!" 그 뜻을 깨달은 유수프는 부친의 조언대로 시리아로 사절을 보냈다. 그제야 마음을 놓은 누르 알 딘은 마지막 순간에 징벌 원정을 포기하기로 결정했다. 그러나 이 일이 경종이 되었는지 살라딘은 형제인 투란 샤를 예멘으로 급히 보냈다. 아랍의 남서부 산간 지대를 장악하여 아이유브 가문의 지배를 받게 하라는 임무를 맡겼는데 혹시나 장기의 아들이 다시 이집트 통치를 꿈꿀 때 피난 장소를 마련해 두자는 생각에서였다. 투란 샤는 큰 저항 없이 예멘의 항복을 받아냈다. "누르 알 딘 왕의 이름으로."

샤우바크에서의 어색한 만남이 있은 지 2년이 지난 1173년 7월, 비슷한 사건이 다시 벌어졌다. 살라딘이 요르단 동부를 치러 출발했다가 공교롭게도 군사를 모아 출발한 누르 알 딘과 딱 마주친 것이었다. 그러나 이번에도 군주와 정면으로 맞붙을 일이 두려웠던 와지르는 부친이 위독하다는 이유를 들어 이집트로 말머리를 돌렸다. 실제로 아이유브는 낙마 사고 후 혼수 상태에서 깨어나지 못하고 있었다. 그러나 이번에는 누르 알 딘도 또 다른 핑계를 너그러이 받아들여줄 생각이 없었다. 8월에 아이유브가 세상을 뜨자 누르 알 딘은 자신이 전폭적으로 믿을 만한 인물이 이집트에는 한 명도 남지 않았다는 사실을 깨달았다. 더불어 자신이 이집트의 내정에 직접 관여해야 할 순간이 왔음도.

**누르 알 딘은 이집트를 쳐서 살라흐 알 딘 유수프를 끌어내릴 준비를 시작했다. 그는 살라흐 알 딘이 프랑크인들과 싸우는 것을 피해 온 것은 자신과 프랑크인들이 동맹을 맺는 것을 두려워하기 때문이라고 확신**

**했다.** 이 사태가 벌어질 무렵 열네 살이었던 이븐 알 아시르의 기록을 보면 그가 다분히 누르 알 딘의 편에 서서 얘기하고 있음을 알 수 있다. **유수프는 누르 알 딘과 직접 이웃하기보다는 차라리 프랑크인들과 국경을 마주하는 편을 바랐다. 누르 알 딘은 모술에 편지를 보내 군사들을 보내줄 것을 요청하였다. 그런데 누르 알 딘이 이집트를 향한 행군을 준비하고 있는 동안, 신께서 거역 못할 명을 내리셨다.** 시리아의 통치자가 앓아눕게 된 것이다. 심한 인두염의 일종이었다. 의사들은 그에게 피를 뽑아낼 것을 권했으나 그는 한사코 거부했다. "예순 살이나 된 노인에게서 어찌 피를 뽑는단 말인가." 하고 말하면서. 다른 처치를 시도했으나 효험이 없었다. 마침내 1174년 5월 15일, 누르 알 딘 마흐무드의 서거 소식이 다마스쿠스에 공표되었다. 시리아를 무슬림의 깃발 아래 통일시키고 아랍 세계로 하여금 점령자들과 결사 항쟁을 준비하게 한 성왕이 세상을 뜬 것이다. 저녁 기도 시간이 되자 사원마다 사람들이 몰려들어 그를 기리며 꾸란을 낭송하였다. 비록 그의 말년은 살라딘과의 분쟁으로 얼룩졌지만 살라딘은 경쟁자이면서 그의 유업을 더욱 잘 이어가는 인물로 부상하게 될 터였다.

그러나 당장에는 적개심에 불타 있던 고인의 친척들과 측근들은 유수프가 칼리프의 사망 뒤에 생길 혼란을 틈타 시리아를 침략할까 봐 전전긍긍하였다. 시간을 벌 요량으로 그들은 카이로에 그 소식을 전하는 것을 늦추기로 했다. 그러나 여기저기에 협력자를 심어두었던 살라딘은 치밀한 의도를 담은 편지를 비둘기 편으로 다마스쿠스로 보내왔다. **통치자 누르 알 딘에 대한 소식이 저주받을 적의 편에서 우리에게 들어왔소. 혹시라도, 그런 일이 있어서는 안 되겠지만—신께서 허락하지 않으시겠지만—마음속에 분열이 자라게 하는 일은 피해야 할 것이며 무분별이 정신을 사로잡게 해서도 안 될 것이오. 적이 그것을 이용할 테니 말이오.**

이런 화해성 발언에도 불구하고 살라딘의 부상을 바라보는 적대적인 시각은 쉬이 사그라지지 않을 터였다.

# 10장 관대한 군주

**유수프, 그대는 너무 멀리 갔다. 경계를 넘어 버렸다. 누르 알 딘의 시종에 불과한 그대가 이제 와서 혼자 권력을 독차지하려 하는가? 그대는 망상을 가져선 안 된다. 밑바닥에서 끌어올려 준 것이 우리가 아니더냐. 우리는 그대를 다시 밑바닥으로 끌어내릴 수도 있다!**

몇 년 후 알레포의 상류층이 살라딘에게 보낸 이 경고가 엉뚱하게 보일지도 모르겠다.[1] 그러나 1174년경, 그러니까 카이로의 통치자가 동방 아랍의 주요 인물로 막 부상하기 시작하던 무렵에 그의 가치를 누구나 다 인정하지는 않았던 모양이다. 누르 알 딘의 측근들은, 그가 살아 있을 때나 죽은 후에도 더 이상 유수프라는 이름을 입에 올리지 않았다. 살라딘을 칭할 때 사람들은 "벼락 출세자"라느니, "배은망덕한 자", "배신자", 가장 흔하게는 "건방진 자"라고 불렀다.

뻔뻔스런 자, 인간 살라딘은 그렇게 되지 않으려고 경계했지만, 그의 운은 분명 그러했다. 그의 적수들의 심기를 불편하게 한 것도 바로 그 점이었다. 서른여섯 살의 이 쿠르드족 장교는 애초에는 야심가라고 볼 수 없는 사람이었다. 그의 초기 모습을 지켜본 이들은 그가 여러 에미르

중 하나로 만족할 사람이라는 것을 알고 있었다. 운명에 마지못해 떠밀려 무대 한가운데로 던져지지만 않았다면.

이집트 정복도 그의 의사와는 상관없이 떠밀려 출발한 것이었고 실제로 그의 역할은 미미했다. 그러나 스스로를 낮추는 그 겸손함 때문에 그는 권력의 정점까지 끌어올려진 것이었다. 그는 파티마 왕조의 종식을 차마 선언하지 못했다. 그런데 강제로나마 결정을 내릴 수밖에 없게 되었을 때 그는 가장 부유한 무슬림 왕조의 후계자가 되어 버린 것이다. 누르 알 딘이 그를 제자리로 다시 부르려고 했을 때 살라딘은 저항할 필요조차 없었다. 그의 주군은 죽어가고 있었으니 말이다. 겨우 열한 살짜리 계승자 알 살리흐를 남겨둔 채.

누르 알 딘이 죽은 지 두 달도 채 못된 1174년 7월 11일, 이번에는 이질에 걸려 아모리가 세상을 떴다. 막강한 시칠리아 함대의 지원을 등에 업고 이집트 공격을 다시 준비하던 차였다. 아모리는 예루살렘 왕국을 아들인 보두앵 4세에게 물려주었다. 그러나 열세 살의 소년은 나병이라는 가장 끔찍한 저주를 받았다. 이제 동방에서 살라딘의 부상을 제지할 만한 세력은 단 하나밖에 없었다. 바로 룸의 황제 마누엘이었다. 사실 그는 언젠가는 시리아의 권좌에 올라 프랑크인들과 손을 잡고 이집트를 침공할 꿈을 꾸고 있었다. 그러나 1176년 9월, 살라딘에게 베풀어진 일련의 행운을 완성시켜 주기라도 하듯 누르 알 딘에 의해 근 15년간 힘을 쓰지 못하던 비잔티움 군대가 미리오케팔론에서 클르츠 아르슬란의 아들에게 패하고 만다. 동방의 그리스도교 제국이 무정부 상태가 된 뒤 얼마 지나지 않아 마누엘도 세상을 떴다.

일련의 예기치 않는 사건들에서 하늘의 도움을 읽었던 살라딘의 찬사가들을 비난할 수 있을까? 유수프 자신은 그 행운을 독점할 생각은 하지 않았다. 그는 늘 감사하는 일에 신경을 썼다. 신의 뜻이라는 말 뒤에 항상 "숙부이신 시르쿠" 또는 "나의 주군인 누르 알 딘"을 내세웠다. 살라딘이 위대한 인물이 된 데는 바로 그 겸허함이 한몫 했다는 점은 부인하기 어렵다.

**하루는 피로를 느낀 살라흐 알 딘이 휴식을 취하고 싶어했다. 그 때 한 맘루크가 와서 서류를 내밀며 서명을 요구했다. "난 지금 너무 피곤하네." 술탄이 말했다. "한 시간 후에 다시 오게나!" 그러나 맘루크는 물러가려 하지 않았다. 그는 종이를 살라흐 알 딘의 코앞까지 들이밀며 말했다. "왕께서 서명하셔야 합니다!" 술탄은 대답했다. "지금 잉크병도 없지 않나!" 왕은 막사의 입구 쪽에 앉아 있었는데 맘루크는 안쪽에 있는 잉크병을 가리키며 말했다. "잉크병이 저기 있지 않습니까, 저 안쪽에." 그 말은 왕에게 몸소 잉크병을 가져오라는 얘기였다. 그러자 술탄은 몸을 돌려 잉크병을 보더니 말했다. "어이구, 저기 있었구먼!" 그는 왼팔로 몸을 지탱하면서 오른손을 뻗어 잉크병을 집었다. 그리고 서류에 서명을 하였다.**

살라딘의 전기 작가이자 전속 비서였던 바하 알 딘[2]이 전해주는 이 일화는 충격적일 만치 당시는 물론이고 여느 시대의 군주들과도 전혀 닮지 않은 왕의 모습을 보여주고 있다. 바하 알 딘이 말하고자 한 것은 힘있는 자들 중에서도 가장 힘있는 자가 되었을 때도 약한 자들과 함께할 줄 아는 살라딘의 겸허함일 것이다. 당대의 연대기 저자들도 물론 왕의 용기와 정의로움, 지하드에 대한 열정 등을 많이 강조하고는 있지만 살라딘의 감동적이며 인간적인 측면을 줄곧 묘사하고 있다. 바하 알 딘은 쓰고 있다.

프랑크인들과 전투가 한창이던 어느 날, 살라흐 알 딘은 측근들을 불렀다. 그는 방금 읽었음 직한 한 편지를 쥐고 있었다. 그는 무언가 말하려다가 울음을 터뜨렸다. 이 모습을 본 우리도 눈물을 흘리지 않을 수 없었다. 영문도 모른 채 말이다. 마침내 그는 울먹이는 목소리로 말했다. "내 조카 타키 알 딘이 죽었답니다!" 그는 다시 뜨거운 눈물을 펑펑 쏟았다. 우리도 마찬가지였다. 나는 정신을 추스른 뒤 말했다. "지금 우리가 어떤 싸움을 수행하고 있는지 잊어서는 안 됩니다. 이렇게 눈물이 흐르도록 내버려둔 것에 신께 용서를 구합시다." 살라흐 알 딘도 맞장구쳤다. "맞아. 신은 날 용서해 주실 걸세! 아무렴, 그렇고 말고!" 그는 이 말을 수 차례나 거듭하면서 덧붙였다. "이 얘기가 알려지면 안 될 텐데!" 그러더니 장미수를 가져오게 하여 눈을 축였다.

살라딘의 눈물은 가까운 이들이 죽었을 때만 볼 수 있는 것이 아니었다. 바하 알 딘의 기록이다.

프랑크 군과 대적할 때였다. 나는 술탄의 곁에서 말을 타고 가고 있었는데 정찰병이 가슴을 쥐어뜯으며 우는 한 여인을 데리고 우리에게 왔다. "이 여인은 프랑크족 사람인데 왕을 만나고 싶다기에 데려왔습니다." 살라흐 알 딘은 통역관에게 그 연유를 묻게 하였다. 여인이 말했다. "어제 무슬림 떼강도가 우리 천막에 들이닥쳐서 내 딸을 끌고가 버렸습니다. 밤새 울고 있는데 우리 편 대장이 말했어요. 무슬림 왕이 인정 많다고 소문났더라. 너를 그리 가게 해줄 테니 그를 만나서 네 사정을 얘기하거라. 그래서 전 이리로 왔습니다. 왕한테 모든 희망을 걸고요." 살라흐 알 딘은 여인을 불쌍히 여긴 나머

**지 눈물까지 글썽거렸다. 그는 노예 시장에 사람을 보내 여인의 딸을 찾아보게 했다. 잠시 후 한 기병이 아이를 들쳐업고 나타났다. 여인은 아이를 보자마자 땅바닥에 실신하듯 쓰러졌다. 모래와 눈물로 뒤범벅된 모습으로 우는 여인을 본 모든 이들의 눈시울이 뜨거워졌다. 여인은 하늘을 올려다보더니 알아들을 수 없는 말들을 중얼거리기 시작했다. 우리는 아이를 넘겨주었고 프랑크인들의 막사로 데려다 주었다.**

살라딘을 잘 알고 있는 사람들은 이구동성으로 그의 외모를 이렇게 묘사하였다. 작고 가냘픈 몸에 단정하게 수염을 길렀다고. 그들의 얘기를 종합해 보면 살라딘은 사색적인 표정에 약간은 침울해 보이는 인상을 하고 있었던 듯하다. 그러면서도 상대방을 편하게 해주는 미소를 지으면 순식간에 얼굴이 환해졌다고 한다. 그는 늘 손님에게 상냥했다. 음식을 자꾸 권했으며 그들의 요구는 되도록 들어주려 했다. 비록 불경을 저지른 자들일지라도 모든 예의를 갖추어 대접했다. 자신을 찾아오는 이들이 실망스럽게 돌아가는 것을 용납하지 못했던 그의 이런 성격을 때로 이용하는 자들도 있었다. 한번은 프랑크인들과 휴전 협상을 벌이던 때였다. "브린스 아르나트" 즉 안티오케이아 공이 느닷없이 살라딘의 막사 앞에 나타났다. 그는 술탄이 4년 전에 점령한 지역을 내놓으라고 요구했다. 그러자 술탄은 그렇게 했다는 것이다!

그러고 보면 살라딘의 너그러움이 더러는 무분별하게 보이기도 했나 보다. 바하 알 딘은 쓰고 있다.

**왕의 재무관들은 돌발 사태에 대비하여 얼마간의 돈을 몰래 숨겨두곤 했다. 혹시 왕이 여분의 금액이 남아 있다는 것을 알게 되는 날**

**에는 즉시 다 써 버릴 것이 분명했기 때문이다. 이렇게 조심을 했는데도 술탄이 죽었을 때 왕국의 국고에는 겨우 티레에서 온 금괴 한 개와 은화 47디르함밖에 남아 있지 않았다.**

주변에서 그의 낭비를 탓할 때면 살라딘은 태연자약하게 미소지으며 이렇게 대답했다. "재물 보기를 모래같이 하는 사람도 있지요." 실생활에서도 그는 부와 화려함을 지독히 경멸했다. 파티마 왕조 칼리프들의 호화찬란한 궁전들이 자신의 소유물이 되었으나 그는 다른 에미르들을 그곳에 살게 하였다. 대신 자신은 와지르에게나 어울릴 좀 더 수수한 거처를 택했다.

하지만 그것은 살라딘과 누르 알 딘의 여러 공통점 중에서 겨우 한 가지 사례에 불과했다. 물론 그의 반대파는 그에게서 어쭙잖게 주인을 모방하려는 모습만을 보았을 것이다. 그러나 알고 보면 그는 남들과 어울리는 데, 특히 군인들과의 관계에서 주군보다 더욱 친밀한 모습을 보여주었다. 물론 그도 종교적 계율을 중시했으나 장기의 아들을 다소 편협하게 보이게 했던 유달리 엄격한 종교 계율 같은 것을 강요하지는 않았다. 살라딘도 누르 알 딘만큼 자신에게 엄격한 편이었다고 말할 수 있다. 그러나 남에게는 비교적 관대한 편이었던 그도 이단자들이나 프랑크인같이 이슬람을 모독하는 경우에는 자신의 주군보다 더 인정사정없었다.

성격은 비록 상이한 측면이 있었으나 살라딘은 누르 알 딘에게서 영향을 크게 받았다. 특히 재위 초창기에는 진정한 후계자임을 보여주기 위해 누르 알 딘이 추진했던 과업을 중단 없이 이어갔다. 그것은 강력한 선전 도구를 동원하여 아랍 세계를 통일하고 빼앗긴 땅, 특히 예루살렘을 탈환하기 위해 윤리적, 군사적으로 무슬림들을 일어서게 하는 일이었다.

1174년 여름, 다마스쿠스에서는 누르 알 딘의 아들, 젊은 알 살리흐를 중심으로 에미르들이 모였다. 살라딘을 견제할 최선의 방책을 의논하던 끝에 프랑크인들과 손을 잡자는 얘기까지 나왔다. 카이로의 새 지도자는 그들에게 도전적이라 할 수 있을 내용의 편지를 보냈다. 살라딘은 누르 알 딘과 자신의 분쟁을 교묘하게 은폐하면서 자신이야말로 선왕의 유업을 이어받을 인물이며 그의 유산을 충직하게 지키는 인물로 묘사했다. 살라딘은 이렇게 썼다.

> **만약 작고하신 우리의 왕이 그대들 가운데에서 나만큼 믿을 만한 사람을 찾아내셨더라면 그의 영토 중 가장 중요한 이집트를 그에게 주지 않았겠소? 그 점을 명심합시다. 누르 알 딘이 그토록 일찍 서거하지 않았더라면 당신의 아들을 맡기고 그를 지키게 했을 이는 바로 나라는 것입니다. 허나 그대들이 주인과 아들을 섬길 유일한 사람들인 것처럼 행동하면서 나를 배척하려는 것을 압니다. 그러나 나는 곧 돌아올 것이오. 주인을 업적을 기리고 그가 남겨둔 과업을 성취할 것이오. 그리고 그대들의 비행을 낱낱이 밝혀 벌 줄 것입니다.**

이 편지만 보면 지난날의 조심스러운 모습은 찾아보기 쉽지 않다. 마치 누르 알 딘이 사라지자 기다렸다는 듯 오랜 세월 동안 눌러두었던 호전성이 고삐가 풀린 것처럼 보인다. 편지의 분위기가 심상치 않았던 것은 이유가 있었다. 살라딘은 이 편지를 시발로 무슬림 시리아의 정복을 개시했기 때문이다. 이 편지를 보낸 1174년 10월, 카이로의 통치자는 7백 명의 기마병을 이끌고 벌써 다마스쿠스로 향하고 있었다. 시리아의 도시 국가를 포위하기에는 턱없이 부족한 수였으나 그는 나름대로 기대하는 것이 있었다. 아니나 다를까 그가 보낸 편지의 예사롭지 않은 강경한 어조에 겁부터 먹은 알 살리흐와 그의 측근들은 알레포 쪽으로 후퇴하기로 결정했다. 당시 "시르쿠 길"이라고 부르던 길을 이용해 수월하게 프랑크인들의 지역을 지난 살라딘은 10월 말에 다마스쿠스 성문 앞에 도착했다. 그의 가문과 연결된 사람들이 그를 환영하며 서둘러 문을 열었다.

피를 흘리지 않고 얻은 승리에 고무된 살라딘은 질주를 계속했다. 형제 한 명에게 다마스쿠스의 수비를 맡긴 뒤, 그는 시리아 중부로 말머리를 돌려 홈스와 하마를 연달아 점령했다. 이븐 알 아시르에 따르면 이 속결전을 치르면서 **살라딘은 누르 알 딘의 아들인 알 살리흐 왕의 이름으로 행동하는 척했다. 그는 프랑크인들에 맞서 왕의 영토를 지키는 것이 목적이라고 말하곤 했다.** 장기 왕조에 충성을 바친 모술의 역사가로서는 살라딘이 달가울 리 없었을 것이다. 이븐 알 아시르는 살라딘의 이중성을 비난하고 있는데 그의 판단이 전혀 그르다고 할 수는 없다. 왕위 찬탈자로 보이고 싶지 않았던 유수프가 알 살리흐의 보호자로 자처했기 때문이다. 살라딘은 이렇게 말했다. "어쨌거나 이 소년이 홀로 통치를 하게 놔둘 수는 없는 노릇이다. 그에게는 스승이나 섭정자가 필요하다. 그 역할을 수행하기에 나만한 적임자는 없다." 그는 알 살리흐에게 충성을 맹세하는 서신을 수 차례나 보낸 것은 말할 것도 없고 카이로와 다마스쿠스의 사원에서 알 살리흐의 이름으로 기도를 올리게 하고 동전에 그의 얼굴을 새겨 넣게도 하였다.

어린 군주는 이런 행동을 완전히 무시했다. 살라딘이 "조언자들의 해로운 영향으로부터 알 살리흐 왕을 보호"한다는 구실을 내세워 알레포를 포위하러 도착한 1174년 12월에 누르 알 딘의 아들은 도시의 주민들을 모아놓고 감동 어린 연설을 했다. "신은 물론 사람들마저 무시하고 이 나라를 내게서 빼앗으려는 저 불충하고 배은망덕한 자를 보시오! 홀로 남겨진 나는 부왕을 그리 사랑한 그대들에게 내 보호를 기대하는 수밖에 없소." 크게 감동받은 알레포인들은 그 "악랄한 자"가 완전히 무릎 꿇을 때까지 저항하기로 결의를 다졌다. 알 살리흐와 직접 부딪히기를 꺼렸던 살라딘은 결국 포위를 풀었다. 대신 그는 스스로 "이집트와 시리아의 왕"임을 선포하고 더 이상 어떤 군주의 지배도 받지 않겠다고 다짐했다. 이후 연대기 저자들은 그를 술탄이라는 칭호로 불렀으나 그 자신은 그 직함을 절대로 입에 올리지 않았다. 살라딘은 그 후에도 여러 번 알레포의 성벽 아래 모습을 나타냈지만 누르 알 딘의 아들과는 검을 맞대지 않았다.

지속적인 위협으로부터 벗어날 궁리를 하던 알 살리흐의 조언자들은 아사신파의 도움을 받기로 했다. 그들은 라시드 알 딘 시난과 접촉하기 시작했다. 그는 알레포로부터 유수프를 멀리 떼어놓겠다고 약속했다. 그 "산의 장로"가 바란 것은 오로지 파티마 왕조의 파괴자와 결판을 내는 것이었다. 1175년이 되자 그들은 첫 번째 시도를 행했다. 살라딘의 진영에 숨어든 아사신 무리는 살라딘의 막사에까지 도달했다. 그 때 한 에미르가 그들을 알아보고 길을 막았다. 에미르는 심하게 다쳤으나 위험을 알렸다. 그 즉시 경비병들이 달려왔고 격렬한 싸움 끝에 바티니들은 모조리 죽임을 당했다. 그러나 이들의 만행은 여기서 끝나지 않았다. 이듬해인 1176년 5월 22일, 살라딘이 알레포 지역으로 원정을 갔을 때였다. 아사신 조직원 한 명이 그의 막사에 침입해서 그의 머리를 향해 단도를 날렸다. 다행히 지난번에 공격당한 이후로 술탄은 투구 안에 쇠사슬 머리쓰개를 착용하고 있었다. 그러자 암살자는 술탄의 목 부분을 겨냥했다. 그러나 이번에도 칼은 꽂히지 않았다. 살라딘은 두꺼운 천으로 만든 긴 튜닉을 입고 목 부분을 특별히 쇠사슬 갑옷으로 덧대었던 것이다. 곧바로 수하 에미르 한 명이 들이닥쳐서 암살자를 붙잡아 땅바닥에 눕혔다. 그러나 살라딘이 채 몸을 일으키기도 전에 두 번째, 세 번째 암살자가 달려들었다. 그러나 호위병들이 이미 당도한 뒤였고 암살자들은 다시 죽임을 당했다. 살라딘은 이번에도 상처를 입지 않은 것에 스스로 놀라면서 어수선한 막사를 정신 없이 빠져나왔다.

정신을 수습한 살라딘은 시난이 십여 개의 요새를 다스리고 있는 아사신파의 본거지 시리아 중부를 치기로 결심했다. 살라딘은 가파른 산꼭대기에 지어져서 가장 험하다고 알려진 마시아프 요새를 포위하게 했다. 그런데 1176년 8월에 아사신의 영토에서는 수수께끼라고 할 수밖에 없는 한 사건이 벌어졌다. 이븐 알 아시르의 설명은 이렇다. 시난이 살라딘의 외삼촌에게 편지를 보내 지배 가문의 일족들을 몰살시키겠다고 큰소리쳤다. 술탄에 대한 두 번의 암살 시도 이후 행해진 위협이라 허풍으로 넘겨 버릴 수가 없었다. 그래서 마시아프에 대한 포위가 풀렸다는 것이다.

그런데 이 사건에 대해 아사신 자신들은 다른 해석을 내놓고 있다. 이 일파가 남긴 흔치 않은 기록 중 하나이며 그 조직원 중 하나인 아부 피라스라는 자의 서명이 남아 있는 이 기록이 전하는 얘기는 전혀 다르다. 마시아프 요새가 포위되었을 때 그곳을 떠나 있던 시난은 동료 두 명과 함께 요새 근처의 언덕배기에 자리를 잡고 공격의 진행 상황을 살폈다. 그러자 살라딘은 병사들에게 그를 생포하라는 명령을 내렸다. 주력부대가 그를 포위하고 그를 생포하러 다가서는 순간, 갑자기 알 수 없는 힘이 작용해서 병사들은 그 자리에서 꼼짝도 할 수 없었다. "산의 장로"는 병사들에게 살라딘을 개인적으로 만나고 싶다는 말을 전하라고 일렀다. 그러자 겁에 질린 병사들은 대장에게 쏜살같이 달려가서 방금 일어난 일을 알렸다. 살라딘은 사태가 심상치 않음을 느끼고 자신의 막사 주위로 접근하는 모든 발자국을 감시하기 위해 석회 가루와 재를 뿌리게 하고, 날이 저물자 횃불을 든 병사들에게 막사를 지키게 했다. 그런데 한밤중에 살라딘은 소스라치며 벌떡 일어났다. 순간적으로 수상한 존재가 자신의 막사 안으로 슬쩍 들어오는 것을 본 그는 시난이 홀로 자신을 만나러 온 것이라 믿었다. 수상한 방문객은 살라딘의 침상 위에 독이 든 과자를 내려놓은 뒤 종이 한 장을 살라딘에게 내밀었다. 종이에는 이런 글이 씌어 있었다. **너는 우리 손안에 있다.** 기겁을 한 살라딘이 비명을 지르자 호위병들이 뛰어들어 왔는데 그들은 아무것도 보지 못했다. 이리하여 날이 새자마자 살라딘은 즉시 포위를 풀고 다마스쿠스로 황급히 돌아갔다는 것이다.

황당무계하기 짝이 없는 이야기지만 그 뒤로 살라딘이 아사신파에 대한 정책을 돌연 바꾼 것은 사실이다. 모든 이단들에 대해 혐오감을 갖고 있었던 그가 유독 바티니들의 영토만은 건드리지 않았다. 그러기는커녕 이들과 화해를 해서 무슬림이든 프랑크인들이건 간에 자신의 적수에게는 소중한 협력자가 될 이들을 자신의 편으로 삼으려 했다. 다시 말해 술탄은 시리아의 지배권을 잡기 위해서라면 가능한 모든 패를 사용하기로 한 것이다. 다마스쿠스를 손에 넣은 뒤로 살라딘은 시리아 전체의 실질적인 세력가로 군림하였으나 분쟁이 완전히 수그러든 것은 아니었다. 그는 프랑크인들의 식민국들과 알레포, 모술에 대항해 원정들을 일으켰고 장기의 후손이나 자지라와 소아시아 지방의 여러 왕자들과의 지리한 분쟁에도 발을 들여놓아야 했다. 게다가 걸핏하면 고개를 드는 음모와 모반을 잠재우러 카이로에도 정기적으로 들러야 했다.

1181년이 저물어갈 때까지 어지러운 주변 정세는 쉽사리 평정되지 않았다. 그런데 알 살리흐가 열여덟 나이에 독살을 당하는 일이 벌어졌다. 이븐 알 아시르는 젊은 왕의 종말을 감회 어린 어조로 묘사하고 있다.

**왕의 용태가 악화되자 의사들은 포도주를 들라고 권했다. 왕이 말했다. "율법학자의 의견을 듣기 전에는 마시지 않겠소." 명망 높은 울라마 한 명이 왕의 처소로 찾아와 율법에서는 약으로 쓴다면 술을 허락하고 있다고 설명했다. 알 살리흐는 물었다. "그대는 신이 내 목숨을 거두어가겠다고 결정을 내렸는데 내가 술을 마시는 것을 보고 그 의견을 바꾸리라 생각하시오?" 당황한 신학자는 그렇지 않다고 대답할 수밖에 없었다. "그렇다면," 죽어가고 있는 왕이 말했다. "금지된 술을 뱃속에 담고서 창조주를 만나고 싶지 않소."**

그로부터 1년 반이 지난 1183년 6월 18일, 살라딘은 알레포로 성대하게 입성했다. 그 날 이후 시리아와 이집트는 누르 알 딘의 시대처럼 허울뿐인 통일이 아니라 이견의 여지없이 아이유브 왕조의 치세 아래 놓이게 되었다. 그런데 신기한 것은 날로 프랑크인들을 압박해 가는 강력한 아랍 국가가 탄생했는데도 프랑크인들의 단결은 공고해지지 않았다는 것이다. 오히려 그 반대였다. 심한 나병을 앓고 있던 예루살렘의 왕이 무기력하게 방치되어 있는 사이, 두 일파가 권력을 다투고 있었다. 한쪽은 살라딘과의 화해를 지지하는 트리폴리스 백작 레몽이 이끌고 있었고 다른 한쪽은 안티오케이아의 옛 왕자 르노 드 샤티용이 대변하는 극단적인 파벌이었다.

가무잡잡한 피부에 매부리코, 아랍어를 유창하게 구사하는 데다 이슬람의 경전까지 열심히 읽었던 레몽은 서유럽 태생임을 알려주는 그 큰 덩치만 아니라면 영락없이 시리아의 한 에미르로 보일 정도였다. 이븐 알 아시르는 말하고 있다.

**그 시기 프랑크인들 가운데 그처럼 담대하고 학식 깊은 인물은 없**

**었다. 그는 바로 생 질의 후손이자 트리폴리스의 지배자 레몽 이븐 레몽 알 산지리였다. 그러나 그는 야심이 너무 컸고 왕이 되고 싶은 욕심에 가득 차 있었다. 그는 섭정을 다졌으나 곧 권력에서 밀려났다. 그 일이 얼마나 원통했는지 그는 살라흐 알 딘에게 친서를 보내 자신의 편에 서서 그가 프랑크인들의 왕이 되게 도와달라고 했다. 살라흐 알 딘은 그의 청을 기꺼이 들어주어 무슬림에게 포로로 잡혀 있던 트리폴리스 기병들을 즉시 석방하였다.**

살라딘은 이 반목을 예의 주시했다. '레몽'이 지휘하는 '동쪽' 편이 예루살렘에서 승기를 잡아가고 있다고 판단하자 그는 협정안에 승인했다. 1184년, 보두앵 4세의 나병은 말기에 접어들고 있었다. 수족이 흐물흐물해졌고 앞도 볼 수 없게 되었다. 그러나 용기와 선의만은 잃지 않았던 왕은 살라딘과 우호 관계를 맺으려는 트리폴리스 백작에게 전폭적인 지지를 보냈다. 그 해 다마스쿠스를 찾았던 안달루시아의 여행자 이븐 주바이르는 전시 상황인데도 대상들이 프랑크인들의 영토를 지나 카이로와 다마스쿠스를 자유로이 왕래하는 모습에 놀라움을 금치 못했다. 그는 "그리스도 교도들은 지나치지 않은 세금을 무슬림들에게 부과했다. 그리고 그리스도 교도 상인들도 무슬림 영토를 지날 때에는 그 대가를 지불했다. 이들 사이의 협정은 완벽했으며 공정하게 지켜졌다. 전쟁 당사자들은 전투를 벌이고 있었지만 민간인들은 평화롭게 지냈다"고 확인해 주고 있다.

살라딘은 굳이 이 공존 상태를 끝내고 싶지 않았다. 그는 아예 평화로 가는 길을 더 멀리 닦기로 했다. 1185년 3월, 나병에 걸린 왕이 스물네 살의 생을 마쳤다. 왕위는 그의 조카인 여섯 살짜리 보두앵 5세에게 물려졌다. 그러자 자신의 권력을 다지려면 시간을 벌어야 하는 것을 알고 있던 섭정 트리폴리스 백작은 재빨리 다마스쿠스로 특사를 파견하여 휴전을 제의하였다. 서유럽인들과 결정적 전투를 벌여야 한다는 것을 모르지 않았던 살라딘도 4년간의 휴전 협정을 받아들임으로써 자신이 굳이 긴장 국면을 원하는 것은 아니라는 것을 보여주었다.

그런데 1년 후인 1186년 8월에 어린 왕마저 세상을 떴다. 그 바람에 섭정 체제는 위기를 맞게 된다. 이븐 알 아시르의 설명을 보자. **어린 왕의 모친은 서유럽에서 도착한 지 얼마 안 된 기라는 프랑크인에게 한눈에 반해 버렸다. 왕의 모친은 왕이 죽자마자 기와 결혼식을 올리더니 남편한테 왕관을 씌워 주었다. 그녀는 총대주교와 사제, 수도사, 성전 기사단과 제후들을 불러 모아놓고 자신은 기에게 권좌를 넘겨주기로 했으니 그에게 복종을 서약하라고 말했다. 레몽은 이를 거부하고 살라흐 알 딘과 손을 잡기로 했다.** 이 기, 즉 기 드 뤼지냥 왕은 외모는 반반했으나 무능하기 짝이 없는 인물이었다. 정치적으로나 군사적으로 능력이 전무했던 그는 상대방의 의견만을 그저 따를 뿐이었다. 결국 그는 이른바 '강경파'의 손에서 놀아나는 꼭두각시가 되는데 이들의 두목은 다름 아닌 '브린스 아르나트', 즉 르노 드 샤티용이었다.

키프로스를 침략하고 시리아 북부 지방에서 약탈을 자행하다가 르노 드 샤티용은 누르 알 딘의 아들이 1175년에 풀어줄 때까지 16년간을 알레포에서 옥살이를 했다. 그런데 구금기는 그의 인간적 결함을 더욱 키워준 셈이 되었다. 전보다 훨씬 광적이고, 탐욕스러우며, 잔인해진 아르나트가 홀로 저지른 일이 수십 년 동안의 전투와 학살보다도 더 큰 증오를 아랍인들과 프랑크인들 사이에 심어 주었기 때문이다. 구금에서 풀려나기는 했지만 그는 사위인 보에몽 3세가 통치하고 있던 안티오케이아의 국정을 장악할 수가 없었다. 그래서 그는 예루살렘 왕국에 자리를 잡기로 했다. 그는 특히 강력한 요새로 소문난 카라크와 샤우바크가 포함된 요르단 동쪽 지역을 지참금으로 가져오는 한 젊은 과부와 결혼식을 올렸다. 성전 기사단뿐만 아니라 새로 동방으로 진출한 여러 기사들과도 손을 잡은 그는 예루살렘 왕궁에서 막강한 영향력을 행사하기 시작했다. 오직 레몽만이 그에게 맞설 수 있을 만큼 그의 영향력은 대단한 것이었다. 르노 드 샤티용이 추진하려 했던 정책은 초기 침공자들이 했던 것이었다. 아랍인들과 중단 없는 전쟁을 수행하고 닥치는 대로 약탈하고 학살하며 새로운 땅을 정복해 나간다는 것이었다. 그는 어떠한 화해나 협상도 배신 행위로 보았다. 그는 냉소적으로 말했다. 불경스런 자들에게 한 맹세가 무슨 가치를 갖겠는가?

1180년, 다마스쿠스와 예루살렘 사이에 사람과 물자의 자유로운 통행을 보장하는 협정이 맺어졌다. 그로부터 몇 달 뒤, 메카로 향하던 어떤 부유한 아랍인 대상이 시리아 사막을 건너다가 르노의 공격을 받고 물자를 빼앗기는 일이 벌어졌다. 살라딘은 보두앵 4세에게 이 일을 항의했으나 왕은 자신의 제후를 감히 제재하지 못했다. 1182년 가을에는 더욱 심각한 일이 벌어졌다. 르노가 다름 아닌 메카를 약탈할 결심을 했던 것이다. 아카바 만에 있는 조그만 아랍 어촌인 엘라트에 닻을 내린 그는 홍해에 출몰하던 해적들을 앞세우고 약탈을 저지르며 연안을 따라 내려갔다. 메디나의 관문인 얀부에 이어 메카에서 멀지 않은 라비그가 프랑크 원정대에게 습격을 당했다. 그 과정에서 르노의 부하들이 지다로 향하던 무슬림 순례자들의 배를 침몰시키는 사건이 일어났다. 이 사건을 두고 이븐 알 아시르는 이렇게 기록하고 있다. **모두가 경악했다. 그 지역 사람들은 이제껏 프랑크인 상인이나 전사들을 단 한 명도 본 적이 없었기 때문이다.** 그 승리에 도취된 공격자들은 느긋하게 자기들의 배에 전리품을 실었다. 그 동안 르노는 자신의 영토로 다시 올라갔고 그의 부하들은 몇 달 동안이나 홍해 곳곳을 누비고 다녔다. 그러자 살라딘이 자리를 비우는 동안 이집트를 다스리던 그의 동생 알 아딜은 함대를 파견해서 약탈자를 추적한 끝에 이들을 섬멸해 버렸다. 모술의 역사가에 따르면 그들 중 일부는 메카로 보내져서 대중 앞에서 **성지를 갈취하려는 이들의 본보기로** 참수형에 처해졌다고 한다. 이 광분한 무리에 대한 소문은 무슬림 세계에 곧장 퍼졌고 그 때부터 아르나트는 적 프랑크인 가운데 가장 악명 높은 인물을 상징하게 되었다.

살라딘도 르노의 영토를 여러 차례 기습 공격하는 것으로 자신의 입장을 피력하였다. 그러나 분노하긴 했으나 술탄은 넓은 도량을 보여줄 줄 알았다. 그 한 예가 1183년 11월에 있었던 일일 것이다. 당시 술탄은 카라크 성채 주위에 투석기들을 설치해 놓고 공격을 막 개시하려던 참이었다. 그 때 방어자들이 성 안에서 왕가의 결혼식이 벌어지고 있다는 얘기를 전해왔다. 르노의 의붓딸의 결혼식이었지만 살라딘은 신혼 부부가 머물 거처를 알려 달라고 한 뒤 부하들에게 그곳만은 건드리지 말라고 명령했다.[3]

안타깝게도 그러한 아량도 르노에게는 별 효과가 없었던 모양이다. 잠시 현명한 레몽에게 눌려 잠잠하게 있는가 싶더니 기 왕이 즉위할 무렵인 1186년 9월, 그는 다시 한 번 조약을 어긴다. 왕이 즉위하고 몇 주 후, 휴전 기간이 2년 반이나 더 길어진 줄은 새까맣게 모른 채 성난 수탉, 르노는 메카로 향하던 중요한 아랍 순례 상인들을 공격하기에 이르렀다. 그는 무장한 사람들은 죽이고 나머지는 포로로 잡아서 카라크로 끌고갔다. 그들 중 일부가 용기를 내서 르노에게 휴전 기간임을 상기시키자 그는 거만한 말투로 내뱉었다. "너희의 무함마드한테나 와서 풀어달라고 해라!" 몇 주 후에 이 얘기가 살라딘의 귀에 들어갔다. 그는 아르나트를 기어이 제 손으로 죽이겠다고 다짐했다.

그러나 술탄은 우선 때를 기다리기로 했다. 먼저 그는 르노에게 사절을 보내서 협정에 따라 포로들을 석방하고 그들의 재산을 돌려주라고 요구했다. 르노는 사절들을 만나는 것조차 거부했다. 사절들은 예루살렘으로 가서 기 왕을 만났다. 왕은 부하의 행동에 적이 놀랐지만 감히 그와 다툴 생각은 하지 못했다. 사절들은 끈질기게 요구했다. 아르나트 왕자가 인질들을 카라크의 지하 감옥에 계속 가두어 두는 것은 협정과 서약들을 무시하는 처사가 아니고 무엇이겠습니까? 그러나 힘이 없는 기 왕은 발뺌하기에 급급했다.

휴전 조약은 깨졌다. 살라딘은 만료일까지 협정을 준수할 생각이었으나 적대적 상황이 재발하는 것을 전혀 예상하지 않은 것은 아니었다. 그는 이집트와 시리아, 자지라를 비롯한 그 외 여러 곳의 에미르들에게 프랑크인들이 비열하게 약속을 어겼음을 알렸다. 그리고 동맹국들과 제후들에게 점령자에 대항하는 지하드를 수행할 병력을 힘이 닿는 데까지 모으라고 호소했다. 이슬람 땅 곳곳에서 수천 명의 기병들과 보병들이 다마스쿠스로 모여들었다. 도시는 펄럭거리는 깃발들과 병사들이 햇빛과 비를 피하기 위해 쳐놓은 낙타 가죽으로 만든 작은 막사들의 물결로 출렁거렸다. 요란한 천으로 치장한 왕자들의 널따란 막사에서는 꾸란을 암송하는 소리, 공들여 지은 시구들을 낭송하는 소리가 울려 퍼졌다.

아랍 세계에서 군사들이 동원되고 있는 동안, 프랑크인들의 분열 양상은 더욱 심해졌다. 기 왕은 무슬림들에게 호의적인 태도를 보인다고 비난받는 레몽을 제거하는 데 그보다 더 좋은 기회는 없다고 판단했다. 예루살렘 군대는 트리폴리스 백작 레몽의 아내가 갖고 있던 갈릴리 지방의 소도시 티베리아스를 공격할 채비를 했다. 위기를 느낀 레몽은 살라딘을 만나 동맹을 제의했고 술탄은 그 제의를 받아들여 티베리아스 방위군을 보강할 부대를 서둘러 보냈다. 결국 예루살렘 군대는 물러갔다.

1187년 4월 30일, 아랍과 투르크, 쿠르드족 전사들이 다마스쿠스로 몰려들 무렵, 살라딘은 티베리아스로 전령을 급파했다. 그곳에 있는 레몽에게 동맹을 재확인하는 한편, 무슬림 정찰병들이 갈릴리 호수 주변을 정찰하는 것에 대해 허락을 구하기 위해서였다. 백작은 내심 당황했으나 거절할 수는 없었다. 그는 한 가지 조건을 전제로 허락했다. 무슬림 병사들은 날이 어두워지기 전에 돌아갈 것이며 자신에게 속해 있는 백성들과 재산은 조금도 건드려서는 안 된다는 조건이었다. 또 혹시 있을지 모를 사태를 방지하려고 그 주변에 무슬림 군대가 지나간다는 사실을 미리 알리고 주민들이 밖으로 나오지 못하도록 했다.

이튿날 5월 1일은 금요일이었다. 날이 새자 살라딘의 부관이 지휘하는 7천 명의 기병들이 티베리아스 성벽 아래를 지났다. 그 날 저녁, 그들은 같은 길로 되돌아감으로써 백작의 요구를 존중해 주었다. 그들은 마을과 성에 해를 입히지 않았으며 금붙이나 가축에도 일절 손을 대지 않았다. 그런데도 사건은 벌어지고야 말았다. 그 전모는 이렇다. 성전 기사단과 구호 기사단의 고위 지도자들이 도시 주변의 한 요새에서 우연히 마주치게 되었다. 그 전날 레몽이 보낸 전령이 와서 무슬림 군대의 분견대가 도착할 것이라는 소식을 알렸던 터였다. 이 무장 성직자들은 피가 머리끝까지 솟구치는 것 같았다. 그들에게 사라센인들과의 조약이란 있을 수 없는 일이었다! 수백 명 가량의 기병들과 보병들을 서둘러 모은 그들은 나자렛 북쪽에 있는 사푸리야 마을 근처에서 무슬림 기병들을 공격하기로 결정했다. 그러나 단 몇 분만에 프랑크인들 대부분이 몰살당했다. 성전 기사단의 지도자 한 명만이 구사일생으로 목숨을 건질 수 있었다. 이븐 알 아시르의 기록이다.

**이 패배 소식을 접하고 경악한 프랑크인들은 그들의 총대주교와 사제, 수도사를 비롯하여 많은 기사들을 레몽에게 보내 살라흐 알 딘**

과의 동맹을 신랄히 비난하였다. 그들은 이렇게 말했다. "당신은 이슬람으로 개종을 하셨나 보오. 그렇지 않다면 작금에 벌어진 사태를 받아들일 수 없을 것이오. 무슬림들이 당신의 영토를 지나도록 허락하지 말았어야 했소. 그들은 성전 기사단과 구호 기사단의 기사들을 학살했으며 포로로 끌고 가지 않았소. 그런데도 당신은 그에 항의조차 않는구려." 트리폴리스와 티베리아스의 백작 개인의 병사들 사이에서도 비난의 소리가 높았다. 또 총대주교는 그를 파문하고 결혼을 무효로 선언하겠다고 협박했다. 레몽은 왈칵 겁이 들었다. 그는 무조건 용서를 빌었고 자신의 처사를 회개했다. 그러자 그들은 레몽을 용서했고 그와 화해한 뒤 레몽에게 군사들을 왕의 휘하에 넣어서 무슬림과의 전쟁에 참여하라고 요구했다. 그래서 백작은 그들과 함께 떠났다. 프랑크인들은 그 때부터 군사들을 모았다. 아크레 근처에 모인 기병들과 보병들은 사푸리야 마을을 향해 진군했다.

무슬림 진영에서는 누구보다도 두렵고도 혐오스러운 존재로 여기던 이 무장 수도사 조직을 패주시킨 것을 승리의 전조로 보았다. 에미르들과 병사들은 당장이라도 프랑크인들과 일전을 치를 태세였다. 6월, 살라딘은 다마스쿠스와 티베리아스 중간 지점에 군사들을 집결시켰다. 보병들과 지원병을 제외하고 줄잡아 1만 2천 명이나 되는 기병들이 그의 앞에 도열했다. 술탄은 군마 위에 앉아서 우렁차게 그 날의 명령을 내렸다. 그가 내린 명령은 곧장 수천 명의 군사들의 열띤 함성으로 메아리쳤다. "신의 적으로부터 승리를!"

참모 회의를 소집한 살라딘은 조용히 상황을 분석했다. "지금 우리는 다시없이 좋은 기회를 얻었소. 무슬림 군대는 모든 불경스런 자들과 대적해서 전쟁을 일으켜야 한다고 봅니다. 우리 부대들이 흩어지기 전에 결연히 지하드를 수행합시다." 술탄이 가장 걱정했던 것은 전투를 가을이면 종결해야 한다는 것이었다. 결정적인 승리를 거머쥐지 못할 때는 그의 봉신들과 동맹들이 군사를 거두어 돌아가 버릴 것이 뻔했다. 그런데 프랑크 군은 극도로 신중한 모습을 보였다. 무슬림 군대가 다시 모이는 것을 본 그들이었으니 전쟁을 피할 궁리를 해야 하지 않겠는가?

살라딘은 함정을 치기로 했다. 그들이 함정에 걸려들기만을 신에게 기도할 뿐이었다. 그는 티베리아스로 행군하여 한나절만에 그 도시를 점령해 버렸다. 그리고 도시 곳곳에 불을 지른 뒤 레몽의 아내와 소수의 방어병들이 버티고 있는 주성곽을 포위했다. 무슬림 군대는 그들의 저항을 단번에 무너뜨릴 수 있었으나 술탄은 부하들을 제지했다. 최후 공격을 준비하고 있는 것처럼 보이게 아주 천천히 압력을 가하면서 그들의 반응을 지켜볼 심산이었다. 이븐 알 아시르의 기록이다.

> **살라흐 알 딘이 티베리아스를 점령하고 불을 지른 것을 안 프랑크인들은 회의를 소집했다. 당장이라도 그리 달려가서 무슬림들과 싸워 그들이 성채를 빼앗지 못하게 해야 한다고들 주장했다. 그 때 레몽이 나섰다. "티베리아스는 내 영토요." 그가 말했다. "바로 내 아내가 지금 포위되어 있소. 허나 살라딘의 공격이 거기서 그친다면 나는 그 성채가 함락되거나 아내가 사로잡히는 것도 받아들일 참이오. 왜냐하면 이제껏 내가 무수히 보아 왔던 어떤 무슬림 군대도 지금 살라딘이 모은 것처럼 많지도 강력하지도 않았기 때문이오. 그러니 지금은 그와 겨루는 일을 피합시다. 티베리아스의 탈환은 후일을 기약하고 포로들을 위해 몸값을 지불합시다." 그러자 카라크**

의 영주인 아르나트 왕이 대답했다. "지금 당신은 무슬림 군대의 위력을 얘기해서 겁을 줄 심산이군. 당신이 그자들을 좋아하고 그자들과의 우정에 더 쏠려 있어서 그러는 것 아니오. 그렇지 않고서야 그런 말을 내뱉을 수가 있겠소? 그들 수가 많다고 했는데 이렇게 묻고 싶소. 불이 타는 데 나무의 양이 무슨 상관인가. 나무가 많다고 불이 타지 못하는가." 그러자 레몽 백작은 말했다. "난 당신들 편이오. 당신들이 원하는 대로 당신들 편에서 싸울 것이오. 허나 당신들은 무슨 일이 벌어질지 보게 될 것이오."

또다시 서유럽인들 가운데 초강경파의 명분이 승리를 거두는 순간이었다.

이윽고 공격 채비가 갖추어졌다. 살라딘의 군대는 과실수들이 즐비한 어느 비옥한 평야 위에 진을 쳤다. 그 뒤로는 티베리아스 호수가 잔잔히 펼쳐져 있었다. 요르단 땅을 지나 멀리 북동쪽까지 뻗어 있는 이 호수로 인하여 골란 고원의 윤곽이 위엄 있게 돋보였다. 무슬림 진영 가까운 산에는 봉우리 두 개가 삐죽 튀어나와 있었는데, 사람들은 산허리에 있는 마을 이름을 따서 그 봉우리들을 "히틴의 뿔들"이라고 불렀다.

7월 3일, 줄잡아 1만 2천 명에 달하는 프랑크 군대가 움직이기 시작했다. 그들이 지나야 할 사푸리야와 티베리아스 길은 평년 날씨라면 기껏해야 네 시간 남짓이면 갈 만한 짧은 거리였다. 그러나 한여름에 이 팔레스타인 땅은 그야말로 펄펄 끓는 용광로였다. 연못이나 우물도 없는 데다가 작은 물길조차도 바싹 말라 있었다. 그래서 프랑크인들은 오후에는 호숫가에 도달해서 목을 축일 요량으로 해가 뜨기 바쁘게 출발했다. 살라딘의 치밀한 함정은 거기에 있었다. 하루 종일 그의 기병들은 사방에서 화살들을 쏘아가며 적을 괴롭혔다. 그들은 서유럽인들에게 인명 손실을 입혔음은 물론 무엇보다도 그들의 전진 속도를 더디게 만들었다.

날이 저물기 직전, 프랑크인들은 근처 지형을 전부 조망할 수 있는 높다란 갑(岬)에 도달했다. 그들의 발 밑에 히틴 마을이 있었다. 흙으로 지은 집들과 계곡 안쪽으로 티베리아스 호수의 물이 반짝거리고 있었다. 그런데 호숫가에 펼쳐진 푸르른 평원을 보니 살라딘의 군대가 진을 치고 있는 것이 아닌가! 물을 마시려면 술탄의 허락을 얻어야 할 판이었다.

살라딘은 회심의 미소를 지었다. 아무리 목이 타서 죽을 지경이라도 프랑크인들로서는 날이 어두워지기 전까지 호수까지 길을 틀 여력이 없을 것이기 때문이었다. 아침부터 물 한 방울 입에 대보지 못하고 날이 샐 때까지 버텨야 한다면 어디 전투나 치를 수 있겠는가? 그 날 밤, 살라딘은 기도를 드리고 참모진을 소집했다. 수하 에미르들에게 적의 퇴로를 차단하라는 임무를 준 뒤, 각자에게 주어진 위치와 명령을 반복해서 확인시켰다.

이튿날은 1187년 7월 4일이었다. 간밤에 완전히 포위가 된 프랑크인들은 갈증을 참지 못하고 동이 트기가 바쁘게 필사적으로 언덕을 넘어 호수에 가 닿으려고 시도했다. 전날의 고단한 행군 탓에 기병들보다 더욱 기진맥진한 보병들은 도끼와 망치까지 무겁게 들고 마구 뛰어갔으나 창과 칼이 버티고 있는 단단한 벽 앞에서 맥없이 무너졌다. 살아 남은 이들은 마구 뒤섞여서 언덕배기 쪽으로 후퇴했지만 이번에는 기병들과 마주쳤다. 어떠한 방어선도 뚫을 수 없었다. 그래도 그들은 기를 쓰고 싸워보려고 했다. 얼마 남지 않은 자기 편을 이끌고 레몽은 무슬림의 전선을 돌파해 보려고 했다. 그 때 레몽을 알아본 살라딘의 부관들은 그가 빠져나가게 놓아두었다. 레몽은 그 길로 트리폴리스까지 말을 달렸다. 이븐 알 아시르는 쓰고 있다.

**백작이 탈출하자 프랑크인들은 포로로 잡혔다. 무슬림들은 마른 풀밭에 불을 놓았고 바람에 날리는 연기가 기사들의 눈에 들어갔다. 뙤약볕 아래서 목은 타고 불꽃과 연기에, 거기다가 전쟁의 불길까지 가세하다 보니 프랑크인들은 더 이상 견딜 수가 없었다. 그래도 그들은 끝까지 싸우는 길이 목숨을 건지는 길이라고 생각했다. 그들이 어찌나 필사적으로 버티는지 무슬림들도 그 기세에 주춤할 수밖에 없었다. 그러나 공격을 펼칠 때마다 프랑크인들의 인명 손실은 늘어갔고 결국은 급속도로 수가 줄었다. 무슬림들도 진품 십자가까지 빼앗기에 이르렀다. 이것은 프랑크인들에게는 무엇보다도 가혹한 손실이었다. 그들은 메시아가—메시아께 평화를—못 박혀 죽은 십자가가 바로 그 십자가라고 믿고 있었기 때문이다.**

무슬림들은 예수 그리스도가 진짜로 십자가에 못 박힌 것은 아니라고 보았다. 왜냐하면 하느님은 그처럼 추악한 형벌을 당하게 놓아두기에는 마리아의 아들을 너무도 사랑하셨을 것이기 때문이다.

그 뼈아픈 손실에도 불구하고 150명의 가장 뛰어난 프랑크족 잔존자들은 용감한 항거를 계속했다. 그들은 히틴 마을의 고지대에 자리를 잡고 진지를 구축한 뒤 결사 항전을 준비했다. 그러나 무슬림들이 사방에서 압박해 오는 바람에 겨우 왕의 막사만 세울 수 있었다. 당시 열일곱 살이었던 살라딘의 아들 알 말리크 알 아흐달은 자기가 본 전투의 경과를 이렇게 말하고 있다.

**나는 아버지를 보좌하여 히틴 전투에 참가했다. 내가 처음으로 참가한 전투였다. 언덕 위에 나타난 프랑크인들의 왕은 부하들에게 맹공을 퍼부을 것을 지시했다. 우리 부대가 아버지의 근처까지 밀**

려올 정도로 그들의 공격은 강했다. 그 때 나는 아버지를 보았다. 아버지는 안타까운 듯 낯을 찡그리시면서 초조하게 수염을 만지셨다. 아버지는 이렇게 외치며 나아가셨다. "사탄이 이기게 할 수는 없다!" 무슬림들은 언덕을 향해 재차 공격을 시도했다. 프랑크인들이 우리 병사들의 기세에 밀리는 것을 본 나는 기뻐서 환성을 질렀다. "우리가 저들을 무찔렀습니다!" 그런데 프랑크인들이 더 거세게 반격을 해오는 것이었다. 우리 부대는 다시 아버지가 계신 곳까지 밀리게 되었다. 아버지는 이번에도 공격을 밀어붙이라고 하셨고 적들은 다시 언덕배기까지 밀려났다. 나는 다시 환호성을 질렀다. "우리가 이겼습니다!" 그러자 아버지께서 날 돌아보시더니 이렇게 말씀하시는 것이었다. "닥치거라! 저 위에 있는 막사를 무너뜨려야 저들을 완전히 이겼다고 할 수 있느니라!" 아버지가 이 말을 채 마치기도 전에 그 막사가 무너졌다. 그제야 술탄은 말에서 내려 땅에 엎드린 다음 기쁨의 눈물을 흘리며 신에게 감사했다.

기쁨의 함성이 요란하게 울려 퍼지는 가운데 술탄은 몸을 일으켜서 자신의 말에 올라탄 뒤 막사로 향했다. 그는 중요한 포로들을 데려오게 했는데 바로 기 왕과 르노 왕자였다. 술탄의 조언자였던 문필가 이마드 알 딘 알 아스파하니[4]는 그 장면을 직접 목격했다.

살라흐 알 딘은 프랑크 왕을 자신의 옆에 앉으라고 했다. 아르나트가 들어오자 술탄은 그를 프랑크 왕 곁에 앉힌 다음 그가 저지른 짓을 조목조목 따졌다. "걸핏하면 어길 맹세를 한 것이 대체 몇 번이었소? 지키지도 않을 조약에 서명은 또 몇 번이나 했소?" 아르나트는 통역을 통해 대답했다. "늘 그리 행동하는 게 왕들 아니오? 나도

**그렇게 했을 뿐이오!" 그 때 기 왕이 목이 마른 듯 고통스러운 표정을 지었다. 그는 꼭 술에 취한 사람처럼 고개를 흔들었으나 그의 표정에는 두려운 기색이 역력했다. 살라흐 알 딘은 그를 따뜻한 말로 안심시키고 시원한 물을 가져오게 하여 그에게 주었다. 왕이 물을 받아 마시고 남은 물을 아르나트에게 주자 그도 목을 축였다. 이 모습을 본 술탄이 기 왕에게 말했다. "당신은 저 자에게 물을 나눠주어도 되는지 내 허락을 구하지 않았소. 그러고 보면 내 그에게 동정을 베풀지 않아도 되겠구려."**

아랍 전통에 따르면 포로에게 마실 것이나 먹을 것을 준다는 것은 그의 목숨을 살려주는 것을 의미했다. 따라서 손수 죽이겠다고 맹세한 인물에게 살라딘은 분명히 은혜를 베풀지 않겠다고 맹세한 셈이었다. 이마드 알 딘은 계속 적고 있다.

**이 말을 한 직후 술탄은 밖으로 나가 말을 타고 그곳을 떴다. 포로들만 두려움 속에 남겨졌다. 술탄은 부대가 귀환하는 것을 살펴본 뒤 다시 막사로 돌아왔다. 술탄은 그곳으로 아르나트를 데려오게 한 뒤 몸소 칼을 뽑아 들고 아르나트에게 다가가서 그의 목과 견갑골 사이를 내리쳤다. 아르나트가 바닥에 쓰러지자 우리는 그의 목을 벴다. 시신을 프랑크 왕 발치로 끌고 가니 그가 덜덜 떨기 시작했다. 왕이 그처럼 떠는 것을 본 술탄은 자상한 어조로 그에게 말했다. "이 자는 자기가 저지른 만행과 배신 때문에 죽은 것이오!"**

실제로 왕과 나머지 포로들은 무사했다. 다만 성전 기사단과 구호 기사단은 르노 드 샤티용과 운명을 함께했다.

살라딘은 침략자들에게 오랫동안 유린당한 명예를 회복한 그 기념할 만한 날이 채 저물기도 전에 주요 에미르들을 불러모았다. 술탄은 자신의 판단을 얘기했다. 프랑크인들은 더 이상 군대라고는 부를 수 없는 형편에 처해 있으니 지체하지 않고 이 때를 이용해서 그들이 부당하게 점령하고 있는 영토를 되찾아야 한다고. 이튿날은 일요일이었는데 그는 곧장 티베리아스 성채를 공격했다. 그곳에 남아 있던 레몽의 아내도 더 이상의 저항은 무의미하다는 것을 알았다. 그녀는 살라딘에게 항복했고, 당연히 왕은 성채의 방어자들이 재산을 갖고 떠날 수 있게 보장했다.

다음주 화요일, 군대는 아크레 항으로 전진해서 별 어려움 없이 항복을 받아냈다. 아크레는 지난 세월 동안 서역과의 모든 교역이 교차했던, 경제적으로 무시 못할 중요성을 갖는 도시였다. 그래서 술탄은 그곳에 남아 있던 이탈리아 상인들에게 안전을 보장한다는 약속을 내걸고 그들을 계속 머물게 하고 싶었다. 그러나 상인들은 이웃 도시인 티레로 옮겨가기를 희망했다. 아까운 노릇이었지만 술탄은 그들을 굳이 말리지 않았다. 술탄은 아예 그들에게 재물을 운반할 수 있는 교통편과 도적떼로부터 지켜줄 호위병까지 딸려 주었다.

이제 너무 커진 군대의 수장을 자신이 홀로 맡는 것은 무익하다고 판단한 술탄은 에미르들에게 팔레스타인의 여러 요새들을 점령할 책임을 맡겼다. 이윽고 갈릴리와 사마리아 지방의 프랑크인들의 요새들이 단 몇 시간에서 며칠만에 차례차례 항복해 왔다. 특히 나블루스와 하이파, 나자렛 같은 곳의 주민들은 티레와 예루살렘으로 떠나기 위해 일찌감치 보따리를 쌌다. 그나마 자파만이 저항다운 저항을 보여주었다. 살라딘의 동생 알 아딜이 지휘한 이집트 군대는 도시를 함락시키자마자 거세게 저항한 대가로 주민들을 모조리 노예로 만들어 버렸다. 이븐 알 아시르도 알레포의 한 시장에서 자파 출신의 젊은 프랑크인 여자를 샀다고 밝히고 있다.

여자는 한 살짜리 아이를 데리고 있었다. 어느 날, 엄마 품에 안겨 있던 아이가 떨어져서 얼굴을 다쳤다. 그 여인은 울음을 터뜨렸다. 나는 상처가 크지 않으니 그런 일로 울지 말라며 그녀를 달랬다. 그러자 그 여인은 말했다. "내가 우는 것은 그 때문이 아니라 우리들에게 닥친 불행 때문입니다. 남자 형제들이 여섯이나 있었는데 모두 죽었어요. 내 남편과 자매들은 생사조차 모르고 있고요." [아랍의 역사가는 이 점을 확실히 밝히고 있다.] 연안 지대의 프랑크인들 중에서 자파 사람들만이 그런 운명을 맞았다.

사실 다른 곳에서는 재정복 사업이 비교적 순탄하게 진행되는 편이었다. 아크레에서 잠시 머문 술탄은 북쪽으로 기수를 돌렸다. 그는 강력한 성채 앞에서 시간을 허비하지 않겠다며 티레를 지나쳤다. 연안을 따라 승리의 행진을 계속하던 7월 29일, 77년간 프랑크인들에게 점령당했던 사이다가 싸워 보지도 않고 항복했다. 며칠 간격으로 베이루트와 주바일도 그 뒤를 따랐다. 마침내 무슬림 군대는 트리폴리스령에 거의 근접해 갔다. 그러나 그 지역에서 두려울 것은 전혀 없다고 믿은 살라딘은 다시 남쪽으로 내려가서 티레 앞에 멈추어 섰으나 이곳을 포위해야 할지 말아야 할지 확신을 갖지 못했다. 바하 알 딘은 얘기하고 있다.

잠시 주저한 끝에 술탄은 티레를 포기했다. 부대의 기강이 약간 흐트러져 있었다. 기나긴 행군으로 병사들이 지칠 대로 지쳐 있던 데다가 연안의 프랑크인들도 모조리 티레에 모여들었으니 티레를 공격하기가 녹록치 않았다. 그래서 술탄은 좀 더 수월한 아스칼론을 공격하기로 했다.

살라딘이 나중에 이 결정을 뼈저리게 후회할 날이 오지만 어쨌거나 당장은 승승장구였다. 9월 4일, 아스칼론이 항복했다. 이어 성전 기사단이 지키고 있던 가자가 항복했다. 비슷한 시기에 살라딘은 일부 에미르들을 예루살렘 지역으로 파견했고, 그들은 베들레헴을 포함해 몇몇 지역을 점령했다. 이제 술탄의 염원은 하나뿐이었다. 성스러운 도시를 탈환해서 자신의 업적은 물론이고 그 원정에 승리의 관을 씌워주는 것이었다.

과연 그는 지난날 칼리프 우마르가 그랬던 것처럼 피를 보지 않고 이 성스런 도시에 입성할 수 있을 것인가? 그는 우선 예루살렘 주민들에게 전령을 보내 도시의 미래를 놓고 협상을 하자고 제의했다. 귀족 대표들이 아스칼론으로 그를 만나러 왔다. 정복자는 합리적인 제안을 내놓았다. 저항하지 않고 도시를 넘겨준다면 주민들은 재산을 갖고 떠날 수 있을 것이며 도시의 그리스도교 유적도 보존될 것이라고. 따라서 이곳으로 성지 순례를 오는 일은 걱정하지 않아도 될 것이라고 했다. 그런데 프랑크인들은 기세 등등하던 시절인 양 너무도 거만하게 대답을 해서 술탄을 크게 놀라게 했다. 예수가 죽은 도시인 예루살렘을 내놓으라고? 말도 안 되는 소리! 그 도시는 우리들 것이며 우리는 최후까지 싸울 것이다.

살라딘은 예루살렘은 검으로 탈환할 수밖에 없겠다며 시리아 곳곳으로 흩어졌던 부대들에게 예루살렘 주변으로 다시 모이라고 명령했다. 에미르들이 급하게 달려왔다. 무슬림이라면 심판의 날에 창조주에게 이런 말을 하고 싶지 않겠는가? 저는 예루살렘을 위해 싸웠습니다! 아니, 더 영광스럽게 예루살렘을 위해 순교했습니다! 한편 그 도시에 발을 들여놓는 날에는 한쪽 눈을 잃을 것이라고 예언한 점성술사에게 살라딘은 이렇게 말했다. "그곳을 되찾을 수 있다면 내 두 눈을 잃은들 무슨 대수냐!"

포위된 도시의 방어를 지휘하고 있던 인물은 라말라의 통치자였던 발리앙 이블랭이었다. 이븐 알 아시르에 따르면 그는 프랑크인들 사이에서 왕에 버금가는 지위를 가진 사람이었다. 그는 프랑크인들이 패하기 직전에 히틴을 탈출해서 티레로 도주했다. 그 해 여름에 그는 살라딘에게 예루살렘에 머물고 있는 아내를 찾게 해 달라고 부탁했다. 무기를 들지 않겠으며 그 성지에서 단 하룻밤만 지내겠다는 약속을 하고 예루살렘에 도착한 이블랭에게 사람들은 그곳에 계속 머물러 달라고 청했다. 저항을 이끌 만한 마땅한 인물이 없었기 때문이었다. 그러나 신의를 중시했던 발리앙은 술탄과의 약속을 깨지 않는 이상 예루살렘과 그 백성을 수호해 달라는 청을 들어줄 수가 없었다. 그래서 그는 술탄에게 자신이 어떻게 하면 좋을지 물었고, 후덕한 술탄은 그를 약속에서 풀어주었다. 그가 성지에 머무르며 무기를 들어야 할 의무가 있다면 그렇게 하라는 것이었다! 그런데 발리앙은 예루살렘의 방어 준비에 정신 없이 몰두하다 보니 아내를 안전한 곳에 대피시킬 수가 없었다. 그러자 술탄은 그 여인에게 호위병까지 붙여서 티레로 갈 수 있게 해주었다고 한다!

살라딘으로서는 아무리 중요한 적이라 해도 정직한 사람은 내칠 수 없었다. 물론 그 시점에서는 위험이 그리 크지 않았던 것도 사실이다. 그 용맹함에도 불구하고 발리앙은 무슬림 군대에게 큰 두려움을 주지는 않았다. 비록 요새 벽이 튼튼하고 도시를 수호하고자 하는 프랑크족 주민들의 열기는 높았으나 방어력은 기껏해야 한 무리의 기사들과 전투 경험이라고는 일천한 수백 명 정도의 일반 시민들에게 의존하고 있는 형편이었다. 게다가 예루살렘에 거주하고 있던 동방의 그리스도 교도들, 정교회와 야곱파는 살라딘에게 호의적이었다. 그런 배경에서 라틴족 고위 성직자들에게 지속적으로 무시를 받아 왔던 사제 한 명이 술탄의 중요한 조언자가 되었으니 바로 정교회 사제 유수프 바티트였다. 프랑크인들과 동방의 그리스도교 공동체와의 접촉을 맡은 사람도 그였다. 포위가 시작되기 직전에 정교회 사제는 서유럽인들이 지나치게 오래 고집을 피운다면 성문을 열어 주겠다고 바티트에게 약속했다.

사실 프랑크인들의 저항은 만만치 않았으나 애초에 희망이 없었기에 오래 가지 못했다. 9월 20일, 예루살렘에 대한 포위 공격이 시작되었다. 엿새 후에 살라딘은 감람산 위에 막사를 세우게 한 뒤 최후 공격에 대비하면서 도시를 거세게 압박할 것을 명령했다. 9월 29일, 공병들이 북쪽 지역에서 굴을 파들어 갔다. 1099년 7월에 서유럽인들이 땅굴 작전을 썼던 지역에서 멀지 않은 곳이었다. 이것을 본 발리앙은 싸움을 더 이상 수행하기가 어렵다고 판단, 적에게 통행증을 받아내서 술탄과 마주했다.

살라딘은 심기가 불편해 보였다. 싸움이 시작되기 전에 주민들에게 그만큼 좋은 항복 조건을 제시하지 않았던가? 이제는 협상할 때가 아니었다. 지난날 프랑크인들이 그랬듯 그는 검으로 그 도시를 탈환하리라 맹세했기 때문이다! 술탄의 마음을 바꾸게 할 유일한 방도라면 예루살렘이 무조건 성문을 열고 전면적으로 항복하는 길밖에 없었다. 이븐 알 아시르는 쓰고 있다.

**발리앙은 목숨은 살려주겠다는 약속을 받아 내야겠다고 우겼다. 그러나 살라흐 알 딘은 아무런 약속도 하지 않았다. 발리앙은 술탄의 분노를 가라앉혀 보려 했으나 술탄은 요지부동이었다. 그러자 그는 술탄을 향해 말했다. "오, 술탄이시여, 이 도시에는 신만이 그 수를 아는 많은 사람들이 있다는 것을 명심하십시오. 그들은 싸움을 망설이고 있습니다. 술탄께서 다른 이들에게 그랬던 것처럼 목숨을 살려주리라고 기대를 하고 있습니다. 그들은 죽음을 혐오하고 삶을 사랑하는 이들입니다. 그러나 죽음을 피할 수 없다고 생각된다면, 맙소사, 우리는 자식들과 여자들을 죽이고 우리가 가진 것을 모조**

**리 태워버릴 겁니다. 우리는 당신들에게 동전 한 닢도 전리품으로 남겨두지 않겠습니다. 당신들이 끌고갈 남자들과 여자들도 단 한 명도 남겨두지 않을 것입니다. 나아가 우리는 성스런 언덕과 알 아크사 사원은 물론이고 다른 여러 곳도 파괴해 버릴 것이며, 우리가 붙잡고 있는 5천 명의 무슬림 포로들도 죽여버릴 것입니다. 그리고 탈 짐승이나 가축들도 남김없이 죽여버리겠습니다. 그러고 나서 우리는 떠날 것입니다. 죽기 아니면 살기로 당신들과 싸우겠습니다. 당신들을 여럿 죽이지 않고서는 우리 누구도 눈을 감지 않을 것입니다."**

이제껏 어떤 협박에도 눈 하나 깜짝 않던 살라딘은 흥분한 통역관을 보자 마음이 움직였다. 그러나 그토록 쉽게 마음을 푼 것을 내색하지 않으려고 그는 신하들을 향해 물었다. 만약 이슬람의 성지가 파괴되는 것을 막을 수만 있다면 검으로 도시를 치려는 결심을 바꿀 수도 있다고. 신하들의 의지는 변함없었다. 그러나 주군의 대책 없는 너그러움을 익히 알고 있던 그들은 프랑크인들이 자리를 뜨기 전에 그들에게 금전적 보장이라도 받아내야 한다고 못박았다. 사실 기나긴 원정으로 국고가 완전히 바닥날 지경이었다. 그래서 그들은 불경스런 자들을 포로로 잡아두었다가 몸값을 받고 풀어주자고 했다. 남자들은 10디나르, 여자들은 5디나르, 아이들은 1디나르씩을 받기로 했다. 발리앙은 원칙적으로는 받아들였으나 그만한 금액을 낼 수 없는 가난한 이들은 어찌 하냐고 호소했다. 그는 모두 합해 3만 디나르를 7천 디나르로 깎아주면 안 되겠는가 물었다. 재무 담당관들이 맹렬히 반대했지만 다시 한 번 프랑크인들의 요구는 받아들여졌다. 그제야 흡족해진 발리앙은 부하들에게 무기를 버리라고 명령했다.

1187년 10월 2일 금요일, 이슬람력 583년 라자브 27일은 때마침 예언자가 밤을 틈타 예루살렘으로 건너온 날로 무슬림들의 경축일이었다. 그 날 살라딘은 성스런 도시로 늠름하게 입성했다. 에미르들과 병사들의 기강은 철저했다. 프랑크인이든 동방인이든 그리스도 교도들은 신변의 위험을 걱정할 필요가 없었다. 실제로 어떠한 학살이나 약탈 행위도 벌어지지 않았다. 일부 광신자들이 프랑크인들이 저지른 만행에 대한 앙갚음으로 성묘 교회를 부수자고 주장하기는 했다. 그러나 살라딘은 그들을 제자리로 돌려보냈다. 오히려 그는 예배 장소의 경비를 강화시키면서 프랑크인들이 원하면 언제든지 순례를 올 수 있을 것이라 선언했다. 물론 바위의 돔(우마르 사원을 말하며 이 사원 안에는 예언자 무함마드가 밟고 승천했다는 바위가 모셔져 있다—옮긴이)에 걸려 있던 프랑크인들의 십자가는 치워졌다. 또 그리스도 교회당으로 변했던 알 아크사 사원은 벽에 장미수를 뿌리는 의식을 치른 뒤 무슬림의 예배당으로서의 본모습을 되찾았다.

살라딘이 일행에 둘러싸여 성소들을 순방하는 동안, 도시에 남아 있던 대부분의 프랑크인들은 울며불며 그에게 호소하고 항의했다. 부자들은 추방당하기 전에 집과 재산을 파느라 정신 없었다. 그것들을 사들인 사람들은 주로 그들의 자리를 대신 차지할 동방 정교회와 야곱파 사람들이었다. 나머지는 살라딘이 이 성지에 정착시킬 유대인 가족들에게 팔렸다.

한편 발리앙도 나름대로 가난한 이들을 석방시키는 데 필요한 자금을 모으려고 애쓰고 있었다. 사실 몸값으로만 보자면 그리 큰 액수도 아니었다. 제후들의 몸값은 수만 디나르에서 십만 디나르 그 이상을 웃돌았다. 그러나 가난한 이들에게 가족당 20디나르는 1, 2년은 꼬박 모아야 하는 돈이었다. 수많은 불운한 이들이 단 한푼이라도 구걸하러 성문으로 모여들었다. 살라딘 못지않게 정이 많았던 동생 알 아딜은 그 모습을 보다 못해 살라딘에게 가난한 포로들 천 명을 몸값을 받지 않고 석방시키게 해달라고 청했다. 이 소식을 들은 프랑크인 총대주교는 7백 명을 더 풀어 달라고 했고, 발리앙은 여기에 5백 명을 더 요구했다. 그들은 모두 석방되었다. 이어 술탄은 개인의 재량으로 나이가 많은 이들은 몸값을 지불하지 않아도 풀려날 수 있음을 선언했다. 한 가정의 가장도 마찬가지였다. 프랑크인 과부들과 고아들은 몸값을 탕감해 주는 데 그치지 않고 선물까지 주어 보냈다.

살라딘의 재무 대신들은 기가 막혔다. 덜 가진 자들은 거저 풀어준다지만 최소한 부자들한테는 더 받아내야 되지 않겠는가! 이 우직한 관리들은 화가 머리끝까지 치밀어 올랐다. 때마침 예루살렘의 총대주교가 수많은 수레에 금은보화를 가득 싣고 예루살렘을 떠나고 있었다. 이마드 알 딘 알 아스파하니의 기록에서도 이 조치에 대한 분노가 묻어난다.

> **나는 술탄에게 말했다. "그 총대주교가 20만 디나르는 족히 될 재산을 옮겨간다고 합니다. 물론 그들이 재산을 갖고 떠나는 것은 허락했으나 교회나 수도원의 재산은 해당되지 않습니다. 저들을 그대로 내버려두어서는 안 됩니다!" 그러나 살라흐 알 딘은 이렇게 대답했다. "서명을 했으니 우리는 협정을 지켜야 하오. 그래야 협정을 깼다는 비난을 받지 않을 것 아니오? 반면 그리스도 교도들은 우리가 저들에게 베풀어준 선행을 어디서든 상기할 것이오."**

실제로 그 총대주교는 다른 이들과 다름없이 고작 10디나르만을 지불했으면서도 티레까지 탈없이 갈 수 있도록 호위까지 받는 특혜를 누렸다.

살라딘은 예루살렘을 점령한 것이 금은보화가 탐이 나서도 아니요, 복수 삼아 한 일은 더더욱 아니라고 했다. 그 자신의 설명에 따르면 다만 신과 자신의 신앙에 대한 의무에서였을 뿐이라는 것이었다. 살라딘이 거둔 승리의 의의는 성지를 침략자 무리로부터 해방시켰다는 것뿐 아니라, 피와 파괴를 동반하지 않고, 증오 없이 행해졌다는 데 있다. 자신이 아니었더라면 무슬림은 기도를 드릴 수 없었을 이 성지에서 무릎을 꿇을 수 있다는 사실만으로 살라딘은 흡족할 따름이었다.

승리를 거두고 일주일이 지난 10월 9일 금요일, 알 아크사 사원에서 공식 경축행사가 열렸다. 이 업적을 기념하는 예배를 집도하는 영광을 얻으려고 종교계 인사들이 앞다투어 몰려들었다. 검은색 의상을 위엄있게 차려입은 술탄은 마침내 아부 사드 알 하라위의 후계자인 다마스쿠스의 카디, 무히 알 딘 이븐 알 자키를 연단에 오르도록 지명했다. 그의 음성은 청명하고 힘이 있었으나 감격을 숨길 수는 없는 듯 가늘게 떨렸다. "이 승리를 주시어 1세기 동안이나 빼앗겼던 고향 같은 도시를 이슬람에게 돌려주신 신에게 영광 있으라! 신의 선택을 받아 재정복 사업을 완수한 군대에게도 영광 있으라! 또한 우리가 유린당했던 존엄성을 이 나라에 되돌려준 그대, 아이유브의 아들 살라흐 알 딘 유수프에게도!"

# 5부

## 유예(1187~1244)

이집트의 통치자가 예루살렘을 프랑크인들에게 넘겨주려 하자
이슬람 땅 곳곳에서 거센 분노의 물결이 일었다.

—시브트 이븐 알 자우지, 아랍의 연대기 저자(1186~1256)—

# 11장 살라딘과 리처드

예루살렘 재정복을 이룬 뒤 영웅으로 추앙받긴 했으나 살라딘에 대한 비판이 완전히 수그러든 것은 아니었다. 측근의 비판이야 우애에 바탕을 두었겠으나 적수들의 비판은 점점 신랄해져 갔다. 이븐 알 아시르는 쓰고 있다.

> **살라흐 알 딘은 단호한 의지를 보여주지 않았다. 포위 공격을 할 때 방어자들이 거세게 저항하면 그는 이내 지겨워하며 포위를 풀어 버렸던 것이다. 그러나 군주라면 그래서는 안 된다. 운명이 아무리 그에게 호의적이더라도 말이다. 그는 단호한 태도를 보이지 않아 성공을 굳히기보다는 성공의 과실을 낭비하는 경우가 많았다. 살라흐 알 딘이 티레에서 보여준 행동은 그런 면모를 잘 보여주는 예다. 무슬림이 그 도시 앞에서 말머리를 돌린 것은 분명한 과오였다.**

고의적으로 모함할 의도는 아니었다고 해도 장기에게 충성했던 이 모술의 역사가는 아무래도 살라딘에게 전폭적인 지지를 보낼 수는 없었던 모양이다. 히틴에 이어 예루살렘도 탈환하자, 이븐 알 아시르는 아랍 세계에 널리 퍼진 환희를 목격했을 것이다. 그러나 그는 아첨보다는 영웅이 저지른 과오를 지적하는 것을 게을리하지 않았다. 티레에서 살라딘이 한 행동에 대한 이 역사가의 지적은 전적으로 옳다고 볼 수 있다.

> **아크레, 아스칼론, 또는 예루살렘 등 도시나 요새를 점령할 때마다 살라흐 알 딘은 적의 기사들과 병사들이 티레로 망명하는 것을 허락했다. 현실적으로 이 도시를 완전히 함락하지 못하게 되었음에도 불구하고 말이다. 연안 지대의 프랑크인들은 바다 저편에 있는 자들에게 연달아 전령을 보냈고 이들은 원군을 보내겠다고 약속했다. 그렇다면 살라흐 알 딘이야말로 자신의 군대에 대항하는 방어군을 조직하게 만든 장본인이 아니었을까?**

물론 피점령자들에게 아량을 베풀었다고 술탄을 마냥 비난할 수만은 없다. 그러나 헛된 피를 흘리는 것에 대한 반감, 약속에 대한 굳은 신뢰, 행동 하나 하나에서 묻어나는 감동적인 고결함 등이 이 모술의 역사가의 눈에는 술탄이 이룬 업적의 가치를 반감시키는 것으로 보였던 것이다. 물론 살라딘이 정치적으로나 군사적으로 중대한 과실을 범했다는 것은 부인 못할 사실이다. 살라딘은 예루살렘의 탈환이 서유럽에 도전장을 던지는 행위이며 그들이 반격을 가해 오리라는 것을 알고 있었다. 이런 상황에서 수만 명에 달하는 프랑크인들을 연안에서 가장 강력한 요새로 볼 수 있는 티레로 대피시킨 것은 새로운 침공의 유리한 시발점을 제공하는 것이나 다름없었다. 특히 기 왕이 포로로 잡혀 있는 동안 기사들은 유달리 완강한 대장감을 발견했다. 아랍 역사가들이 "알 마르키슈"라 부르는 콘라드 드 몽페라는 서유럽에서 갓 도착한 인물이었다.

위험이 다가오고 있다는 생각은 하지 못한 살라딘은 그를 과소평가했다. 1187년 11월, 성지를 정복하고 몇 주가 지난 그 즈음, 살라딘은 티레를 포위했다. 그러나 그 포위는 확실한 결단력을 갖고 취한 행동이 아니었다. 이 페니키아의 옛 도시를 함락시키려면 이집트 함대의 대량 지원이 있어야 했다. 살라딘도 그 점을 알고 있었다. 그런데도 그는 고작 10여 척의 함선만을 이끌고 성채 앞에 나타났던 것이다. 그나마 5척은 방어자들의 거센 대응으로 곧 불에 타버렸고 나머지는 베이루트 쪽으로 내빼고 말았다. 해군력이 전무했던 무슬림 군대는 이 도시를 뭍과 연결해 주는 비좁은 벼랑길을 통해서만 공격할 수밖에 없었다. 형편이 이러하니 포위는 몇 개월이나 끌었다.

반면 알 마르키슈가 효과적으로 끌어모은 프랑크인들은 최후의 일각까지 싸우겠다는 투지에 불타고 있었다. 한없이 길어지는 원정에 지친 군대의 에미르들 대다수는 살라딘에게 티레를 포기하라고 충고했다. 술탄은 그들에게 뇌물을 쓰면서까지 남아 있어 달라고 설득해야 했다. 그러나 겨울을 나려면 비용이 많이 필요한데 국고는 거의 비어 있었다. 게다가 술탄 자신도 지쳐 있었다. 할 수 없이 그는 군대의 반을 해제시킨 뒤, 포위를 풀고 북쪽으로 말머리를 돌렸다. 그리고 지나는 곳마다 여러 마을들과 요새들을 쉽게 손에 넣었다.

무슬림 군대는 다시 승리의 행군을 계속했다. 라타키아, 타르투스, 바그라스, 사피드, 카우카브 등 점령지 명부가 점점 길어졌다. 차라리 동방에서 프랑크인들의 수중에 남아 있는 도시를 열거하는 편이 더 빠를 정도였다. 프랑크인들에게는 이제 티레와 트리폴리스, 안티오케이아와 그 항구, 그리고 세 군데의 고립된 요새들밖에 남아 있지 않았다. 그러나 살라딘을 보좌하고 있는 통찰력 있는 이들은 현실을 착각하지 않았다. 새로운 침공을 막지 못한다면 아무리 점령지를 늘려간들 무슨 소용이 있겠는가? 정작 태평스러운 것은 술탄 자신이었다. "프랑크인들이 바다 저편으로부터 건너온다면 이곳에 있는 자들과 같은 꼴이 되리라!" 시칠리아 함대가 라타키아 앞에 출현했다는 소식을 들은 그는 이렇게 큰소리쳤다. 한술 더 떠 1188년에는 기 왕을 풀어주기까지 했다. 다시는 무슬림을 향해 무기를 들지 말 것을 엄숙히 다짐시키면서.

그러나 살라딘은 이 마지막 선물로 톡톡한 대가를 치러야 했다. 1189년 8월, 프랑크 왕은 언제 약속을 했냐는 듯 아크레 항구를 포위했다. 애초에 그들의 병력은 많지 않았으나 하루가 멀다하고 배들이 도착하더니 연안 지대는 수많은 서유럽 전사들의 물결로 뒤덮였다. 이븐 알아시르는 쓰고 있다.

> 예루살렘을 빼앗기고 나서 프랑크인들은 검은 옷을 입고 바다를 건넜다. 그들은 로마를 비롯한 주변 모든 나라들에게 도움을 호소했다. 그들은 복수를 부추기려고 메시아를—주께 평화를—그린 그림을 가져갔다. 아랍인에게 심하게 맞아서 피투성이가 된 메시아의 그림을 말이다. 그들은 이렇게 말했다. "보시오! 여기 이 메시아를! 그리고 이 자가 메시아를 죽음으로 몰아넣은 무슬림들의 예언자라는 무함마드요!" 흥분한 프랑크인들이 몰려들었다. 그 중에는 여인들도 있었다. 참가할 수 없는 이들은 대신 싸워줄 이들을 위해 돈을 모았다. 적의 포로 중 한 명이 나한테 이런 얘기를 한 적이 있다. 자기는 외아들인데 그의 모친이 집을 팔아서 여비를 마련해 주었다는 것이다. 프랑크인들의 종교적, 심리적 동기는 이처럼 강해서 목적을 완수할 수만 있다면 어떠한 어려움이라도 불사할 태세였다.

정말로 9월 초순부터 기의 군대에는 원군이 속속 도착했다. 이리하여 프랑크인들의 전쟁을 통틀어 가장 길고 험난하다 할 아크레 전투가 시작된다. 아크레는 길쭉한 코처럼 생긴 반도 위에 세워진 도시였다. 남쪽에는 항구가 있고 서쪽은 바다에 면해 있으며 북쪽과 동쪽에는 직각을 이룬 두 개의 단단한 성곽이 세워져 있었다. 당시 도시는 이중으로 포위되어 있었다. 무슬림 수비대가 단단히 지키고 있는 성벽 주위로 프랑크인들이 활 모양의 포위망을 점점 두껍게 쌓아가고 있었던 것이다. 그러나 그들 또한 뒤에 버티고 서 있는 살라딘의 군대를 고려해야 했다. 애초에 살라딘은 적을 압박해 들어가 단번에 섬멸할 요량이었다. 그러나 그는 그렇게 쉽게 끝낼 수 없음을 깨달았다. 무슬림 군대가 연달아 승리를 거두었다고는 하지만 프랑크인들은 신속하게 손실을 메우고 있었기 때문이다. 티레나 바다 저편으로부터 싸움에 투입될 전사들이 속속 보내져 오고 있었다.

1189년 10월, 아크레 전투가 한창 맹위를 떨치고 있을 때 알레포로부터 살라딘에게 전령이 도착한다. 전갈에 따르면 "알만인들의 왕"인 프리드리히 바르바로사(붉은 수염 왕 프리드리히)가 20만에서 26만 명에 달하는 사람들을 이끌고 시리아 길을 통해 콘스탄티노플로 다가오고 있다는 것이었다. 이 소식을 들은 술탄은 이만저만 걱정이 되는 것이 아니었다. 그를 옆에서 보위하던 충직한 신하 바하 알 딘은 당시 상황을 이렇게 얘기해 주고 있다. **사태의 심각성을 깨달은 술탄은 상황이 변했음을 칼리프에게 알리고 모든 무슬림들을 지하드로 불러들여야 할 때라고 판단했다. 술탄은 나에게 신자르와 자지라, 모술, 이르빌 등지의 통치자들을 만나 그들이 군사를 이끌고 지하드에 참여하도록 설득하라는 임무를 맡겼다. 나는 신도들의 왕자에게 행동에 나설 것을 촉구하러 바그다드로 출발해야 했다. 나는 그렇게 했다.** 칼리프의 정신을 번쩍 들게 하려고 살라딘은 **로마에 있는 교황이 프랑크인들에게 예루살렘으로 행군할 것을 명하였음**을 편지에 명시하게 하였다. 동시에 살라딘은 마그레브와 에스파나의 무슬림들에게 **서유럽의 프랑크인들이 동방의 프랑크인들에게 했듯이** 형제들을 도우러 올 것을 요청했다.

재정복으로 흥분에 들끓었던 아랍 세계는 단박에 공포에 휩싸였다. 여기저기서 프랑크인들의 복수가 얼마나 잔혹할지, 피의 참극이 재발할 것인지, 성지를 다시 잃지는 않을지, 시리아와 이집트 역시 침략자들의 수중으로 떨어지는 것은 아닌지 우려하는 목소리가 들렸다. 그러나 우연인지, 아니면 신의 섭리인지 다시 한 번 살라딘에게 행운의 바람이 분다.

소아시아 지역을 의기양양하게 행군한 끝에 1190년 봄, 독일 황제는 클르츠 아르슬란의 후계자들이 통치하고 있던 코니아에 이르렀다. 그는 신속하게 성문을 돌파한 뒤 자신의 도착을 알리는 특사들을 안티오케이아로 파견했다. 아나톨리아 남부의 아르메니아인들은 새파랗게 질렸다. 그곳의 주교는 살라딘에게 부랴부랴 전령을 보내 새로운 프랑크 침입자들로부터 자기들을 보호해 달라고 요청했다. 그러나 사태는 술탄이 굳이 개입하지 않아도 되는 방향 쪽으로 흘러갔다. 6월 10일, 찌는 듯한 무더위 때문에 프리드리히 1세는 타우루스 산 발치를 흐르는 작은 시내에 몸을 담갔다. 다음 순간 심장마비임이 분명한 듯 그는 그 자리에서 익사하고 말았다. 이븐 알 아시르는 쓰고 있다. **물이 기껏해야 허리께밖에 오지 않는 곳이었다. 군대의 기강은 금방 흐트러졌다. 프랑크인들 중에서도 제일 수가 많고 험악한 족속이었던 독일인들에게 고초를 겪지 않게 신께서 무슬림들을 도와주신 것이다.**

이리하여 독일인들로부터 비롯한 위험은 기적처럼 멀어졌다. 그러나 그 몇 달 동안 꽁꽁 묶여 있어야 했던 살라딘은 아크레의 포위자들과 결정적인 일전을 벌이지 못하고 있었다. 그 무렵 팔레스타인 항구 주변의 정세는 팽팽했다. 만약 술탄이 역습을 맘놓고 맞받아칠 만큼 충분한 원군을 얻었더라면 프랑크인들은 철군을 하지 않고는 못 배겼을 것이다. 그러나 상황은 점점 타협 쪽으로 흘러갔다. 소규모 접전의 틈바구니에서도 기사들과 에미르들은 상대방을 서로 연회에 초대하는가 하면 담소를 나누기도 하고 더러는 게임을 함께 하기도 했다. 바하 알 딘도 이런 상황을 증명해 주는 기록을 남기고 있다.

> **하루는 싸우는 데도 진력이 난 양측 사람들이 아이들끼리 겨루게 하기로 했다. 무슬림들은 불경스런 자들의 아이들과 겨룰 소년 두 명을 도시에서 뽑았다. 싸움이 절정에 이르자 무슬림 소년 한 명이 상대방에게 달려들어 그 소년을 쓰러뜨리고 목을 졸랐다. 자기 편 소년이 곧 죽게 될 지경이 되자 프랑크인들은 그리로 몰려가 말했다. "그만해라! 저 아이는 너의 포로다. 그러니 우리가 너한테 돈을 주고 저 애를 되사겠다." 무슬림 소년은 2디나르를 받고 그를 풀어 주었다.**

한편에서는 이런 흥겨운 장터 같은 분위기가 있기도 했으나 교전 당사자들의 상황은 전혀 즐겁지 않았다. 사망자들과 부상자들이 넘쳐났고, 역병까지 도는 가운데, 겨울철에는 보급품마저 딸렸다. 특히 살라딘의 걱정을 산 것은 아크레 주둔군의 상황이었다. 서유럽에서 배들이 속속 도착하면서 해안 봉쇄는 더욱 심해졌다. 두 차례 정도 수십 척의 배들을 모은 이집트 함대가 항구까지 길을 트는 데 성공하기는 했지만 손실 또한 엄청나서 술탄은 결국 포위된 이들에게 보급품을 넘겨주는 데 속임수까지 동원해야 했다. 1190년 7월, 술탄은 베이루트에서 무장한 커다란 배 한 척에 밀과 치즈, 양파, 양고기를 가득 실었다. 바하 알 딘은 쓰고 있다.

일단의 무슬림들이 그 배에 올라탔다. 그들은 프랑크인처럼 옷을 입고 수염도 깎았다. 또 돛대에 십자가를 내걸고 의심을 사지 않으려고 갑판 위에는 돼지고기까지 실었다. 배는 적의 함대 한가운데를 천천히 지나 도시로 다가갔다. 그 때 적이 배를 멈추게 하고 물었다. "보아하니 아크레 쪽으로 가는 것 같군!" 무슬림들은 짐짓 놀란 것처럼 가장하면서 물었다. "당신들이 도시를 점령하지 않았나요?" 그러자 이들이 자기 편이라고 믿은 프랑크인들이 대답했다. "아니오. 우린 아직 점령하지 못했소." 그러자 우리 편이 말했다. "그렇군요. 그러면 우리는 진지에 바짝 붙어서 가겠습니다. 한데 우리 뒤로 배 한 척이 따라오던데요. 그 배도 도시로 다가갈지 모르니 얼른 알려야겠습니다." 베이루트인들이 보니 진짜 자기들 뒤로 프랑크 배 한 척이 오고 있었다. 적 해군은 즉시 그 배로 다가갔고 그 동안 우리 편은 아크레 항을 향해 전속력으로 전진했다. 식량 부족으로 고생하던 도시에서는 기쁨의 함성으로 그들을 맞았다.

물론 이런 전략도 자주 쓸 수는 없는 노릇이었다. 그래도 살라딘의 군대가 봉쇄를 느슨하게 하지 못했다면 아크레는 진작에 항복해 버렸을 것이다. 그러나 몇 달이 지나자 아크레가 새로운 히틴이 될 승리의 가능성은 점점 희박해지는 것처럼 보였다. 서유럽 전사들의 수가 더욱 늘어가기만 했기 때문이다. 1191년 4월, 프랑스의 존엄왕 필리프가 아크레 인근에 부대를 내려놓았다. 이어 6월 초순에는 저 유명한 사자심왕 리처드가 그의 뒤를 따랐다. 다음은 바하 알 딘의 기록이다.

이 영국 왕, 말리크 알 인키타르는 담대하고 힘이 장사인 데다 인정사정없는 열혈전사였다. 서열로 보자면 프랑스 왕 아래였지만 그는

**훨씬 부자였고 전사로서 평판도 높았다. 아크레로 오는 도중 그는 키프로스를 점령한 뒤 25척의 갤리선에 사람들과 전쟁 물자를 가득 싣고 도착했다. 그 모습을 보고 프랑크인들은 기쁨의 함성을 질렀고 그의 도착을 축하하느라 요란하게 폭죽을 터뜨렸다. 그러나 무슬림들에게는 두렵고도 걱정되는 일이었다.**

붉은 머리에 큰 몸집을 자랑하는 서른세 살의 영국 왕은 호전적이며 변덕스러운 전형적인 기사였다. 그 고귀한 이상도 그 난폭함과 무자비함을 숨길 수는 없었다. 그러나 서유럽인들이라면 그의 매력을 무시할 수 없을 정도로 카리스마를 가졌던 이 리처드 왕은 정작 살라딘에게 매료되어 있었다. 그는 아크레에 도착하자마자 살라딘을 만나고 싶어했다. 리처드 왕은 알 아딜에게 전령을 보내 형과의 만남을 주선해 달라고 요청했다. 술탄은 곧바로 답신을 보냈다. "왕들은 협정을 맺고 나서나 만나는 것이오. 서로 낯을 익히고 음식을 함께 먹고 나서 전쟁을 한다는 것이 온당하기나 하오?" 그러나 술탄은 동생이 리처드를 만나는 것은 허락했다. 다만 각자 병사들을 거느리고 만난다는 조건을 달았다. 그 뒤로 양측간에 접촉이 연달아 이루어졌으나 큰 성과는 없었다. 바하 알 딘의 설명에 따르면 사실, **프랑크인들이 우리에게 전령들을 보낸 의도는 우리의 강점과 약점을 알아내자는 것이었다. 그들을 맞이하는 우리 역시 같은 목적을 갖고 있었다**는 것이다. 물론 리처드가 예루살렘의 정복자를 정말로 잘 알고 싶어했는지는 몰라도 그가 협상을 하러 동방에 오지 않았다는 점은 분명했다.

한쪽으로는 이런 식의 접촉을 계속하면서 영국 왕은 아크레에 대한 최후 공격을 부산히 준비했다. 바깥 세상과 완전히 단절된 이 도시는 심한 기아에 시달리고 있었다. 헤엄을 잘 치는 사람들만이 바깥으로 나갈 수 있었지만 그조차도 목숨을 걸어야 하는 모험이었다. 바하 알 딘은 이른바 특공대원 한 명의 일화를 소개하고 있다.

> 다음의 얘기는 이 기나긴 전투 동안 벌어진 일 중 가장 진기하면서도 귀감이 되는 일화라고 할 수 있다. 이사라는 무슬림이 있었는데 그는 소문난 헤엄꾼이었다. 그는 밤을 틈타 적의 함대 밑으로 잠수해서 포위된 군사들이 기다리고 있는 맞은편 해안까지 건너가곤 했다. 그는 돈과 수비대에게 보내는 편지 등을 싸서 허리춤에 꼭꼭 여미고 그것들을 운반하였다. 어느 날 밤, 그는 1천 디나르와 편지들을 넣은 주머니 세 개를 차고 출발하였는데 그만 적에게 들켜 살해당하고 말았다. 도시에서 우리 쪽으로 연락용 비둘기를 띄워 그의 도착을 정기적으로 알려주었으므로 우리는 그에게 안 좋은 일이 생겼음을 눈치챌 수 있었다. 그 날 밤, 우리에게 소식이 오지 않았기 때문이다. 며칠 후, 아크레 사람들이 물가로 밀려온 시신 한 구를 발견했다. 가까이 가서 보니 바로 이사였다. 그는 죽는 순간까지도 허리춤에 금과 편지가 든 봉랍을 차고 있었다. 죽어서도 살아 있을 때만큼이나 충직하게 임무를 완수한 이를 본 적이 있던가?

일부 아랍 전사들의 영웅적 행동도 소용없었다. 아크레 수비군의 상황은 점점 어려워졌다. 1191년 여름이 시작되면서 포위된 자들의 호소는 절망적인 비명으로 바뀌었다. "우리의 기력은 다했소. 항복 외에 다른 선택은 남아 있지 않소. 내일이라도 당장 무언가 해주지 않는다면 우리는 목숨을 구걸하기 위해 도시를 저들에게 넘겨줄 수밖에 없을 것이오." 살라딘은 낙심했다. 포위된 도시를 구할 희망을 완전히 잃은 그는 뜨거운 눈물을 흘리기 시작했다. 왕의 측근들은 그의 건강을 걱정했고 의사들은 왕을 진정시킬 약을 처방해 주었다. 살라딘은 아크레를 포위에서 풀어줄 전면 공격 명령을 전 진지에 내리라고 지시했다. 그러나 에미르들이 그를 말렸다. 그들은 왕에게 항의했다. "어찌하여 무슬림 군대를 무익한 위험으로 내모시는 겁니까?" 프랑크 군은 수로 보나 힘으로 보나 단단히 보강되어 있어 어떠한 공격도 자살 행위나 다름없다는 것이었다.

포위가 시작된 지 2년이 지난 1191년 7월 11일, 마침내 십자가가 그려진 깃발들이 아크레 성벽 위에 나부꼈다.

**프랑크인들은 기쁨의 함성을 질렀고 우리 편은 하나같이 얼이 빠져 있었다. 병사들은 눈물을 흘리며 비통해했다. 술탄은 꼭 자식을 잃은 어미 같아 보였다. 나는 술탄에게 가서 되도록 그를 위로하려 했다. 나는 지금은 예루살렘과 연안 도시들에 신경을 써야 할 때며, 무엇보다 아크레에 갇힌 무슬림들의 안전을 걱정하셔야 한다고 말했다.**

살라딘은 비통한 심정을 억누르며 포로들의 석방을 의논하자는 전갈을 리처드에게 보냈다. 그러나 영국 왕은 마음이 바빴다. 이 기회를 이용해 대규모 공격을 펼칠 결심을 하고 있던 그는 포로 문제로 골머리를 썩이기 싫었다. 4년 전에 프랑크인들의 도시를 차례차례 점령해 가던 술탄도 같은 문제에 부딪힌 바 있다. 다만 유일하게 다른 점이 있었다면 포로들 때문에 부담감을 갖고 싶지 않았던 살라딘은 그들을 풀어주었지만 리처드는 그들을 죽여 버리는 편을 택했다는 것이다. 아크레에 주둔하고 있던 2천7백 명의 무슬림 병사들, 3백 명의 여자들과 아이들이 함께 묶여 아크레 성벽 앞으로 끌려갔다. 고기 덩어리처럼 밧줄로 죽 엮인 그들은 칼과 창, 돌멩이 세례를 퍼붓는 프랑크 전사들에게 속수무책으로 폭행을 당했다. 그들의 신음소리가 잦아들 때까지 폭행은 계속되었다.

신속한 방식으로 포로 문제를 해결해 버린 리처드는 부대를 이끌고 아크레를 출발했다. 그는 함대를 동반하고 해안을 따라 남쪽으로 향했다. 한편 살라딘은 내륙 지방을 통해 같은 방향으로 가고 있었다. 두 군대는 수 차례 마주쳤으나 결정적인 교전은 벌어지지 않았다. 술탄은 당장은 침략자들로부터 팔레스타인 연안 지대에 대한 통제권을 빼앗을 도리가 없을 뿐더러 그 군대를 물리친다는 것은 더욱 어렵다는 것을 알고 있었다. 그는 어떤 대가를 치르더라도 프랑크인들이 예루살렘으로 진출하는 것만은 막고 싶었다. 그만큼 그 도시를 잃는다는 것은 이슬람에게는 큰 상처일 것이기 때문이었다. 그는 자신이 재위 기간 중 가장 힘겨운 시기를 보내고 있음을 느꼈다. 그 자신도 큰 상처를 입었으나 우선은 병사들과 주변의 사기가 꺾이지 않도록 노력했다. 그는 자신이 심각한 잘못을 저질렀음을 시인했다. 허나 자신과 백성들은 이곳에 머무르려고 왔지만 프랑크 왕들은 조만간에 끝내 버릴 원정에 한 번 참가하는 것에 만족해 하지 않는가 하고 해명했다. 프랑스의 왕도 동방에서 백 일을 머무른 뒤 8월에 팔레스타인을 떠나지 않았는가? 또 이 영국 왕도 멀리 떨어진 자신의 왕국으로 곧 돌아갈 것이라고 수차에 걸쳐 얘기하지 않았다던가?

리처드는 외교적 제안들을 여럿 내놓았다. 1191년 9월, 그의 군대는 자파 북쪽에 있는 아르수프 연안의 평야 지대에서 연달아 승리를 거두고 있었는데 그러면서도 리처드는 신속히 협정을 맺자고 알 아딜을 계속 다그쳤다. 리처드의 사자가 말했다.

**우리 편이나 당신 편이나 많은 목숨들을 잃었소. 또 땅은 폐허가 되었고 누구도 이 상황을 통제할 수 없는 지경이 되었소. 이제 그만할**

때가 되지 않았소? 우리는 합의를 보지 못한 세 가지 문제에 관심이 있소. 즉 예루살렘, 진품 십자가, 그리고 영토요.
예루살렘 문제를 놓고 보면, 그곳은 우리의 예배 장소이니 절대로 포기하지 않을 것이오. 비록 목숨이 다하는 날까지 싸워야 한다고 해도. 영토의 경우, 요르단 서쪽을 우리에게 넘겨주기를 바라오. 다음은 십자가 문제인데, 당신들에게는 한갓 나무 조각으로밖에 보이지 않을 테지만 우리에게는 가치를 따지기 어려울 만큼 귀중한 것이오. 술탄이 십자가를 우리에게 넘겨준다면 우리도 이 소모전을 끝낼 수 있을 것이오.

알 아딜은 이 전갈을 형에게 급히 알렸다. 술탄은 주요 조언자들의 의견을 경청하고 난 뒤 이렇게 답변했다.

성지는 그대들에게나 우리에게나 마찬가지로 소중하다. 우리의 예언자가 밤의 여행의 기적을 이루었던 곳이 바로 그곳이며 최후의 심판일에 우리의 공동체가 모일 곳도 바로 그곳이다.[1] 따라서 우리가 포기한다는 것은 있을 수 없는 일이다. 영토 문제로 보자면 그곳은 늘 우리 소유였으며 그대들은 그저 일시적으로 점령하고 있을 뿐이다. 비록 그대들이 무슬림의 힘이 약해진 것을 이용해 그곳에 자리를 잡고 사람들을 퍼뜨려 놓았지만 전쟁을 치러야 한다고 해도 그대들의 소유만은 허락할 수 없다. 또 십자가는 우리가 쥐고 있는 중요한 패다. 따라서 이슬람에게 도움이 되는 중요한 양보를 얻지 않는 한 우리는 그것을 내놓지 않을 것이다.

그러나 이 확고부동해 보이는 양쪽의 입장은 겉모습뿐이었다. 비록 서로가 최대한의 요구를 주장하고는 있었지만 타협의 소지가 전혀 없는 것은 아니었음이 분명했다. 실제로 이 전언을 교환하고 사흘이 지난 뒤, 리처드는 살라딘의 동생에게 다분히 수상쩍은 제안을 내놓기에 이른다. 바하 알 딘의 기록이다.

> 알 아딜이 최근의 접촉 결과를 토의하자며 날 불렀다. 알 아딜이 검토하고 있는 협정안에는 그가 영국 왕의 누이와 혼인을 하는 것이 있었다. 이 공주는 시칠리아의 통치자와 결혼했으나 남편이 죽었다고 한다. 영국 왕은 누이와 함께 동방으로 왔는데 그 누이를 알 아딜과 결혼시킬 것을 제안했던 것이다. 신혼 부부는 예루살렘에서 살 것이라고 했다. 왕은 자신이 통치하고 있는 아크레에서 아스칼론에 이르는 영토를 누이에게 주면 공주가 연안 지방, 즉 '사힐'의 여왕이 될 것이라고 했다. 한편 술탄도 연안 지방의 소유지들을 동생에게 양도하면 그가 사힐의 왕이 된다는 것이었다. 십자가는 그들에게 맡겨지고 양측의 포로들도 풀려날 것이라고 했다. 그렇게 평화를 정착시킨 다음 영국 왕은 바다 저편의 자신의 나라로 돌아가겠다는 것이었다.

알 아딜은 이 제안에 솔깃했음이 분명하다. 그는 바하 알 딘에게 어떤 수를 써서라도 살라딘을 설득해 줄 것을 부탁했다. 그 역사가도 그리 할 것을 약속했다.

> 나는 술탄에게 가서 내가 들은 바를 말했다. 그런데 술탄은 대번에 이 제안은 말이 되지 않는다고 지적했다. 술탄은 그 영국 왕 자신도 그러한 조건을 받아들일 생각이 없을 것이며 그것은 일종의 회유책

**아니면 술책처럼 보인다는 의견을 내놓았다. 그래도 내가 술탄에게 세 번씩이나 조르자 마침내 그는 허락했다. 나는 알 아딜에게 술탄이 허락했음을 알리러 갔다. 그는 당장 적진에 이 사실을 알렸다. 그런데 그 저주받을 영국인이 한다는 소리가 그 제안을 들은 누이가 펄쩍 뛰며 죽어도 무슬림한테는 자신을 바치지 않을 것이라 맹세했다는 것이다!**

살라딘의 예상대로 리처드는 술책을 썼던 것이다. 그는 술탄이 그 계획을 일언지하에 거절해서 알 아딜과 의가 상하기를 기대했다. 그러나 살라딘은 그 제안을 받아들이는 척하면서 대신 프랑크족 왕의 저의가 드러나게 한 것이다. 리처드는 살라딘에 대항하기 위해 동생을 이용하려는 속셈을 숨기고 수개월 전부터 알 아딜을 "내 형제"라고 부르며 그와 돈독한 관계를 다져가고 있었다. 그러나 알고 보면 피장파장이었다. 술탄 역시 그와 비슷한 방법을 썼기 때문이다. 리처드와의 협상에 병행하여 그는 티레의 통치자인 알 마르키슈 콘라드와도 접촉했던 것이다. 이 후작은 영국 왕이 자신의 영토를 빼앗을지도 모른다고 의심하며 극도로 긴장하고 있었다. 심지어 그는 살라딘에게 "해상의 프랑크족"에 맞서 동맹을 맺자고까지 제의했다. 이 제안을 곧이곧대로 받아들이지는 않았으나 살라딘은 리처드에게 외교적 압력을 강화하는 수단으로 그것을 이용했다. 결국 리처드는 후작의 정책에 얼마나 화가 났던지 몇 달 후에 그를 암살하기에 이른다!

계획이 실패로 돌아가자 영국 왕은 살라딘과의 만남을 주선해 달라고 알 아딜에게 부탁했다. 그러나 이번의 대답도 몇 개월 전과 다르지 않았다.

**왕들이 만나는 것은 협정이 맺어지고 나서다. 게다가 나는 그대의 언어를 알아듣지 못하며 그대 역시 마찬가지다. 우리에게는 전폭적으로 신뢰할 수 있는 통역관이 필요하다. 그런 사람이 우리 둘 사이의 전령이 되어야 하는 것이다. 우리가 합의에 이른다면 그 때 가서나 만날 수 있을 것이다. 그 때가 되면 우정 어린 관계를 맺을 수도 있을 것이다.**

협상은 일년하고도 반을 끌었다. 살라딘은 예루살렘에 버티고 앉아 마냥 시간을 보내고 있었다. 그의 평화안은 단순했다. 각자가 점령하고 있는 곳을 지킨다는 것과 프랑크인들이 원한다면 무장하지 않은 상태에서 성지를 순례할 수 있도록 하겠지만 성지는 이슬람의 손에 남아 있어야 한다는 것이었다. 한편 본국으로 돌아가고 싶은 마음에 다급해진 리처드는 두 번이나 예루살렘으로 진군해서—공격은 하지 않고—결정적인 압력을 가하려 했다. 그는 끓어오르는 혈기를 분출할 요량으로 그 몇 개월 동안 아스칼론에 막강한 요새를 건설하는 공사에 착수했다. 그는 이곳을 향후 이집트 원정의 전초 기지로 삼을 작정이었다. 요새가 완공될 무렵 살라딘은 평화 협정이 맺어지기 전에 돌담 하나 남기지 말고 요새를 완전히 부술 것을 요구했다.

1192년 8월이 되자 리처드의 인내심은 한계에 이르렀다. 그는 건강도 많이 해친 데다 예루살렘을 탈환하려 하지 않는다고 많은 기사들한테 비난을 사고 있었다. 게다가 콘라드의 암살자로 지목되어 한시라도 빨리 영국으로 떠나야 할 형편이었으니 더 이상 출발을 지체할 수가 없었다. 그는 살라딘에게 아스칼론을 넘겨 달라고 애원했다. 그러나 살라딘은 요지부동이었다. 그러자 리처드는 새로운 요구를 담은 전령을 급파했다. 만약 적절한 평화안이 성립되지 않는다면, **자신은 여기서 겨울을**

**날 수밖에 없다**는 것이었다. 이 극단적인 결심을 읽은 살라딘은 빙그레 미소를 지었다. 그는 전령을 가까이 오게 한 뒤 말했다. "너희 왕에게 가서 전하거라. 나는 아스칼론만은 절대로 양보하지 않을 것이다. 또한 그가 겨울을 이곳에서 나겠다고 하는 것은 당연한 일이라고 본다. 그 땅은 그가 점령한 곳이며 그가 떠나자마자 우리가 다시 빼앗을 거라는 것을 그도 알고 있기 때문이다. 어쩌면 그가 떠나기도 전에 우리가 탈환할지도 모를 일이다. 다만 궁금한 게 있다. 그가 진정으로 이곳에서 겨울을 날 생각이 있는 것인가? 생의 쾌락을 즐기며 살 한창 나이에 두 달간이나 가족과 나라로부터 떨어져 있을 수 있냐는 말이다. 내 경우에는 겨울은 물론이고 여름이라도 얼마든지 이곳에서 보낼 수 있다. 왜냐하면 나는 나를 염려해 주는 내 자식들뿐만 아니라 지인들과 함께 내 나라에 있기 때문이다. 게다가 나는 겨울은 물론이고 여름도 보낼 수 있는 무기를 갖고 있다. 그 무기는 바로 내가 더 이상 삶의 쾌락 없이도 지낼 수 있는 나이라는 것이다. 이렇게 나는 기다릴 것이다. 신께서 우리 둘 중 한편에게 승리를 주시는 날까지."

이 말에 뜨끔했는지 리처드는 며칠 후 아스칼론을 포기할 의사가 있음을 내비치는 행동을 했다. 1192년 9월, 5년간의 휴전 협정이 맺어졌다. 프랑크인들은 티레에서 자파에 이르는 해안 지방을 차지하고 대신 예루살렘을 포함한 나머지 지역에서는 살라딘의 권리를 인정하기로 했다. 술탄으로부터 통행증을 발급받은 프랑크 전사들이 그리스도의 무덤 앞에서 기도를 드리기 위해 예루살렘으로 들어왔다. 살라딘은 주요 인물들은 예를 갖추어 맞았으며 식사에 초대까지 하면서 참배의 자유를 보장한다는 굳은 의지를 확인시켜 주었다. 그러나 리처드는 살라딘을 만나기를 거절했다. 그는 자신이 승리자로서 의기양양하게 입성해야 했을 그 도시에 초대받은 몸으로는 가고 싶지 않았던 것이다. 평화안이 맺어지고 한 달 후, 그는 성묘를 참배하기는커녕 살라딘도 만나지 않고 동방을 떠났다.

서유럽과의 고통스러웠던 대결은 술탄의 승리로 끝났다.[2] 물론 프랑크인들도 몇몇 도시에 대한 통제권을 다시 얻어서 거의 백 년에 이르는 유예 기간을 번 것은 사실이다. 그러나 앞으로 아랍 세계를 호령할 강력한 정권은 세우지 못할 터였다. 그들은 진정한 의미에서 국가는 물론, 식민지들도 건설하지 못하게 된다.

한편 이 승리에도 불구하고 살라딘은 자신이 쇠약해져 감을, 죽어가고 있음을 느꼈다. 이제 그는 히틴에서 보여주었던 카리스마적인 영웅의 모습을 더는 보여주지 못했다. 에미르들에 대한 권위도 약해져 갔으며 그를 비방하는 목소리는 날로 더해갔다. 육체적으로도 그는 좋지 않았다. 본디 건강하다고 할 수 없었던 그인지라 수년 전부터 다마스쿠스와 카이로의 용하다는 의사들의 관리를 정기적으로 받아야 했다. 이집트의 수도에서는 에스파냐에서 건너온 유대계 아랍인인 저명한 타비브의 보살핌에 의존하고 있었다. 그는 마이모니데스라는 이름으로 더 잘 알려져 있는 무사 이븐 마이뭄이었다. 프랑크인들과 가장 치열하게 대치하고 있던 몇 해 동안에도 살라딘은 수 차례 말라리아가 재발해서 며칠씩 누워 있어야 했다. 그런데 1192년이 되자 왕의 주치의들이 근심했던 것은, 그의 지병이 악화되는 것이 아니라 전반적으로 왕의 몸이 쇠약해져 가는 것이었다. 술탄이 너무 빨리 늙어간다는 것을 모두가 확인할 수 있었다. 당시 살라딘의 나이 55세, 그러나 그 자신은 수명이 다했음을 느끼고 있었다.

말년의 살라딘은 자신이 사랑하는 도시, 다마스쿠스에서 가족들과 함께 평온한 날을 보냈다. 술탄의 곁을 줄곧 지켰던 바하 알 딘은 술탄의 행동

하나 하나를 상세히 기록하였다. 1193년 2월 18일, 바하 알 딘은 궁전의 정원에서 술탄을 알현했다.

**술탄은 어린 자녀들에게 둘러싸여 그늘에 앉아 있었다. 그는 안에서 누가 기다리고 있는지 물었다. "프랑크인 사절들과 에미르들과 귀족들이옵니다." 우리가 대답했다. 술탄은 프랑크인들을 데리고 오라 일렀다. 프랑크인 사절이 술탄 앞에 나타났을 때 술탄은 가장 애지중지하던 어린 아들 에미르 아부 바크르를 무릎에 앉히고 있었다. 수염을 기르지 않은 데다 맨 머리에 신기한 옷차림을 한 프랑크인을 본 아이는 겁이 났던지 울기 시작했다.[3] 술탄은 사절들에게 양해를 구하고 그들이 전하려는 얘기는 듣는 둥 마는 둥 하며 허겁지겁 대담을 마쳤다. 그러더니 술탄이 나에게 물었다. "오늘 뭐라도 먹었는가?" 그것은 식사 초대를 할 때 술탄이 즐겨 쓰는 방식이었다. 그리고 이렇게 명했다. "음식을 가져 오너라!" 사람들은 걸쭉한 우유로 버무린 쌀밥과 간단한 음식들을 내왔고 술탄은 음식을 들었다. 술탄이 완전히 식욕을 잃었다고 생각했던 터라 그 모습을 본 나는 적이 안심을 하였다. 얼마 전부터 술탄은 기운이 없어서 더 이상 음식도 입에 댈 수가 없었다. 그는 늘 좌중에 양해를 구하면서 힘겹게 몸을 움직였다.**

그 목요일에 술탄은 메카에서 돌아오는 순례자 일행을 맞이하러 말을 타고 나설 수 있을 만큼 상태가 양호했다. 그러나 이틀 후, 그는 더 이상 자리에서 일어날 수 없게 된다. 그는 차츰 혼수 상태에 빠져들었다. 의식이 돌아오는 시간이 점점 줄어들었다. 술탄의 병세에 대한 소식이 온 도시에 퍼져 나가자 다마스쿠스 주민들은 도시가 머지않아 무정부 상태에 빠질 것을 염려했다.

> **약탈을 당할지 몰라서 수크에는 휘장이 쳐졌다. 매일 밤 술탄의 곁을 떠나 집으로 돌아오는 나를 사람들이 둘러쌌다. 피할 수 없는 상황이 벌써 벌어지고 있는지 내 얘기를 듣고 싶어서였다.**

3월 2일 저녁, 병자의 처소에 궁정의 여인들이 몰려들어와 눈물을 흘렸다. 살라딘의 용태가 대단히 위중하였던지라 그의 장자 알 아흐달은 바하 알 딘과 다른 조언자인 카디 알 파딜에게 그 날 밤을 궁전에서 보내도록 부탁했다. 그 때 카디가 대답했다. "그것은 신중하지 못한 행동입니다. 우리가 궁전에서 나오지 않고 있는 것을 주민들이 안다면 그들은 분명 최악의 상황임을 깨달을 것이오. 도시에서 약탈이 벌어질 수도 있습니다." 그래서 그들은 대신 병자를 지켜보도록 궁전에서 살고 있는 한 원로 족장을 불러왔다.

> **그가 신과 하늘나라를 얘기하는 꾸란의 경구를 낭독하는 동안에도 술탄은 의식을 회복하지 못하였다. 이튿날 아침 내가 궁전에 도착해 보니 술탄은 벌써 세상을 뜬 뒤였다. 신의 은총이 내리시길! 들리는 얘기로는 원로가 이런 경구를 낭독하고 있을 때였다고 한다. 신 외에 다른 이를 숭배하지 말라. 내가 의탁할 곳은 바로 신뿐이니. 그러자 술탄은 슬며시 미소를 지었다고 한다. 그의 얼굴이 환히 빛났으며 이어 그는 영면하였다.**

술탄의 죽음이 알려진 직후, 수많은 다마스쿠스 시민들이 궁전으로 몰려들었으나 경비병들은 이들의 진입을 막았다. 주요 에미르와 울라마들만이 궁전의 응접실에 앉아 있는 고인의 장자 알 아흐달에게 조문을 할 권리를 얻었다. 시인들과 설교자들도 침묵을 지키도록 권장되었다. 살라딘의 어린 자녀들은 거리로 뛰쳐나와 군중 틈에 섞여 오열했다. 바하 알 딘의 기록이다.

> 차마 견디기 힘든 장면이 정오 기도 시간까지 이어졌다. 우리는 시신을 씻기고 수의를 입혔다. 이 의식에 사용되는 모든 도구들은 빚을 내서 장만해야 했다. 술탄의 수중에 남아 있는 재산이 없었기 때문이다. 신학자 알 다울라히가 주도한 세수례에 초대받았으나 나는 차마 자리를 지킬 용기가 없었다. 정오 기도가 끝나자 사람들은 시신을 바깥으로 옮겨 천이 덮인 관에 안치시켰다. 장례 행렬을 알아본 군중은 애도하며 울부짖기 시작했다. 사람들이 무리를 지어 고인을 조문하러 왔다. 술탄의 시신은 그가 병석에 있는 동안 보살핌을 받던 궁전의 정원으로 옮겨졌고, 서쪽에 있는 정자에 안치되었다. 우리는 오후 기도 시간에 맞추어 시신을 땅에 매장했다. 신이 그 영혼을 성스럽게 하시고 그의 무덤이 빛나게 하시길!

# 12장 예루살렘의 운명

당대의 모든 무슬림 지도자들처럼 살라딘의 계승자도 곧장 내전에 휘말렸다. 살라딘이 세상을 뜨기 바쁘게 제국은 분할되었다. 아들 한 명이 이집트를 가졌고, 또 한 명은 다마스쿠스, 또 다른 아들이 알레포를 가졌다. 그나마 다행이라면 딸 한 명을 빼고는 죄다 아들이었던 17명의 자식들이 서로 싸우기에는 아직 어렸기 때문에 영토가 갈가리 분할되는 것만은 어느 정도 막을 수 있었다는 것이다. 그러나 술탄에게는 유산 분배—가능하다면 전 영토까지도—를 주장하는 형제 두 명과 조카들이 있었다. 아이유브 왕조가 다시 단일 군주의 체제에 복종하기까지는 9년에 걸친 분쟁과 동맹, 배신과 암살의 시기를 거쳐야 했다. 그 단일 군주는 바로 '정의로운 자'라는 뜻의 알 아딜, 바로 한때 사자심왕 리처드의 매부가 될 뻔했던 그 유능한 협상가였다.

살라딘은 동생을 완전히 믿지 않았다. 말만 번드르르하고 묘수가 많은 데다 야심 또한 컸으며 무엇보다 서유럽인들에게 호의적이라는 점 때문이었다. 그랬던 만큼 그에게는 르노 드 샤티용이 점령했던 요르단 연안에 있는 성들 같은 그리 중요하지 않은 봉토를 하사했다. 거의 불모지나 다름없는 이 척박한 영토를 가지고서는 절대로 제국을 넘보지 못하리라는 판단에서였다. 그러나 알 아딜을 잘못 본 것이었다. 1196년 7월에 알 아딜은 알 아흐달로부터 다마스쿠스를 빼앗는다. 당시 스물여섯 살이 된 살라딘의 아들은 통치자로서는 낙제점이었다. 젊은 술탄은 역사학자 이븐 알 아시르의 형제인 와지르 디야 알 딘 이븐 알 아시르에게 실권을 맡기고 하렘에서 주색에 빠져 지냈다. 술탄의 숙부는 모의를 해서 조카를 권좌에서 끌어내린 뒤 사르카드 인근의 한 요새로 추방해 버렸다. 이곳에서 회한에 몸부림치던 알 아흐달은 방종한 생활을 청산하고 기도와 명상을 하며 남은 생을 보내기로 다짐했다. 그런데, 1198년 11월에 살라딘의 다른 아들인 이집트의 통치자, 알 아지즈가 피라미드 군락 근처로 늑대 사냥을 나갔다가 말에서 떨어져 목숨을 잃는 일이 생겼다.

알 아흐달은 유배에서 벗어나 동생의 자리를 이어받고 싶은 마음이 굴뚝같았다. 그러나 숙부는 이번에도 새 영토를 가볍게 빼앗은 뒤 다시 조카를 은둔시켰다. 57세가 된 1202년 이래, 알 아딜은 아이유브 제국에서 부동의 일인자로 군림하였다.

비록 유명한 형처럼 카리스마나 천재성은 없었지만 그가 뛰어난 행정가라는 사실은 틀림없었다. 그의 치하에서 아랍 세계는 평화와 번영과 관용의 시기를 구가했다. 예루살렘도 탈환했고 프랑크인들도 약해진 마당에 성전이 별 의미가 없다고 판단한 새 술탄은 프랑크인들과의 공존과 통상을 장려하는 정책을 실시했다. 그는 이집트에 수백 명의 이탈리아 상인들을 정착시키는 일을 추진하였다. 프랑크와 아랍 사이에 유례없는 평화가 몇 년간 지속되었다.

처음 아이유브 왕가가 내분으로 정신 없을 때 프랑크인들은 많이 줄어든 영토를 회복하려고 시도했다. 동방을 떠나기 전에 리처드 왕은 예루살렘 왕국의 수도를 아크레로 정하고 조카인 "알 콘드 헤리", 즉 앙리 드 샹파뉴 백작에게 넘겼다. 히틴에서 크게 패해 신임을 잃은 기 드

뤼지냥은 예우상 키프로스 왕으로 쫓겨났으나 그의 자손들은 4세기 동안이나 그곳을 다스리게 된다. 앙리 드 샹파뉴는 예루살렘 왕국의 취약함을 메우려는 목적으로 아사신파와 손을 잡으려 했다. 그는 아사신의 대사제를 만나기 위해 그들이 장악하고 있던 알 카프 요새를 방문했다. 산의 장로라 부르던 시난은 얼마 전에 세상을 떴으나 그의 후계자도 전임자 못지않게 절대 권력을 행사하고 있었다. 프랑크족 귀빈에게 자신의 권위를 자랑하고 싶었던 후임 대사제는 두 명의 조직원들에게 성곽 꼭대기에서 뛰어내리라는 명령을 내렸다. 그들은 조금의 망설임도 없이 그 명령을 수행했다. 대사제는 살인까지도 보여줄 준비가 되어 있다고 했으나 환영 인사는 그쯤에서 끝내자며 앙리 드 샹파뉴가 극구 말렸다. 그러고 나서 동맹 협정이 맺어졌다. 손님을 예우하는 차원에서 아사신파는 죽일 사람이 있으면 자기들에게 맡기라고 말했다. 앙리는 때가 되면 그들에게 도움을 청하겠노라고 약속하며 감사를 표했다. 그런데 운명의 장난인지, 이 만남이 있고 얼마 지나지 않은 1197년 9월 10일, 리처드 왕의 조카는 아크레에 있는 자신의 성 창문에서 떨어져 죽고 말았다.

앙리가 죽고 나서 이 시기에 유일한 대치 상황이 발생했다. 독일의 광신도 순례자들이 사이다와 베이루트를 점령했으나 예루살렘으로 가는 길목에서 크게 패했다. 같은 시기에 알 아딜은 자파를 탈환했다. 그러나 1198년 7월 1일에 5년 8개월 기간의 휴전 협정이 맺어졌다. 알 아딜은 이 휴전을 권력을 다지는 시기로 이용한다. 빈틈없는 정치가였던 알 아딜은 새로운 침공을 피하려면 연안 지대의 프랑크인들과 합의하는 것만으로는 충분하지 않다는 것을 알고 있었다. 서유럽 스스로 그것을 선언하게 만들어야 했다. 그러자면 자신과 사이가 좋은 이탈리아 상인들을 동원하여 통제가 어려운 전사 무리가 이집트와 시리아를 유린하지 않도록 설득하는 것만큼 괜찮은 방법이 어디 있겠는가?

이리하여 1202년, 알 아딜은 '완전무결한 자'라는 뜻의 아들 알 카밀에게 당시 지중해의 해상권을 장악하고 있던 베네치아 공화국과 협상을 벌이라는 임무를 맡긴다. 두 나라는 실용주의와 상업적 이해에 입각해 의견을 교환하였고 즉시 협정을 맺었다. 알 카밀은 베네치아인들에게 알렉산드리아나 다미에타 같은 나일 강의 항구들을 이용할 수 있는 권한과 더불어 그들의 안전을 보장하고 필요한 모든 방도를 제공하기로 했다. 그 대가로 이 총독들의 공화국은 서유럽의 이집트 침공을 절대로 지지하지 않겠다는 약속을 했다. 그러나 이처럼 두둑하게 얻어냈음에도 불구하고 베네치아인들은 용의주도하게 서유럽 제후들과 협상하여 줄잡아 3만 7천 명에 달하는 프랑크 전사들을 이집트로 운송한다는 내용의 조약을 맺는다. 물론 그들은 조약을 비밀로 할 심산이었다. 능숙한 협상가들이었던 베네치아인들은 양측과의 약속 중 어느 쪽도 파기하지 않을 자신이 있었다.

동방행 배에 올라탈 준비가 된 기사들이 아드리아해의 도시 베네치아에 도착하자 총독 단돌로는 그들을 열렬히 환대했다. 이븐 알 아시르의 기록에 따르면 **그는 앞을 보지 못하는 노인이었다. 말을 타더라도 말을 끌어줄 시종이 필요할 정도였다.** 그 노쇠함에도 불구하고 단돌로는 십자가의 깃발 아래 조금이라도 원정에 기여하고 싶다는 의사를 피력했다. 그러면서도 그는 출발하기 전에 운임을 지불하라고 요구했다. 기사들이 지불을 늦추어 달라고 부탁하자 그는 다음과 같은 조건으로 수락했다. 수년 전부터 아드리아해에서 베네치아와 경쟁을 벌이고 있는 자다르항부터 점령하라는 것이었다. 그러나 이 요구는 기사들로서도 속 시원히 들어줄 수 없는 요구였다. 자다르는 로마에 충성하는 헝가리 왕이 다스리고 있는 그리스도교 신자들의 도시였기 때문이다. 그러나 그들에게는 선택의 여지가 없었다. 베네치아 총독이 요구한 이 작은 보상을 이행하지 않을 때에는 약속한 액수를 이내 지불해야 할 형편이었기 때문이다. 결국 1202년, 자다르는 공격을 받고 약탈당했다.

그런데 베네치아인들은 거기서 만족하지 않았다. 그들은 원정대 지휘관들에게 콘스탄티노플에 들러 서유럽인들에게 호의적인 젊은 왕자를 권좌에 앉히라고 설득했다. 총독의 궁극적인 목표가 지중해의 패권을 잡는 것이고 보면 그는 대단히 유용한 설득 수단을 사용한 셈이었다. 총독은 한편으로는 그리스계 '이단자들'에 대한 기사들의 반감을 이용하고, 다른 한편으로는 기사들을 유혹하기 위해 비잔티움의 눈부신 보물들을 거론하면서, 룸인들의 도시를 얻는 것이야말로 무슬림들을 효과적으로 공격하는 지름길이라고 설득했다. 마침내 프랑크인들도 결정을 내렸다. 1203년 6월, 베네치아 함대가 콘스탄티노플에 모습을 나타냈다.

이븐 알 아시르의 기록이다.

> **룸의 왕은 싸워 보지도 않고 도망쳤다. 프랑크인들은 젊은 후계자를 권좌에 앉혔다. 그러나 모든 결정을 프랑크인들이 내렸으니 왕은 있으나 마나 한 존재였다. 그들은 백성에게 무거운 세금을 부과했으며, 세금을 내기 어려운 경우에는 대신 금과 보석을 빼앗았다. 심지어 십자가와 메시아 성상에 박힌 보석들에까지 손을 댔다! 메시아에게 평화가 있기를! 결국 참을 수 없게 된 룸인들이 들고 일어났다. 그들은 왕을 죽이고 프랑크인들을 도시에서 쫓아낸 다음, 성문들을 봉쇄해 버렸다. 그러나 그들은 힘이 약했기 때문에 코니아의 통치자인 클르츠 아르슬란의 아들, 술레이만에게 도움을 호소하는 전갈을 급히 보냈다. 그러나 술레이만은 도와 줄 방도가 없었다.**

룸인들이 방어할 도리가 없었던 것은 당연했다. 그들의 군대는 주로 프랑크인 용병들로 구성되어 있었던 데다 성 안에서는 많은 베네치아 첩자들이 룸인들에게 대항하는 공작을 펼치고 있었기 때문이다. 결국 고작 일주일을 싸워 보고 도시는 함락되었다. 꼬박 사흘 동안 룸인들은 약탈과 살육에 내던져졌다. 그리스와 비잔티움 문명을 증언하는 셀 수 없이 많은 성상과 동상, 서적과 예술품이 강탈당하고 파괴되었다. 그리고 수천 명의 시민들이 참수되었다. 모술의 역사가가 남긴 기록이다.

**룸인들치고 약탈당하지 않은 사람이 없었다. 프랑크인들에게 쫓기던 유력 인사들 일부가 소피아라고 부르는 커다란 성당으로 막 대피하려고 했을 때였다. 성당에서 사제와 수도사들이 십자가와 복음서를 들고 나와서 공격자들에게 목숨을 살려 달라고 애원했다. 그러나 프랑크인들은 그들의 애원을 무시했다. 프랑크인들은 그들을 모조리 죽이고 성당도 약탈했다.**

당시 떠돌던 얘기로는 프랑크 원정대를 따라온 한 매춘부가 총대주교의 자리에 앉아서 추잡한 노래를 부르는 동안 술에 취한 병사들이 근처 수도원의 그리스계 수녀들을 겁탈했다고 한다. 이븐 알 아시르의 설명에 따르면 역사상 유례 없는 비열한 행위로 기록된 이 콘스탄티노플의 약탈이 있은 후 동방의 라틴 황제 보두앵 드 플랑드르가 즉위했다고 한다. 룸인들은 절대로 그의 권위를 인정하지 않았다. 결국 궁정에서 살아 남은 탈주자들은 니카이아에 정착하는데, 57년 후에 비잔티움을 수복할 때까지 이곳을 그리스 제국의 수도로 삼게 된다.

콘스탄티노플의 광분한 프랑크족 무리들은 시리아의 프랑크인 세력을 강화시키기는커녕 오히려 심각한 타격만 입히는 결과를 낳았다. 사실 보물에 눈이 멀어 동방을 찾았던 많은 기사들에게 탈취할 장원들과 엄청난 부가 있는 그리스 제국은 그 야욕을 실현할 기회의 땅이었다. 반면 아크레와 트리폴리스 또는 안티오케이아 주변의 비좁은 해안 지대는 모험가들의 구미를 끌어당길 만한 곳이 아니었다. 결과적으로 원정대가 콘스탄티노플로 우회함으로써 다시 예루살렘에 대해 도발을 단행할 수도 있었을 원군을 시리아의 프랑크인들에게서 빼앗은 셈이 되었다. 결국 1204년, 프랑크인들은 술탄에게 휴전을 갱신하자고 제의하기에 이른다. 알 아딜은 6년간의 휴전안에 동의했다. 비록 권력의 절정기에 있었지만 살라딘의 동생은 굳이 재정복 사업에 뛰어들고 싶지 않았던 것이다. 그로서는 연안 지대에 남아 있는 프랑크인들이 조금도 성가시지 않았다.

시리아의 프랑크인들 대부분도 평화가 좀 더 지속되기를 바라고 있었다. 그러나 바다 건너, 특히 로마에서는 적대 국면을 다시 만들 궁리를 하고 있었다. 1210년, 안티오케이아 왕국은 한 혼인을 계기로 무너지고 만다. 서유럽에서 들어온 지 얼마 안 된 60세의 기사, 장 드 브리엔에게 안티오케이아 왕국이 넘어간 것이다. 그는 1212년 7월에 조인된 5년간의 휴전안에도 불구하고 강력한 원정대를 준비하는 데 박차를 가해 달라는 전언을 꾸준히 교황에게 보냈다. 1217년 여름이 되자 공격을 개시할 수 있는 상황이 마련되었다. 사실 무장한 순례단을 실은 1차 선단이 아크레에 도착한 것은 그보다 약간 늦은 9월이었다. 곧이어 수백 명의 인원이 들어왔다. 이듬해인 1218년 4월, 새로운 프랑크 침공(5차 십자군 전쟁—옮긴이)이 시작되었다. 목표는 이집트였다.

알 아딜은 깜짝 놀랐다. 아니 대단히 실망했다. 그는 리처드와 협상을 벌이던 때부터 권좌에 오른 후에도 다만 전쟁을 종식시키겠다는 일념으로 노력해 오지 않았던가? 오래 전부터 노랑머리들과의 우정 때문에 지하드라는 명분을 망각했다는 종교인들의 비난도 감수해 온 그였다. 이 73

세의 노인은 병석에 누워 있는 몇 달 동안 자신에게 도착하는 정보들을 믿지 않으려 했다. 광분한 독일인 무리가 갈릴리의 마을들을 휩쓸고 다닌다는 얘기에도 그는 일상적인 만행이겠거니 하면서 손을 쓰지 않았다. 4반세기 동안의 평화를 깨고 서유럽이 대규모 침공을 단행했다는 사실을 그는 믿을 수 없었다.

그러나 정보들은 점점 구체성을 띠어 갔다. 나일 강의 주요 지류에 대한 접근을 관장하는 다미에타 앞에 수만 명의 프랑크 전사들이 모여들었다고 했다. 아버지의 지시를 받은 알 카밀은 군대를 이끌고 출정했다. 그러나 적의 수에 기가 질린 그는 차마 대적해 볼 엄두를 내지 못하였다. 그는 수비대가 적의 함정에 말려들지 않도록 하기 위해 조심스럽게 항구 남쪽에 진지를 세웠다.

다미에타는 이집트에서 가장 방어가 튼튼한 곳으로 볼 수 있었다. 이 도시의 동쪽과 남쪽을 두른 성곽은 질퍽한 늪지대로 둘러싸여 있었다. 또 북쪽과 서쪽은 나일 강의 후배지(後背地)여서 영구적인 방어선 노릇을 톡톡히 해주고 있었다. 따라서 도시를 포위하려 해도 강의 통제권을 확실히 잡지 않고서는 불가능했다. 혹시 생길지도 모를 불상사를 방지하는 뜻에서 주민들은 엄청나게 굵은 쇠사슬을 한쪽은 도시의 성곽에, 다른 한쪽은 강 반대편 섬의 성채에 쳤다. 사슬이 풀리지 않는 한 어떠한 배도 나일 강을 통과할 수 없다는 것을 깨달은 프랑크인들을 성채를 향해 거세게 달려들었다. 석 달 동안 계속된 그들의 공격은 매번 격퇴되었다. 마침내 그들은 커다란 배 두 척을 잡아매서 일종의 떠다니는 탑을 만들어 성채에 접근할 생각을 짜냈다. 1218년 8월 25일, 결국 그들은 성채를 함락시켰다. 마침내 사슬이 끊긴 것이다.

며칠 후, 연락용 비둘기가 가져온 패배 소식이 다마스쿠스에 전해지자 알 아딜은 깊은 시름에 잠겼다. 성채의 함락이 다미에타의 점령으로 이어질 것이 뻔한 일이고 보면 침략자들의 카이로행을 막을 어떠한 방해물도 없는 셈이었다. 그는 기나긴 전쟁을 수행할 힘도, 또 의지도 없었다. 그로부터 몇 시간 후, 그는 가슴을 쥐어뜯으며 쓰러졌다.

무슬림들에게 진짜 재앙은 나일 강 성채의 함락이 아니라 연로한 술탄의 죽음이었다. 그러나 군사적인 측면에서 보자면 결과는 후계자 알 카밀이 적에게 심각한 손실을 입혀 격퇴하고 다미에타의 포위를 막는 것으로 끝난다. 반면, 정치적인 차원에서는 자신의 아들들만은 그 운명에서 벗어나도록 하기 위해 술탄이 생전에 그처럼 노력을 기울였음에도 불구하고 기어이 계승 전쟁이 벌어지고 말았다. 술탄은 죽기 전에 이미 영토를 분배해 두었다. 이집트는 알 카밀에게, 다마스쿠스와 예루살렘은 알 무아잠에게, 자지라는 알 아슈라프에게, 그리고 그보다 덜 중요한 지역은 어린 자식들에게 분배했다. 그러나 모든 야심을 충족시킬 수는 없는 일이었다. 비록 형제들간에 상대적으로 균형을 맞추었다고는 하나 분쟁을 완전히 피하지는 못했다. 카이로의 몇몇 에미르들이 알 카밀이 자리를 비운 틈을 타서 동생 중 한 명을 권좌에 앉히려는 시도를 했다. 그 정변은 당장은 성공한 듯했다. 하지만 이 소식을 들은 알 카밀은 다미에타고 프랑크고 다 놓아둔 채 즉각 진지를 철수해 수도로 올라와서 정변에 가담한 자들을 모조리 처단했다. 그러자 침략자들은 이 공백기를 놓칠세라 한때 포기하려 했던 기회를 얼른 잡았다. 그리하여 다미에타가 다시 포위되었다.

군대를 이끌고 다마스쿠스로부터 한걸음에 달려온 동생 알 무아잠의 지원을 받았다고는 하나 알 카밀은 더 이상 도시를 방어할 힘도, 나아가 침공을 종식시킬 방도도 갖고 있지 못했다. 그러나 그가 제안한 평화안은 유난히 관대했다. 동생에게 예루살렘 요새를 파괴할 것을 부탁하고 나서, 알 카밀은 프랑크인들이 이집트를 떠난다면 성지를 넘겨주겠다는 전언을 보냈다. 그러나 자신들이 칼자루를 쥐고 있음을 깨달은 프랑크인들은 그 제안을 거절했다. 1219년 10월, 알 카밀은 더욱 구체적인 제안을 내놓았다. 예루살렘뿐만 아니라 팔레스타인에서 요르단 서쪽에 이르는 영토도 넘겨주겠다는 것이었다. 예수의 십자가까지 덤으로 얹어서 말이다.[1] 이번에는 침략자들도 그 제안을 검토해 보는 듯했다. 장 드 브리엔과 시리아의 프랑크인들은 대체로 만족하였다. 다만 최종 결정은 펠라기우스라는 인물한테 달려 있었다. 교황이 원정대 대장으로 임명한 이 에스파냐의 추기경은 성전의 열렬한 지지자였다. 그는 사라센인들과의 협정은 절대 받아들일 수 없다고 수차 말해 왔다. 자신의 거부를 분명히 하기 위해 그는 즉각 공격 명령을 내렸다. 전투와 기아, 최근에 창궐한 역병으로 큰 타격을 입은 다미에타 수비대는 저항해 볼 엄두조차 내지 못했다.

펠라기우스는 내친김에 이집트를 통째로 점령하기로 했다. 그러나 그가 당장에 카이로로 진격하지 않았던 것은 당시 서유럽에서 가장 강했던 호엔슈타우펜의 프리드리히 2세—독일과 시칠리아의 왕—가 대규모 원정대를 이끌고 곧 도착하리라는 소식을 들었기 때문이었다. 풍문으로 이 소식을 전해들은 알 카밀도 부랴부랴 전투 준비에 들어갔다. 그의 형제들과 사촌들, 각 지역의 동맹들에게 도움을 호소하는 전령들이 분주히 오갔다. 다른 한편으로 그는 알렉산드리아에서 멀지 않은 델타 서쪽 지역을 무장시켰다. 1220년 여름 알 카밀의 함대는 키프로스 해안에서 서유럽의 배들을 기습 공격해 큰 피해를 입혔다. 이렇게 하여 적으로부터 해상권을 빼앗은 알 카밀은 휴전을 30년 더 연장하자고 압력을 더욱 세게 넣을 수 있게 되었다. 그러나 결과는 기대와는 딴판이었다. 펠라기우스는 알 카밀의 지나친 너그러움에서 카이로의 통치자가 궁지에 몰려 있다는 사실만 읽었던 것이다. 프리드리히 2세가 로마에서 황제로 서품

받는 즉시 이집트로 출발하겠다고 서약을 했다지 않는가? 늦어도 내년 봄이면 황제가 수백 척의 배에 수십만 명의 군사들을 이끌고 도착하지 않겠는가? 따라서 프랑크 군대는 전쟁도 평화도 받아들이지 않고 그저 기다리기만 하면 될 일이었다.

그러나 프리드리히가 동방 땅을 밟은 것은 그로부터 무려 8년이나 지난 후였다! 펠라기우스는 이듬해 여름까지도 참을성 있게 기다렸다. 1221년 7월, 결국 프랑크 군은 다미에타에서 철수하여 카이로 쪽으로 행군하기로 했다. 카이로에서 알 카밀은 피난 보따리를 싸려는 주민들을 군대를 풀어 단속해야 했다. 그러나 술탄은 전혀 초조해 하지 않았다. 그의 형제 두 명이 달려왔기 때문이었다. 자지라 군을 이끌고 온 알 아슈라프는 침략군이 카이로에 도달하는 것을 막기로 했으며 시리아 군을 이끌고 북쪽으로 올라간 알 무아잠은 적과 다미에타 사이를 과감하게 막고 나설 참이었다. 한편 알 카밀은 은근히 기대를 품고 나일 강의 범람을 주시하고 있었다. 강의 수위가 높아지고 있는데도 프랑크인들은 신경을 쓰지 않고 있었다. 8월 중순이 되자 땅이 어찌나 질퍽거리고 미끄러운지 프랑크 기병들은 진군을 포기하고 전면적인 철수를 할 수밖에 없었다.

프랑크 군의 철군이 시작되었으나 이미 이집트 병사들이 둑들을 무너뜨린 뒤였다. 1221년 8월 26일, 단 몇 시간만에 퇴로란 퇴로는 모조리 차단당한 프랑크 군은 진창 속에서 오도 가도 못하는 신세가 되어 버렸다. 이틀 후, 군대가 궤멸될지도 모른다는 절망 속에서 펠라기우스는 알 카밀에게 특사를 보내 평화안을 먼저 제의하기에 이른다. 그러자 아이유브의 군주는 조건을 내놓았다. 프랑크인들은 다미에타에서 완전히 떠나야 하며 8년간의 휴전안에 서명해야 한다. 그렇게 한다면 무사히 항구에 도달하게 해 주겠다. 예루살렘을 넘겨주는 문제는 당연히 없었던 일로 한다.

기대하지 않았던 만큼 더 반가운 이 전공을 경축하면서도 무슬림들은 한편으로 궁금해 했다. 알 카밀은 정말로 그 성지를 프랑크인들에게 넘겨줄 심산이었을까? 아니면 시간을 벌려는 지연책이었을까? 그들의 관심은 이내 그리로 쏠렸다.

다미에타가 바람 앞의 등불 같은 위기를 맞고 있을 때, 이집트의 통치자는 프랑크인들이 그처럼 기다리는 저 유명한 프리드리히, "알 엔보로르"에 대해 자주 묻곤 했다. 과연 소문대로 강력한 인물일까? 무슬림과 성전을 치르기로 결정했다는 것이 사실일까? 신하들에게 묻거나 프리드리히가 다스리고 있던 시칠리아를 여행한 이들로부터 한 가지씩 사실을 확인할 때마다 알 카밀의 놀라움은 날로 커졌다. 마침내 1225년, 그 황제가 장 드 브리엔의 딸인 욜랑드와 혼인하여 예루살렘의 왕이 되었다는 얘기를 듣자 알 카밀은 에미르 파크르 알 딘 이븐 알 샤이크를 대사로 파견하였다. 팔레르모에 도착한 파크르 알 딘은 감탄하지 않을 수 없었다. 그랬다! 프리드리히에 대한 소문은 모두 사실이었던 것이다! 그는 아랍어를 완벽하게 말하고 쓸 줄 알았으며 무슬림 문명에 대한 경탄을 숨기지도 않았다. 오히려 서구 문명의 야만성을 경멸했고 특히 로마의 교황에게 노골적인 반감을 갖고 있었다. 그의 가까운 협력자들과 친위대의 병사들 중에는 메카를 향해 머리 숙여 기도하는 아랍인들이 많았다. 아랍 문화의 수혜를 듬뿍 받았던 시칠리아에서 젊은 시절을 보낸 호기심 왕성한 황제는 투박하고 광적인 프랑크인들에게서는 정서적 공감대를 느끼지 못하였다. 그의 왕국에서는 무에진*의 목소리가 아무런 방해도 받지 않고 울려 퍼졌다.[2]

파크르 알 딘과 프리드리히는 이내 마음이 통했고 속내를 털어놓는 사이가 되었다. 파크르 알 딘은 독일인 황제와 카이로의 술탄 사이에

다리를 놓았다. 두 군주는 서신을 주고받으며 아리스토텔레스의 논리학과 영혼의 불멸성, 우주의 기원 등에 대해 논했다. 독일 황제가 동물들에 유달리 관심이 많다는 것을 안 알 카밀은 그에게 곰, 원숭이, 단봉낙타는 물론이고 코끼리까지 보내주었다. 황제는 자기 개인 정원에 마련한 동물원의 관리를 아랍인들에게 맡겼다. 술탄은 그 자신과 마찬가지로 끝도 없이 계속되는 종교 전쟁의 무익함을 깨달은 영민한 지도자가 서유럽에도 있다는 사실이 이만저만 흐뭇한 것이 아니었다. 이윽고 술탄은 프리드리히에게 빠른 시일에 동방을 방문해서 황제께서 예루살렘을 점유하는 모습을 보는 기쁨을 누리게 해달라고 부탁까지 하기에 이른다.

그런데 이러한 너그러움이 가능했던 배경을 제대로 이해하려면 이 제안이 나왔던 시기를 살펴보아야 한다. 사실 성지 예루살렘은 알 카밀의 세력권에 있지 않았고 얼마 전에 사이가 틀어진 동생 알 무아잠의 수중에 있었다. 알 카밀은 자신의 벗인 프리드리히가 팔레스타인을 점령해서 알 무아잠의 야심을 저지하는 완충국을 건설했으면 하는 생각을 가졌다. 길게 보면 다시 힘을 회복한 예루살렘이 이집트와 그 위협이 점점 뚜렷해지고 있는 아시아의 호전적인 전사들(몽골을 말함—옮긴이) 사이에서 효과적인 중재역을 할 수 있을 터였다. 열렬한 무슬림이라면 결코 냉정하게 성지를 포기할 수는 없었겠으나 알 카밀로 말할 것 같으면 백부인 살라딘과는 엄연히 달랐다. 그에게 예루살렘은 무엇보다 정치적이자 군사적인 사안이었다. 종교적 입장은 여론을 상대할 때에나 고려할 문제였다. 한편 스스로를 그리스도 교도도, 이슬람 교도도 아니라고 느끼고 있던 프리드리히도 그에 걸맞은 태도를 보였다. 그가 성지를 탐냈던 것은 그리스도의 무덤에서 묵상하고 싶어서가 아니었다. 그 위업을 달성함으로써 동방으로의 출발을 늦춘다고 자신을 파문한 교황과의 싸움에서 자신의 입지를 강화하겠다는 생각이었던 것이다.

1228년 9월, 아크레에 닻을 내릴 때만 해도 황제는 알 카밀의 도움으로 예루살렘에 의기양양하게 입성해서 적수의 콧대를 단단히 꺾어 버릴 수 있으리라 생각했다. 그러나 카이로의 통치자는 난처한 상황에 빠져 있었다. 최근에 벌어진 일련의 사태가 지역 구도를 완전히 뒤흔들어 놓았기 때문이다. 그의 동생 알 무아잠은 1227년 11월에 죽으면서 경험 없는 젊은 아들 알 나시르에게 다마스쿠스를 물려주었다. 다마스쿠스와 팔레스타인이 자기에게 돌아오기를 은근히 바라고 있던 알 카밀로서는 이집트와 시리아 사이에 완충국을 건설하겠다던 꿈이 물거품처럼 사라져 버리는 순간이었다. 혹시 프리드리히가 와서 우정을 내세우며 예루살렘과 그 주변을 요구한다면 큰일이었다. 그러나 명예를 아는 인물이었던 알 카밀은 약속을 어길 수 없었다. 그래서 핑계로 보이더라도 상황이 달라졌다는 것을 황제에게 해명하기로 했다.

고작 3천 명만을 데리고 도착한 프리드리히 2세는 형식에 불과하더라도 예루살렘만은 꼭 탈환해야겠다고 다짐했다. 하지만 감히 위협적인 정책은 써 볼 형편이 되지 않았던지라 그는 알 카밀 달래기에 들어갔다. **나는 그대의 친구요.** 그는 이렇게 썼다. **이 여행을 부추긴 것도 그대가 아니었소? 지금 교황과 서유럽의 왕들이 하나같이 눈에 불을 켜고 나를 지켜보고 있소. 내가 빈손으로 돌아간다면 나는 완전히 신망을 잃을 것이오. 제발 은총을 베풀어서 내가 그들 앞에서 고개를 들 수 있게 예루살렘을 넘겨주기 바라오!**

알 카밀은 마음이 흔들렸다. 그는 파크르 알 딘에게 온갖 선물을 들려 보내면서 겉과 속이 다른 대답을 슬쩍 전하도록 했다. **나 또한 여론을 신경 쓰지 않을 수 없는 몸이오. 만약 내가 예루살렘을 포기한다면 칼리프의 비난은 물론이요, 종교적 저항이 일어나서 내 왕위까지 위태롭게 될지 모를 일이오.** 그러고 보면 양쪽 모두에게 제일 중요한 것은 체면을 세우는 일이었다. 프리드리히는 파크르 알 딘에게 명예로운 명분을 찾아 달라고 애원하기에 이르렀다. 그러자 파크르 알 딘은 사전에 술탄의 허락을 받았음이 분명한 마지막 수단을 넌지시 내놓았다. "백성들은 살라딘이 피 한 방울 흘리지 않고 명예롭게 되찾은 예루살렘을 포기하는 것을 절대로 허락하지 않을 것입니다. 그러나 피비린내 나는 전쟁을 피하기 위해 협정이 맺어진다면……." 황제는 그제야 고개를 끄덕였다. 그는 조언을 해준 벗에게 미소로 답한 다음, 소규모 군대에 전투 준비를 지시했다. 1128년 11월 말, 그가 자파를 향해 전속력으로 진군하고 있을 때, 알 카밀은 서유럽의 강한 왕에 맞설 길고도 험난한 전쟁을 준비하라는 지시를 온 나라에 내렸다.

그리고 몇 주 후, 전투가 개시되지도 않은 시점에서 협정안이 마련되었다. 프리드리히가 예루살렘을 비롯해 해안과 연결되는 통로를 갖고 베들레헴과 나자렛, 사이다 지역, 그리고 티레 동쪽에 있는 요새 티브닌도 갖기로 했다. 한편 무슬림들은 성지에서 주요 성소들이 밀집해 있는 하람 알 샤리프 구역을 보장받기로 했다. 1229년 2월 18일, 술탄을 대신하여 파견된 파크르 알 딘과 프리드리히 2세가 조약에 서명을 했다. 한 달 뒤, 황제가 예루살렘에 모습을 나타냈다. 알 카밀은 이슬람의 예배 장소를 관리할 일부 성직자들만 제외하고 무슬림 주민들은 예루살렘을 떠나게 했다. 황제를 영접한 나블루스의 카디 샴스 알 딘은 그에게 도시의 열쇠를 넘겨주었으며 안내 역을 맡아 도시를 구경시켰다. 카디가 기록한 이 방문의 일화 한 토막이다.

> **프랑크인들의 황제가 예루살렘을 방문했을 때 나는 알 카밀의 청으로 황제를 수행했다. 그가 작은 사원들을 둘러보자 하여 그를 데리고 하람 알 샤리프로 갔다. 이어 우리는 알 아크사 사원에 갔는데**

황제는 그 건축술에 감탄을 금치 못하였다. 바위의 돔 또한 마찬가지였다. 황제는 제단의 아름다움에 매료된 듯 그 꼭대기까지 올라갔다. 내려오는 길에 그는 내 손을 잡더니 다시 알 아크사 사원 쪽으로 이끄는 것이었다. 그 때 황제는 손에 복음서를 들고 사원으로 들어가려는 그리스도교 사제를 발견했다. 황제는 그에게 크게 성을 냈다. "대체 누가 널 이리로 들였느냐? 맙소사! 만약 허락 없이 이곳에 한 발이라도 들여놓는 날에는 네 눈을 뽑아 버릴 것이다!" 사제는 벌벌 떨면서 물러갔다. 그 날 밤, 나는 무에진에게 황제의 심기를 건드리지 않도록 기도 시간을 알리지 말라고 부탁했다. 그런데 이튿날, 나를 본 황제가 물었다. "아니, 카디, 어째서 무에진이 평소와 다름없이 기도 시간을 알리지 않았소?" 내가 대답했다. "폐하의 심기를 불편하게 해 드리고 싶지 않아서 그랬습니다." 그러자 황제가 말했다. "무슨 얘기요? 내가 예루살렘에서 하룻밤을 머문 것은 바로 한밤중에 무에진이 기도 시간을 알리는 소리를 듣고 싶어서였소."

바위의 돔을 방문했을 때 프리드리히는 다음과 같이 새겨진 글을 읽었다. **살라딘이 무슈리킨* 의 도시를 정화했다.** '연합론자' 또는 '다신교 신자' 를 의미하는 무슈리킨이라는 말은 유일신 숭배에 다른 신들을 결합시키는 이들을 말하기도 한다. 특히 이 글에서는 삼위일체설의 신봉자인 그리스도 교도들을 지칭하고 있었다. 그러나 황제는 시치미를 뚝 떼고 짓궂은 미소를 지으면서 과연 누가 '무슈리킨' 이 될 수 있는지 물어 좌중을 당황하게 했다. 몇 분 뒤, 황제는 돔의 입구에 설치되어 있는 격자를 보고 무엇 때문에 만들어 놓았는지 물었다. "새들이 안으로 못 들어오게 하기 위해서랍니다." 하고 사람들이 대답했다. 그러자 황제는 프랑크인들을 겨냥한 것이 분명한 암시를 해서 좌중을 경악하게 만들었다. "그런데 신께서는 돼지들은 들어오게 하신 게로군!" 이 해 1229년, 43세의 예리한 웅변가이자 다마스쿠스의 연대기 저자이기도 했던 시브트 이븐 알 자우지[3]는 이 일화들을 기록하면서 프리드리히가 그리스도교도도 무슬림도 아닌 **다분히 무신론적 사고를 가지고 있었다**는 것을 증명해 주고 있다. 알 자우지는 예루살렘에서 황제를 지켜보았던 이들의 증언에 기대 황제는 **머리털이 불그죽죽하고 대머리인 데다 눈도 무척 나빴다**고 적고 있다. **만약 노예였다면 2백 디르함짜리도 못 되었을 것**이라고 덧붙이면서 말이다.

시브트가 황제에 대해 갖고 있던 반감은 사실 당대 아랍인들의 주류 정서를 반영하는 것이었다. 다른 상황이었다면 이슬람과 그 문명에 호의적인 황제의 태도는 환영받았을 것이다. 그러나 무슬림들은 알 카밀이 서명한 조약 내용에 크게 분노했다. **성지를 프랑크인들에게 다시 넘겨주었다는 사실이 알려지자 이슬람 나라들 곳곳에서 심한 분노가 일었다. 워낙 사안이 중대하였던지라 사람들은 그 일을 규탄하는 대중 집회를 열었다.** 바그다드와 모술, 알레포에서 사람들은 사원에 모여 알 카밀의 배신 행위를 비난하였다. 반발이 가장 격렬했던 곳은 다마스쿠스였다. **알 나시르 왕이 백성들을 다마스쿠스 대사원으로 모이게 하라고 나에게 명했다.** 시브트의 기록이다. **예루살렘에서 무슨 일이 벌어졌는지 백성들에게 알리라는 것이었다. 나는 신앙인으로서 내 의무에 따라 그 명을 받들었다.**

흥분한 군중이 지켜보는 가운데 연대기 저자이자 설교자였던 시브트는 검은 비단으로 만든 터번을 두르고 연단에 올라갔다. "작금에 새로 닥친 재앙에 우리 가슴은 찢어질 듯합니다. 우리 순례자들은 더 이상 예루살렘으로 갈 수 없습니다. 꾸란의 경구 또한 더 이상 학교에서 울려 퍼지지 않을 것입니다. 무슬림 지도자들에게 오늘보다 수치스러운 때가 또 있었단 말입니까!" 왕인 알 나시르도 그 연설을 들었다. 왕은 숙부인 알 카밀에게 전면전을 선포했다.

알 카밀이 프리드리히에게 예루살렘을 넘겨주던 시기에 맞추어 그의 이집트 군대가 다마스쿠스를 포위해 들어왔다. 시리아의 도시 국가 백성들은 카이로의 통치자가 저지른 배신 행위를 응징하자는 구호 아래 젊은 군주를 중심으로 똘똘 뭉쳤다. 그러나 시브트의 유창한 웅변만으로는 다마스쿠스를 구할 수 없었다. 결국 엄청난 수적 우위를 과시했던 알 카밀이 이 대치 국면의 승리자가 되었다. 도시는 항복했고 알 카밀은 자신의 뜻대로 통일된 아이유브 제국을 다시 세울 수 있었다.

1229년 6월, 알 나시르는 수도를 포기했다. 비통했으나 그는 절망하지 않고 요르단 동부에 있는 카라크 요새에 자리를 잡고 휴전 기간 동안 가장 강력하게 적에게 대항하는 상징으로 부상했다. 희망을 버리지 않은 많은 다마스쿠스 백성들과 아이유브 왕조의 지나친 유화 정책에 실망한 신심 깊은 전사들은 성전을 지속적으로 격려하는 혈기왕성한 젊은 군주를 중심으로 뭉쳤다. 왕은 이렇게 썼다. **이슬람을 지키기 위해 그 모든 노력을 기울이는 이가 나말고 누가 있는가? 어떤 조건에서도 오직 신만을 위해 싸우는 이가 나말고 또 누가 있단 말인가?** 그리하여 1239년 11월, 휴전 기간이 만료된 지 백일이 지났을 무렵, 알 나시르는 기습 공격을 감행하여 예루살렘을 빼앗는다. 아랍 세계는 경축 분위기로 들끓었다. 시인들은 이 정복자를 종조부인 살라딘에 버금가는 영웅으로 치켜세우면서 알 카밀의 배신으로 받은 모욕을 단번에 갚아준 것에 감사했다.

그런데 알 나시르를 옹호하는 이들이 빠뜨린 것이 하나 있었으니, 그것은 바로 알 나시르가 일년 전인 1238년, 즉 알 카밀이 죽기 직전에 그와 화해를 했다는 사실이었다. 알 카밀은 다마스쿠스의 통치권을 조카에게 돌려줄 생각을 품었음이 분명하다. 또 시인들이 무시하고 있는 사실은 그 아이유브 왕조의 왕이 예루살렘을 탈환하고 나서는 이곳을 지킬 생각을 하지 않았다는 것이다. 도시를 계속 지키기 어렵다고 판단한 그는 부대를 이끌고 카라크로 퇴각하면서 다윗 탑을 비롯하여 프랑크인들이 세운 여러 요새를 모조리 파괴해 버렸다. 열정이 지나쳐 정치적, 군사적 현실을 망각해 버린 행동이라고도 볼 수 있을 것이다. 그러나 철저하게 파괴해 버린 이 지도자의 극단적인 행동 뒤에는 개운치 않은 부분이 있다. 알 카밀이 죽고 난 뒤 벌어진 계승 전쟁 동안 알 나시르는 사촌들에게 맞서려고 프랑크인들에게 동맹을 제안했던 것이다. 또 1243년에는 서유럽인들을 달래느라 예루살렘에 대한 권리를 공식적으로 양도하기에 이른다. 하람 알 샤리프에 남아 있던 이슬람 성직자들을 철수시키는 것을 먼저 제의하면서 말이다. 이것은 알 카밀조차도 내놓은 적이 없었던 노골적인 타협안이었다!

# 6부

## 추방(1224~1291)

동쪽에서는 몽골인들에게, 서쪽에서는 프랑크인들에게 공격을 당한 무슬림들은 전에 없이 어려운 형편에 놓이게 되었다. 오직 신만이 그들을 다시 구할 수 있으리라.

—이븐 알 아시르—

# 13장 몽골인의 채찍

**지금 내가 얘기하려는 일은 너무도 끔찍하여 수년 동안 발설을 삼갔던 얘기이다. 이슬람과 무슬림들에게 종말이 닥친 사실을 알리는 것이 어디 쉬운 일이겠는가. 아! 어머니께서는 차라리 날 세상에 내놓지 말았어야 하셨다. 아니면 이 모든 재앙을 보지 않고 죽을 수 있었다면. 신이 아담을 창조하신 이래 이 땅에 그만한 재앙이 닥친 적이 없었다고 먼 훗날 누군가 얘기한다면 의심 없이 믿어 주길 바란다. 그 말은 전적으로 사실이기 때문이다. 역사상 가장 널리 알려진 비극을 얘기할 때 사람들은 흔히 네부카드네자르가 이스라엘의 아들들을 학살하고 예루살렘을 파괴한 것을 예로 든다. 그러나 이것은 지금 벌어지고 있는 일에 비견할 바가 못 된다. 그렇다. 분명히 얘기하는데 세상이 끝나는 날까지 이만한 정도의 재앙을 우리는 다시 보지 못할 것이다.**

꽤 두툼한 《완전한 역사》를 통틀어 이븐 알 아시르가 이처럼 비장한 말투를 쓰고 있는 경우는 흔치 않다. 책장마다 느껴지는 슬픔과 두려움, 의심 등의 감정 속에서도 흡사 불길한 것이라도 되는 듯 마지막까지 언급을 미루는 이름이 있었으니 바로 칭기스칸이었다.

몽골의 정복자가 왕위에 오른 것은 살라딘이 죽고 얼마 지나지 않아서였다. 그러나 아랍인들이 위협을 느끼기 시작한 것은 그가 즉위하고 25년이 흐른 뒤부터였다. 칭기스칸은 중앙 아시아의 여러 부족들을 자신의 세력 아래로 끌어모은 뒤 세계 정복 사업에 뛰어들었다. 동쪽에서는 중국 황제가 그에게 예속되었다가 폐위되었다. 북서쪽인 러시아, 이어 동유럽도 쑥밭이 되었다. 서쪽인 페르시아도 침략당했다. 칭기스칸은 이렇게 말했다고 한다. "몽골의 어머니들이 자유롭고 행복하게 아이들을 기를 수 있게 전 세계를 거대한 스텝 지대로 만들려면 모든 도시들을 남김없이 파괴시켜야 한다." 그래서였는지 부카라, 사마르칸드, 헤라트 같은 찬란한 도시들이 깡그리 파괴되었으며 주민들도 몰살당했다.[1]

이슬람 나라들에게 몽골의 압력이 처음 가해진 시기는 프랑크인들이 이집트를 침공하던 1218년부터 1221년 무렵과 겹친다. 그 때 아랍 세계는 두 세력의 틈바구니에 끼여 있던 셈이었으니 예루살렘에 대한 알카밀의 타협적인 입장이 이해되지 않는 것도 아니다. 그러나 칭기스칸은 페르시아 서쪽까지 진출하는 것은 포기하였다. 1227년에 그가 67세로 죽자 아랍 세계에 가해지던 유목민 전사들의 압박이 몇 년간 느슨해졌다.

시리아에서는 초기의 불길한 조짐을 간접적으로만 느끼고 있었다. 몽골인들이 세력을 확장해 가면서 무너뜨린 여러 왕조들 가운데 호라즘 투르크가 있었다. 한때 이라크에서부터 인디아까지 셀주크족을 밀치고 들어와 영광을 구가했던 이 무슬림 왕조가 멸망하자 패잔병들은 무시무시한 정복자들로부터 멀리 떨어진 곳으로 피했다. 그 결과 1만 명이 넘는 호라즘 기병들이 시리아로 들이닥쳐 여러 도시들을 약탈하고 재물을 요구하거나 아이유브 왕조의 내분에 용병으로 참가하기도 했다. 1244년 6월, 자신들만의 제국을 세울 만큼 세를 불렸다고 판단한 호라즘인들은 다마스쿠스를 공격했다. 그들은 도시 주변의 마을들을 약탈하고 구타 평야의 과수원들을 휩쓸고 지나갔다. 그러나 도시의 거센 저항에 부딪힌 데다 장기간의 포위 공격도 수행하기 어려웠던 그들은 예루살렘으로 방향을 바꾼다. 7월 11일, 그들은 예루살렘을 수월하게 점령했다. 대부분의 프랑크계 주민들은 무사했지만 도시는 약탈당하고 불태워졌다. 호라즘인들은 이어 다마스쿠스를 다시 공격했는데, 아이유브 왕자들의 연합군에 의해 몇 달만에 패퇴하고 말았다. 시리아의 모든 도시들로서는 가슴을 쓸어내릴 일이었다.

이 시점 이후로 프랑크 기사들은 예루살렘을 다시 손에 넣지 못하게 된다. 유능한 외교술 덕분에 예루살렘에서 십자군 깃발을 15년 동안 펄럭이게 했던 프리드리히 2세는 도시의 운명 따위에는 관심이 없었다. 동방에 대한 야심을 포기해 버린 지 오래인 황제는 카이로의 지도층과 어울리는 일에 더 낙을 느끼고 있었다. 1247년에는 프랑스 왕 루이 9세가 이집트 원정을 계획하고 있다는 사실을 알자 프리드리히는 아예 그를 말리려고 했다. 한술 더 떠 그는 알 카밀의 아들인 아이유브에게 프랑스 원정대의 준비 상황을 정기적으로 알려주기까지 했다.

루이 왕이 동방 땅을 밟은 것은 1248년 9월이었다. 그러나 그는 봄이 되기 전에 전투를 개시한다는 것은 무모하다고 판단해서 이집트 해안으로 곧장 진격하지 않았다. 그는 키프로스에 자리를 잡고 13세기 중반까지도 프랑크인들이 버리지 못했던 꿈을 실현할 준비를 하는 한편, 협공 작전으로 아랍 세계를 무너뜨릴 생각으로 몽골인들과 동맹을 맺기로 했다. 사절들이 동쪽과 서쪽의 침략자들 진영을 정기적으로 오갔다. 1248년이 저물어 갈 무렵, 루이 왕은 키프로스에서 사절단을 맞는데, 이 몽골인들이 향후 그리스도교로 개종할 가능성까지도 은근히 기대하게 만드는 것이 아닌가. 반색한 그는 귀한 선물을 주어 그들을 돌려보냈다.

그러나 칭기스칸의 후계자들은 루이 왕의 뜻을 깨닫지 못했다. 그들은 프랑스 왕을 단순한 신하로 취급하면서 해마다 같은 양의 공물을 바치라고 요구했다. 이 오해가 결과적으로 동시에 두 적으로부터 공격당할 뻔한 아랍을 구해준 셈이었다. 물론 일시적이었지만.

1249년 6월 5일, 서유럽인들은 단독으로 이집트를 공격했다. 당시 전통에 따라 양측 군주는 요란한 전쟁 선언문을 교환하는 것을 빠뜨리지 않았다. 루이 왕은 이렇게 썼다. **이미 수 차례 경고했으나 그대는 알아듣지 못하였다. 그래서 나는 그대의 영토를 공격하기로 결정했다. 설사 그대가 십자가에 대고 충성을 맹세한다고 해도 나는 내 입장을 바꾸지 않을 것이다. 나에게 복종하는 군대가 산과 들을 뒤덮고 있다. 조약돌만큼이나 많은 군사들이 운명의 검을 들고 그대를 향해 진군하고 있다.** 이 위협에 힘을 싣기 위해 프랑스 왕은 앞선 해에 그리스도 교도들이 에스파냐의 무슬림들한테 거둔 승리를 상기시켰다. **우리는 그대들의 군대를 꼭 가축처럼 몰았다. 남자들을 죽여서 여자들을 과부로 만들었고 그 딸, 아들들을 포로로 삼았다. 그래도 깨달은 바가 없단 말인가?** 아이유브의 대답도 그에 못지않았다. **정신나간 소리. 그대들이 점령했으나 우리가 다시 쟁취한 땅을 잊었단 말인가? 바로 얼마 전에도 우리는 우리의 땅을 되찾았다. 정녕 우리에게 당한 피해를 잊었단 말인가?** 수적으로 밀리고 있음을 아는 술탄은 스스로 위안을 삼는 듯 꾸란의 한 구절을 인용하고 있다. **신의 허락을 받아 작은 부대가 큰 부대를 이겼던 적이 얼마나 많은가? 신은 용감한 자의 편이기 때문이다.** 이 말에 힘을 얻은 듯 그는 루이 왕에게 다음과 같은 사실을 예고했다. **그대가 질 것은 자명하다. 머지않아 그대는 이 모험을 뼈저리게 후회하게 될 것이다.**

하지만 공격을 시작하자마자 승리는 프랑크인들이 거머쥐기 시작했다. 30년 전에는 프랑크 원정대에 그렇게 강하게 저항했던 다미에타가 이번에는 제대로 싸워 보지도 못하고 항복해 버렸다. 다미에타의 함락으로 혼란에 빠져든 아랍 세계에서는 살라딘 대왕의 후계자들의 나약함이 새삼 드러났다. 결핵으로 거동이 불편해서 부대를 지휘할 수 없었던 아이유브는 부친인 알 카밀의 정책을 이어받아 다미에타와 예루살렘을 맞바꾸는 쪽을 택하기로 했다. 그러나 프랑스 왕은 무기력한 패배자이자 "이단자"와는 협정을 맺지 않겠다고 했다. 이에 기분이 상한 아이유브는 저항을 결심하고 가마를 탄 채 만수라로 이동했다. 만수라는 알 카밀이 프랑크족 침공을 물리쳤던 장소에 세운 '승리'라는 뜻을 가진 도시였다. 하지만 안타깝게도 술탄의 건강은 급속히 악화되었다. 좀체 멈출 것 같지 않은 기침 발작이 잦아지더니 술탄은 급기야 혼수상태에 빠졌다. 11월 20일, 나일 강의 수위가 줄어든 것에 사기가 오른 프랑크인들이 다미에타를 출발하여 만수라로 향했다. 사흘 후, 어수선한 혼란 속에서 술탄은 세상을 떴다.

적이 도시의 코앞까지 와 있는데 어떻게 왕의 죽음을 군대와 백성들에게 알릴 것인가? 게다가 아이유브의 아들인 투란 샤는 이라크 북쪽에 머물고 있어서 도착하려면 몇 주는 걸릴 터였다. 이 어려운 시기에 하늘이 내리신 것 같은 인물이 나섰다. '보석이 달린 나무'라는 뜻의 샤자르 알 두르라는 아르메니아 출신의 여자 노예였다. 외모가 출중하고 지략이 뛰어났던 그녀는 오래 전부터 아이유브의 총애를 받아 오고 있었다. 그녀는 술탄이 죽자 왕실 가족들을 모은 뒤 후계자가 도착할 때까지 술탄의 죽음을 발설하지 말 것을 지시했다. 또한 프리드리히 2세와 절친한 파크르 알 딘에게는 술탄의 이름으로 무슬림들을 지하드로 불러들이는 편지를 쓰게 했다. 그러나 파크르 알 딘의 지인 중 한 명인 시리아의 연대기 저자 이븐 와실[2]에 따르면, 프랑스 왕은 곧 아이유브의 죽음을 알게 되었고 이 틈을 이용해 군사적 압력을 더욱 높였다. 그러나 이집트 군

진지에서는 사기 저하를 우려하여 왕의 죽음이 오랫동안 비밀에 부쳐지고 있었다.

만수라를 놓고 겨우내 격렬한 전투가 벌어졌는데 1250년 2월 10일, 무슬림 측의 배반으로 프랑크 군이 도시 내부로 일거에 진입하는 데 성공했다. 당시 이집트에 있던 이븐 와실은 이 상황을 이렇게 쓰고 있다.

> 에미르 파크르 알 딘은 목욕을 하던 중 그 소식을 들었다. 깜짝 놀란 그는 무기고, 갑옷이고 그대로 놓아둔 채 즉시 사태를 파악하러 말 등에 뛰어올랐다. 그러나 에미르는 도중에 적의 공격을 받고 목숨을 잃고 말았다. 도시로 들어온 프랑크 왕은 술탄의 궁전에 이르렀다. 무슬림 병사들과 주민들이 한데 뒤섞여 숨을 곳을 찾느라 도시는 아비규환이었다. 이슬람은 죽어 가고 프랑크인들이 막 승리의 과실을 따먹으려는 순간이었다. 투르크족 맘루크들이 도착한 것은 바로 그 때였다. 적의 병사들이 도시에 뿔뿔이 흩어져 있는 점을 노려 투르크 기병들은 용감하게 공격을 개시했다. 혼비백산한 프랑크인들은 맘루크들이 휘두르는 칼과 망치에 힘없이 쓰러졌다. 그 날 아침에 비둘기들은 프랑크 군의 숨가쁜 공격 상황을 카이로의 우리에게 전해 주었다. 우리는 초조하게 다음 소식을 기다렸다. 이튿날까지 카이로 사람들은 슬픔에 잠겨 있었는데 투르크 사자들의 승리를 전하는 새로운 소식이 곧 들어왔다. 온 카이로 거리가 축제로 들썩거렸다.

이어지는 몇 주 동안 연대기 작가는 이집트 수도에서 연달아 벌어진 두 가지 사건을 목격하는데 둘 다 동방의 얼굴을 바꿔 놓을 만큼 중요한 사건이었다. 하나는 프랑크 군의 마지막 대규모 침공을 물리친 일이었고, 다른 하나는 이후 3세기 동안을 노예 출신 관리들의 카스트가 이집트를 지배하게 만드는 역사상 가장 독특하다 할 정변이었다.

만수라에서 패한 프랑스 왕은 자신의 군사적 위치를 지키기 어렵다는 것을 깨달았다. 도시를 함락시킬 수도 없는 데다 질퍽한 땅 곳곳에서 수없이 많은 운하를 건너오는 이집트 군에게 시달리던 루이 왕은 협상을 제의하기로 마음먹었다. 3월이 시작되자 왕은 방금 이집트에 도착한 투란 샤에게 화해의 메시지를 보냈다. 다미에타를 돌려주면 예루살렘을 포기하겠다던 아이유브의 제안을 들어줄 용의가 있음을 넌지시 알린 것이다. 그러나 새 술탄은 뜻밖의 대답을 해왔다. 아이유브가 내놓았던 너그러운 제안은 그가 살아 있을 때에나 받아들일 수 있는 것이었다는 답변이었다. 이제는 너무 늦었다. 프랑크 군은 점점 몰리고 있었기 때문에 루이는 그저 무사히 군대를 거두어 살아서 이집트를 빠져나갈 수 있기만을 바랄 뿐이었다. 3월 중순, 수십 척의 이집트 갤리선들이 프랑크 함대에 심각한 타격을 입혔다. 거의 백 척에 가까운 배들이 부서지거나 나포되었으며 침략자들이 다미에타 쪽으로 후퇴할 길마저 차단되었다. 4월 7일, 봉쇄를 강화하려던 침략군이 수천 명의 지원병들이 가세한 맘루크 부대의 공격을 받았다. 몇 시간만에 프랑크 군은 궁지에 몰렸다. 부하들의 떼죽음만은 면하려고 프랑스 왕은 항복을 하고 목숨을 구걸했다. 그는 포박된 몸으로 만수르로 끌려가서 아이유브의 한 관리의 집에 유폐되었다.

그런데 아이유브 왕조의 술탄이 거둔 이 승리는 어이없게도 그의 몰락을 부채질하게 된다. 투란 샤와 군대의 주요 맘루크들이 대립하게 된 것이다. 이집트가 무사한 것은 자신들 덕택이라고 생각한 맘루크들은 국가 지도부 역할을 하려고 했다. 반면 술탄은 새로 획득한 특권을 이용해서 심복들을 책임 있는 자리에 앉히려고 했다. 프랑크 군에게 승리를 거둔 지 3주 후, 이 맘루크 일파는 영리한 투르크족 장교이자 석궁 사수인 마흔 살의 바이바르스를 중심으로 거사를 모의했다. 1250년 5월 2일, 군주가 개최한 연회가 끝날 무렵, 일이 벌어졌다. 바이바르스가 휘두른 칼에 어깨를 다친 투란 샤는 배를 타고 피신할 생각으로 나일 강 쪽으로 내달렸으나 결국은 잡히고 말았다. 그는 왕위를 포기하고 이집트 땅에서 영영 떠나겠다며 목숨을 구걸했다. 그러나 아이유브 왕조의 마지막 술탄은 무참하게 살해되었다. 칼리프가 특사를 보내 맘루크들에게 옛 군주의 무덤이라도 만들어 주라고 개입해야 할 정도였다.

쿠데타는 성공했으나 노예 출신의 관리들은 당장 왕권을 빼앗지는 않았다. 이들 중 현명한 자들은 아이유브에 버금가는 정통성을 신생 권력에 부여할 공모자를 찾기로 했다. 이 독특한 사건의 의심 많은 목격자 이븐 와실이 주목한 대로 이들이 세운 계획은 무슬림 세계에서 전례가 없는 일이었다. 이븐 와실은 말하고 있다.

> **투란 샤를 암살한 뒤 맘루크들은 술탄의 별장 근처에 모여 아이유브 술탄의 아내였던 샤자르 알 두르를 여왕으로 추대하기로 했다. 그녀는 신속히 국정을 장악한 뒤 어렸을 때 죽은 아들인 '칼릴의 어머니'라는 뜻의 '움 칼릴'이라는 이름으로 옥쇄를 만들었다. 금요 예배 시간에 사원들에서는 카이로와 이집트 전체를 다스리는 술탄 움 칼릴의 이름으로 맹세가 행해졌다. 이것은 이슬람 역사상 유례가 없는 일이었다.**

여왕이 되자마자 샤자르 알 두르는 맘루크 지휘관 중 하나인 아이박과 결혼하고 그에게 술탄 자리를 넘겨주었다.

아이유브 왕조를 대체한 맘루크들은 침략자들에게 매우 강경한 태도를 보였다. 프랑크인들에게 유화 정책을 썼던 살라딘의 후손들은 세력이 약해지면서 동과 서 양쪽에서 이슬람에게 가해지는 위험에 대응할 방도를 점점 잃어 갔다. 맘루크 정변은 곧장 군사적, 정치적, 종교적 재건으로 이어졌다.

카이로에서 갑작스레 발생한 쿠데타도 프랑스 왕의 운명을 바꾸지는 못했다. 투란 샤 재위 시절에 합의가 이루어졌던 주요 협정안에 따르면 루이는 다미에타를 비롯한 이집트 땅에서 프랑크 군을 완전히 철수시키고 몸값 1백만 디나르를 지불해야 풀려나게 되어 있었다. 움 칼릴이 즉위하고 며칠이 지난 뒤 정말로 프랑스 왕은 풀려났다. 그러나 왕은 이집트 협상가들한테서 한바탕 설교를 들어야 했다. "당신처럼 선하고 현명하며 똑똑한 사람이 수많은 무슬림들이 살고 있는 땅으로 배를 타고 들어올 생각을 했단 말이오? 우리네 법에 따르면 그처럼 바다를 건너는 사람은 법정에서 증언할 수가 없소." 그러자 왕이 물었다. "어째서 그렇단 말이오?" "왜냐하면," 그들의 대답은 이러했다. "그 사람은 정신 상태가 정상이 아니라고 판단하기 때문이오."

5월이 다 가기 전에 마지막 프랑크 병사가 이집트 땅을 떠났다.

서유럽인들은 다시는 나일 강의 나라를 침공할 생각을 하지 못했다. 그러나 "금발들의 위협"보다 더욱 무서웠던 것은 바로 칭기스칸 후예들의 위협이었다. 위대한 정복자가 죽자 제국은 계승 전쟁으로 약화되었고 동방 무슬림들은 기대하지 않았던 유예 기간을 갖게 되었다. 그러나 1251년이 되자 초원의 기병들은 강력한 삼형제의 권위 아래 다시 모였다. 그들은 칭기스칸의 손자들인 몽케, 쿠빌라이, 훌레구였다. 몽케는 카라코룸을 수도로 하는 몽골 제국의 정통 군주로 받아들여졌다. 둘째인 쿠빌라이는 베이징을 다스렸다. 페르시아에 자리잡은 셋째 훌레구는 지중해는 물론 나일 강까지 포함하여 동방 무슬림 땅 전부를 지배할 야심을 갖고 있었다. 훌레구는 상당히 복잡한 인물이었다. 철학과 과학에 열광하였고 문인들의 모임을 찾기도 했던 그였으나 전쟁터에서만은 피와 파괴에 굶주린 듯 무자비한 야수로 돌변했다. 종교적 입장 역시 그에 못지않게 복잡했다. 그리스도교의 영향을 상당히 받았으면서도—그의 모친과 총애하던 아내, 그리고 일부 측근들이 네스토리우스 교도들이었다—자기 민족의 고유 종교인 샤머니즘을 절대로 포기하지 않았다. 특히 그가 통치하던 페르시아 같은 지역에서는 대체로 무슬림들에게 관대했지만, 가장 찬란한 이슬람 도시 국가들에서는 그에게 반기를 들 만한 정치적 존재는 어김없이 제거해 버린다는 의지를 증명하듯 전면적인 파괴전을 수행했다.

그가 처음 겨냥한 곳은 바그다드였다. 애초에 훌레구는 아바스 왕조의 37대 칼리프인 알 무스타심에게 과거에 그의 선조들이 셀주크족을 받아들였던 것처럼 몽골의 종주권을 인정하라고 요구했다. 그러나 여전히 특권 의식에 사로잡혀 있던 신도들의 왕자 칼리프는 수도에 조금이라도 공격을 해 오면 인디아에서 마그레브에 이르는 전 무슬림 세계를 동원할 것이라고 큰소리쳤다. 그 말을 가소롭게 여긴 칭기스칸의 손자는 도시를 무력으로 탈취하겠다고 선언했다.

1257년이 끝나갈 무렵, 훌레구는 거의 수십만 명에 육박하는 병사들을 데리고 아바스 왕조의 수도로 진군했다. 도중에 그는 알라무트의 아사신 성소를 쑥밭으로 만들어 버렸다.[3] 그 와중에 헤아리기 어려울 만큼 귀한 가치를 갖고 있는 도서관이 파괴되었다. 이 일파의 교리와 활동에 대한 깊이 있는 자료가 영영 사라지게 된 것이다. 그제야 위협이 만만치 않음을 깨달은 칼리프는 협상을 하기로 결심했다. 그는 훌레구에게 바그다드의 사원에서 그의 이름이 울려 퍼지게 할 것이며 술탄의 지위도 하사하겠다고 제의했다. 그러나 너무 늦었다. 그 몽골 왕은 좀 더 결정적이고 강한 방식을 택했다. 신도들의 왕자는 몇 주 동안 버텨 보았으나 결국 항복할 수밖에 없었다. 1258년 2월 10일, 그는 정복자의 진지로 찾아가서 무장을 풀 테니 백성들은 살려 달라고 부탁했다. 그러나 부질없는 짓이었다. 무장을 푼 즉시, 무슬림 전사들은 처형되었다. 이어 몽골의 유목민들은 도시 곳곳을 누비며 건물들을 파괴하고 불을 질렀으며 줄잡아 8만 명에 달하는 주민들을 닥치는 대로 죽였다. 그나마 도시의 그리스도교 공동체만은 칸의 아내가 감싸준 덕분에 무사할 수 있었다. 신도들의 왕자도 패배한 지 며칠만에 목이 졸려 죽었다. 아바스 왕조 칼리프의 비극적인 최후에 무슬림 세계는 넋을 잃었다. 이제는 한 도시나 한 나라의 지배권을 두고 싸우는 군사적인 다툼이 문제가 아니었다. 그것은 이슬람의 생존이 걸린 절망적인 전쟁이었다.

시리아에서 타타르족의 연승 행진은 멈출 줄을 몰랐다. 1260년 1월, 훌레구의 군대가 알레포를 포위 공격했고 주민들의 영웅적인 저항에도 불구하고 단시일에 함락시켰다. 정복자에게 감히 대들었다는 죄로 이 고대 도시도 바그다드처럼 학살과 파괴를 면할 수 없었다. 몇 주 후에 침략군은 다마스쿠스 성문 앞에 나타났다. 당시 시리아의 여러 도시들을 다스리고 있던 아이유브 왕조의 소국 왕들은 밀려오는 파도를 막기가 어렵다는 것을 알고 있었다. 이들 중에는 칭기스칸의 종주권을 인정하는데 그치지 않고 침략자들과 손을 잡아서 왕조의 적이기도 한 이집트 맘루크들과 대적할 생각을 할 만큼 정신 나간 자들도 있었다. 서유럽과 동방의 그리스도 교도들의 입장도 가지가지였다. 하이톤이 통치하던 소아르메니아는 몽골인 편을 들었다. 하이톤의 처남이었던 안티오케이아의 보에몽도 마찬가지였다. 반면 아크레의 프랑크인들은 오히려 무슬림 쪽에 유리한 중립적인 입장을 보였다. 그러나 서유럽은 물론 동방에서도 몽골 군의 원정을 프랑크인들의 원정처럼 무슬림에 대항하는 일종의 성전으로 보는 분위기가 우세했다. 시리아에서 훌레구를 섬기고 있던 주참모인 키트 부카 장군이 네스토리우스 교도라는 사실이 이 점을 더욱 확신하게 해주었다. 1260년 3월 1일 다마스쿠스가 함락되자 세 명의 그리스도교 제후들인 보에몽과 하이톤, 그리고 키트 부카가 승리자로 입성했다. 아랍인들은 크게 분노했다.

그나저나 타타르족은 어디까지 진격할 셈이었을까? 어떤 이들은 몽골인들이 메카로 진격해서 예언자의 종교에 최후의 일격을 가할 것이라고 전망하기도 했다. 어쨌거나 머지않아 예루살렘에는 도달할 것이었다. 그 점은 온 시리아가 알고 있었다. 다마스쿠스가 함락된 다음날, 몽골 군 분견대 두 부대가 팔레스타인 도시 두 곳을 서둘러 점령하러 나섰다. 중부의 나블루스와 남서쪽에 있는 가자였다. 시나이 반도 기슭에 있는 가자가 함락된다면 이집트도 무사하지 못할 것이 뻔했다. 시리아에서 원정을 끝낼 생각이 전혀 없었던 훌레구는 나일 강의 나라에게 무조건적인 항복을 요구하는 사절을 카이로로 보냈다. 이집트인들은 일단 사절을 맞이한 뒤 내용을 듣자마자 그들을 참수형에 처해 버렸다. 이집트의 맘루크들은 불쾌함을 느꼈다. 그들의 통치 방식은 살라딘과는 확연히 달랐다. 10여 년 전부터 카이로를 다스리고 있던 노예 출신 술탄들은 자신들을 공격해 오는 세력은 누구든 강력하고도 가차없이 응징하는 것으로 아랍 세계에 알려져 있었다. 그들은 모든 수단을 동원해서 싸웠다. 맘루크 술탄들은 무자비하고, 냉혹했으며, 일체의 타협을 몰랐다. 용기와 무력만을 받아들일 따름이었다.

세인의 관심은 이집트로 쏠렸다. 침략자의 전진을 막을 만한 마지막 희망은 이들뿐이었다. 카이로에서는 몇 달 전부터 투르크 출신의 무장인 쿠투즈가 실권을 행사하고 있었다. 샤자르 알 두르는 남편인 아이박과 함께 7년 동안 이집트를 통치하다가 서로 죽고 죽이는 것으로 종말을 맞았다. 권력층의 사랑과 질투가 뒤섞인 그들의 이야기는 세간의 입에 오르내리기에 안성맞춤이었다. 그 날 여왕은 남편의 목욕을 돕고 있었다. 늘 그렇듯 긴장이 풀리는 이 시간에 내밀한 이야기를 꺼내던 여왕은 남편이 예쁘장하게 생긴 열네 살짜리 후궁을 들인 일을 비난했다. "이제는 내가 싫어졌나요?" 여왕은 넌지시 남편에게 물었다. 그러자 아이박이 벌컥 대꾸했다. "그 애는 젊지만 당신은 더 이상 그렇지 않잖소." 샤자르 알 두르는 분노에 떨었다. 그녀는 남편의 눈을 비누로 가린 뒤, 남편의 화를 누그러뜨리려는 듯 몇 마디 달래는 말을 하면서 한 손으로 칼을 집어들어 남편의 옆구리를 찔렀다. 아이박이 쓰러졌다. 여왕은 한동안 마비된 듯 그 자리에 서 있었다. 이윽고 그녀는 문 쪽으로 가서 믿을 만한 노예들을 불러 시신을 치우도록 명했다. 그런데 하필 그 때, 열다섯 살 된 아이박의 아들이 핏빛 물이 밖으로 흘러나오는 것을 보았다. 이를 수상히 여긴 그가 방으로 뛰어들었다. 거기서 그는 옷도 제대로 걸치지 않은 채 피 묻은 칼을 들고 문간에 서 있는 샤자르를 발견했다. 그녀는 복도로 도망쳤으나 아들은 경비병을 부르며 계모의 뒤를 쫓았다. 결국 그들에게 붙잡힌 여왕은 넘어지면서 대리석 타일에 머리를 심하게 부딪혔다. 여왕을 다시 일으켰을 때 그녀는 더 이상 숨이 붙어 있지 않았다.

대단히 낭만적인 데다 참으로 흥미 있는 역사적 소재를 제공하는 이 이야기는 십중팔구 1257년 4월, 그 비극이 일어난 다음날부터 카이로 거리를 떠돌다가 살이 덧붙여졌을 것이다.[4]

사건의 전모야 어쨌든 간에 두 명의 통치자가 한꺼번에 사라졌으니 권좌는 아이박의 아들에게 돌아갔다. 그러나 그는 그 자리에 오래 머물지 못했다. 몽골 군의 위협이 분명해지고 있는 마당에 이집트 군 지휘관들이 풋내기 소년에게 결정적인 전투의 준비를 맡길 리가 없었다.

1259년 12월, 훌레구의 유목민 전사들이 시리아로 쇄도해 올 무렵, 이집트에서는 다시 한 번 정변이 일어난다. 이리하여 성전의 이름으로 이슬람의 적인 침략자에 대항해 총동원령을 내릴 수 있는 원숙하고 적극적인 인물, 쿠투즈가 권력을 잡았다.

돌이켜보면 카이로에서 벌어진 이 쿠데타는 진정한 애국심에서 우러나온 봉기로 보인다. 곧장 이집트는 전시 체제에 들어갔다. 1260년 7월, 이집트 군대는 적과 맞서기 위해 팔레스타인 땅으로 들어갔다.

당시 몽골 군에는 주력 부대가 빠져 있었다. 몽골의 대칸이었던 몽케가 죽자 그의 동생인 훌레구는 계승 전쟁을 치르러 어쩔 수 없이 부대를 거두어 떠나야 했다. 쿠투즈가 이 상황을 모를 리 없었다. 다마스쿠스를 점령하자마자 칭기스칸의 손자는 부관인 키트 부카에게 수천 명의 기병들만 남겨둔 채 시리아를 떠나 버린 것이었다.

이집트의 술탄 쿠투즈는 이 때가 침략자들에게 타격을 입힐 절호의 기회라고 생각했다. 이집트 군은 가자 지역에 주둔하고 있던 몽골 군의 허를 찌르는 공격을 감행했다. 몽골인들은 저항조차 하지 못했다. 이윽고 맘루크들은 아크레 쪽으로 향했다. 팔레스타인의 프랑크인들이 안티오케이아의 프랑크인들보다 몽골인들에게 덜 관대하다는 것을 알고 있었기 때문이다. 물론 이곳의 영주들 일부는 이슬람의 패배를 반가워했지만 대부분은 아시아에서 온 정복자들의 난폭함에 벌벌 떨고 있었다. 그럴 즈음, 쿠투즈가 동맹을 제의했으니 그들이 반대할 리가 없었다. 함께 싸울 태세까지는 안 되었더라도 이집트 군대가 자기네 영토를 지나가고 정찰을 도는 일에 반대하지는 않았다. 이렇게 하여 술탄은 후방에 신경 쓸 필요 없이 팔레스타인 내륙을 수월하게 진군하여 다마스쿠스로 향할 수 있었다.

한편 키트 부카는 민란이 일어났다는 소식을 듣고 이들을 진압할 채비를 하고 있었다. 다마스쿠스의 무슬림들은 침략자들의 폭정에 분개한 데다 때마침 훌레구도 떠난 기회를 노려 거리 곳곳에 바리케이드를 치고 몽골 군이 보호하던 교회당들에 불을 질렀다. 키트 부카가 이들을 진압하는 데는 며칠이 걸렸는데, 그 사이 쿠투즈는 갈릴리에서 확실하게 싸울 채비를 마칠 수 있었다. 1260년 9월 3일, 양측 군대가 맞붙은 곳은 '골리앗의 연못' 이라는 뜻인 아인 잘루트 마을 근처였다. 쿠투즈는 병사들 대부분을 숨겨두고 가장 똑똑한 부하인 바이바르스에게 전위 부대를 맡겼다. 그 작전을 눈치채지 못한 키트 부카는 헐레벌떡 들이닥쳤다가 함정에 걸려들고 말았다. 키트 부카가 군사 전원에게 공격 명령을 내리자 바이바르스는 기다렸다는 듯이 내빼기 시작했다. 그러나 추격하던 몽골 군은 얼마 못 가 자신들이 훨씬 많은 수의 이집트 병사들에게 둘러싸여 있다는 사실을 깨닫는다.

몇 시간만에 몽골의 기마병들은 전멸했다. 키트 부카도 사로잡혔다가 참수당했다.

9월 8일, 해가 질 무렵, 해방자인 맘루크 기병들이 열렬한 환영을 받으며 다마스쿠스에 입성했다.

# 14장 신이여 다시는 그들이 이 땅에 발을 들이지 못하게 하옵소서

히틴 전투만큼 찬란하지도, 또 군사 전략 면에서 기발하다고도 할 수 없지만 아인 잘루트 전투는 역사상 가장 중요한 전투 중 하나이다. 아인 잘루트에서 승리를 거둠으로써 무슬림들은 패망의 위험에서 벗어났을 뿐 아니라 몽골인들한테 빼앗겼던 땅을 결국 되찾았기 때문이다. 페르시아에 자리를 잡고 있던 훌레구의 후손들은 입지를 탄탄히 굳히려고 머지않아 이슬람으로 개종한다.

우선 맘루크들은 적을 지원한 모든 세력에게 보복을 하는 데 집중했다. 프랑크건 타타르건 간에 더 이상의 지원과 유예를 얻을 수 없게 할 참이었다.

1260년 10월 초순에 알레포를 다시 장악하고 훌레구의 반격을 수월하게 막아낸 맘루크들은 몽골인들과 동맹을 맺은 안티오케이아의 보에몽과 아르메니아의 하이톤에게 앙갚음을 하기 위해 원정을 계획했다. 그런데 이집트 군대 안에서 권력 다툼이 벌어졌다. 바이바르스는 반 자치적인 통치자로서 알레포에 자리잡으려 했다. 그러자 부관의 야심을 경계한 쿠투즈가 이를 반대했다. 시리아에서 경쟁 상대가 나오는 것을 바라지 않았기 때문이다. 술탄은 분쟁에 종지부를 찍기 위해 군대를 모아

이집트로 돌아갔다. 사흘 동안 행군해서 카이로에 도착한 10월 23일, 술탄은 군사들을 하루 쉬게 한 뒤, 자기는 군대의 주요 지휘관들을 데리고 평소 좋아하던 토끼 사냥에 나섰다. 쿠투즈는 자기가 자리를 비운 틈을 타서 바이바르스가 반란을 일으킬까 두려워 그를 꼭 데려가려 했다. 동이 틀 무렵, 일행은 진지를 출발했다. 두 시간 후, 그들은 잠시 쉬어 가려고 멈추어 섰다. 그 때 한 에미르가 쿠투즈에게 다가오더니 입을 맞추려는 듯 그의 손을 붙잡았다. 그 순간, 칼을 빼든 바이바르스가 술탄의 등을 찔렀다. 두 모의자는 즉시 말을 타고 전속력으로 진지로 돌아갔다. 그들은 군대에서 두루 존경을 받고 있던 노장군 에미르 아크타이 앞에 가서 이렇게 말했다. "우리가 쿠투즈를 죽였습니다." 아크타이는 별로 놀라는 기색을 보이지 않고 물었다. "그대들 중 누가 죽였는가?" 바이바르스가 즉시 대답했다. "제가 그랬습니다!" 연로한 맘루크는 그를 술탄의 막사로 데리고 간 다음, 그에게 무릎을 꿇고 경의를 표했다. 곧이어 군대 전체가 새로운 술탄의 이름을 연호했다.

아인 잘루트의 승리라는 위업을 달성한 지 채 두 달도 못 되어 벌어진 이 배신을 보면 맘루크들을 마냥 찬양하기도 어려울 것 같다. 다만 이 노예 출신 관리들의 편을 굳이 든다면 그들 대부분이 오래 전부터 바이바르스를 진정한 지도자감으로 보고 있었다는 것이다. 1250년, 정권 창출이라는 맘루크들의 의지를 대변하며 자신의 군사를 이끌고 맨 처음 아이유브 투란 샤를 공격했던 인물도 바이바르스였다. 게다가 그는 몽골인들에게서 거둔 승리에서도 결정적인 역할을 하지 않았던가? 정치적 혜안과 군사적 지략뿐 아니라 육체적 강인함까지 겸비한 그야말로 맘루크들의 우두머리로서 손색이 없었다.

1223년에 태어난 맘루크 술탄은 애초에는 시리아의 노예였다. 첫 주인이었던 하마의 아이유브 왕조 에미르는 노예의 시선이 불길하다며 그를 팔아 버렸다. 젊은 바이바르스는 우람한 체구에 가무잡잡한 피부를 하고 있었고, 목소리도 걸걸했다. 눈동자는 유난히 투명한 푸른빛이었는데 오른쪽 눈동자에 커다란 흰 점이 있었다. 미래의 술탄은 한 맘루크 장교에게 팔려갔는데 주인은 바이바르스를 아이유브의 친위대에 들여보냈다. 능력도 출중했지만 무엇보다 그 무자비함 때문에 그는 고속으로 승진했다.

1260년 10월, 바이바르스는 승리자로서 카이로에 입성하였고 어렵지 않게 명성을 얻었다. 그런데 시리아의 도시들에서는 쿠투즈가 죽자 기다렸다는 듯 맘루크 관리들이 독립을 선언할 움직임을 보였다. 그러나 새 술탄은 전광석화 같은 공격으로 다마스쿠스와 알레포를 점령해서 아이유브 왕조의 옛 영토를 자신의 권위 아래 묶어 두었다. 냉혹하고 야만스러웠던 이 무관은 그러나 아랍 세계의 진정한 부흥을 이끄는 위대한 정치가로서의 능력을 보여주었다. 그의 치하에서 이집트와 시리아는 찬란한 문화와 예술의 중심지로 거듭났다. 후환을 없애려고 프랑크족 요새를 파괴하는 데 평생을 바쳤다 해도 과언이 아닌 바이바르스는 한편으로는 카이로 전역에 다리를 놓고 길을 닦는 등 도시를 가꾸는 위대한 건설자이기도 했다. 그는 또한 비둘기와 파발마를 이용해서 누르 알 딘이나 살라딘 시대보다 훨씬 효과적인 우편 체계를 정비했다. 때로는 포악하게 보일 만큼 엄격한 통치자였지만 그는 분명한 정책을 폈다. 그는 즉위할 때부터 프랑크인들의 영향력을 약화시키겠다는 생각으로 강경한 입장을 견지했다. 그러나 단지 기선만 제압하고 싶었던 아크레와, 몽골 침략자들과 이해를 같이하고 손을 잡는 죄를 저지른 안티오케이아는 분명히 구별했다.

1261년이 저물어갈 무렵 바르바이스는 보에몽 왕자와 아르메니아의 왕 하이톤을 징벌하기 위해 원정길에 오르려 했다. 하지만 타타르족이 맘에 걸렸다. 비록 훌레구가 더 이상 시리아를 넘볼 만한 처지는 아니었지만 곤란을 겪는 동맹들을 보아 넘기지 않을 만큼의 병력은 페르시아에 거느리고 있었기 때문이다. 영리한 바이바르스는 좀 더 나은 기회를 기다리기로 했다.

그 기회가 찾아왔다. 1265년, 훌레구가 죽은 것이었다. 몽골인들의 분란을 틈타 바이바르스는 기다렸다는 듯 갈릴리를 공략했고 그곳의 일부 그리스도 교도들과 공모해서 요새 몇 곳을 탈취했다. 그런 다음 돌연 북으로 기수를 돌려 하이톤의 영토로 밀고 들어갔다. 그는 수도인 시스를 비롯하여 모든 도시를 파괴하고 많은 사람들을 죽인 뒤 4만 명이나 되는 주민을 포로로 잡았다. 이 사태 이후 아르메니아 왕국은 더 이상 일어서지 못했다.

1268년 봄, 바이바르스는 다시 원정에 나섰다. 일단 아크레 주변부터 공략하기 시작해서 보포르 성을 점령한 뒤 북쪽으로 올라가서 5월 1일에는 트리폴리스 성벽 아래에 도달했다. 트리폴리스에는 안티오케이아의 왕자이기도 했던 보에몽만이 남아 있었다. 술탄이 자기에게 얼마나 큰 원한을 품고 있는지 몰랐던 보에몽은 장기 포위전을 대비했다. 그러나 바이바르스는 다른 계획을 갖고 있었다. 며칠 뒤 그는 다시 북쪽으로 올라가더니 5월 14일, 안티오케이아에 들이닥쳤다. 프랑크인들의 도시 중 가장 큰 도시로서 170년이 넘게 무슬림 군주들과 맞섰던 안티오케이아는 나흘을 버티지 못했다. 5월 18일, 해질녘 성채 근처의 벽에 구멍이 뚫렸다. 바이바르스의 병사들이 물밀듯이 들어왔다. 그러나 이 정복은 살라딘의 정복과는 사뭇 달랐다. 주민들은 거의 모두가 몰살되거나 노예로 잡혀갔고 도시도 철저히 파괴되었다. 한때 번영을 누렸던 화려한 도시 국가에는 황량한 촌락과 폐허만이 남았다. 그마저도 세월이 흐르면서 무성한 초목 아래 묻혀 버린다.

보에몽이 도시의 함락 사실을 알게 된 것은 바이바르스가 보냈다는 저 유명한 편지를 통해서였다. 사실 이 편지는 술탄의 공식 연대기 저자인 이집트인 이븐 아브드 알 자히르[1]가 쓴 것이었다.

**고귀하고 용감한 기사인 보에몽, 안티오케이아가 함락되는 바람에 일개 백작이 되어 버린 왕자에게.**

조롱은 계속된다.

**우리는 트리폴리스를 떠나자마자 안티오케이아로 방향을 틀어 라마단의 숭배의 달 첫날에 이곳에 도착했소. 우리가 도착하자마자 그대의 병사들은 우리와 싸우러 나섰지만 패하고 말았소. 자기들끼리 서로 돕기는 했지만 신의 도움이 없었기 때문이오. 그대는 기병들이 땅에 떨어져 말발굽에 짓밟히고, 그대의 궁전이 약탈당하고, 그대의 여인들이 단 1디나르에 팔려가는 것을 보았어야 했소! 그것도 그대의 돈으로 말이오!**

이어 조목조목 길게 묘사를 한 뒤 술탄은 결론삼아 이렇게 말한다.

**이 편지를 받는 그대는 기뻐해야 할 것이오. 그대가 안티오케이아에 있지 않은 덕에 살아 남아서 수명을 늘릴 수 있는 은총을 신께서 베푸셨으니 말이오. 만약 그대가 그곳에 있었더라면 지금쯤 저 세상 사람이거나 부상을 입었거나 아니면 포로로 잡혔을지 누가 알겠소? 신께서 그대를 살려주신 것은 아마도 당신에게 순종하고 복종의 표시를 하라는 뜻일 게요.**

현실을 모를 리 없는—그러나 힘은 없었던—보에몽은 휴전을 제의하는 것으로 대답을 대신했다. 바이바르스는 받아들였다. 그는 겁을 집어먹은 백작이 더 이상 위협이 되지 않으며 지도에서 이미 지워진 하이톤의 왕국 또한 마찬가지임을 알고 있었다. 팔레스타인의 프랑크인들도 유예 기간을 얻었다는 것이 그저 반가울 따름이었다. 술탄은 자신의 연대기 저자인 이븐 아브드 알 자히르를 보에몽에게 보내 조약에 서명하게 했다.

> **그들의 왕은 유리한 조건을 관철시키려고 이런저런 핑계 거리를 찾았다. 그러나 술탄의 대리자인 나는 강경한 입장을 고수했다. 뜻대로 되지 않자 화가 난 프랑크 왕은 통역관에게 말했다. "저 자에게 뒤를 돌아보라고 하라!" 뒤를 보니 프랑크 군이 전투 태세로 도열해 있었다. 통역관이 덧붙였다. "왕께서 저 군사들의 수를 잊지 말라고 말씀하시오." 내가 아무 대답도 않자 왕은 통역관을 채근했다. 그제야 나는 말했다. "내 생각을 얘기해도 나를 죽이지 않겠다고 약속할 수 있습니까?—그렇소.—그렇다면 왕에게 말하시오. 저 군대의 수보다 지금 카이로의 감옥에 갇혀 있는 프랑크족 포로들이 훨씬 많다고!" 왕은 말문이 막혀 버린 듯 서둘러 면담을 끝냈다. 나중에 왕은 우리를 잠시 만났으나 조약에 서명하기 위해서였다.**

실제로 프랑크족 기사들은 바이바르스에게 위협이 되지 못했다. 그는 안티오케이아의 함락에 대한 반발도 그들로부터가 아니라 서유럽의 왕들에게서 나올 것이라는 것을 알고 있었다.

1268년이 가기 전에 프랑스의 왕이 강력한 군대를 이끌고 조만간 동방으로 돌아올 것이라는 소문이 꾸준히 나돌았다. 술탄도 상인들과 여행자들에게 그 소문에 대해 자주 물었다. 1270년 여름, 루이 왕이 튀니스 근처의 카르타고 해안에 6천 명의 인원을 데리고 상륙했다는 소식이 전해졌다. 바이바르스는 즉각 주요 에미르들을 불러모은 다음 이 새로운 프랑크 침공을 격퇴하기 위해 군대를 이끌고 그 먼 곳까지 출정할 의사를 알렸다. 그런데 몇 주 후, 술탄에게 또 다른 전령이 도착했다. 튀니스의 에미르인 알 무스탄시르가 서명한 이 전언은 프랑스 왕이 막사에서 죽은 채 발견되었으며 군사들 대부분이 전투와 질병으로 죽는 바람에 프랑크인들이 되돌아갔다는 것을 알리고 있었다. 새로운 위험이 멀어지자 이번에는 바이바르스가 동방의 프랑크인들에게 대반격을 할 차례였다. 1271년 3월, 그는 살라딘조차도 어쩌지 못했던 저 가공할 '히슨 알 아크라드', 바로 기사들의 요새를 빼앗았다.

이어지는 몇 해 동안 프랑크인들도 그랬지만 특히 훌레구의 아들이자 후계자인 아바카가 시리아 땅을 몇 차례 공략했다. 하지만 그들은 매번 격퇴되고 만다. 1227년 7월, 바이바르스가 독살당했을 때, 동방에 남아 있는 프랑크 영토라고는 사방으로 맘루크 제국에 둘러싸여 있는 해안 도시 몇 개뿐이었다. 그 요새망의 위력 또한 형편없이 약해져 있었다. 아이유브 시대에 그들이 누렸던 유예기도 이제는 옛 얘기일 따름이었다. 프랑크인들이 쫓겨나는 것은 시간 문제였다.

그러나 아직은 급할 것이 없었다. 바이바르스가 받아들였던 휴전안은 1283년에 새로운 맘루크 출신 술탄인 칼라운에 의해 갱신되었다. 칼라운은 프랑크인들에게 전혀 적대적이지 않았다. 그는 프랑크인들이 이슬람의 적과 손을 잡는 일만 포기한다면 동방에서 그들의 거주와 안전을 보장할 것이라고 선언했다. 그가 아크레 왕국에 제시한 협정을 보면 프랑크인들의 상황을 '통제'하려는 영리하고 분명한 행정가의 일면을 읽을 수 있다. 문건의 내용이다.

> 프랑크 왕이 술탄이나 그 아들의 나라를 침공하기 위해 서유럽에서 온다면 왕국의 섭정과 아크레의 지도자들은 왕이 도착하기 두 달 전에 술탄에게 그 사실을 알려야 한다. 이 두 달이 흐른 뒤에 서유럽 왕이 동방에 도착한다면 왕국의 섭정이나 아크레의 지도자들은 이 일에 대해 책임지지 않아도 된다.
> 적이 몽골인들의 땅이나 그 외의 지역에서 온다면 그 사실을 먼저 알게 된 쪽이 상대방에게 알려야 한다. 만약—신께서 허락하지 않으시겠지만!—그 적이 시리아로 진군하고 술탄의 군대가 퇴각한다면 아크레의 지도자들은 그들의 백성과 영토를 구하기 위해 이 적과 협상할 권리를 갖는다.

1283년 5월에 맺어진 **10년하고도 10개월 10일 10시간**짜리 이 휴전안은 연안의 모든 프랑크인들에게 적용되었다. **다시 말해 아크레와 그 과수원, 경작지, 방앗간, 포도밭, 그리고 도시에 속해 있는 73개 마을, 또한 하이파와 그 포도밭, 과수원, 도시에 속한 7개 마을 …… 사이다의 경우에는 성과 도시, 포도밭과 프랑크인들이 거주하는 근교, 도시에 속해 있는 15개 마을, 근처 평야와 강, 개울, 샘, 과수원, 방앗간, 운하, 오래 전부터 땅에 물을 대왔던 둑까지 포함**되었다. 이처럼 세세하고 장황하게 열거한 것은 혹시라도 생길지 모를 분쟁을 방지하기 위해서였다. 아무튼 프랑크인들의 영토는 전부 합쳐도 얼마 되지 않는 것처럼 보인다. 비좁고 가느다란 해안 지대에만 머물고 있는 프랑크인들은 한때 그들이 구축했던 가공할 세력에 전혀 미치지 못하고 있었다. 물론 이 문서가 프랑크인들의 소유지를 모두 언급하고 있는 것은 아니다. 아크레 왕국에서 떨어져 나온 티레는 칼라운과 독자적인 조약을 맺었다. 그보다 북쪽에 있던 트리폴리스나 라타키아 같은 도시들은 휴전 조약에서 제외되었다.

아랍인들이 "알 오스비타르"라고 부르던 구호 기사단의 세력권에 있던 마르카브 같은 요새도 같은 처지가 되었다. 이 무장 수도사들은 1281년에 몽골인들이 새로운 침공을 시도할 때 그들 편에 서서 싸울 생각까지 할 만큼 전적으로 몽골인 편이었다. 칼라운은 그 대가를 톡톡히 치르게 할 생각이었다. 이븐 아브드 알 자히르에 따르면 1285년 봄, **술탄은 다마스쿠스를 포위 공격할 준비를 했다. 술탄은 이집트에서 많은 화살과 온갖 종류의 무기를 가져와서 에미르들에게 지급했다. 또한 쇠 투척기들과 화염 방사기 같은 무기도 준비시켰다. 이것들은 '마카진'** [탄약고] **과 '다르 알 시나', 즉 술탄의 병기창에만 있는 것들이었다. 우리는 전문적인 화공병들을 모집했으며 쇠뇌의 띠로 마르카브를 에워쌌다. 쇠뇌는 세 가지는 '프랑크식' 이었고 네 가지는 '악마식' 이었다. 5월 25일, 요새의 양 날개가 엄청나게 깊게 패이자 방어군은 항복했다. 칼라운은 그들이 개인 재산을 가지고 트리폴리스로 안전하게 떠날 수 있도록 허락했다.**

기사단이 개입할 틈도 없이 다시 한 번 몽골의 연합군은 혼나고 말았다. 물론 그들이 반격을 하려 했어도 5주간의 포위 기간 안에 페르시아에서 그 원정을 추진하기는 힘들었을 것이다. 그러나 1285년, 그 해에 타타르족은 그 어느 때보다도 무슬림들을 공격하려는 결연한 의지를 갖고 있었다. 훌레구의 손자이자 몽골인들의 새로운 지도자인 일 칸 아르군은 전임자들의 꿈을 다시 펼치려 했다. 바로 서유럽인들과 손을 잡고 맘루크 술탄을 파멸시키는 것이었다. 이리하여 공동 원정을 준비하기 위해 타브리즈와 로마 사이에 정기적으로 연락이 오갔다. 1289년, 칼라운은 위험이 다가오고 있음을 감지했으나 그의 첩자들은 정확한 정보를 가져다주지 못했다. 따라서 아르군이 교황과 서유럽의 주요 국왕들에게 편지를 보내 제의한 세세한 원정 계획을 알 길이 없었다. 몽골의 왕이 프랑스의 미남왕 필리프 4세에게 보낸 편지 한 통은 아직까지 남아 있는데 그 편지에서 몽골의 지도자는 1291년 1월 첫 주에 시리아 침공을 개시하자고 제안하고 있다. 그는 2월 중순이면 다마스쿠스를 함락시킬 수 있을 것이며 예루살렘도 곧 점령할 수 있을 것이라고 내다보았다.

적의 음모를 자세히 알 수가 없으니 칼라운은 점점 불안해졌다. 동과 서의 침략자들이 시리아의 프랑크인들 도시를 교두보로 삼아 그 지역을 쉽게 넘어온다면 큰일이었다. 그러나 술탄은 프랑크인들이 무슬림 세계에 두고두고 위협이 될 것이라는 점은 알고 있었지만 몽골의 침략자들에게 노골적으로 호의를 보였던 시리아 북중부 사람들과 아크레 사람들은 구별하려 했다. 따라서 명예를 목숨만큼 소중히 여기는 술탄이 조약의 만료가 5년이나 남아 있는 시점에서 아크레를 공격할 수는 없는 일이었다. 그래서 결정한 것이 트리폴리스를 치는 것이었다. 1289년 3월, 생 질의 아들 레몽 3세가 180년 전에 정복했던 이 도시의 성벽 아래에 술탄의 병사들이 집결했다.

수만 명의 무슬림 병사들 중에는 아불 피다[2]라는 16세 된 젊은 에미르가 있었다. 아이유브 왕조 태생이었으나 맘루크들의 신하가 된 그는 몇 년 후 하마라는 작은 도시를 다스리면서 글읽기와 쓰기에 몰두한다. 지리학자이자 시인이기도 했던 이 역사가의 기록은 특히 동방 프랑크인들의 마지막 시기를 증언하고 있다는 점에서 관심을 가질 만하다. 아불 피다는 검을 쥐고 당시 벌어진 모든 전투에 참가했으면서도 주의 깊은 관찰자의 시선을 버리지 않고 있다.

**트리폴리스는 바다로 둘러싸여 있어서 우리는 해안 지대의 비좁은 통로를 통해서만 공격할 수 있었다. 포위를 시작한 뒤, 술탄은 온갖 크기의 쇠뇌들을 세우고 혹독하게 몰아붙였다.**

4월 27일, 한 달 이상 전투가 계속된 끝에 도시는 칼라운의 손에 들어갔다.[3] 진실을 은폐하고 싶지 않았던 아불 피다는 덧붙이고 있다.

**무슬림 부대들은 거칠게 밀고 들어갔다. 주민들은 성문 쪽으로 밀려났다. 일부는 배로 피신할 수 있었지만 남자들은 대부분 죽었고 여자들과 아이들은 사로잡혔다. 무슬림들은 엄청난 양의 전리품을 모았다.**

술탄의 명령에 따라 침략군이 살인과 약탈을 끝냈을 때 도시에 남은 것은 폐허뿐이었다.

**트리폴리스에서 멀지 않은 바다 한복판에 교회당이 세워진 섬이 있었다. 도시가 함락되자 많은 프랑크인들이 가족들을 데리고 그리로 대피했다. 그러나 무슬림 병사들은 바다에 뛰어들거나 배를 타고 그 섬으로 프랑크인들을 쫓아갔다. 거기서 병사들은 피신해 있던 남자들을 모조리 죽이고 약탈을 저지르며 여자들과 아이들을 사로잡았다. 그 살상극이 잠잠해지자 나는 배 한 척을 타고 그 섬으로 가 보았는데 시체 썩는 냄새가 어찌나 심하던지 오래 머무를 수가 없었다.**

조상들의 관대함과 위엄을 물려받은 이 아이유브 왕조 젊은이는 불필요한 학살에 분노하면서도 시대가 달라졌음을 깨닫고 있었다.

묘하게도 프랑크인들의 최후는 그들이 처음으로 동방에 들어왔던 2세기 전의 모습을 떠올리게 한다. 1268년에 벌어진 안티오케이아의 학살은 1098년의 학살(프랑크 군이 야기 시안이 지키던 안티오케이아를 점령하면서 저지른 학살—옮긴이)을 보는 듯했고, 훗날 아랍 역사가들도 말하듯이 무슬림들이 트리폴리스에서 보인 잔인한 모습은 1109년에 프랑크인들이 바누 암마르 가문의 그 도시를 파괴한 것에 대한 복수처럼 보였다. 실제로 프랑크인들과의 전쟁에서 최후의 대격전이라 할 아크레 전투를 치를 무렵에는 이 복수야말로 맘루크들의 중요한 선전 내용이 되었다.

승리를 거둔 다음날부터 칼라운은 부관들에게 시달리기 시작했다. 부관들은 프랑크인들의 도시치고 무슬림에게 반기를 들 수 있는 곳은 없으니 트리폴리스의 함락에 놀란 서유럽이 시리아로 새로 원정대를 파견하기 전에 당장에 공격을 확대해야 한다고 주장했다. 지금이야말로 프랑크 왕국의 잔존자들을 단번에 몰아낼 기회라면서 말이다. 그러나 칼라운은 이 주장을 받아들이지 않았다. 이미 휴전안에 서명을 했으니 그 약속을 어기지 않겠다는 것이었다. 그러자 주변에서 다시 들고일어나 지난날 프랑크인들이 걸핏하면 그랬던 것처럼 아크레와의 조약을 무효화하는 문제를 법률학자들에게 물어 보자고 했다. 술탄은 그 제안도 거절했다. 그가 1238년에 서명한 조약에는 휴전을 파기하기 위해 법률학자들의 의견을 구해서는 안 된다는 조항이 들어 있다는 것이었다. 절대 그럴 수는 없다고 칼라운은 잘라 말했다. 조약과 무관한 프랑크인들의 영토는 전부 빼앗겠지만 더 이상은 손을 대지 않겠다는 얘기였다. 이윽고 그는 아크레에 사절을 급파했다. 프랑크인들의 마지막 왕인 "키프로스와 예루살렘의 군주" 앙리에게 약속을 지킬 것을 확인하기 위해서였다. 나아가 그는 1289년 7월을 기점으로 이 유명한 휴전을 10년 더 연장하기로 했다. 덕분에 무슬림들은 아크레를 이용해서 서유럽과의 교역에 박차를 가할 수 있었다. 실제로 그 후 몇 달만에 이 팔레스타인의 도시에는 갑자기 활기가 돌았다. 수백 명의 다마스쿠스 상인들이 도시로 들어와 수크 근처의 여관에 머물면서 베네치아 상인들이나 이제는 시리아의 비중 있는 은

행가들이 된 부유한 성전 기사단과 적지 않은 물량을 거래했다. 게다가 갈릴리의 수천 명이나 되는 아랍 농부들이 수확물을 팔러 이 프랑크족 도시 국가로 몰려들었다. 아크레의 번성으로 그 지역 나라들치고 혜택을 입지 않은 곳이 없었는데 특히 맘루크들의 나라가 그랬다. 수년 전부터 몽골인들의 진출로 동쪽과의 교류를 방해 받던 그들은 그 부족함을 지중해 상권의 발전으로 메울 수 있게 되었다.

프랑크 지도자들 가운데 현실적인 사람들은 두 세계를 잇는 연결로라는 그들의 수도에 주어진 새로운 역할을 그들이 더 이상 패권을 쥐고 있지 않은 지역에서 뜻밖에 얻은 생존의 기회로 보았다. 물론 모두가 그렇게 생각한 것은 아니었다. 다시 한 번 서유럽에서 십자군 소집론이 부활하기를 기대하는 이들도 적지 않았다. 트리폴리스가 무너진 다음날, 앙리 왕은 로마에 원군을 파병해 줄 것을 신속히 요청했다. 과연 1290년 여름에 제법 규모가 큰 함대가 아크레 항에 도착해서 수천 명에 달하는 프랑크족 열혈 전사들을 내려놓았다. 노략질에만 눈이 먼 듯 지휘관의 명령은 안중에도 없이 술에 취해 비틀거리는 이 서유럽인들을 주민들은 못마땅하게 바라보았다.

아니나 다를까, 몇 시간만에 사건이 터지고야 말았다. 다마스쿠스 상인들이 이들의 습격을 받아 물건을 털리고 살해된 것이다. 당국이 그럭저럭 질서는 잡았지만 8월 말이 되자 상황은 다시 나빠졌다. 한 술자리에서 코가 비뚤어지게 마신 새로운 유입자들이 길거리로 쏟아져 나와 수염을 기른 사람만 보면 모조리 죽여 버리는 사건이 발생했던 것이다. 그리스도 교도건 무슬림이건 간에 대부분이 순박한 상인이거나 농민이었던 아랍인들이 그렇게 목숨을 잃었다. 간신히 목숨을 건진 이들은 도망쳐서 도시에서 벌어진 일을 알렸다.

칼라운은 화가 치밀어 올랐다. 프랑크인들과의 휴전을 연장한 대가가 이것이란 말인가? 에미르들은 당장 손을 쓰라고 그를 부추겼다. 그러나 책임 있는 정치가인 그가 분노로만 움직일 수는 없는 노릇이었다. 일단 그는 아크레에 사절을 보내 사태를 설명하고 살인자들을 엄벌에 처할 것을 요구했다. 프랑크인들의 입장은 둘로 갈렸다. 일부 소수는 다시 전쟁이 발발하는 것을 피하려면 술탄의 요구를 들어주어야 한다고 주장했으나 대다수는 거절하자는 입장이었다. 그들은 무슬림 상인 한 명이 프랑크족 여자를 유혹하는 바람에 사건이 벌어졌다며 살상의 책임을 무슬림 상인에게 넘기기까지 했다.

칼라운은 더 이상 꾸물거리지 않았다. 그는 에미르들을 불러모은 다음, 이번에야말로 지나치게 길었던 프랑크인들의 점령을 종식시켜 버리겠노라고 선언했다. 즉시 전쟁이 선포되었고 최후의 성전에 참여하기 위해 술탄의 제국 곳곳에서 제후들이 몰려들었다.

카이로에서 군대 출정을 앞두고 술탄은 꾸란에 대고 맹세했다. 최후의 프랑크인 한 사람까지 쫓아내지 않고서는 무기를 놓지 않겠다고. 당시 술탄이 연로한 나이였다는 점을 볼 때 이 맹세는 그만큼 비장한 것이었다. 정확한 나이는 알려지지 않았지만 당시 그는 일흔을 훨씬 넘겼을 것으로 보인다. 1290년 11월 4일, 찬란한 위용을 자랑하는 맘루크 군대가 카이로에서 출정했다. 그런데 바로 다음날, 술탄은 덜컥 앓아 누워 버렸다. 그는 머리맡에 에미르들을 불러모아 놓고 자신의 아들인 칼릴에게 복종할 것을 맹세시켰다. 또한 아들에게는 자신의 뜻에 따라 프랑크인들과 맞서는 원정을 수행할 것을 당부했다. 그로부터 일주일도 못 되어 칼라운은 눈을 감았다. 백성들은 위대한 군주의 죽음을 슬퍼했다.

술탄이 죽었지만 프랑크인들에 대한 최후 공격은 기껏해야 몇 달 늦추어진 것일 뿐이었다. 1291년 3월이 되자 칼릴은 군대를 이끌고 팔레스타인으로 향했다. 5월 초가 되자 아크레 인근 평야에 많은 시리아 징집병들이 가세했다. 그때 열여덟 살이 된 아불 피다는 부친과 함께 그 전투에 참가하였다. 그 또한 '승리'라고 이름 붙인 위력적인 쇠뇌를 히슨 알 아크라드에서 분해하여 프랑크인들의 도시 근처까지 옮겨오는 임무를 맡고 있었다.

> **보통 때 같으면 여드레면 충분할 것을 수레가 어찌나 무거웠던지 쇠뇌를 옮기는 데 한 달 이상이 걸렸다. 목적지에 도착하니, 수레를 끌던 소들도 추위와 허기에 지쳐 쓰러졌다.**
> **전투가 곧 시작되었다. 우리 하마 사람들은 평소처럼 군대의 오른쪽 날개를 맡았다. 프랑크인들이 배에 나무와 물소 가죽을 입힌 포탑을 싣고 우리를 향해 활과 석궁을 쏘아대서 우리는 바닷가에서 이들을 공격했다. 그러자니 우리는 양편의 적을 상대해야 하는 입장이 되었다. 정면의 아크레 사람들과 바다에 있는 그들의 함대 말이다. 이윽고 쇠뇌를 옮기던 프랑크 배 한 척이 우리 막사 쪽으로 돌들을 쏘아대기 시작했고 우리는 큰 손실을 입었다. 그런데 그 날 밤, 바람이 강하게 불더니 프랑크인들의 쇠뇌는 배가 파도에 심하게 흔들리는 바람에 박살나고 말았다. 또 한번은 한 무리의 프랑크인들이 기습적으로 우리 막사에 들이닥친 일이 있었다. 그러나 주위가 어둡다 보니 그들 중 일부가 천막들을 매어 놓은 밧줄에 걸려 넘어지고 말았다. 개중에는 부대의 똥구덩이 안에 떨어져 죽은 기사도 있었다. 우리는 전열을 정비하고 사방에서 프랑크인들을 공격했다. 그들은 많은 시체를 남기고 도시 쪽으로 후퇴했다. 이튿날 아침, 하마의 영주인 내 사촌 알 말리크 알 무자파르는 우리가 사로잡은 말들의 목에 죽은 프랑크인들의 머리를 매달아 술탄에게 보냈다.**

1291년 6월 17일 금요일이었다. 무슬림 군대는 압도적인 군사적 우세를 과시하며 포위하고 있던 도시로 밀고 들어갔다. 앙리 왕과 대부분의 귀족들은 부랴부랴 배에 올라타고 키프로스로 피신했다. 나머지 프랑크인들은 죽거나 포로가 되었다. 도시에는 온전히 남아 있는 것이 없었다.

아불 피다의 구체적인 기록에 따르면 아크레는 히즈라력 690년 두 번째 주마다 열이레 정오에 함락되었다. 그런데 히즈라력 587년 같은 날, 같은 시각에 프랑크인들이 살라딘으로부터 아크레를 빼앗고 그곳에 살던 무슬림들을 죽인 사건이 있었다. 참으로 신기한 우연의 일치가 아닐 수 없다.

그리스도교력으로 보아도 이 일치는 놀랄 만하다. 프랑크인들이 아크레에서 거둔 승리가 1191년의 일이었으니, 꼭 1백 년 후 같은 날에 그들은 마지막 패배를 당한 것이다. 아불 피다는 계속 쓰고 있다.

**아크레를 정복하고 나자 신께서는 시리아 연안에 아직 남아 있던 프랑크인들에게 엄청난 두려움을 심어 주셨다. 그리하여 그들은 사이다와 베이루트, 티레는 물론이고 다른 모든 도시들에서도 서둘러 짐을 싸기 시작했다. 술탄은 그 어떤 술탄보다도 좋은 운을 타고난 사람이다. 그 지역을 그처럼 수월하게 정복해서 즉각 파괴시켜 버릴 수 있었으니 말이다.**

칼릴은 승리의 여세를 몰아 해안 지방을 따라가면서 프랑크인들이 동방에 다시 들어올 생각으로 이용할 만한 요새는 모조리 파괴해 버렸다. 아불 피다는 결론 삼아 쓰고 있다.

이 정복을 통해서 해안 지대 전체가 무슬림들 손에 다시 들어왔으니, 기대하지도 않은 결과를 얻은 셈이다. 한때 다마스쿠스와 이집트는 물론, 다른 여러 지역까지 넘볼 정도로 막강했던 프랑크인들은 시리아와 그 해안 지방 전역에서 쫓겨났다. 신이여 다시는 그들이 이 땅에 발을 붙이지 못하게 하시길!

# 에필로그

겉으로는 아랍 세계가 눈부신 승리를 거둔 것으로 보였다. 서유럽인들이 연이은 침공으로 이슬람이 뻗어 나가는 것을 억제할 생각이었다면 그 결과는 완전히 반대로 나타났다. 무슬림들은 프랑크 국가들의 2세기에 걸친 동방 식민 지배를 완전히 뿌리뽑는 데 그치지 않고, 오스만 투르크의 깃발 아래 서유럽을 정복하러 다시 나설 만큼 세력을 회복한 것이다. 1453년, 콘스탄티노플이 그들의 손에 떨어진다. 1529년에는 오스만 투르크 기병들이 베네치아 코앞까지 몰려왔다.

그러나 이것은 말 그대로 겉모습일 뿐이다. 역사라는 가늠자로 보자면 상반된 관찰도 필요한 법이다. 십자군 전쟁 동안 에스파냐에서 이라크에 이르는 아랍 세계는 아직은 지적으로나 물질적으로 가장 앞선 문명의 보고였다. 그러나 나중에 세계의 중심은 결정적으로 서쪽으로 옮겨진다. 여기에는 어떤 인과관계가 있는 것일까? 과연 십자군이 서유럽에는 도약의 발판을 마련해 주었으며—세계를 지배하게 되는—아랍 문명에는 종말을 고하는 계기가 되었다고 자신 있게 얘기할 수 있을까?

물론 전혀 그릇된 판단이라고는 할 수 없다. 다만 분명한 것은 그 판단이 약간의 수정을 요한다는 점이다. 아랍인들은 십자군 전쟁이 발발하기 전부터 분명한 '결함' 을 지니고 있었다. 프랑크인들이라는 존재가 그것을 드러나게 했고 더 악화시켰을지는 모르지만 그 결함을 창출한 장본인은 아니라는 것이다.

9세기에 들어서면서 예언자의 백성들은 자신들의 운명을 결정할 권한을 잃었다. 실제로 그들을 통치했던 지배자들은 하나같이 이방인들이었다. 2세기에 걸친 프랑크인들의 점령 기간을 통틀어 연이어 등장한 그 많은 통치자들 중에 진짜 아랍 사람이 누가 있던가? 연대기 저자들, 카디들, 소국의 왕들—이븐 암마르, 이븐 문키드 등—그리고 무능한 칼리프들을 보라. 앞장서서 프랑크인들과 싸웠던 실권자들—장기, 누르 알 딘, 쿠투즈, 바이바르스, 칼라운—은 투르크족이었다. 알 아흐달은 아르메니아 출신이었고, 시르쿠, 살라딘, 알 아딜, 알 카밀은 쿠르드족이었다. 물론 이들이 문화적으로나 정서적으로 아랍에 동화된 인물들이었다는 것은 부인할 수 없다. 그러나 1134년에 술탄 마수드가 칼리프 알 무스타르시드와 회담할 때 통역관을 대동해야 했다는 점을 상기해 보자. 바그다드를 점령하고 그 일족이 80여 년이나 다스렸지만 셀주크 왕은 아랍어를 한마디도 할 줄 몰랐던 것이다.

더 심각한 문제가 또 있다. 아랍이나 지중해 문명과는 전혀 관계가 없는 수많은 유목민 전사들이 정기적으로 군대의 지배층에 편입되곤 했다. 자신들의 땅에 들어온 외국인들에게 지배당하고, 압박받았으며, 우롱당했던 아랍인들은 7세기에 벌써 꽃피기 시작한 그들의 문화적 부흥을 계속 이어갈 수 없었다. 프랑크인들이 들어올 즈음에 그들은 이미 과거에 얻은 것에 만족하며 제자리걸음만 하고 있었다. 비록 이 새로운 침입자들에 비한다면 그들은 거의 전 영역에서 앞서 가고 있었다고는 하지만 그들의 쇠락은 이미 시작되고 있었다.

첫 번째 결함과도 상관 있는 아랍인들의 두 번째 '결함' 은 확실한 제도를 구축할 수 없었다는 것이다. 동방으로 들어오던 무렵 프랑크인들은 진정한 의미에서 국가의 틀을 갖추고 있었다. 예루살렘만 보아도 권력의 계승이 대체로 순조롭게 이루어졌다. 왕국의 평의회가 단일 군주의 정책에 영향력을 행사하고 있었고, 성직자의 역할도 인정받고 있었다. 무슬림들의 나라에서는 그러한 장치가 없었다. 군주가 죽으면 항시 그 권력이 위협당했으며, 무슬림 국가치고 계승 전쟁에 휘말리지 않은 나라가 없었다. 그 책임을 국가의 존립 자체를 불안하게 한 연이은 침공 탓으로 돌려야 할까? 아니면 아랍인들 자신을 비롯해 투르크나 몽골 같은 유목민 출신 민족이 이 지역을 다스렸다는 것에서 그 이유를 찾아야 할까? 그러나 이 짧은 후기에서 그 문제를 온전히 다룰 수는 없다. 다만 20세기 후반(이 책은 1983년에 출간되었다—옮긴이)의 아랍 세계에서도 그와 다르다 할 수 없는 질문이 여전히 제기되고 있다는 점은 분명히 밝혀 두겠다.

안정적이고 인정받는 제도의 부재는 백성의 권리라는 측면에서 볼 때 피할 수 없는 결과를 낳는다. 십자군 원정이 있을 무렵, 서유럽인들의 군주들은 거역하기 어려운 법령에 따라야 했다. 예루살렘을 방문했던 우사마도 "기사들이 판결을 내리면 왕이라도 뒤집거나 무효로 만들 수 없었다"는 점을 강조하고 있다. 이보다 더 의미심장한 증언은 이븐 주바이르가 중동 여행 끝 무렵에 남긴 기록이다.

> **티브닌(티레 근처)을 떠나면서 우리는 끝없이 이어지는 농장들과 잘 손질된 마을들을 지났다. 그곳의 주민들은 모두 무슬림이었는데도 프랑크인들과 탈없이 지내고 있었다.—신이여 우리가 유혹에 빠지지 않게 하시길!—그들은 저마다 집과 재산을 가지고 있었다. 시리아 땅에서 프랑크인들이 다스리고 있는 모든 지역에서는 이 규범이**

**지켜지고 있어서 땅과 마을, 농장들이 무슬림의 손에 남아 있었다. 그런데 이들을 무슬림 땅에 살고 있는 다른 형제들과 비교하면 많은 이들이 의혹을 품지 않을 수 없을 것이다. 프랑크인들은 그처럼 공정한데 자신의 형제들은 같은 무슬림들의 불의로 고생하고 있으니 말이다.**

이븐 주바이르가 이런 걱정을 할 수밖에 없었던 것은 레바논 남부를 지나면서 답답한 현실을 발견했기 때문이었다. 물론 우사마가 강조한 것처럼 프랑크인들의 재판에는 "야만스럽다"고 할 수 있는 부분이 분명히 있었지만 그들의 사회는 "권리를 공평하게 나누는" 사회라는 장점을 갖고 있었다. 시민이라는 개념이 아직 생겨나기 전이었음에도 봉건 영주와 기사, 사제, 대학, 부르주아, 심지어는 '이단자'인 농부들조차 정당한 권리를 갖고 있었다. 아랍 세계에서 재판은 서유럽보다 합리적으로 진행되었다. 그럼에도 불구하고 왕자의 전횡을 제한할 장치는 없었다. 따라서 사상의 발전과 마찬가지로 상업 도시로서의 발전도 더딜 수밖에 없었다.

이븐 주바이르의 태도는 좀 더 주의 깊게 관찰해 볼 필요가 있다. 비록 그가 "저주받을 적"의 장점을 깨달을 만큼 정직한 기록자이긴 했으나 프랑크인들의 공정함과 훌륭한 행정력이 무슬림에게 치명적인 위협이 되리라고 보고 금방 저주의 말을 늘어놓고 있는 것이다. 프랑크인들의 사회에서 잘 지내다 보면 형제들에게—또 자신들의 종교에도—등을 돌릴 수도 있지 않겠는가? 그 우려를 이해 못하는 바는 아니지만 이 여행기 작가의 태도는 형제들이 앓고 있는 병의 증세를 고스란히 보여주는 것이다. 십자군 전쟁 내내 아랍인들은 서유럽에서 들어온 사상을 받아들이려 하지 않았다. 물론 여기에는 그들이 무자비한 폭력의 희생자가 되었다는 점 또한 작용했으리라. 침략자들은 정복한 민족의 언어를 수월하게 배우지만, 정복당한 민족은 정복자의 언어를 배우는 것을 타협, 나아가서는 배신 행위로 본다. 실제로 프랑크인들 중에 아랍어를 배우는 이들은 많았지만 그 지역 주민들은 일부 그리스도 교도를 제외하고는 서유럽인들의 언어를 알아듣지 못했다.

이런 예는 한두 가지가 아니다. 프랑크인들은 시리아는 물론이고 에스파냐와 시칠리아의 아랍 학교에서 학문의 거의 모든 영역을 열심히 습득했다. 이곳에서 얻은 지식은 이후 그들의 확장 사업에 없어서는 안 될 도구가 된다. 그리스 문화가 서유럽에 전파된 것은 아랍어 번역자들과 전승자들의 손을 거쳐서였다. 의학, 천문학, 화학, 지리학, 수학, 건축 분야에서 프랑크인들은 아랍의 서적들에서 지식을 흡수했으며, 모방하였고, 나중에는 이를 뛰어넘었다. 그것을 증명해 주는 단어들이 얼마나 많은가. 천정(zénith), 천저(nadir), 방위각(azimut), 대수학(algèbre), 십진법(algorythme), 아니 가장 간단한 '숫자(chiffre)'라는 말만 해도 그렇다. 산업 분야로 말하자면 유럽인들은 자신들의 기술을 개량하기 전에 아랍인들이 사용하던 제지술과 무두질, 직조술, 알콜의 증류 기술과 설탕 제조법을 받아들였다. 이제 보니 술(alcool)과 설탕(sucre)이라는 말도 아랍어에서 빌려온 것이다. 또 유럽의 농업 기술이 획기적으로 발달한 것도 동방과 접촉하기 시작하면서부터였다는 점도 잊어서는 안 된다. 살구(abricots), 가지(aubergines), 염교(èchalotes), 오렌지(oranges), 수박(pastèques) 외에도 '아랍어'에서 나온 단어들을 열거하자면 한이 없다.

십자군 전쟁이 서유럽에게 경제적으로나 문화적으로 진정한 혁명을 일으키는 기회를 제공했다면 동방에게 이 성전은 오랜 쇠락과 암흑의 시기로 내몰리는 계기였다. 사방에서 공격을 받았던 무슬림들은 몸을 도사릴 수밖에 없었다. 그들은 겁을 먹었고, 방어적이었으며, 너그럽지 못했고, 메말라 갔다. 다른 세계가 발전함에 따라 이 태도는 점점 심해졌고 그 결과 그들은 변방으로 밀려났음을 느끼게 되었다. 무슬림들에게 발전이란 다른 세상 얘기였다. 근대화 역시 마찬가지였다. 그렇다면 서유럽을 상징하는 이 근대화를 거부해서 그들의 종교적, 문화적 정체성을 지켰어야 했을까? 아니면 정체성을 잃을 위험을 무릅쓰고라도 결연히 근대화의 길을 걸었어야 했을까? 이란이나 터키, 또는 그 어느 아랍 세계도 이 고민을 속 시원히 해결하지 못했다. 오늘날에도 강제적인 서구화와 원리주의, 극단적인 외래 문물 혐오증의 틈바구니에서 급격한 변동을 목격할 수 있는 것도 그런 이유에서다.

야만인으로 치부했고 그들이 무찔렀던 프랑크인들이 세계의 정복자로 떠오르자 그들에게 매혹당하면서도 한편으로는 두려움을 느낀 아랍 세계는 십자군 전쟁을 먼 옛날에 벌어진 단순한 에피소드로만은 바라볼 수 없게 되었다. 우리는 자주 놀란다. 아랍인들—일반적인 무슬림들—이 7세기 전에 서유럽인들을 바라보았던 태도가, 오늘날에도 얼마나 큰 영향을 주고 있는지 보면서 말이다.

세 번째 밀레니엄을 앞두고 있는 시점에서도 아랍권의 정치와 교계 지도자들은 살라딘과 비교되고 예루살렘의 함락 또는 그 탈환과도 연계된다. 이스라엘은 대중의 정서에서나 공식적인 논의에서나 새로운 십자군의 나라로 여겨지고 있다. 팔레스타인 민족 해방군의 세 사단 중에서 하나는 여전히 히틴이라는 이름은, 또 하나는 아인 잘루트라는 이름을 쓰고 있다. 영웅으로 추앙받고 있는 이집트의 나세르 대통령은 인기의 절정기에 있을 때 시리아와 이집트, 그리고 예멘까지도(!) 통일했던 살라딘에 자주 비견되곤 했다. 또 아랍인들은 1956년의 수에즈 전쟁(나세르가 수에즈 운하의 국유화를 선언함으로써 이집트와 영국 · 프랑스 · 이스라엘 사이에 벌어진 제2차 중동 전쟁—옮긴이)도 1191년의 아크레 전투를 떠올리며 프랑스와 영국 연합군이 수행한 새로운 십자군 전쟁으로 받아들였다.

물론 그 유사성에서 관심을 끄는 부분이 없지는 않다. 시브트 이븐 알 자우지가 다마스쿠스 사람들 앞에서 성지에 대한 적의 종주권을 인정한 카이로의 통치자 알 카밀의 행적에 대해 "배신" 운운했던 것을 상기하면서 사다트 대통령의 행동이 떠오르는 것은 어쩔 수 없다(나세르에 이어 이집트 대통령이 된 사다트는 이스라엘과 평화조약을 체결, 아랍의 대의를 배반했다는 규탄을 받고 암살당한다—옮긴이). 골란 고원과 베카 계곡을 두고 다투는 다마스쿠스와 예루살렘의 분쟁을 보면 과거와 현재를 혼동하지 않을 수 없다. 또 침략군의 우수성을 숙고한 우사마의 글을 읽으면서 어찌 깊은 상념에 젖지 않을 수 있을까?

끊임없이 주변으로부터 시달려 왔던 무슬림 세계로서는 박해라는 감정을 떨쳐 버리기가 쉽지 않았을 것이다. 일부 광신자들은 위험한 강박관념을 갖기까지 하는데 우리는 1981년 5월 13일에 교황을 암살하려 했던 터키인 메메트 알리 아그카가 쓴 편지에서 그것을 본다. **나는 십자군의 총사령관 요한 바오로 2세를 죽이기로 결심했다.** 이런 개인적인 행위는 제쳐두더라도 동방의 아랍이 여전히 서구를 본연의 적으로 보고 있음은 명백하다. 정치적이건, 군사적이건, 석유를 무기로 삼던 간에 서구에 맞서는 모든 호전적인 행동은 당연한 보복으로 받아들여지고 있는 것이다. 의심할 바 없는 사실은 십자군 시대로 거슬러 올라가는 두 세계간의 균열의 역사에서 아랍인들은 지금까지도 여전히 부당한 침범을 느끼고 있다는 점이다.

## ■ 용어 설명

디완(dīwān) 이 말은 여러 가지 뜻을 가지고 있는데 이 책에서는 '자문 회의'나 '조정(朝廷)', 나아가서는 자문들이나 조신들이 모이는 공간을 얘기하는 너른 의미로 쓰이고 있다.

라이스(ra'īs) 행정관청의 장. 도시의 여러 책임 있는 직위에도 사용된다.

맘루크(mamlūk) 원래는 '노예'(단어 자체의 뜻은 '소유된 자') 출신이었으나 차츰 군사 훈련을 받게 되었고 지휘관의 자리에까지 오르게 된다. 특히 나중에 왕조를 세우는 투르크와 체르케스 출신 무관을 지칭하기도 한다.

무슈리킨(mushrikīn) 다신론자. '연합하다'라는 어원에서 나왔는데 유일신에 다른 신들을 '더하는' 사람들을 일컬었다.

무에진(muezzin) 아랍어 무아드딘(mu'adhdhin)의 영어식 발음으로 사원의 첨탑 위에서 기도 시간을 알리는 사람을 말한다.

무자히딘(mujāhidīn) 단수형은 무자히드(mujāhid)로 전사 또는 자유로운 전사를 말한다. 이 단어는 지하드와 어원이 같다.

바실레이오스(basileios) 고대 그리스 왕들을 지칭하던 말로, 610년에 헤라클레이오스가 처음 사용했는데 점차 비잔티움 황제들의 공식 호칭이 된다.

사힐(sāḥil) 해안 또는 해안선.

샤리프(sharīf) 부족장. 원래는 예언자의 후손들인 하심가를 지칭함.

수크(souk) 시장. 수십 개에서 수백 개에 이르는 노점과 상점이 모인 곳.

수피(Sufi) 이슬람 신비주의를 추종하는 무리.

순니파(Sunni) 이슬람의 주요 종파. 순니파들은 예언자 무함마드의 관습을 말하는 순나(sunna)를 그대로 실천하는 것에서 정통성을 찾는다.

시아파(Shi'ism) 무함마드의 사위이자 사촌이며 4대 칼리프인 알리의 지지자들이 세운 교파. 시아파(시아는 '당파' 또는 '파벌'이라는 뜻으로 알리의 파벌을 지칭하게 되었다)는 이슬람의 주요 일파 중 하나가 되었다.

아타베그(atabeg) '왕자의 아버지'를 의미하는 터키어. 본디 아타베그는 셀주크족의 어린 왕자들을 지키는 호위병을 뜻했으나 나중에는 이들이 실권을 행사하기에 이른다.

에미르(emir) '명령을 내리는 사람' 또는 '왕자'를 뜻하는 아랍어 아미르(amīr)가 터키어에서는 군대 지휘관을 칭하게 되었다.

와지르(wazīr) '장관'을 뜻한다. 이집트의 파티마 왕조 치하에서 와지르는 칼리프와 동일한 권위를 가지고 왕국의 행정 업무를 관장했다.

울라마('ulamā') 이슬람의 학자를 말한다. 복수형은 알림('ālim)으로, 특히 법률과 종교 학자를 일컫는다. 지식이 깊은 사람을 지칭할 때도 쓰인다.

이맘(imām) 기도를 인도하는 사람. 무슬림 공동체의 지도자를 가리킴.

지하드(jihād) 불신자들과의 성전. 이슬람에서 지하드는 모든 무슬림의 의무이다. 그 형태에 대해서는 논란이 많지만 신도들은 저마다 처한 상황에서 꼭 수행해야 한다.

카디(qāḍī) 종교적 계율을 집행하는 법관.

칼리프(caliph) 아랍어의 칼리파(khalifa)가 영어화된 형태로 '계승자'라는 뜻이다. 무함마드가 죽은 뒤 무슬림 국가의 통치자들이 쓰기 시작한 이 칭호는 신자들의 영적이자 세속적인 지도자 혹은 '신도들의 왕자'를 의미한다. 십자군 전쟁 동안에 칼리프들은 다른 지도자들의 지배를 받는 명목상의 군주에 불과했다.

캄신(khamsīn) 이탈리아의 시로코와 비슷한 뜨거운 바람.

피다이(fidā'ī) 원래 뜻은 '자신을 희생하는 사람.' 자신의 목숨마저 바칠 준비가 되어 있는 전사들을 일컫는다. 복수형은 피다인(fida'in)이다.

함맘(ḥammām) 공중 목욕탕. 아랍 사회에서는 중요한 사회 기관이었다.

히즈라(hijra) 예언자 무함마드가 메카에서 메디나로 '이주'한 해로 이 서기 622년을 무슬림력의 원년으로 삼는다. 영어식 발음은 헤지라.

## ■ 주석과 출처

2년 동안 십자군 전쟁에 대해 기록한 자료를 찾던 나는 많은 저술들과 저자 목록을 뒤졌다. 한두 번 살펴본 것도 있고 자주 참고한 것도 있지만 하나같이 영향을 받지 않은 것이 없다. 그 모두가 언급할 만한 자격이 있으나 이 책의 성격에 어울리는 일부만 밝혀두기로 한다. 이 부분을 읽는 독자들이 굳이 십자군에 대한 세세한 자료를 얻으려 하기보다는 이 책이 지향하는 이른바 '다른 시각'의 지평을 더 넓혀줄 자료들을 기대하리라 여기는 까닭이다.

나는 자료들을 세 가지로 분류했다. 첫 번째는, 당연하겠지만 프랑크인들의 침공에 대해 증언하는 아랍의 역사가들과 연대기 저자들의 기록이다. 각 장마다 언급하겠지만 내가 크게 의존했던 아랍어 원전들과 또한 꼭 필요했던 프랑스어 번역본이 있는데 특히 이탈리아의 동양사학자인 Francesco Gabrieli의 프랑스어 번역본인 *Chroniques arabes des croisades* (Sinbad, Paris, 1977)에서 모아놓은 자료 목록이 큰 보탬이 되었다.

두 번째는 서유럽과 관련한 아랍과 무슬림의 중세 역사이다. 특별히 주목할 만한 저서들을 열거하자면 다음과 같다.

E. Ashtor, *A social and economic history of the near east in the middle age* (Collins, London, 1976).

C. Cahen, *Les Peuples musulmans dans l' histoire médiévale* (Institut français de Damas, 1977).

M. Hodgson, *The venture of islam* (University of Chicago, 1974).

R. Palm, *Les Etendards du Prophète* (J. -C. Lattès, Paris, 1981).

J. J. Saunders, *A history of midieval islam* (RKP, London, 1965).

J. Sauvaget, *Introduction à l' histoire de l' Orient musulman* (Adrien-Maisonneuve, Paris, 1961).

J. Schacht, *The legacy of islam* (Oxford university, 1974).

E. Sivan, *L' Islam et la croisade* (Adrien-Maisonneuve, Paris, 1968).

H. Montgomery Watt, *L' Influence de l' islam sur l' Europe médiéval* (Geuthner, Paris, 1974).

세 번째는 포괄적이든 부분적이든 십자군의 역사에 관한 이야기들이다. 한 권의 책에다 2세기에 걸친 프랑크인들의 침공에 대한 아랍의 증언을 엮는 데—비록 단편적일 수밖에 없겠지만—없어서는 안 될 귀중한 자료들이었다. 앞으로 거론하겠지만 이제는 고전이 된 René Grousset의 세 권 짜리 책 *Histore des croisades et du royaume franc de Jérusalem* (Plon, Paris, 1934~1936)과 역시 세 권으로 된 Stephen Runciman의 *A history of the crusades* (Cambridge university, 1951~1954)이다.

## 프롤로그

1. 아랍 역사가들은 이 연설의 주인공이 알 하라위라는 데 모두 찬성하지는 않고 있다. 다마스쿠스의 연대기 저자인 시브트 이븐 알 자우지(12장을 보라)는 이 연설을 한 사람이 "그 카디"라고 쓰고 있다. 그러나 이븐 알 아시르(2장을 보라)는 그 내용을 쓴 사람이 알 하라위의 탄식에 크게 감명받은 시인 알 아비와르디라고 주장하고 있다. 어쨌거나 확실한 것은 이 연설이 카디 알 하라위의 사절단이 칼리프의 궁전에 전하려 했던 내용과 일치한다는 점이다.
2. 무슬림이 지배하던 에스파냐의 발렌시아에서 출발한 이븐 주바이르(1144~1217)는 1182년부터 1185년까지 동방을 여행했다. 그의 여행기는 프랑스어로도 읽을 수 있으며(Geuthner, Paris, 1953~1956) 아랍어로도 다시 출간되었다(Sader, Beyrouth, 1980).
3. 다마스쿠스에서 태어나서 그곳에서 살다 죽은 이븐 알 칼라니시(1073~1160)

는 이 도시의 고위 공직자였다. 그는《다마스쿠스 역사의 보완》이라는 연대기를 남겼는데 원래 내용은 1908년 판을 통해서만 읽어볼 수 있다. 일부가 프랑스어로 번역되어 *Damas de 1075 à 1154* (l'Institut français de Damas et les Editions Adrien-Maisonneuve, Paris, 1952)라는 제목으로 출간되었다.

## 1장 프랑크인들 들이닥치다

1. 이븐 알 칼라니시가 "그 해"라고 쓴 것은 히즈라 490년을 말한다. 아랍의 연대기 저자들이나 역사가들은 거의 예외 없이 같은 도입부를 사용하고 있다. 그들은 흔히 다음해로 넘어가기 전에 매년 일어난 사건들을 두서 없이 나열하고 있다.
2. 오늘날에도 룸(Rūm)이라는 말—단수는 루미(Rūmī)—은 일부 아랍 세계에서 그리스인들이 아닌 일반적인 서유럽인들을 지칭하는 데 사용되고 있다.
3. 에미르—아랍에서는 알 아미르(al-amīr)라고 하는—는 본래 '명령을 내리는 사람'이라는 뜻이다. '아미르 알 무미닌(amir al-mu'minīn)'은 그러므로 신도들의 왕자나 일종의 기사 분단장을 말한다. 군대에서 에미르들은 일종의 고위 장교를 지칭했다. '아미르 알 주유시(amir al-juyūsh)'는 군대의 최고 지휘관을, '아미르 알 바흐르(amir al-bahr)'는 함대의 사령관을 뜻했는데 훗날 서유럽에서 이 말을 줄여 '함장(amiral)'으로 쓰게 되었다.
4. 셀주크족의 기원에 대해서는 의견이 분분하다. 이 종족의 시조인 셀주크는 미카일과 이스라엘이라는 두 아들을 두었다. 동방의 무슬림을 통일하는 그 왕조가 바탕은 그리스도 교도나 유대인에 두고 있는 셈이다. 이슬람화한 뒤에 셀주크족은 일부 이름들을 바꾸는데, 그 결과 '이스라엘'이라는 이름이 투르크식으로 '아르슬란'이 된 것이다.
5. 《다니슈멘드 왕의 무훈가》는 1960년에 이스탄불의 프랑스 고고학회에서 번역해서 원전 그대로 출판했다.

## 2장 저주받을 갑옷 제조인

1. 이븐 알 아시르(1160~1233)의 대표 저술인《완전한 역사》는 1841년부터 1906년 사이에 프랑스 한림원이 펴낸 *Receuil des historiens des croisades*에서 부분적으로 번역된 내용을 읽을 수 있다. 13권으로 된 아랍어 원전인 *Al-Kāmil fi' l-Tarīkh*는 1979년에 다시 출간되었다(Sader, Beyrouth). 이 장에서는 프랑크 침공을 다룬 10, 11, 12권을 인용했다.
2. 안티오케이아에 대해 더 알고 싶다면 C. Cahen의 *la Syrie du Nord à l' époque des croisades et la principauté franque d' Antioche* (Geuthner, Paris, 1940)를 보라.
3. 아사신파에 대해서는 M. Hodgson의 *The order of Assassins* (Mouton, La Haye, 1955)를 보라.
4. 이븐 주바이르가 석유에 대해 언급하고 있는 부분은《여행》, 불어판 268쪽, 아랍어판 209쪽에서 인용했다.

## 3장 마라의 식인종

1. 우사마 이븐 문키드에 대해서는 7장을 보라.
2. 타푸르들에 대해서는 J. Prawer의 *Histoire du royaume franc de Jérusalem* (C.N.R.S., Paris, 1975) 1권 216쪽을 보라.
3. 1098년 마라에서 벌어진 프랑크 군의 살육과 식인 장면을 기록한 문헌은 많다. 당시 프랑크인들이 쓴 연대기에도 같은 기록들이 보인다. 19세기까지 유럽의 역사가들은 그에 대해 상세히 기록했다. 일례로 1817년부터 1822년까지 출간된 Michaud의 *l' Histoire des croisades*를 보면 제1권 357쪽과 577쪽에서, 또 *Bibliographie des croisades*에서는 48, 76, 183, 248쪽 등에서 볼 수 있다. 그런데 20세기에 발간된 책들에서는―개화된 서구 문명의 전파라는 책무 때문이었을까?―그 기록들이 자취를 감추고 있다. Grousset마저도 그의 세 권짜리 책

*Histoire*에서 그 부분을 회피하고 있으며 Runciman은 희미한 암시에 그치고 있다. "기근이 닥쳤다 …… 식인만이 유일한 해결책으로 보였다"(1권 261쪽 인용).

4. 기사들의 요새(Crac des Chevaliers)라는 이름의 기원에 대해서는 Paul Deschamps의 *la Toponomastique en Terre sainte au temps des croisades, in Recueil de travaux...* (Geuthner, Paris, 1955)을 보라.
5. 프랑크인들은 아스칼론 전투가 끝난 1099년 8월에 알 아흐달의 막사에서 바실레이오스의 편지를 발견했다.

### 4장 트리폴리스의 2천 일

1. 유럽으로 돌아온 뒤 보에몽은 비잔티움 제국을 다시 침략할 방법을 모색한다. 이 공격을 물리치기 위해 알렉시오스는 클르츠 아르슬란에게 군대를 보내 줄 것을 요청한다. 싸움에 져 사로잡힌 보에몽은 안티오케이아에 대한 룸인들의 권리를 인정하는 협정을 받아들이지 않을 수 없게 된다. 이 수모를 당한 뒤 그는 동방 땅에 다시는 발을 들여놓지 못하게 된다.
2. 에데사는 현재 터키의 우르파다.
3. 나흐르 알 칼브의 극적인 과거에 대해서는 P. Hitti의 《레바논의 역사》(Assqafa, Beyrouth, 1978)를 보라.

### 5장 암살단 아사신

1. 티레 전투와 이 도시에 대해 자세히 알고 싶다면 M. Chehab의 *Tyr à l' époque des croisades* (Adrien-Maisonneuve, Paris, 1975)를 보라.
2. 알레포 사람인 카말 알 딘 이븐 알 아딤(1192~1262)은 자기 도시의 역사를 기록하며 초년을 보냈다. 그러나 정치, 외교 활동에 전념하면서 시리아, 이라크,

에스파냐 등지를 자주 여행하다 보니 그의 연대기는 1223년을 끝으로 멈추어 있다. 그가 쓴《알레포의 역사》는 1968년에 다마스쿠스에서 출간되었으나 지금은 남아 있지 않다.

3. 일가지와 안티오케이아 군대가 전투를 벌인 장소는 기록마다 다르게 표기되고 있다. 사르마다, 다르브 사르마다, 텔 아키브린 등. 프랑크인들은 '피의 벌판'이라는 뜻의 '아제르 상구이니스(Ager sanguinis)'로 불렀다.

## 6장 다마스쿠스의 음모

1. 1154년에 다마스쿠스에 세워진 이 병원은 건물이 학교로 바뀌는 1899년까지 진료를 했다.
2. 장기의 아버지인 아크 순쿠르는 1094년까지 알레포를 통치했으나 리드완의 아버지 투투슈의 배반으로 참수되었다. 그 때 젊은 장기를 모술의 카르부카가 거두어 키우면서 전투에 데리고 다녔다.
3. 주무루드 공주는 모술의 옛 총독이던 에미르 자왈리의 딸이다.

## 7장 에미르의 눈에 비친 야만인들

1. 프랑크인들이 시리아에 들어오기 2년 전인 1095년에 태어나서 예루살렘을 탈환한 지 1년 후인 1188년에 죽은 에미르 우사마 이븐 문키드는 십자군 전쟁을 증언하는 아랍인들 중에서 중요한 위치를 차지한다. 문필가이자 외교관, 정치가이기도 했던 그는 누르 알 딘, 살라딘, 무인 알 딘 우나르, 그리고 풀크 왕을 비롯한 여러 유력자들과 개인적으로 알고 지냈다. 야심가에다 모사꾼 기질이 다분했던 그는 파티마 왕조의 한 칼리프와 이집트의 와지르를 암살했으며 자신의 숙부인 술탄은 물론 심지어 친구인 무인 알 딘의 권력을 전복하려 했다는 의심을 샀다. 그러나 섬세한 필체와 번득이는 기지가 돋보이는 그의 글은 예리한 관찰자

의 면모를 유감 없이 보여준다. 우사마의 중요한 저술인 자서전은 1893년에 H. Derenbourg에 의해 출판된 적이 있다. 1983년에는 André Miquel이 주석과 삽화를 보완하여 '삶의 교훈' 이라는 제목의 불어판*(Des enseignements de la vie, Imprimerie Nationale, Paris)*을 출간했다.

2. 에데사 전투에 얽힌 얘기는 J. -B. Chabot의 *Un épisode de l' histoire des croisades, in Mélanges* (Geuthner, Paris, 1924)를 보라.

## 8장 성왕 누르 알 딘

1. 장기의 아들과 그의 시대에 대해 더 알고 싶다면 N. Elisseeff의 *Nur-ad-Din, un grand prince musulman de Syrie au temps des croisades* (Institutçfran ais de Damas, 1967)을 보라.
2. 왕자들의 합법적인 수입—누르 알 딘의 경우도—은 적으로부터 빼앗은 전리품을 일부 나눠 갖는 것이었다. 전리품은 금, 은, 말, 노예로 팔 수 있는 포로들을 말하는데 간혹 이 포로들이 너무 많은 경우에는 그 가격이 한참 떨어졌다고 하는 기록도 남아 있다. 심지어 남자 한 명을 헌 신발 한 켤레와 바꾼 적도 있다는 것이다!
3. 십자군 전쟁 기간 동안 시리아에는 여러 차례 지진이 일어났다. 1157년에 발생한 지진은 그 중 가장 규모가 컸는데 천재지변 없이 10년을 넘기는 경우가 드물었다.

## 9장 살라딘의 등장

1. 아이유브 가문은 살라딘이 태어난 지 얼마 되지 않았던 1138년에 타크리트를 떠나야 했다. 전해지는 얘기에 따르면 시르쿠가 어떤 여인의 명예를 위해 한 남자를 죽였기 때문이라고 한다.

2. 지금은 말라 없어진 나일 강의 동쪽 지류는 펠루수스라는 고대 도시를 흐르고 있어서 '펠루수스 지류' 라고 불렀다. 이 물길은 보두앵 석호라는 뜻의 사브카트 알 바르다윌 근처에서 지중해로 흘러들었다.
3. 북아프리카 출신들이 세운 파티마 왕조는 966년부터 1171년까지 이집트를 통치했다. 카이로를 세운 것도 이들이었다. 그들은 예언자 무함마드의 딸이자 시아파의 인도자 알리의 아내이기도 했던 파티마의 이름을 따서 스스로를 파티마 왕조라고 선언했다.
4. 숨가쁘게 돌아가던 이집트 전투에 대해서 더 알고 싶다면 G. Schlumberger의 *Campagne du roi Amaury 1er de Jérusalem en Egypte* (Plon, Paris, 1906)을 보라.

## 10장 관대한 군주

1. 알레포인들의 편지는 살라딘의 전언들 대부분과 함께 다마스쿠스의 연대기 저자인 아부 샤마(1203~1267)가 쓴《두 정원 이야기》에 실려 있다. 이 책에는 지금은 쉽게 발견할 수 없는 귀한 공문서들이 한데 모여 있다.
2. 바하 알 딘 이븐 샤다드(1145~1234)는 히틴 전투가 벌어지기 전에 살라딘의 휘하에 들어갔다. 그는 죽을 때까지 왕의 충직한 고문으로 지냈다. 그가 쓴 살라딘의 전기는 베이루트와 파리에서 아랍어본과 불어본으로 출간되었다(Méditerranee, 1981).
3. 카라크의 결혼식에서 살라딘만이 호의를 베푼 것은 아니었다. 신랑의 어머니는 포위 공격자들도 그 잔치에 동참하라는 뜻에서 정성껏 준비한 음식을 보냈다고 한다. 히틴 전투에 대한 살라딘 아들의 목격담은 이븐 알 아시르가 히즈라력 583년에 쓴《완전한 역사》제9권에 실려 있다.
4. 살라딘의 휘하에 들어가기 전에 누르 알 딘을 섬겼던 이마드 알 딘 아스파하니(1125~1201)는 역사와 문학 분야의 여러 저서들을 펴냈는데 그 중에는 대단히 뛰어난 시선집도 있다. 다만 흠이라면 유달리 과장된 문체가 그 묘사의 가치를

떨어뜨리고 있다는 점이다. 그의 이야기 모음집인《살라딘의 시리아와 팔레스타인 정복*Conquête de la Syrie et de la Palestine par Saladin*》은 1972년에 프랑스 한림원이 출간했다.

## 11장 살라딘과 리처드

1. 무슬림 신앙에 따르면 어느 날 밤 신이 기적을 일으켜 예언자를 메카의 알 아크사 사원으로 데려온 다음, 하늘로 인도했다고 한다. 그 사원에서 무함마드는 예수와 모세를 만났다고 하는데 '예언서의 신앙'의 연속성을 상징하는 대목으로 볼 수 있다.
2. 서구인들이 살라딘에 대해 쓴 여러 저작 중에서 기억할 만한 글은 1898년에 런던에서 출판된 S. Lane-Pool의 *Saladin and the fall of the kingdom of Jerusalem*이다. 불운하게도 이 책은 오랫동안 빛을 못 보다가 베이루트에서(Khayats, 1964) 다시 출간되었다.
3. 중동과 아랍인들, 아르메니아와 그리스인들은 턱수염을 남자다움의 상징으로 본다. 따라서 프랑크족 기사들의 매끈하게 면도한 얼굴은 놀림감이 되었고 때로는 비난의 대상이 되기도 했다.

## 12장 예루살렘의 운명

1. 1219년에 알 카밀은 평화를 정착시키겠다는 막연한 희망을 품고 동방에 들어온 아시시의 성자 프란체스코를 만났던 것으로 보인다. 알 카밀은 그의 얘기에 공감하였고 선물과 호위병까지 딸려서 프랑크인들의 진지로 바라다 주었다고 한다.
2. 독일 황제의 독특한 면모에 대해 더 알고 싶다면 Benoist-Meschin의 *Frédéric de Hohenstaufen ou rêve excommunié* (Perrin, paris, 1980)을 보라.

3. 다마스쿠스의 설교자이자 연대기 저자였던 시브트 이븐 알 자우지(1186~1256)는 《시대의 거울》이라는 꽤 두툼한 세계사 책을 펴냈는데 그 중 일부만이 출간되었다.

## 13장 몽골인의 채찍

1. 몽골의 역사에 대해 더 알고 싶다면 Grousset의 *l'Empire des steppes* (Payot, Paris, 1939)을 보라(이 책은 《유라시아 유목제국사》라는 제목으로 한국어판이 나와 있다—옮긴이). 루이 9세와 아이유브 사이의 서신 왕래에 대해서는 이집트의 연대기 저자인 알 마크리지(1364~1442)가 기록하였다.
2. 외교관이자 법률가였던 자말 알 딘 이븐 와실(1207~1298)은 아이유브 왕조와 맘루크 왕조 시대를 기록한 연대기를 남겼다. 현재까지 알려진 바로는 그의 저술은 출판된 적은 없으나 Michaud와 Gabrieli가 부분적으로 인용하거나 번역해 놓고 있다.
3. 알라무트가 파괴된 뒤 아사신파는 지극히 평화로운 모습으로 존속했다. 그들은 아가 칸의 추종자인 이스마일파가 되는데 가끔 아가 칸이 하산 이븐 알 사바흐의 직계 후계자라는 사실이 잊혀지곤 한다.
4. 아이박과 샤자르 알 두르의 죽음은 중세에 유행하던 서사시, *Sīrat al-malik az-Zāher Baybars* (As-Sakafiya, Beirut)에서 인용한 것이다.

## 14장 신이여 다시는 그들이 이 땅에 발을 들이지 못하게 하옵소서

1. 술탄 바이바르스와 칼라운의 서기였던 이집트 연대기 저자 이븐 아브드 알 자히르(1223~1293)는 운이 없었다. 그가 쓴 《바이바르스의 생애》는 작품의 가치를 모르는 조카가 축약을 해 버리는 바람에 현재는 일부가 잘려 나간 훼손된 형태로만 전해지고 있다. 하지만 그 일부만 보아도 이 문필가이자 역사가가 얼마나

뛰어난 재능을 가졌는지 알 수 있다.

2. 이 책에서 인용한 아랍 역사가들과 연대기 저자들 중 유일하게 한 나라를 통치한 인물이 아불 피다(1273~1331)이다. 다행히도 하마는 매우 조그만 나라였던지라, 이 아이유브 외조의 에미르는 자신의 시간을 많은 책을 쓰는 데 바칠 수 있었다. 그 가운데에 《인류 역사의 개요》가 있다. 이미 말한 *Recueil des historiens des croisades*에서 아랍어 원전과 번역본을 인용하고 있다.
3. 프랑크인들의 트리폴리스 점령은 1289년에 끝나지만 프랑크인들로부터 비롯한 이름들이 지금까지도 도시와 인근 지역에 많이 남아 있다. 앙줄(Anjoul), 두에이히(de Douai), 다키즈(De Guise), 다블리즈(de Blise), 샤부르(Chabord), 샤푸르(Chamfort), 프란지에(Franque) 등.

이 길지 않은 주석을 마치기 전에 마저 언급하고 싶은 책들이 있다.

Z. Oldenbourg, *Les Croisades, Gallimard* (Paris, 1965).

R. Pernoud, *les Hommes des croisades* (Tallandier, Paris, 1977).

J. Sauvaget, *Historiens arabes* (Adrien-Maisonneuve, Paris, 1946).

## ■ 연표

### 침략 전

| | |
|---|---|
| 622년 | 예언자 무함마드가 메카에서 메디나로 이주. 히즈라력의 원년. |
| 638년 | 칼리프 우마르가 예루살렘 정복. |
| 7세기~8세기 | 아랍인들이 인디아부터 피레네 산맥에 이르는 거대한 제국 건설. |
| 809년 | 아랍 제국의 전성기를 이끈 칼리프 하룬 알 라시드 사망. |
| 10세기 | 찬란한 문명을 자랑했으면서도 아랍의 정치는 쇠퇴의 길로 들어섬. 칼리프들이 페르시아와 투르크족 군인들에게 실권을 빼앗김. |
| 1055년 | 셀주크 투르크가 바그다드를 지배. |
| 1071년 | 셀주크가 만지케르트에서 비잔티움 군대를 무찌르고 소아시아 지역 장악. 이집트를 제외한 동방의 무슬림 지역 전부를 지배하게 됨. |

### 침략

| | |
|---|---|
| 1096년 | 니카이아의 술탄 클르츠 아르슬란이 은자 피에르가 이끄는 프랑크 침략군을 물리침. |
| 1097년 | 프랑크인들의 첫 대규모 침공. 니카이아를 함락시키고 도릴라이온에서 클르츠 아르슬란을 무찌름. |
| 1098년 | 프랑크인들이 에데사에 이어 안티오케이아도 함락시킴. 모술의 통치자 카르부카가 이끄는 무슬림 원군을 무찌름. 마라의 카니발(살육과 식인). |

1099년 예루살렘 함락에 이어 학살과 약탈이 벌어짐. 이집트 원군 패주. 다마스쿠스의 카디 알 하라위가 무슬림 지도자들에게 침략자들에 대항할 것을 선동하려고 난민 대표단을 이끌고 바그다드 방문.

## 점령

1100년 에데사 백작인 보두앵이 베이루트 근처의 매복전에서 탈출한 뒤 예루살렘 왕국을 선포.

1104년 하란에서 무슬림 승리. 이 패배로 프랑크인들은 동쪽으로의 진출을 방해받음.

1108년 텔 바시르에서 두 편의 이슬람-프랑크 연합군이 대치하는 어이없는 전투가 벌어짐.

1109년 2천일 동안이나 포위 공격을 당하던 트리폴리스가 함락됨.

1110년 베이루트와 사이다 함락.

1111년 알레포의 카디인 이븐 알 카샤브가 프랑크인들의 점령에 대한 칼리프의 개입을 끌어내려고 바그다드에서 소요를 일으킴.

1112년 티레인들이 항거 끝에 승리.

1115년 술탄이 파견한 군대에 맞서 시리아의 무슬림 왕자들과 프랑크 영주들이 손을 잡음.

1119년 알레포의 통치자 일가지가 사르마다에서 프랑크인들을 무찌름.

1124년 프랑크인들이 티레를 점령함으로써 아스칼론을 제외한 연안 지방 모두를 장악함.

1125년 이븐 알 카샤브가 아사신파에게 살해됨.

## 반격

1128년 다마스쿠스를 압박하던 프랑크인들의 시도가 실패로 돌아감. 장기가 알레포 장악.

| | |
|---|---|
| 1135년 | 장기, 다마스쿠스를 점령하려 했으나 성공하지 못함. |
| 1137년 | 장기, 예루살렘의 왕 풀크를 사로잡았으나 풀어줌. |
| 1138년 | 장기, 샤이자르 전투에서 프랑크-비잔티움 연합군을 궁지에 몰아넣음. |
| 1140년 | 장기에 맞서 다마스쿠스와 예루살렘이 동맹을 맺음. |
| 1144년 | 장기, 에데사를 함락시킴. 동방 프랑크족 나라의 4분의 1이 무너짐. |
| 1146년 | 장기, 살해당함. 아들인 누르 알 딘이 알레포에서 권좌를 계승. |

## 승리

| | |
|---|---|
| 1148년 | 독일 왕 콘라트와 프랑스 왕 루이 7세가 이끄는 프랑크 원정대가 다마스쿠스 앞에서 패함. |
| 1154년 | 누르 알 딘이 다마스쿠스를 장악하며 시리아를 통일시킴. |
| 1163~69년 | 이집트를 놓고 분쟁이 계속됨. 누르 알 딘의 부관인 시르쿠가 이집트를 손에 넣고 와지르임을 선언했으나 두 달만에 죽음. 그의 조카인 살라딘이 승계. |
| 1171년 | 살라딘이 파티마 왕조 칼리프의 폐위를 선언. 이집트의 유일한 통치자가 되면서 누르 알 딘과 불화를 빚음. |
| 1174년 | 누르 알 딘 사망. 살라딘이 다마스쿠스 장악. |
| 1183년 | 살라딘, 알레포 장악. 이집트와 시리아 전체를 통치함. |
| 1187년 | 승리의 해. 살라딘이 히틴의 티베리아스 호수 근처에서 프랑크 군을 물리침. 예루살렘을 비롯한 프랑크인들의 주요 점령지를 수복함. 티레, 트리폴리스, 안티오케이아만이 프랑크인들의 손에 남음. |

## 유예

| | |
|---|---|
| 1190~92년 | 아크레 전투에서 살라딘 패함. 영국의 사자심왕 리처드의 개입으로 프랑크인들은 술탄으로부터 몇몇 도시를 빼앗았으나 예루살렘 |

은 탈환하지 못함.

| | |
|---|---|
| 1193년 | 살라딘, 55세를 일기로 다마스쿠스에서 사망. 몇 년간의 내전 끝에 제국은 동생인 알 아딜에 의해 재통일됨. |
| 1204년 | 프랑크인들이 콘스탄티노플 장악. 약탈극 자행. |
| 1218~21년 | 프랑크인들의 이집트 침공. 다미에타를 점령하고 카이로로 향했으나 알 아딜의 아들인 술탄 알 카밀에 의해 격퇴당함. |
| 1229년 | 알 카밀이 호엔슈타우펜의 프리드리히 2세에게 예루살렘을 넘겨주자 아랍인들이 크게 분노함. |

## 추방

| | |
|---|---|
| 1244년 | 프랑크인들, 예루살렘을 완전히 잃음. |
| 1248~50년 | 프랑스 왕 루이 9세가 이집트를 침공했으나 패배한 뒤 사로잡힘. 아이유브 왕조가 몰락하고 맘루크 왕조가 이어받음. |
| 1258년 | 칭기스칸의 손자인 몽골의 지도자 훌레구가 바그다드를 초토화시킴. 주민들을 학살하고 아바스 왕조의 마지막 칼리프를 죽임. |
| 1260년 | 알레포와 다마스쿠스를 점령한 몽골 군이 팔레스타인의 아인 잘루트에서 패함. 바이바르스가 맘루크 왕조의 술탄으로 등극. |
| 1268년 | 바이바르스가 몽골과 손을 잡았던 안티오케이아를 점령, 파괴와 학살이 벌어짐. |
| 1270년 | 루이 9세가 성공하지 못한 원정 도중에 튀니스 근처에서 사망. |
| 1289년 | 맘루크 술탄인 칼라운이 트리폴리스 점령. |
| 1291년 | 칼라운의 아들인 술탄 칼릴이 아크레를 점령하여 2세기에 걸친 프랑크인들의 동방 점거를 종식시킴. |

## 동방 십자군 국가의 연표

<table>
<tr><th>에데사 백작령</th><th>안티오케이아 공국</th><th>예루살렘 왕국</th><th>트리폴리스 공국</th></tr>
<tr><td colspan="4">1차 십자군(1096~1099)</td></tr>
<tr><td>보두앵 1세<br>(1098~1100)</td><td>보에몽 1세<br>(1099~1111)</td><td>고드프롸<br>(1099~1100)</td><td>레몽 1세<br>(1103~1109)</td></tr>
<tr><td rowspan="2">보두앵 2세<br>(1100~1118)</td><td>탕크레드의 섭정<br>(1101~1112)</td><td rowspan="2">보두앵 1세<br>(1100~1118)</td><td>베르트랑<br>(1109~1112)</td></tr>
<tr><td rowspan="2">로제의 섭정<br>(1112~1119)</td><td rowspan="4">퐁스<br>(1112~1137)</td></tr>
<tr><td rowspan="2">조슬랭 1세(1118~1131)</td><td rowspan="2">보두앵 2세<br>(1118~1131)</td></tr>
<tr><td>보에몽 2세(1126~1130)</td></tr>
<tr><td>조슬랭 2세<br>(1131~1144, 1159)</td><td rowspan="2">콩스탕스 공주<br>(1130~1140)</td><td rowspan="2">풀크 당주<br>(1131~1143)</td></tr>
<tr><td>모술의 장기가 에데사<br>점령(1144)</td><td rowspan="2">레몽 2세<br>(1137~1152)</td></tr>
<tr><td rowspan="2"></td><td>레몽(1140~1149)</td><td rowspan="2">보두앵 3세<br>(1143~1163)</td></tr>
<tr><td>르노 드 샤티옹<br>(1153~1160)</td><td>레몽 3세<br>(1152~1187)</td></tr>
<tr><td colspan="4">2차 십자군(1147~1149) 루이 7세와 콘라트 3세가 다마스쿠스 점령에 실패함</td></tr>
<tr><td rowspan="5"></td><td rowspan="4">보에몽 3세<br>(1163~1201)</td><td>아모리 1세(1163~1174)</td><td rowspan="4">보에몽 4세(1187~1233)</td></tr>
<tr><td>보두앵 4세(1174~1185)</td></tr>
<tr><td>보두앵 5세(1185~1186)</td></tr>
<tr><td>기(1186~1192)</td></tr>
<tr><td colspan="3">살라딘에게 히틴 전투에서 패한 후 예루살렘을 빼앗김(1187)</td></tr>
<tr><td colspan="4">3차 십자군(1189~1192) 사자심왕 리처드</td></tr>
<tr><td rowspan="2"></td><td rowspan="2">보에몽 4세(1201~1216,<br>1219~1233)</td><td>앙리 2세(1192~1197)</td><td rowspan="2">보에몽 4세<br>(1187~1233)</td></tr>
<tr><td>아모리 2세(1197~1205)</td></tr>
<tr><td colspan="4">4차 십자군(1202~1204) 콘스탄티노플 점령</td></tr>
<tr><td colspan="4">5차 십자군(1218~1220)</td></tr>
<tr><td rowspan="3"></td><td rowspan="3">레몽 루팡(1216~1219)</td><td>메리 여왕(1205~1210)</td><td rowspan="3">보에몽 4세(1187~1233)</td></tr>
<tr><td>장(1210~1225)</td></tr>
<tr><td>프리드리히 2세<br>(1225~1228)</td></tr>
<tr><td colspan="4">6차 십자군(1228~1229)<br>프리드리히 2세가 예루살렘을 돌려받음(1229~1239)</td></tr>
<tr><td></td><td>보에몽 5세(1233~1252)</td><td>콘라드 4세(1228~1254)</td><td>보에몽 5세(1233~1252)</td></tr>
<tr><td colspan="4">7차 십자군(1248~1254) 루이 9세가 란슨을 잠령함(1250~1254)</td></tr>
<tr><td rowspan="5"></td><td>보에몽 6세<br>(1252~1275)</td><td rowspan="2">1268년, 샤를 당주가<br>예루살렘 왕국 선언</td><td rowspan="2">보에몽 6세<br>(1252~1275)</td></tr>
<tr><td>맘루크 술탄<br>바이바르스가<br>안티오케이아 점령(1268)</td></tr>
<tr><td>보에몽 7세(1275~1287)</td><td>위그 3세<br>(1269~1284)</td><td>보에몽 7세<br>(1275~1287)</td></tr>
<tr><td rowspan="2"></td><td>장 1세 (1284~1285)</td><td>독립 자치구(1287~1289)</td></tr>
<tr><td>앙리 2세(1285~1306)</td><td>맘루크 술탄 칼라운이<br>점령(1289)</td></tr>
<tr><td colspan="4">맘루크 술탄 알 아슈라프 살라흐 알 딘 칼릴이 아크레 점령(1291)</td></tr>
</table>

## 이슬람권의 연표

| **1차 십자군(1096~1099)** | | | |
|---|---|---|---|
| **안티오케이아** | **알레포** | **다마스쿠스** | **예루살렘** |
| 야기 시얀(1095~1098) | 리드완(1095~1113) | 두카크(1095~1104) | 알 무스탈리(1094~1101, 파티마 왕조) |
| 보에몽 1세의 점령(1098) | 술탄 샤(1114~1117) | 투그티긴(1105~1128, 부리 왕조) | 고드프롸의 점령(1099) |
| | 나짐 알 딘 일가지(1118~1112) | | |
| | 누르 알 다울라 발라크 가지(1122~1124) | | |
| | 이마드 알 딘 장기(장기 왕조,1127~1146) | 타지 알 물루(1128~1132) | |
| | | 시하브 알 딘 마흐무드(1135~1140) | |
| | | 아바크(1140~1154) | |
| **장기 왕조의 아타베그들** | | | |
| 에데사 탈환(1144) | | | |
| **모술** | **알레포와 다마스쿠스** | **신자르** | **자지라** |
| 사이프 알 딘(1146~1149) | 알 아딜 누르 알 딘 마흐무드(1147~1174) | | |
| 쿠트브 알 딘 마우두드(1149~1170) | **2차 십자군 (1147~1149) 루이 7세와 콘라트 3세가 다마스쿠스 점령에 실패** | | |
| 사이프 알 딘 일가지 2세(1170~1180) | 이스마일 빈 마흐무드(1174~1181) | 이마드 알 딘 장기 2세(1171~1197) | |
| 이즈 알 딘 마수드 1세(1180~1193) | 살라흐 알 딘이 1174년 다마스쿠스, 1183년 알레포 점령 | 쿠트브 알 딘 무함마드(1197~1219) | 무이즈 알 딘 산자르샤(1180~1208) |
| 누르 알 딘 아르슬란 샤 1세(1193~1121) | | 이마드 알 딘 마흐무드 잘랄 알 딘, 우마르 파트 알 딘(1219~1220) | 무이즈 알 딘 마흐무드(1208~1250) |
| 이즈 알 딘 마수드 2세(1211~1218) | | | |
| 누르 알 딘 아르슬란 샤 2세(1218~1219) | | **아이유브 왕조 치하** | |
| 나시르 알 딘 마흐무드(1219~1234) | | | 알 말리크 알 자히르 마수드(1251) |
| **아이유브 왕조** | | | |
| **이집트** | **다마스쿠스** | **알레포** | **디야르바크르** |
| **살라딘 치하** (이집트는 1169년부터, 다마스쿠스는 1174년부터, 알레포는 1183년부터, 디야르바크르는 1185년부터) | | | |
| **사자심왕 리처드가 이끄는 3차 십자군(1189~1192)** | | | |
| 알 아지즈 이마드 알 딘 우트만(1193~1198) | 알 아흐달 알리 누르 알 딘(1186~1196) | 알 자히르 기야트 알 딘 가지(1186~1216) | 살라흐 알 딘 |
| 알 만수르 무함마드 나시르 알 딘(1198~1200) | 알 아딜 1세 아부 바크르 사이프 알 딘(1196~1218) | | 알 아딜 아부 바크르 |
| **4차 십자군(1202~1204) 콘스탄티노플 함락** | | | 알 아우하드 나짐 알 딘 아이유브(1200~1210) |

<table>
<tr><th colspan="2">이집트</th><th colspan="2">다마스쿠스</th><th>알레포</th><th>디야르바크르</th></tr>
<tr><td colspan="4">5차 십자군 (1218~1220)</td><td rowspan="5">알 아지즈 기야트<br>알 딘 무함마드<br>(1216~1237)</td><td rowspan="2">알 아슈라프<br>무자파르 알 딘 무사<br>(1210~1220)</td></tr>
<tr><td colspan="2" rowspan="5">알 카밀 나시르 알 딘<br>무함마드<br>(1218~1238)</td><td colspan="2">알 무아잠 샤라프 알 딘 이사<br>(1218~1227)</td></tr>
<tr><td colspan="2">알 나시르 다우드<br>(1227~1229)</td><td rowspan="4">알 무자파르<br>시하브 알 딘 가지<br>(1220~1244)</td></tr>
<tr><td colspan="2">알 아슈라프 무자파르<br>알 딘 무사<br>(1229~1237)</td></tr>
<tr><td colspan="2"></td></tr>
<tr><td colspan="2">알 살리흐 이마드<br>알 딘 이스마일<br>(1237~1245)</td><td rowspan="8">알 나시르 유수프<br>살라흐 알 딘 2세<br>(1237~1260)</td></tr>
<tr><td colspan="4">6차 십자군(1228~1229)<br>프리드리히 2세가 예루살렘을 넘겨받음(1229~1239)</td><td rowspan="7">알 카밀 2세 무함마드<br>나시르 알 딘(1244~1260)</td></tr>
<tr><td>1238~1240</td><td colspan="2">알 아딜 2세<br>아부 바크르</td><td>1238~1239</td></tr>
<tr><td>1240~1249</td><td colspan="2">알 살리흐 나짐<br>알 딘</td><td>1245~1249</td></tr>
<tr><td>1249~1250</td><td colspan="2">알 무아잠<br>기야트 알 딘<br>투란 샤</td><td>1249~1250</td></tr>
<tr><td colspan="4">7차 십자군(1248~1254)</td></tr>
<tr><td colspan="2">샤자르 알 두르(1250)</td><td colspan="2" rowspan="2"></td></tr>
<tr><td colspan="2">알 아슈라프 무자파르<br>알 딘 무사 2세<br>(1250~1252)</td></tr>
<tr><td colspan="2">맘루크 아이박이 권력<br>장악(1252)</td><td colspan="4">몽골의 훌레구가 다마스쿠스와 알레포, 디야르바크르 점령(1260)</td></tr>
<tr><td colspan="6">맘루크 왕조</td></tr>
<tr><td colspan="6">알 무이즈 이즈 알 딘 아이박 알 투르쿠마니(1250~1257)</td></tr>
<tr><td colspan="6">알 만수르 누르 알 딘 알리(1257~1259)</td></tr>
<tr><td colspan="6">알 무자파르 사이프 알 딘 쿠투즈 알 무이지(1259~1260)</td></tr>
<tr><td colspan="6">알 자히르 루큰 알 딘 바이바르스 알 분두크다리(1260~1277)</td></tr>
<tr><td colspan="6">훌레구가 이끄는 몽골 군과 아인 잘루트 전투(1260)</td></tr>
<tr><td colspan="6">알 사이드 나시르 알 딘 바라카 칸(1277~1279)</td></tr>
<tr><td colspan="6">알 아딜 바드르 알 딘 술레이미슈(1279)</td></tr>
<tr><td colspan="6">알 만수르 사이프 알 딘 칼라운 알 알피(1279~1290)</td></tr>
<tr><td colspan="6">알 아슈라프 살라흐 알 딘 칼릴(1290~1293)</td></tr>
<tr><td colspan="6">아크레 함락(1291)</td></tr>
</table>

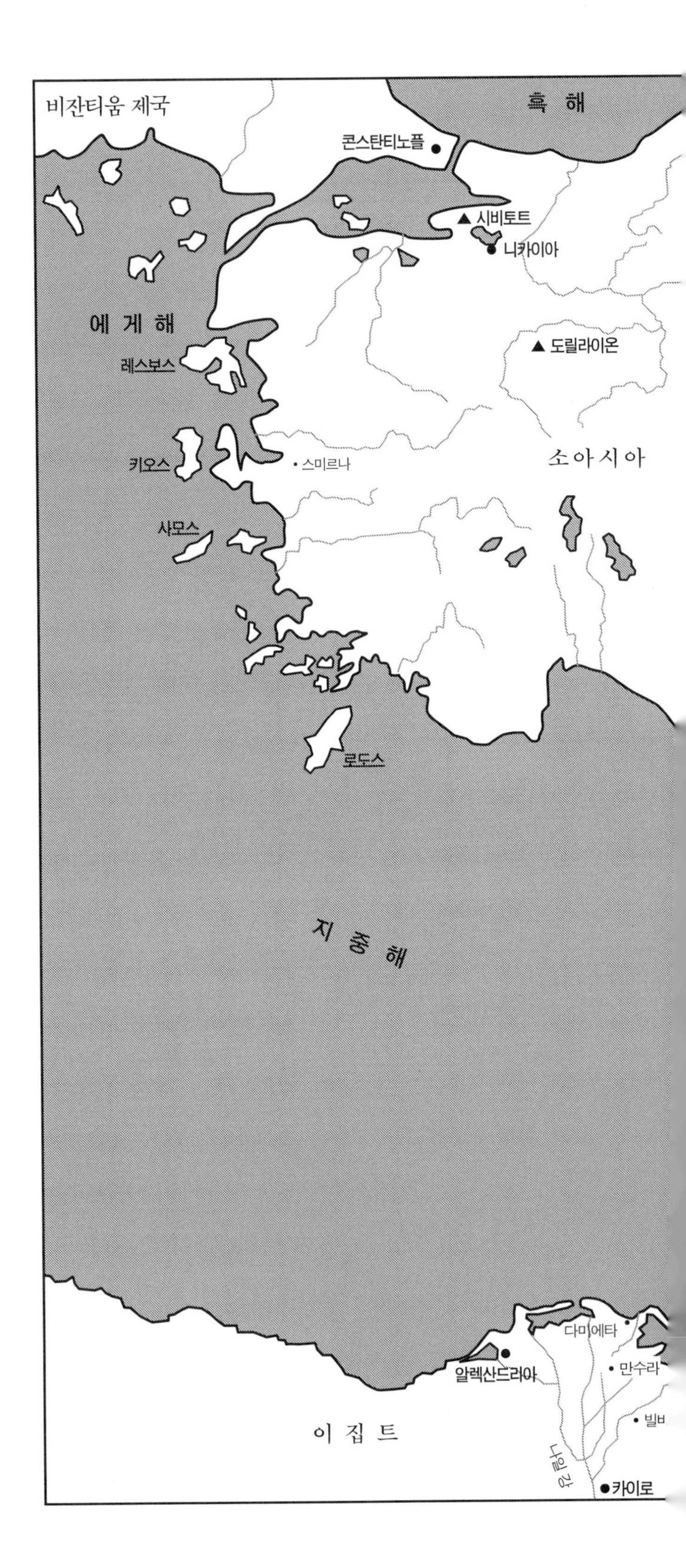
비잔티움 제국
흑 해
콘스탄티노플
시비토트
니카이아
에 게 해
도릴라이온
레스보스
키오스
스미르나
소 아 시 아
사모스
로도스
지 중 해
다미에타
만수라
알렉산드리아
이 집 트
나일 강
카이로

십자군 전쟁의
무대

메르지푼
니크사르
만지케르트
말라트야
디야르바크르
에데사
마르딘
하란
텔 바시르
만비지
모술
안티오케이아
알레포
사르 마다
자바르
발리크 강
카부르 강
자 지 라
티그리스 강
오론테스 강
라타키아
마라
샤이자르
타르투스
하마
히슨 알 아크라드
홈스
유프라테스 강
트리폴리스
주바일
바알베크
나흐르 알 칼브
다마스쿠스
베이루트
사이다
티레
바니야스
아크레
티브닌
티베리아스 호수
하이파
히틴
시 리 아
나자렛
아인 잘루트
사마르칸드
팔레스타인
나블루스
자파
아스칼론
예루살렘
가자
알 아리슈
카라크
샤우바크
큰 도시
작은 도시
격전지
프랑크 국가가 영역을 최대로 확장했을 때의 경계선(1128년경)

십자군 전쟁
직전의 이슬람권
(1095년)

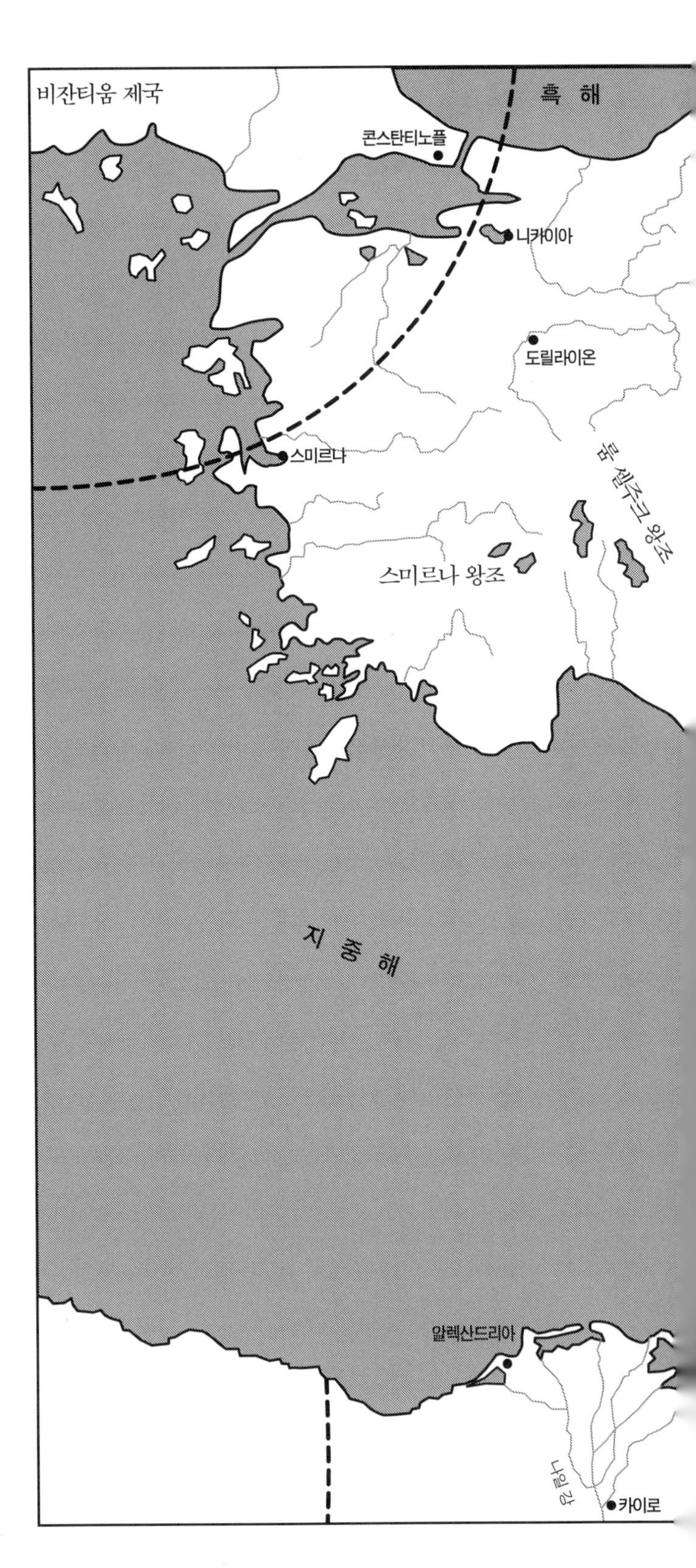

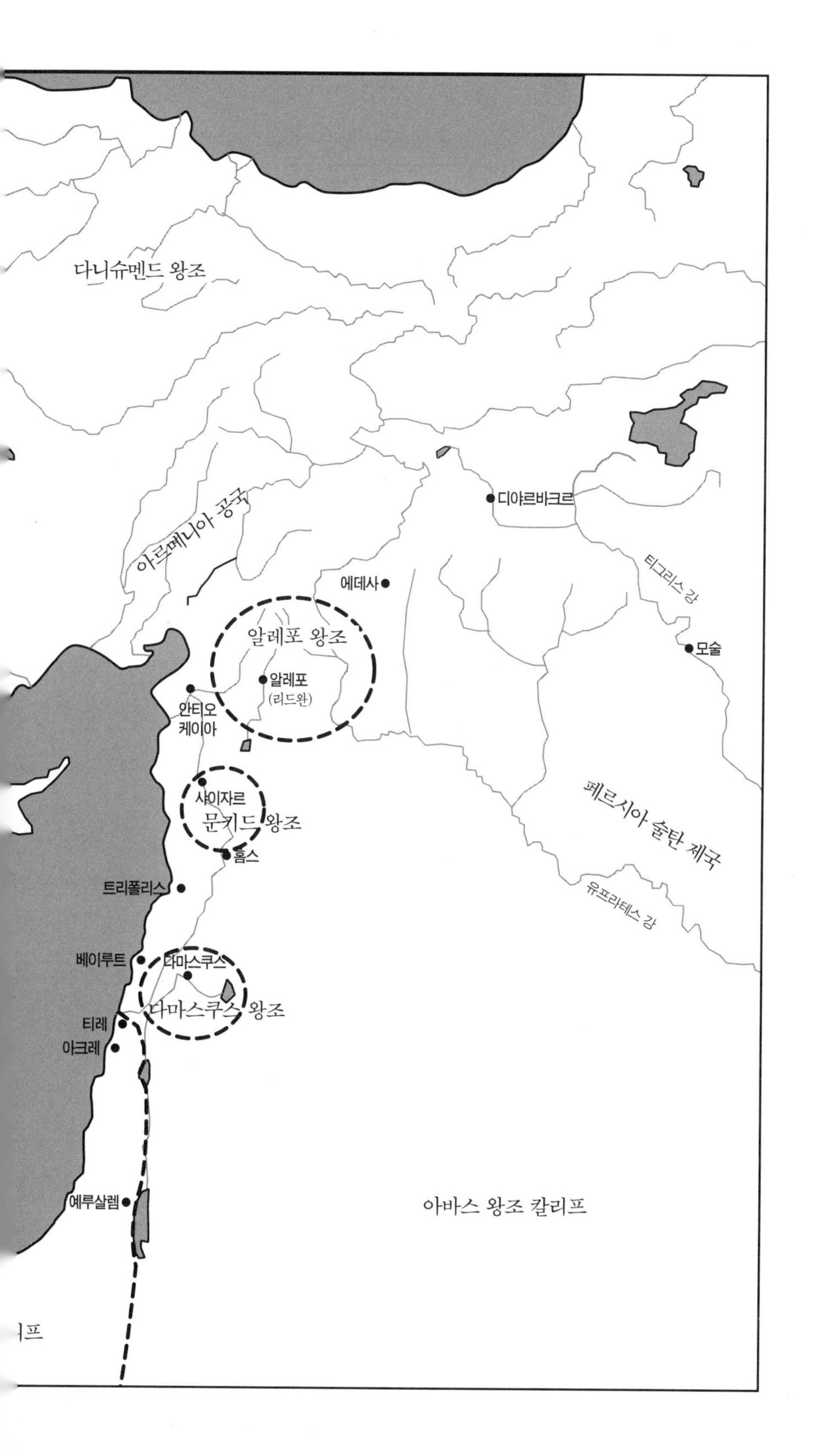

다니슈멘드 왕조
아르메니아 공국
디야르바크르
에데사
티그리스 강
알레포 왕조
알레포
(리드완)
모술
안티오
케이아
샤이자르
문키드 왕조
홈스
페르시아 술탄 제국
유프라테스 강
트리폴리스
베이루트
다마스쿠스
다마스쿠스 왕조
티레
아크레
예루살렘
아바스 왕조 칼리프

## 전성기의
## 프랑크 국가들

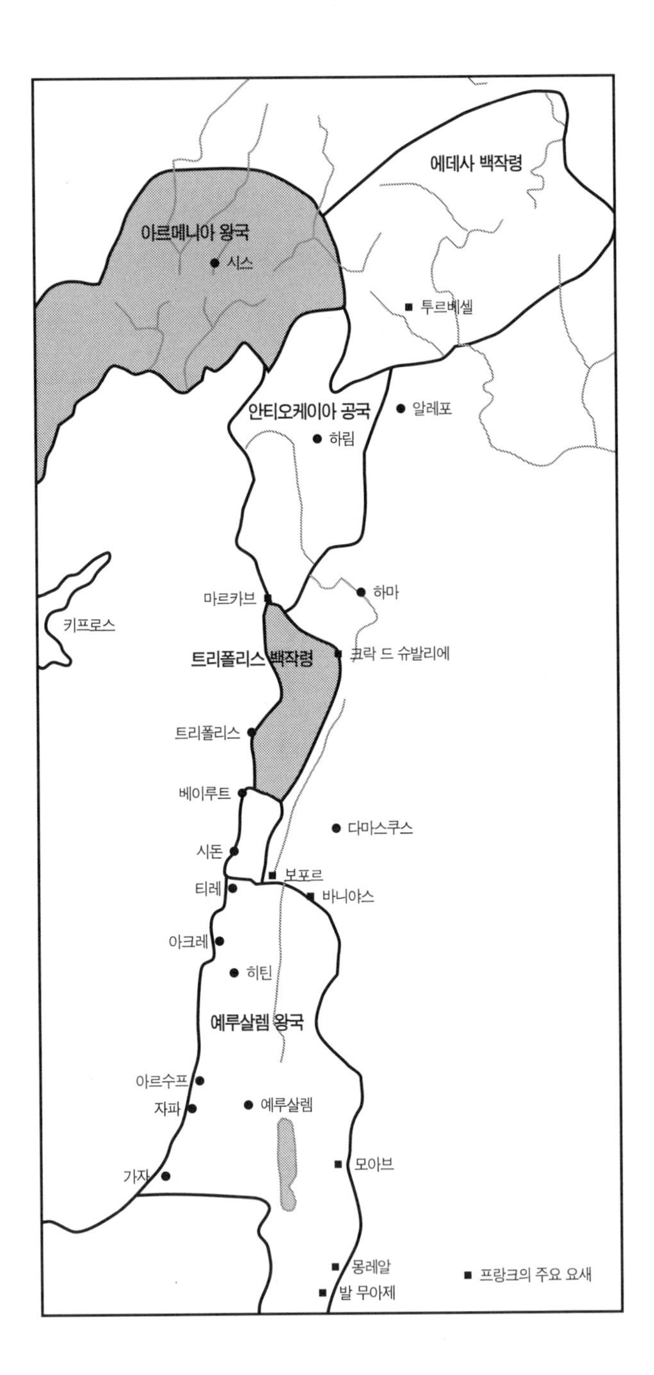

에데사 백작령
아르메니아 왕국
시스
투르베셀
안티오케이아 공국
알레포
하림
하마
마르카브
키프로스
트리폴리스 백작령
크락 드 슈발리에
트리폴리스
베이루트
다마스쿠스
시돈
보포르
티레
바니야스
아크레
히틴
예루살렘 왕국
아르수프
자파
예루살렘
모아브
가자
몽레알
발 무아제
프랑크의 주요 요새

옮긴이 글

# 우리는 침략자의 눈으로 십자군 전쟁을 보아 왔다

유례없는 열대야가 계속되던 지난해 여름, 출판사에서 이 책의 출간에 관한 의견을 물어 왔다. 서구에서 이 책이 갖고 있는 지명도도 그렇거니와 본디 반골 기질이 다분해서인지 주류 정서에 반하는 시각에 늘 끌리는 나는 이러한 책이 우리 나라는 물론이고 서구에서도 그리 흔치 않다는 점에 매력을 느껴 출간에 찬성했다. 그리고 얼마 지나지 않아 9 · 11 테러가 발생했다. 미국이 재채기를 하면 독감에 걸린다는 이 땅에서 솔직히 이 책의 운명이 적이 걱정되기도 했다.

그런데 놀라운 일이 일어났다. 이슬람이나 아랍 세계에 대한 책들이 봇물 터지듯—이런 표현이 적합하다면—쏟아져 나오기 시작한 것이다. 에드워드 사이드 식의 표현을 빌리자면 "서양의 학문, 서양인의 의식, 나아가 근대에 와서 서양의 제국 지배 영역 속에 동양을 집어넣는 일련의 총체적인 힘의 조합으로 틀이 잡힌 표상의 체계"를 거부하려는 의식이 꿈틀거린 것일까. 무의식적이건 의식적이건 미국을 동경하고 동화하려는 우리의 태도를 돌아보고 자신의 정체성을 직시하려는 시도가 비극적인 테러가 계기가 되었다는 것은 아이러니가 아닐 수 없지만, 어쨌거나 강대국의 패권주의에 휘둘려 온 약소국의 국민에게는 꼭 필요한 과정이 아닐까 하는 생각도 들었다. 어찌 보면 이 책《아랍인의 눈으로 본 십자군 전쟁》도 그 기나긴 편견과 무지의 터널을 통과하여 빛을 보기를 기다려 왔는지 모른다.

이 책의 저자인 아민 말루프는 그가 활동하고 있는 프랑스에서는 공쿠르 상까지 수상할 정도로 지명도가 높은 작가지만 상대적으로 한국에는 덜 알려져 있는 듯하다. 아민 말루프는 레바논에서 태어나서 그곳에서 언론인 생활을 한 전력이 있는 아랍계 작가로서 아랍인의 정체성에 천착한 작품을 주로 발표하고 있다. 그리고 그처럼 뚜렷한 지방색이 우리 나라 독자들에게 쉽사리 다가가기 어려운 생경함을 주었던 건 사실이다. 하지만 이 책은 그의 다른 작품에 비해 좀 더 보편적인 호응을 받을 만한 미덕을 여럿 가지고 있다. 무엇보다도, 명칭에서부터 철저히 유럽 및 기독교 중심적인 '십자군 전쟁'을 그 무대였던 아랍 세계를 배제시킨 채 오직 유럽이라는 틀 안에서만 바라봤던 우리에게 다른 편의 시각을 읽어볼 수 있는 기회를 준다는 점에서 그렇다. 서구 독자들도 이 책의 참신한 의도에 대해 하나같이 찬사를 보내고 있는 것을 보면 이 점에서 예외가 아닌 듯싶다.

또한 소설을 읽어 내려가는 듯한 쉽고 명쾌한 서술도 무시할 수 없는 매력이다. 저자 자신도 이 책을 일종의 실화 소설(다큐멘터리 소설)로 쓰고 싶다는 의도를 밝힌 바 있지만 결코 가볍지 않은 주제를 이토록 매끄럽게 서술할 수 있었던 것은 아랍 세계와 이슬람의 역사에 대한 저자의 생생한 경험과 깊은 식견 덕분이었을 것이다.

이 책이 지나치게 편향적이라는 지적도 있을 수 있다. 그러나 이 책이 오직 아랍의 사료를 바탕으로 엮은 책이라는 점에서, 그러니까 십자군 전쟁에 대한 일관된 아랍인의 시각을 볼 수 있는 보기 드문 책이라는 점에서 오히려 당연한 일일 수도 있다고 생각한다. 어차피 서술자의 입장이 배제된 완벽하게 객관적인 역사는 존재할 수 없지 않은가. 더구나 유럽과 몽골에게 동과 서에서 압박을 받던 당시 중동의 상황을 소상히 다루고 있는 것은 물론, 그 서술 영역을 소아시아 지역에까지 넓히고 있다는 것은 이 책만이 갖고 있는 장점으로 보인다.

말이 나온 김에 번역 용어와 표기 문제를 짚고 넘어가고 싶다. 우리에게 익숙하지 않은 이른바 제3세계 언어권의 용어들을 번역할 때 절실하게 느끼는 문제지만 이 책은 불어로 씌어진 이슬람 관련 서적이라는 점에서 고충이 더 컸다. 코란인지 꾸란인지, 마호메트인지 무함마드인지 무하마드인지 필자에 따라, 번역자에 따라 제각각이다. 그래서 이 책에서는 다음의 원칙에 따라 한글 표기를 해나가기로 했다. 영어식 표기를 지양하고 되도록 원어 발음에 따르자는 것이다. 다만 된소리를 지양하는 외래어 표기법은 되도록 지키는 방향으로 했다. 아랍어와 터키어 표기에는 한양대학교의 이희수 교수님께 큰 도움을 받았다.

문제는 아랍어가 아닌 고유명사의 표기였다. 고심 끝에 해당 시기 공용어의 발음이 무엇인가에 따라 그 어미를 취하기로 했다. 따라서 안티오크나 니케아 같은 영어식 지명에 익숙한 독자들에게 안티오케이아라든가 니카이아라는 그리스어 어미가 다소 낯설게 읽힐지도 모르겠다. 그러나 7세기 중엽 이후 그 지역을 지배한 세력은 라틴어가 아닌 그리스어를 공용어로 했다는 점을 염두에 둔 표기이니 이 결정을 내리기까지 옮긴이와 편집자가 했을 깊은 고민을 너그러이 이해해 주었으면 한다. 이러한 시도가 거듭되다 보면 외래어 표기에 대한 일정한 기준이 세워지는 데 작은 단초가 되지 않을까 하는 생각도 있다.

이런 전제 아래 작업을 하다 보니 옮긴이 이상으로 편집자의 고생도 많았다. 이 책에 큰 애정을 가지고 옮긴이의 자그마한 실수도 족집게처럼 집어낼 만큼 꼼꼼하게 읽어준 신사강 편집장은 큰 힘이 되었다.

이 글을 쓰는 동안에도 시시각각 변하는 중동의 사태가 연신 톱 뉴스로 올라오고 있다. 예전에 비해 한결 공평해진 보도를 접할 수 있는 것은 그곳을 그저 먼 나라 얘기로만 여기고 강 건너 불 구경하듯 하던 우리의 태도가 그만큼 많이 바뀐 때문일 것이다. 이제는 해설이 아니라 당사자의 입으로 들어볼 때도 되었다. 하물며 그 이야기가 우리가 알지도 배우지도 못한 역사라면…….

## ■ 인명 색인

# ■ 지명 색인